国家科学技术学术著作出版基金资助出版

面向老龄化社会的城市应对

于一凡　田　菲　著

科学出版社
北　京

内 容 简 介

针对人口老龄化给城市社会、经济与环境发展带来的一系列挑战，本书系统阐述了我国建设老年友好城市的基础、路径与手段。全书分为三个部分：第一章和第二章重点阐述我国人口老龄化的特征及对城乡发展的影响，作为认识论基础；第三、四、五章从老年人的养老服务需求与社会养老服务资源的供给格局出发，探讨养老服务设施的配置结构、体系规划与建设标准；第六章到第八章结合我国城乡建成环境的现状，提出了老年宜居环境建设的指标体系和技术要点，并针对既有居住环境的适老化改造提出了相应的工作方法和推进机制。

本书在广泛比较国内外相关科学研究、公共政策和实践经验的基础上，对养老服务设施、老年宜居环境的相关知识与核心内容进行了系统梳理，可为公共政策决策者、企业和社会组织、规划设计人员，以及科研工作者提供有力的支持。

图书在版编目(CIP)数据

面向老龄化社会的城市应对 / 于一凡，田菲著. —北京：科学出版社，2019. 8

ISBN 978-7-03-061904-4

Ⅰ. ①面… Ⅱ. ①于… ②田… Ⅲ. ①人口老龄化—对策—研究—中国 Ⅳ. ①C924. 24

中国版本图书馆 CIP 数据核字(2019)第 147032 号

责任编辑：许　健 / 责任校对：谭宏宇
责任印制：黄晓鸣 / 封面设计：邵尚来

科学出版社 出版
北京东黄城根北街 16 号
邮政编码：100717
http：//www. sciencep. com
南京展望文化发展有限公司排版
上海万卷印刷股份有限公司印刷
科学出版社发行　各地新华书店经销

*

2019 年 8 月第　一　版　开本：B5(720×1000)
2019 年 8 月第一次印刷　印张：19　3/4
字数：376 000

定价：160. 00 元

(如有印装质量问题，我社负责调换)

序

同济大学于一凡教授、上海市规划院田菲老师的著作《面向老龄化社会的城市应对》，视角独特，论述严谨，数据翔实，既有理论研究的深度，也有实践应用的价值，是一本值得一读的好书。

人口老龄化是我国新时代新的基本国情，也是世界性的重大问题。联合国把人口老龄化问题区分为人道主义方面的问题和发展方面的问题，其中人道主义方面的问题在很大程度上就是养老问题，源于老年人的基本需要和特殊需要；发展方面的问题则是指人口老龄化对经济、政治、社会、文化、环境等方面产生的影响。我国人口老龄化的形势相当严峻，应对人口老龄化的任务十分艰巨，不仅要面对高龄化、空巢化、未富先老和未备先老等现实问题的挑战，也必须适应快速发展的工业化、城镇化、信息化等时代进步的要求，问题的复杂性和特殊性前所未有。近年来，随着我国人口老龄化速度加快、老龄化问题与社会经济发展的矛盾日益凸显，学术界对人口老龄化问题的研究持续升温。然而纵观目前的研究，大多聚焦于解决老年人养老保障、健康支持、养老服务等养老问题领域，对发展方面的问题，特别是综合应对人口老龄化问题的探索不多。本书是国内第一本立足于城市研究视角，系统阐述人口老龄化对公共资源配置和人居环境发展所带来挑战的专著，具有重要的创新意义。

人口老龄化问题缘于人口结构的变化，不只是老年人的问题，更不只是养老的问题，而是对经济建设、政治建设、文化建设、社会建设、生态文明建设等具有重大影响的问题，涉及社会生活的各个方面。这种影响是全方位、结构性、深层次的，其中很多方面的影响目前还没有充分地体现出来，或没有引起足够的重视，人口老龄化既是现实的问题、更是未来的问题，应对人口老龄化是一项战略性的系统工程。积极应对人口老龄化，要贯彻习近平总书记在十八届中央政治局第三十二次集体学习时提出的“坚持党委领导、政府主导、社会参与、全民行动相结合，坚持应对人口老龄化和促进经济社会发展相结合，坚持满足老年人需求和解决人口老龄化问题相结合，努力挖掘人口老龄化给国家发展带来的活力和机遇，努力满足老年人日益增长的物质文化需求，推动老龄事业全面协调可持续发展”，以及“要完善党委统一领导、政府依法行政、部门密切配合、群团组织积极参与、上下左右协同联动的老龄工作机制，形成老龄工作大格局”的要求，及时、科学、综合地采取对策。本书的可贵之处在于，从系统、科学应对人口老龄化的高度，将“以人为本”的人文精神贯穿全书，基于对老年人的健康和生活质量的关注形成了研究框架；基于对老年人养老意愿和需求的尊重提出了公共政策的战略方向；基于对人群差异、城乡差异、地区差异的认识，探讨了社会养老服务资源配置的均衡性与科学性问题。全书既探讨了与老年人生活密切相关的养老保障、老龄健康、养老服务等迫切需要解决的民生问题，也构建了城市应对人口结构变化的城市规划部署、老年宜居环境建设，以及既有居住环境适老化改造等理论和实践体系，是一部全面的、城市综合应对人口老龄化的专著。

人类或许无法阻止衰老与疾病，但却可以通过改善自己的生活方式和居住环境而获得更多健康收益。国内外大量研究表明，友好的建成环境对延长老年人独立生活的时间、促进老年人从事更多健康行为具有重要影响，这也是世界卫生组织（WHO）倡导推进健康老龄化、积极老龄化的重要内容。我国长期以来社会运行和发展的基础是年轻型人口结构，城乡社会建设、基础设施建设大多面向成年人和年轻人的需要，没有预先为老龄化社会的到来做出部署，也没有充分考虑到老年人对居住生活环境的特殊需要。

由于缺乏长远的、战略性的规划引导，城市公共环境和社区居住环境存在着不少不宜居、不适老的隐患，老年宜居环境建设的需要十分紧迫。第四次中国老年人生活状况调查显示，我国有 58.7%的城乡老年人认为住房存在不适老的问题，农村这一比例高达 63.2%。

老年宜居环境的建设是为了适应城乡人口结构变化的转变，建设有利于促进老年人健康、活力、独立、自理、融入社会、参与社会的社会环境，使老年人由“养老”到“享老”。建设老年宜居环境，不仅是城乡老年人生活品质的具体行动，更应该成为城镇化进程中城乡居住环境品质提升的重要标志。规划和建筑是百年大计，老年宜居环境建设既关乎当前问题的解决，更关乎长远问题的谋划，需要未雨绸缪，长期规划，不适老、不宜居的环境一旦形成，改造起来难度非常大。全国老龄办、国家发改委等 25 部委联合出台的《关于推进老年宜居环境建设的指导意见》是我国老年宜居环境建设的顶层设计，明确提出了指导思想、基本原则、目标任务和保障措施。要求适老居住环境要具有安全性，适老出行环境要具有可及性，适老健康环境要具有整体性，适老生活服务环境要具有便利性，敬老社会文化环境要具有包容性。我国城镇化进程正面临国家经济发展进入新常态、生态环境压力、耕地资源保护需求等现实挑战，这一过程与人口老龄化的进程交织在一起，要求我们必须站在宏观发展的高度上思考应对人口老龄化的挑战。本书用了大半部分的篇幅来讨论养老服务设施的空间配置、老年宜居环境的基础认识、老年宜居环境的规划与设计、既有居住环境的适老化改造等应对人口老龄化与宜居环境建设问题，堪称全书的精华，很多观点具有创新意义。作者工作在研究和实践的第一线，在城市规划和人口老龄化研究的交叉领域有多年积累，既了解国内外的成功实践和重要技术进步,也熟悉我国当前面临的现实问题。论著面向养老服务资源的科学配置,提出了养老服务设施的规划体系;针对我国老年宜居环境的建设基础,构建了老年宜居环境的要素和指标体系;关注问题导向的规划干预,总结了综合客观环境评价和主观满意度评价的调研工作方法;结合科学技术的进步,创新采用时空行为数据分析建成环境对老年人健康的影响机制;基于地方实践经验,提出了适老化改造的工作流程和保障机制等,这些观点和建议既有理论创新意义,更有实践借鉴价值。

“让老年人拥有幸福的晚年,后来人就有可期的未来”。人口老龄化看似是一个老问题,实则是一个新课题。尽管我国进入人口老龄化社会已经20年了,但我们对老龄问题的本质特征、基本规律、对经济社会发展的深远影响以及立足中国国情的应对策略等所进行的研究还不够深入。相对于我国人口老龄化发展的严峻形势,目前我国老龄问题的研究,无论是广度还是深度,无论是宏观还是微观,都有待进一步拓展。探索具有中国特色的应对人口老龄化之路,既需要理论和学术研究,也需要实践探索。这对于老龄工作来讲,既是挑战,更是机遇;既是责任,更是使命。

人口老龄化的城市应对,是一个全新的课题。于一凡、田菲老师的《面向老龄化社会的城市应对》一书,开了一个好头。希望有志于该领域研究和实践的同志们携起手来,共同努力,为积极应对人口老龄化凝心聚力,做出新的贡献!

吴玉韶

全国老龄办党组成员、中国老龄协会副会长

2019年3月23日

前言

生活在21世纪的我们，几乎一日也不能脱离居住、出行、工作、休闲等日常活动。承载这些活动的空间大多并非自然形成的，而是经过组织、规划、建设和不断地调整才能满足人们的各种需求。随着身体机能的逐渐衰退，老年人对社会生活和居住环境的适应能力逐渐减弱，较其他年龄阶段的群体更加依赖来自社会与空间的支持。

然而，不容否认的是，由于长期以来对人口结构的变化缺乏足够的重视，目前我国城乡人居环境的适老化基础相当薄弱。社会养老床位供给不足、社区居家养老服务缺失、建成环境适老化措施匮乏等一系列矛盾已成为社会的热点问题。要改变这一现状，不仅要把握老年人多样化的需要，也要迅速提升社会养老服务的多元供给能力；不仅要关注养老服务资源要素的投入，也要努力提高养老服务的质量与绩效；不仅要满足养老机构的发展要求，也要全面改善普通居住环境的适老化水平。应该认识到，老龄化不是一个抽象的人口统计概念，而是包含着地区差异、城乡差异、需求差异的复杂社会问题。唯有如此，才能更好地把握科学决策的方向，引导各类社会养老服务资源的均衡配置，切实提升城市和社区环境的老年宜居水平。

研究表明，建成环境的适老化水平与老年人实际需求之间存在的"失配"现象，在很大程度上根植于认识层面的不足和理论体系的缺失。在实践中表现为缺乏举措与措施不当并存，继而导致人力、物力和财力的浪费。

积极应对人口老龄化是国家的一项长期战略任务。独立的部门和组织难以凭借有限的经验突破系统的局限，需要相关政府部门、社会组织和研究机构携起手来，通过长期的摸索和实践，广泛参考国内外的先进经验，形成具有中国特色的战略对策。

本书立足于人口老龄化问题在社会和空间层面的主要矛盾，从研究者的角度出发，通过老年人口的空间分布、养老服务的需求结构，揭示不同类型建成环境适老化问题的症结；从决策者角度出发，探讨配置养老服务资源的规划布局和优化环境适老化水平的技术体系；从老年人的角度出发，充分理解养老意愿和服务需求，探讨有效提高使用者生活满意度的公共政策干预手段。

值得一提的是，利用公共政策和空间规划对养老服务资源进行科学配置是积极应对老龄化问题的基本举措，不仅可以行之有效地提高老年人的获得感，更有利于提高服务的绩效、节省大笔的开支，为持续发展带来长远的利益。此外，年龄友好城市的核心理念与城市更新的基本原则不谋而合，如提高环境的健康效益、推进公共服务均等化、提高土地利用的功能混合、改善城市的步行环境等，对于全社会的和谐与健康发展均具有重要的意义。

于一凡　田　菲

2019 年 5 月 1 日

目录

序
前言

第一章　老龄化趋势在中国 ………………………… 001
第一节　我国人口老龄化的现状与增长趋势 ……… 002
第二节　我国人口老龄化的主要特征 …………… 005
第三节　我国老年人的健康水平与生活质量 ……… 014

第二章　人口老龄化对城乡发展的影响 ………… 023
第一节　人口老龄化对经济与社会的影响 ………… 024
第二节　人口老龄化与城镇化 …………………… 030
第三节　面向老龄化社会的城市应对 …………… 039

第三章　养老服务与养老模式 ………………… 056
第一节　养老服务 ………………………………… 057
第二节　养老服务需求 …………………………… 063
第三节　养老模式 ………………………………… 070

第四章　养老服务资源 ………………………… 083
第一节　养老服务资源 …………………………… 084
第二节　养老服务资源的供给与配置 …………… 093
第三节　养老服务产业 …………………………… 104

第五章　养老服务设施 ………………………… 115
第一节　养老服务设施 …………………………… 116
第二节　养老服务设施的规划 …………………… 130
第三节　养老服务设施的建设标准 ……………… 142

第六章　老年宜居环境 …………………………………… 156
第一节　老年宜居环境的认识基础 …………………… 157
第二节　老年宜居环境的健康影响 …………………… 163
第三节　建成环境老年宜居性的探索 ………………… 172

第七章　老年宜居环境的规划与设计 ………………… 187
第一节　我国老年宜居环境的建设基础 ……………… 188
第二节　老年宜居环境的规划与设计 ………………… 198
第三节　老年宜居环境的设计策略 …………………… 214

第八章　既有居住环境的适老化改造 ………………… 223
第一节　适老化改造的原则与工作方法 ……………… 224
第二节　适老化改造的规划与设计要点 ……………… 241
第三节　适老化改造的政策保障与推进机制 ………… 263

参考文献 ……………………………………………… 278

后记 …………………………………………………… 305

第一章
老龄化趋势在中国

从年轻型人口结构到老年型人口结构，城乡经济、社会与环境的发展规划需要及时做出响应。我国人口老龄化的发展不仅要面对高龄化、空巢化、未富先老和未备先老等现实问题的挑战，也必须适应快速发展的工业化、城镇化、信息化等时代进步的要求，问题的复杂性和矛盾性前所未有。认识人口老龄化的现状、把握人口老龄化的特征，是科学决策的重要前提。事实表明，尽管我国老年人口的平均寿命不断延长，但寿命质量并不乐观。提高老年人的健康水平和生活质量，不仅需要社会和家庭为老年人提供必要的物质和精神支持，也需要国家和地方政府及时调整发展思路，将积极应对人口老龄化作为我国在21世纪的一项重要战略任务。

第一节
我国人口老龄化的现状与增长趋势

一、老 年 人 口

“手挼六十花甲子,循环落落如弄珠①”。我国自古称六十岁为花甲之年,并以六十岁作为步入老年阶段的年龄标准。1996 年,《中华人民共和国老年人权益保障法》以法律条文的形式明确以 60 周岁作为划分我国老年人的标准。根据人口平均寿命和健康水平的差异,部分西方国家和地区亦有采用 65 岁作为划分老年人标准的口径。根据世界卫生组织(World Health Organization,WHO)对老年人群的进一步划分:60~74 岁为准老年人(老年前期或年轻的老年人),75~89 岁为老年人,90 岁以上称长寿老人。按照世界卫生组织的统计标准,发展中国家 60 岁及以上人口超过总人口的 10%,或者发达国家 65 岁及以上人口超过总人口的 7%,即标志着该国家或地区进入老龄化社会(表 1-1)。2000 年我国 60 岁及以上人口比例达到 10.2%,标志着中国已经步入老龄化社会(张恺悌等,2010)。

表 1-1 中国老龄化程度预测

	老龄化社会	老龄社会	超老龄社会
WHO 标准	达到 10%	达到 20%	达到 30%
中国	2000 年 10.2%	2025 年 20.1%	2050 年 31%

注:按 60 岁以上人口比例进行划分
资料来源:根据张恺悌等(2010)数据整理绘制

20 世纪 70 年代以来,我国老年人口规模呈不断上升趋势,老龄化速度加快。根据 1964 年第二次全国人口普查结果,60 岁及以上人口比例仅占全国人口的 6.1%;而 2010 年第六次全国人口普查(简称“六普”)统计显示,60 岁及以上人口已达 1.8 亿,占总人口的 13.3%(图 1-1)。

根据国家统计局发布的数据,2018 年末中国大陆(内地)总人口(包括 31 个省、自治区、直辖市和中国人民解放军现役军人,不包括香港、澳门特别行政区和台

① 出自唐代赵牧的《对酒》。

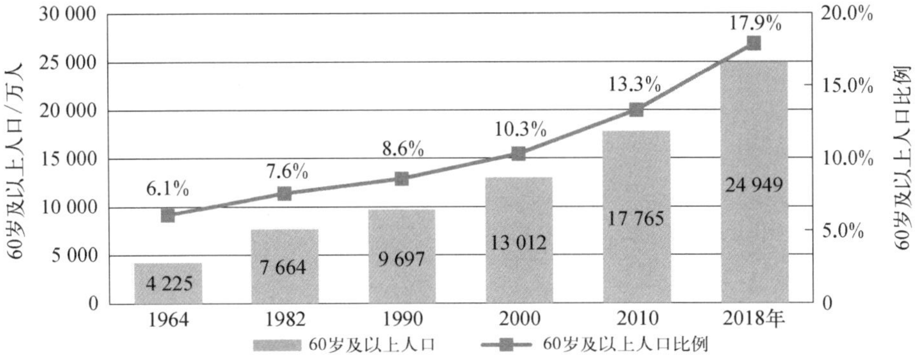

图 1－1　全国主要年份 60 岁及以上人口规模及比例变化情况

资料来源：根据国家统计局人口普查数据、年度统计公报数据整理绘制

湾省以及海外华侨人数）为 139 538 万人。其中，60 周岁及以上人口为 24 949 万人，占总人口的 17.9%；65 周岁及以上人口为 16 658 万人，占总人口的 11.9%（图 1－2）（国家统计局，2019）。2018 年全国总人口比 2017 年增加了 530 万人，但 60 岁及以上人口却同比增加 859 万人，65 岁及以上人口同比增加 827 万人。尽管老年人口的规模与增长速度未必是决定社会经济发展速度的首要因素，但满足老年人的生存、生活和发展必然要求社会提供充分的经济基础和社会养老服务资源。当老年人口的增长规模远超过新增人口，社会的持续发展与国民生活条件的改善无疑将面临巨大的压力，医疗卫生、劳动就业、科学技术、社会保障、社区建设等社会事业都将受到较大的冲击，甚至可能影响到社会的和谐与稳定。

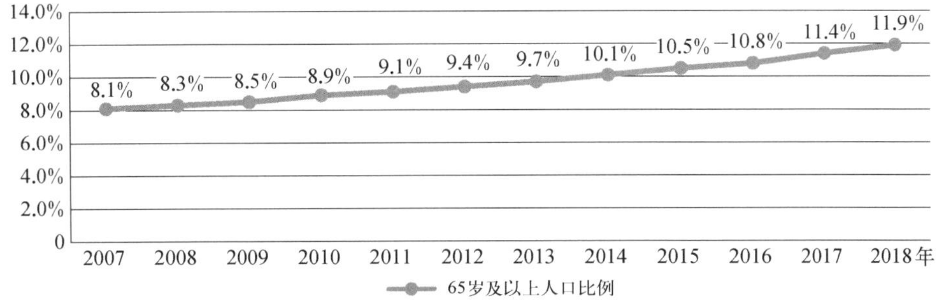

图 1－2　2007～2018 年全国 65 岁及以上人口比例变化情况

资料来源：根据国家统计局年度统计数据整理绘制

二、老年人口的增长趋势

人口老龄化是贯穿我国 21 世纪的基本国情。从 1953 年第一次全国人口普查

到2000年第五次全国人口普查(简称“五普”),老年人口在47年间平均每年增长188.5万人,年平均增长速度约为2.5%。自2000年我国步入老龄化社会到2010年第六次全国人口普查的10年间,全国老年人口年均增加475.3万,年均增长速度相比1953~2000年的年平均增速提高了约0.7个百分点,达到3.2%,且远高于同时期0.6%的总人口年均增长速率(图1-3)。

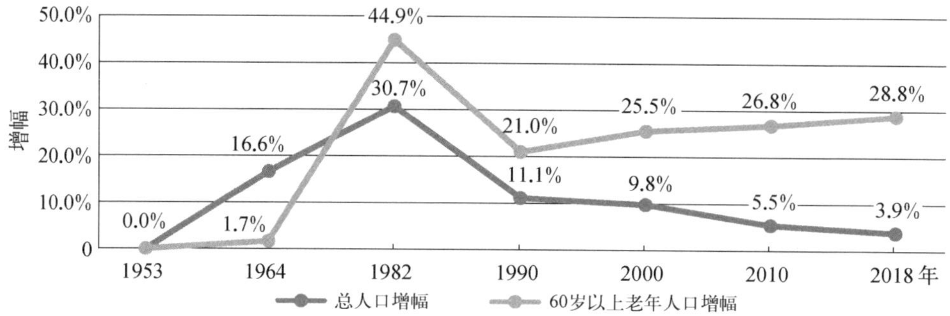

图1-3 全国主要年份总人口增幅与老年人口增幅情况对比

资料来源:根据国家统计局普查数据与年度数据整理绘制

根据全国老龄工作委员会(简称“老龄委”)发布的《中国人口老龄化发展趋势预测研究报告》(全国老龄工作委员会,2007)预测,21世纪我国老龄化的发展趋势将经历快速老龄化、加速老龄化、稳定重度老龄化三个阶段(图1-4)。

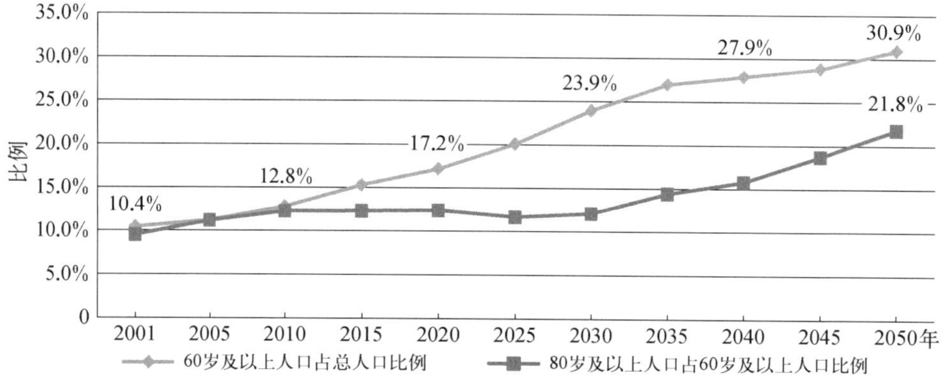

图1-4 中国老年人口发展趋势预测

资料来源:根据《中国人口老龄化发展趋势百年预测》(李本公,2007)整理绘制

1)2001~2020年为快速老龄化阶段。老年人口迎来第一个增长高峰,平均每年增加596万,年均增长速度达到3.3%。至2020年,60岁及以上人口将达到2.5亿,全国人口老龄化水平将提高到17.2%。其中,80岁及以上老年人将达3 067

万，占老年总人口的12.3%。

2）2021~2050年为加速老龄化阶段。随着新中国成立后第二次生育高峰人群进入老龄阶段，60岁及以上人口数量平均每年增加620万。同时，由于总人口逐渐开始呈现负增长，我国人口老龄化将进一步加剧。到2050年，老年人口总量将超过4亿，老龄化率上升到30%以上。其中，80岁及以上老人将达9 448万，占老年总人口的21.8%。

3）2051~2100年为稳定重度老龄化阶段。老龄化水平将在这一阶段基本保持在31%左右，80岁及以上老年人占60岁及以上老年人总人口的比例将保持在25%~30%，进入高度人口老龄化平台期。

随着20世纪60~70年代第二轮生育高峰出生的人群逐渐步入老年，老龄化问题势必给全社会带来全面而深刻的挑战。目前，我国劳动年龄人口占总人口比例仍较大，城市需要抓住窗口机会集中力量做好应对老龄化问题的各项部署。适应人口老龄化挑战，转换经济、社会与环境的发展思路，已成为当前和未来一段时期我国城乡发展的当务之急。

第二节
我国人口老龄化的主要特征

一、人口老龄化的整体特征

1. 高龄化

现代生活条件的改善与医疗技术水平的提高，使我国人口平均预期寿命不断延长，人口高龄化趋势也日益凸显。2010年，我国80岁及以上高龄老人有2 098.9万人，占60岁以上人口总数的11.8%。2000年到2010年，高龄老人增加了899.8万人，年均增长率达5.8%，比老年人口3.2%的年均增长率高出2.6个百分点，老年人口高龄化发展速度明显快于人口老龄化速度（图1－5）。预计从2010年到2050年，我国高龄老人将从2 098.9万增长到9 448万，年均增长约184万。根据美国人口普查局发布的《老龄化世界：2015全球人口报告》（*An Aging World: 2015 International Population Reports*）报告数据，2050年全球80岁及以上高龄老人数量预计将增至4.5亿（United States Census Bureau，2016），届时我国高龄老人将占世界高龄老人总数的21.3%。

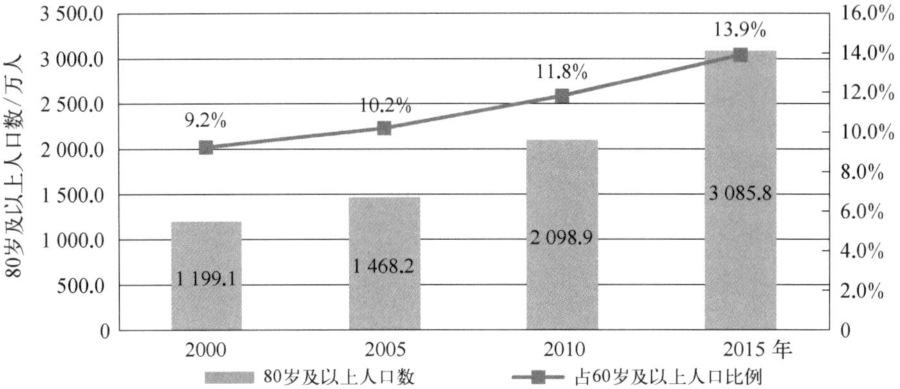

图 1－5　2000～2015 年全国 80 岁及以上人口规模及占老年总人口比例

资料来源：根据国家统计局普查数据与年度数据整理绘制

2. 空巢化

在社会经济生活转型与计划生育政策的共同作用下，我国平均家庭规模呈持续缩小趋势。根据 2014 年国家卫计委发布的《中国家庭发展报告》，20 世纪 50 年代以前，我国家庭平均人口在 5.3 人左右；2012 年家庭平均人数下降为 3.0 人，其中农村家庭平均人数为 3.1 人，城镇仅为 2.8 人（国家卫生和计划生育委员会，2014）。尽管近年来我国生育政策有所放宽，但未来相当长时间内 2～3 人的小型家庭将依旧是中国家庭结构的主流。

家庭小型化、老年人高龄化、人口流动迁移、生活条件改善等多方因素导致空巢老人规模迅速增加。子女在异地求学、就业、成家等原因造成了老年人的“被动空巢”。成年子女家庭双方均为独生子女的情况在客观上难以实现同时与双方老人共同生活。住房制度改革及城市住房面积控制政策，也在客观上造成成年子女婚后独立居住。除上述客观因素以外，随着社会经济发展和生活方式的改变，越来越多的老年人具有主动选择独立居住的意愿，以满足自身对生活质量的追求、保持充分的自主性，包括为了避免代际冲突而选择“主动空巢”。

第六次全国人口普查数据显示，2010 年我国含有 60 岁及以上老年人口的家庭共计 1.2 亿户，占家庭总户数的 30.6%。其中，单身老人家庭（单身户）占含 60 岁及以上老年人口家庭数的 9.4%，独居老年夫妻户占 28.9%，兄弟姊妹老年人共同居住的家庭（一代户）占 0.7%。全国空巢老年家庭的比例达 39%，其中城市老年人家庭空巢率为 43.7%（图 1－6）。

伴随 20 世纪 80 年代出生的第一批独生子女的父母即将进入老年，空巢老人比例预计将继续增长。“4－2－1”型家庭结构成为主流，高龄老人与空巢老人比例不断增加，传统家庭的照料能力逐渐弱化，我国老龄化问题的应对之路更加复杂。

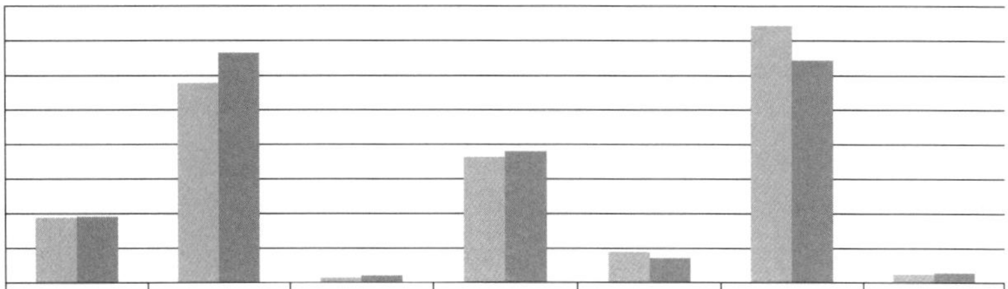

	单身户	夫妻户	一代户	二代户	隔代户	三代户及以上户	其他
全国	9.4%	28.9%	0.7%	18.1%	4.5%	37.1%	1.3%
城市	9.5%	33.2%	1.0%	19.0%	3.6%	32.2%	1.5%

图 1－6　2010 年全国 60 岁及以上人口户居方式占比

资料来源：姜向群等，2013

3. 未富先老与未备先老

20 世纪末的高速经济增长，为我国进入老龄化社会奠定了初步的物质基础（张恺悌等，2010）。然而，老龄化社会对社会经济、服务保障、制度文化等方面所产生的巨大冲击比预想的更为深刻。就当前我国社会发展阶段而言，无论是制度保障还是服务供给均未做好应对快速老龄化的充分准备。

发达国家多在人均国内生产总值（gross domestic product，GDP）达到 5 000 ~ 10 000 美元时进入老龄化社会，属于先富后老或富老同步的状态。如美国于 1940 年进入老龄化社会时，人均 GDP 为 8 832 美元；日本在 1970 年人均 GDP 为 15 162 美元时进入老龄化社会（孙祁祥等，2015）。相比之下，我国在 2000 年进入老龄化社会时，人均 GDP 仅为 1 128 美元，相当于世界平均水平的 1/5。不过，2000 年以来，我国国内生产总值呈高速增长态势，财政收入实现跨越式增长。2016 年中国人均 GDP 为 8 123 美元，接近 20 世纪 70 年代末的美国、德国、法国和日本，首次高于同年中等收入国家 7 939 美元的人均 GDP 水平。

尽管如此，我国“未富先老”的特征依然明显存在。一方面，国家人均 GDP 与居民人均可支配收入水平偏低。国际货币基金组织（International Monetary Fund，IMF）发布的《世界经济展望》（*World Economic Outlook*）数据显示，2016 年全球 GDP 总量为 74.6 万亿美元，人均 GDP 为 10 151 美元，我国人均 GDP 为 8 123 美元（International Monetary Fund，2017），为世界平均水平的 80%。2016 年，全国居民人均可支配收入 23 821 元，占人均 GDP 的 44.1%（图 1－7），与发达国家 55%左右的比例仍有较大距离。另一方面，国家财政收入偏低，养老资金保障压力大。与西方七国集团（G7）国家相比，2006 年我国 60 岁以上老年人口接近西方七国的总和，但财政收入明显偏低（张恺悌等，2010）（图 1－8）。同年全国企业养老金调整涨幅较大，共 3 966 万企业退休人员增加养老金。企业职工基本养老保险基金支出 4 199.5

亿元,比上年增长 20%,中央财政补助养老保险资金上升至 774 亿元(人力资源和社会保障部,2011)。我国每年新增退休人员 300 万人左右,养老金、退职费用也呈连年增长趋势,养老资金保障的压力很大。

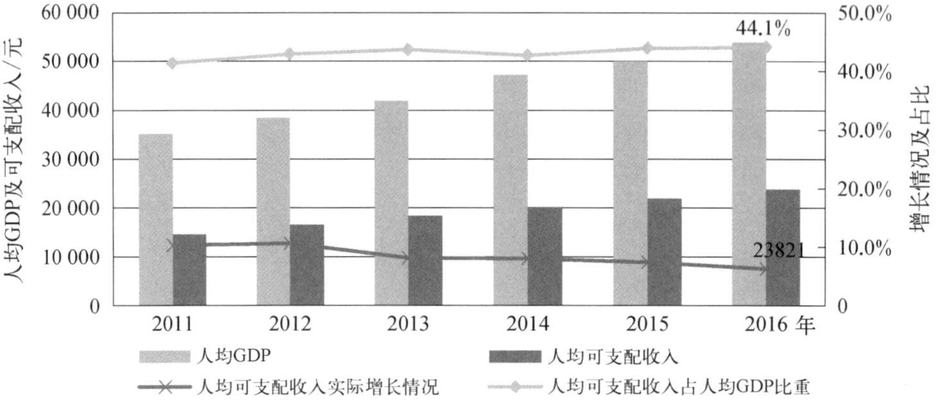

图 1－7　2011~2016 年我国城乡居民人均收入与增长情况对比

资料来源:国家统计局,2011~2016 年度国民经济与社会发展统计公报

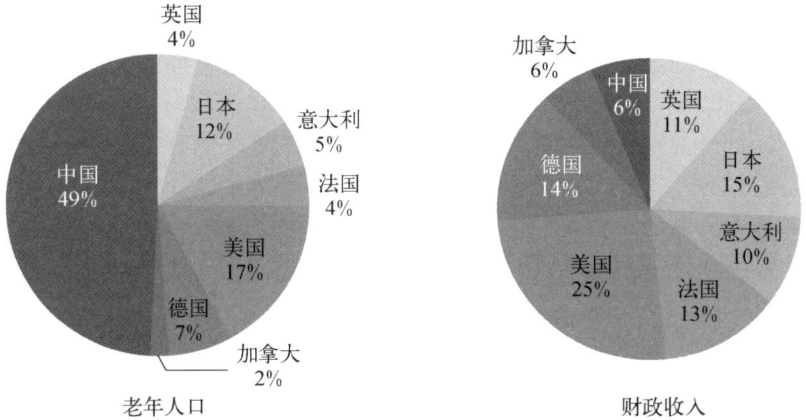

图 1－8　我国与西方七国老年人口与财政收入比较

资料来源:张恺悌等,2010

此外,国家社会保障制度、医疗保险制度、福利救助与社会服务体系的发展尚难以满足老年人群日益增长的迫切需求。截至 2016 年末,全国城镇就业职工 41 428 万人,参加城镇职工基本养老保险人数 37 862 万人,比上年末增加 2 501 万人,占城镇就业人员总数的 91. 4%;全国就业职工 77 603 万人,参加城乡居民基本养老保险人数 50 847 万人,增加 375 万人,占全国就业人员总数的 65. 5%(国家统

计局,2017),覆盖面有待进一步扩大。同年,国家财政支出187 841亿元,社会保障和就业支出21 548亿元(财政部,2017),占国家财政支出的11.5%。而发达国家社会保障和福利支出占财政总支出的比例平均达30%~50%(张美玲,2005)。相比之下,我国养老资金无论在受益人口覆盖规模还是支出水平上仍有待发展。此外,广大农村地区仍存在着较严重的制度空白(顾严,2017)。

二、人口老龄化的结构特征

我国的人口老龄化具有多元性、复杂性、异质性等特点,唯有把握住人口老龄化的结构性特征,才能充分地认识人口老龄化的现状和发展趋势,从而为科学决策提供依据。

我国低龄老年人口的总量超过中高龄老年人口的总和。根据第六次全国人口普查数据,2010年,全国老年人口中60~69岁年龄段的老年人口为9 978.1万人,占60岁及以上老年人口总数的56.2%;70~79岁的老年人口为5 682.5万人,占老年人口总数的32.0%;80岁及以上的高龄老年人口为2 098.9万人,仅占老年人口总数的11.8%(表1-2)。这表明,当前我国老年人口内部结构相对年轻,距离低龄老年人口跌破50%的警戒线还有一定的时间,未来一段时间中国仍处于积极应对人口老龄化的战略机会窗口期。

表1-2　2010年全国60岁及以上人口分年龄段人口规模及比例

年　龄　段	人口数/万人	占60岁及以上总人口比例
60岁及以上	17 759.5	100.0%
60~69岁	9 978.1	56.2%
70~79岁	5 682.5	32.0%
80~89岁	1 900.5	10.7%
90~99岁	194.8	1.1%
100岁及以上	3.6	—

资料来源:根据中华人民共和国国家统计局第六次全国人口普查数据整理绘制

老年人中女性多于男性,女性老年人的平均预期寿命高于男性,高龄女性人口占比随着年龄段升高而逐渐增大。2010年,男性60岁及以上人口为8 704.0万人,占60岁及以上总人口的49.0%;女性60岁及以上人口9 055.5万人,占60岁及以上总人口的51.0%(表1-3)。

以100名女性老年人口为基准计算,60岁及以上老年人口的性别比为96.1,即每百名60岁及以上女性相对的男性老年人口数量为96.1人。60~69岁年龄段

表 1-3 2010 年全国 60 岁及以上人口分性别人口规模及比例

年 龄	人口数/万人			占 60 岁及以上总人口比例		
	合 计	男	女	合 计	男	女
60 岁及以上	17 759.5	8 704.0	9 055.5	100.0%	49.0%	51.0%

资料来源：根据中华人民共和国国家统计局第六次全国人口普查数据整理绘制

的性别比为 102.8,70 岁以后老年人口性别比降至 100 以下,且双方数量差距呈扩大趋势。在 90~99 岁年龄段区间,每百名女性相对的男性老年人口规模仅为 50 名(图 1-9)。老龄政策和养老服务资源的配置应重视这一结构性特征,关注对高龄女性老人的关爱和照料。

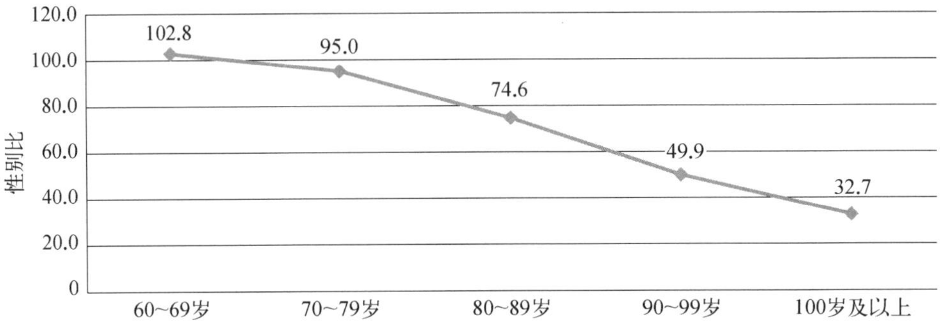

图 1-9 2010 年全国 60 岁及以上每百名女性老年人口对应的男性老年人比例

资料来源：根据中华人民共和国国家统计局第六次全国人口普查数据整理绘制

计划生育政策对我国老年人平均子女数量的影响开始显现。自 20 世纪 70 年代开始实行计划生育政策以来,我国人口出生率由 1970 年的 33.4‰下降到 2018 年的 10.9‰。作为第一代受到计划生育政策影响的家庭,1970~1980 年间的育龄夫妇主要为 1945~1955 年出生的人口,如今多已超过 65 岁。预计未来 30 年间进入老龄阶段的人口的平均子女数量还将不断下降,无疑会导致家庭养老功能的进一步弱化,老年人对社会养老服务的需求日益提高。

我国老年人口受教育水平整体偏低。第六次全国人口普查数据显示,2010 年我国小学文化水平的老年人占 60 岁及以上总人口的一半以上,比例为 50.3%;未上过学的老人和初中文化水平的老人比例分别为 21.1%和 19.2%。拥有大专及以上较高学历的老人仅占 3.3%(图 1-10)。其中,城市老年人的整体受教育的水平高于农村老年人,男性老年人整体受教育水平高于女性老年人。

不同地区老年人的受教育水平存在较大差异。如,北京市老年人中有 72.2%拥有初中及以上学历,上海市、天津市的老年人接受过初中及以上教育的老年人超过人口总数的一半,辽宁省和福建省的这一比例超过 40%。然而,贵州省、甘肃省、云南省的老年人接受过初中及以上教育的比例均不足20%，山东省、云南省、宁夏回族自治区、安徽省、甘肃省的老年人未上过学的均超过40%（刘妮娜，2015）。受教育水平不同的老年人对社会的适应能力不同，对生活方式和生活质量也有着不同的要求。

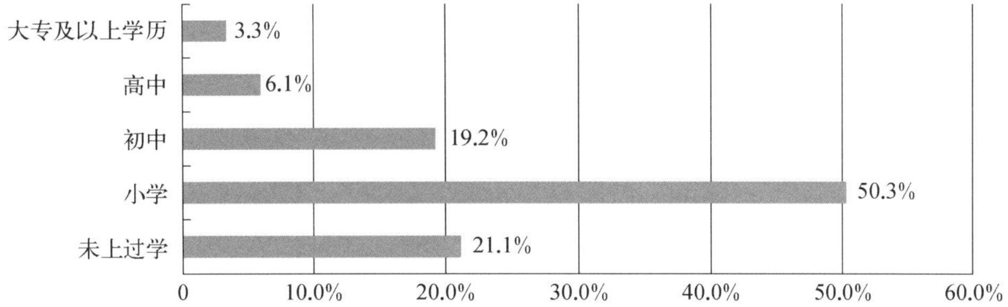

图1－10　2010年全国60岁及以上人口不同教育程度占比情况

资料来源：根据中华人民共和国国家统计局第六次全国人口普查数据整理绘制

城乡老年人的收入总体上平稳增长，但城乡差距依然显著。根据2015年第四次中国城乡老年人生活状况调查（简称“全国四调”），我国城市老年人年平均收入为23 930元，是2000年的3.24倍，按照可比价格计算，平均实际增长5.86%。农村老年人年平均收入为7 621元，是2000年的4.62倍，按照可比价格计算，年均实际增长9.06%（杨晓奇等，2018）（图1－11）。农村老年人年均实际收入增长速度高于城市，但收入水平仍与城市老年人相差甚远。城乡老年人的收入差距在老年人对经济状况的自评结果上亦有所反映：在城市，61.7%的城市老年人认为自己目前经济条件尚可，17.0%的自评经济条件宽裕，21.3%的老年人自评存在经济困难。在农村，老年人自评经济困难者比例高达38.5%（图1－12）。

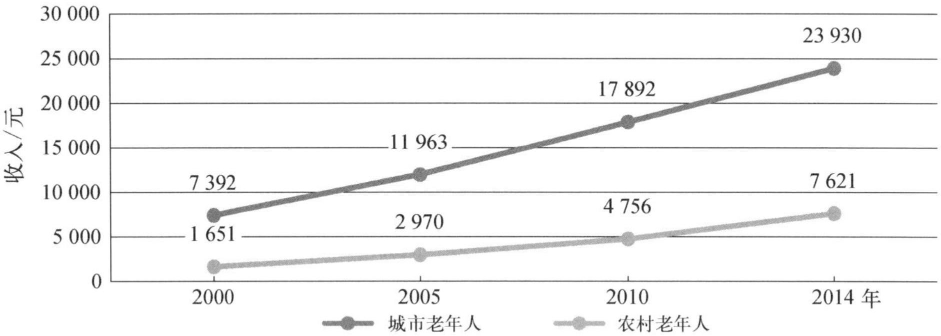

图1－11　2000~2014年全国城乡老年人收入情况

资料来源：杨晓奇等，2018

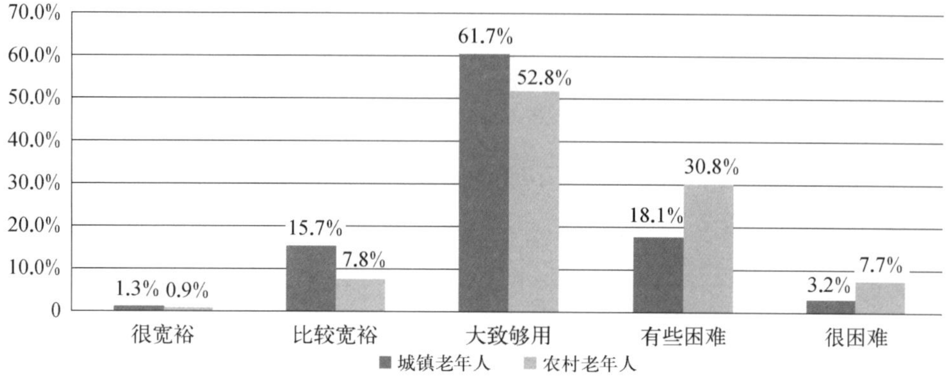

图 1-12　2014 年城镇及农村老年人经济状况自评

资料来源：中国老龄科学研究中心，2016

城乡老年人的收入结构存在群体差异。从城乡对比的角度看，城市老年人以社会保险、社会福利等保障性收入为主要收入来源，占总收入的 79%，经营性收入占 10%，转移性收入占 7%，资产性收入只占 4%。农村老年人的收入中，经营性收入占 39%，保障性收入占 36%，转移性收入占 19%，资产性收入占 6%（杨晓奇等，2018）。从不同性别比较的角度看，我国男性老年人收入普遍高于女性。其中，城市女性老年人收入相当于男性收入的 64%，农村女性老年人的收入相当于男性老年人的 59%。从不同自理能力的角度看，失能老年人的收入相当于自理老年人收入的 60%~75%（杨晓奇等，2018）。失能和部分失能老年人的收入中用于支付医疗费用的比例很高，迫切需要建立、健全相应的保险制度，提高医疗、养老保险的水平。

收入水平的提高促进了老年人消费支出水平的提升。全国四调数据显示，我国城乡老年人的消费水平持续增长。2014 年，城市老年人年平均消费水平为 20 186 元，是 2000 年的 2.81 倍；农村老年人年平均消费水平为 8 884 元，是 2000 年的 4.51 倍（图 1-13）。

不同年龄段的老年人的平均消费倾向①存在差异。70~79 岁的老年人平均消费倾向最高，为 0.97；低龄老年人的平均消费倾向次之，为 0.93；80 岁及以上老年人的平均消费倾向最低，为 0.79。从老年人的自理能力来看，部分失能老年人的平均消费倾向最高，为 1.18；完全失能老年人的平均消费倾向次之，为 1.17；完全自理老年人的平均消费倾向最低，为 0.9。

① 平均消费倾向（average propensity to consume，APC）又称消费倾向，是指任一收入水平上消费支出在收入中的比率。

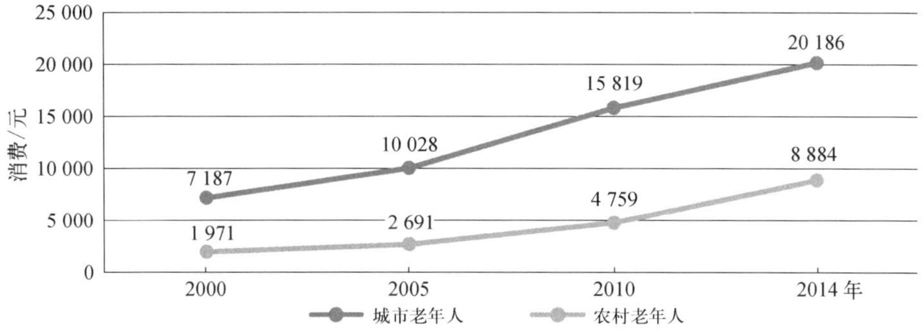

图 1－13　2000~2014 年全国城乡老年人消费情况

资料来源：杨晓奇等，2018

消费结构具有较明显的共性。城市和农村老年人的消费结构居前三位的都是食品烟酒、医疗保健和居住支出，其余如服饰衣着、生活用品、交通和通信、教育文化等支出的占比相对较小（图 1－14），表明我国老年人的物质生活和精神文化生活仍有较大的改善空间。基于全国四调数据的分析表明，2015 年全国 14.3%的老年人有旅游消费，其中低龄老年人是旅游的主要群体，占老年人旅游总数的 68%。低龄、文化水平高、健康状况好、具有一定经济基础的老年人成为旅游度假、旅居养老、候鸟式养老的主力军，一方面有助于促进我国旅游业、服务业和交通业的发展的新生力量，另一方面也反过来要求相关行业优化消费环境的适老化水平。

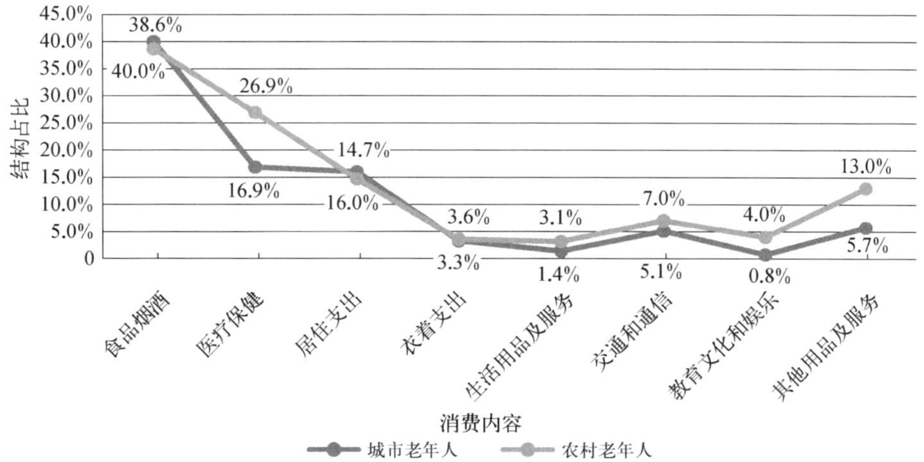

图 1－14　2014 年全国城乡老年人消费结构

资料来源：杨晓奇等，2018

老年人群是一个复杂的群体。年龄、性别、家庭结构、受教育水平和经济收入等因素均会影响老年人对生活质量的追求和对社会资源的需求。在全球化背景下，中国的老龄化问题与经济转轨、社会转型和文化转变交织，与工业化、城市化、信息化叠加，问题的严峻性、复杂性与紧迫性是世界上少有的（党俊武，2018）。

第三节
我国老年人的健康水平与生活质量

根据联合国开发计划署（United Nations Development Programme，UNDP）提出的人类发展指数（human development index，HDI）①，2017 年中国位列全球第 86 位，落后于欧美发达国家的水平。在构成 HDI 指数的三项指标——人口平均预期寿命、受教育水平和生活水平当中，我国老年人的受教育水平和生活水平与发达国家差距明显，但人口平均预期寿命高于同等发展水平国家（WHO，2015a），处于世界中上水平。

公共卫生、医疗保健和人居环境等领域所取得的进步显著地延长了我国人口的平均预期寿命②。根据《中国健康事业的发展与人权进步》白皮书，2015 年我国人口的平均预期寿命已达到 76.3 岁，相比新中国成立前的数据翻了一番；比 1981 年的水平提高了近 10 岁（图 1－15）。那么，预期寿命的延长是否意味着中国老年人的健康水平和生活质量同样得到了显著提高？

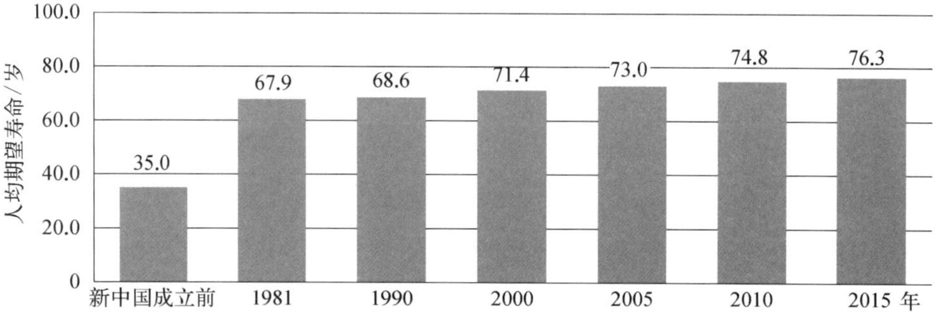

图 1－15　中国人均期望寿命变化情况

资料来源：根据国务院新闻办公室（2017）数据整理绘制

① 1990 年，联合国开发计划署（UNDP）创立了人类发展指数（HDI），即以“人口平均预期寿命、受教育水平和生活水平”三项基础变量，按照一定的计算方法，得出的综合指标，并在当年的《人类发展报告》中发布。

② 人口平均预期寿命是指在一定的假设条件下，即目前各年龄的死亡率保持不变的条件下，在同一时期出生的人口在自然状况下预期能够从出生直到死亡所经历的平均寿命。

一、我国老年人的健康水平

衰老是生命发生、发展过程中的一种活动，表现为人体随着年龄增长而在生理和心理机能方面出现的一系列衰退变化（图1-16）。生理性衰老的主要表现包括对环境的适应能力降低，对外界刺激的应激反应迟缓，健康水平下降，乃至出现失能。

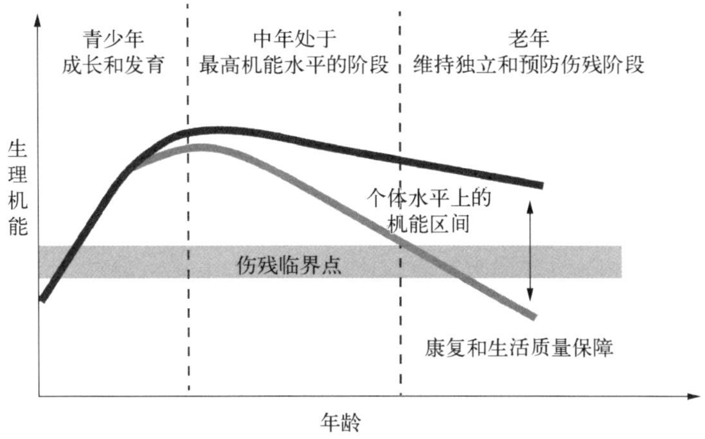

图1-16 生命过程中的生理机能的维持

资料来源：世界卫生组织，2007

尽管我国老年人的平均预期寿命不断延长，但生命质量并不乐观。2015年全国四调数据显示，仅三成老年人认为自身健康状况比较好或非常好。其中，城市老年人的自评健康状况好于农村老年人，男性老年人的自评健康状况好于女性老年人，独居老年人的自评健康状况最差。城市老年人自报患有一种及以上慢性非传染性疾病的比例高达85.28%，农村老年人为79.97%（胡宏伟等，2018）。老年人慢性病患病率排在前五名的分别是：骨关节病（43.7%）、高血压（36.9%）、心脑血管疾病（26.0%）、胃病（17.8%）和白内障/青光眼（16.0%）（图1-17）。

老年人由于患病而致残、失能的比例随年龄增长而逐渐提高。根据第六次全国人口普查数据，2010年我国60~64岁生活不能自理的老人占同年龄段老人总数的0.9%，70~74岁的生活不能自理老人占2.7%，80岁及以上老人不能自理的比例则上升至10.5%（图1-18）。高龄老人是遭受疾病困扰的主要群体，对医疗护理、生活照料的需求更加明显。

2012年世界卫生组织《全球疾病负担评估》（*Global Burden of Disease*）报告显示，超过3 700万中国老年人存在明显的躯体功能减退，全国45%的伤残调整寿命年①由60岁及以上老年人的健康问题所致。根据世界卫生组织的预测，未来30年里中国依赖照护的老年人数量将随着老年人口规模的增长和期望寿命的延长而显著增加(WHO,2016)。这里的“依赖”是指频繁地需要来自他人的帮助和照料，超出了健康成人的正常需要。从2010年到2050年，中国总人口依赖率将从5.6%上升到6.0%，预计有1.1亿依赖型人口，其中有6 600万(60%)为60岁及以上的老年人(Harwood et al.,2004)(图1－19)。

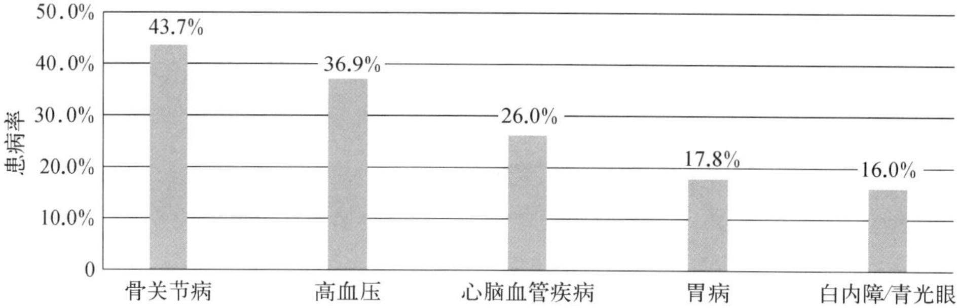

图1－17　60岁及以上老年人慢性病患病情况

注：图中统计的心脑血管疾病数据不包括高血压。
资料来源：胡宏伟等,2018

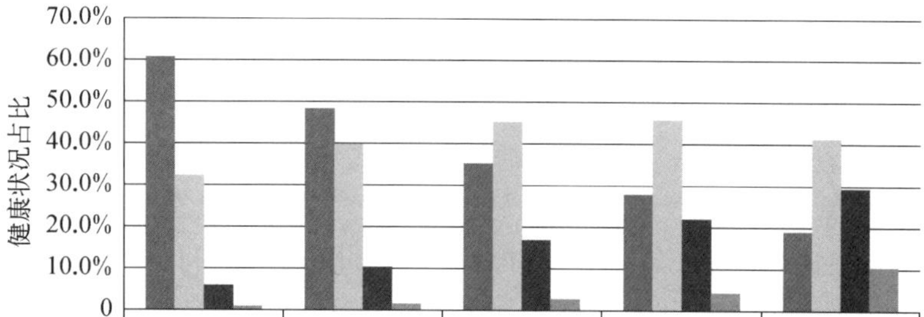

	60~64岁	65~69岁	70~74岁	75~79岁	80岁及以上
■ 健康	60.8%	48.4%	35.2%	27.8%	18.9%
■ 基本健康	32.4%	39.8%	45.2%	45.8%	41.3%
■ 不健康，但生活能自理	6.0%	10.4%	16.8%	22.0%	29.3%
■ 生活不能自理	0.9%	1.5%	2.7%	4.3%	10.5%

图1－18　2010年60岁及以上各年龄段老人健康状况对比

资料来源：根据中华人民共和国国家统计局第六次全国人口普查数据整理绘制

① 为了对各种疾病、风险因素和区域的疾病负担开展一致性评估，世界卫生组织使用伤残调整寿命年(Disability-adjusted Life Years,DALY)。伤残调整寿命年的含义是指从发病到死亡所损失的全部健康寿命年，包括因早死所致的寿命损失年和伤残所致的健康寿命损失年两部分。

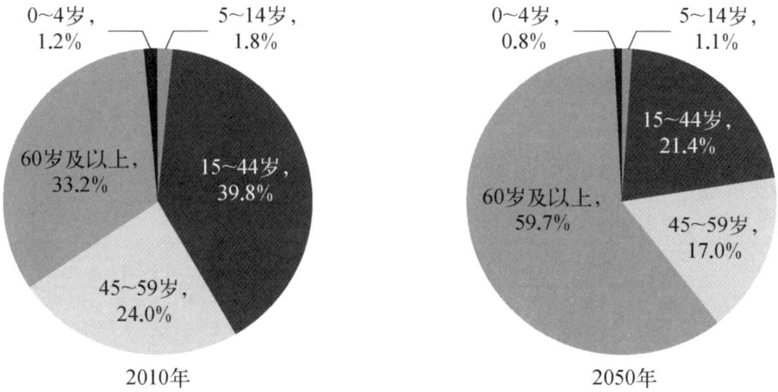

图 1－19　2010 年和 2050 年中国不同年龄段依赖型人口占比情况

资料来源：根据 Harwood 等(2004)数据整理绘制

依赖照护的程度与老年人整体功能水平呈负相关。评估老年人整体功能水平的方法是衡量其独立完成日常社会活动的能力。目前国际上多采用日常生活活动能力量表(Activities of Daily Living,ADL)作为评估工具。ADL 量表主要评定 14 项内容。其中 6 项为基础性日常生活活动能力量表(BADL),包括如厕、进食、穿衣、梳洗、行走与洗澡。另外 8 项为工具性日常生活活动能力量表(IADL),包括打电话、购物、做饭、做家务、吃药、洗衣、使用交通工具和自己处理财务。量表采用四级评分。结果可按总分、分量表分和单项分进行计算分析。总分量低于 14 分,为完全正常;大于 14 分则意味着有不同程度的功能下降。单项分 1 分为正常;2~4 分为功能下降。凡是有 2 项或以上大于等于 3 分或总分大于等于 22 分者,表明功能有明显障碍(表 1－4)。

表 1－4　日常生活自理能力(ADL)量表

类　型	项　目	自己完全可以做(计 1 分)	有些困难(计 2 分)	需要帮助(计 3 分)	根本无法做(计 4 分)
基础性日常生活能力量表(BADL)	定时上厕所				
	吃饭				
	穿衣				
	梳头、刷牙等				
	行走				
	洗澡				
工具性日常生活能力量表(IADL)	打电话				
	购物				
	做饭				
	做家务				

续 表

类 型	项 目	自己完全可以做（计1分）	有些困难（计2分）	需要帮助（计3分）	根本无法做（计4分）
工具性日常生活能力量表（IADL）	吃药				
	洗衣				
	使用交通工具				
	自己处理财务				

目前，我国全国大型调查问卷主要采用ADL量表对老年人的日常生活活动能力进行评估。如全国老龄工作委员会办公室（简称"老龄办"）根据全国四调数据测算，2015年我国日常生活完全失能和部分失能的城乡老年人口规模为4 063万，失能率为18.3%。丁华等（2018）利用中国健康与养老追踪调查（China Health and Retirement Longitudinal Study，CHARLS）数据分析得出的老年人失能率为20%～21%。上述基于老年人抽样ADL评估的推测结果与2014年财政部、民政部、全国老龄办在《关于建立健全经济困难的高龄失能等老年人补贴制度的通知》（财社〔2014〕113号）中公布的老年人口失能率18.5%较为接近。

老年人的日常生活自理能力不仅取决于个体生理健康条件，也取决于社会环境、医疗条件、养老服务和居住环境等综合因素。既往研究发现，不同地区老年人的健康状况差异较大，我国东部地区老年人的健康状况好于中部和西部地区（杜鹏，2013），老年人的社会经济地位与健康状况存在正相关关系（惠蓉，2002），较高的教育程度对老年人的健康水平也有正面影响（顾大男等，2011）。这表明，社会、经济和文化等整体状况的改善有利于老年人健康寿命的延长和生活质量的提高。

伴随生理机能的衰老，老年人的心理健康水平也呈现出明显的变化。首先，一系列生理功能减退令老年人对外界的感知能力、记忆力和智力下降，进而影响老年人对外界的理解，限制其活动与社会交往，容易产生社会隔离感。其次，受到活动控制能力下降、疾病困扰、社会和家庭环境变化等因素影响，老年人容易产生消极悲观的情绪，感觉孤独、焦虑、抑郁，乃至罹患精神衰弱、偏执症等精神类疾病的可能性增加。

研究表明，长期处于孤独和社会隔离状态会导致阿尔兹海默病（Krueger et al.，2007）、抑郁（Cacioppo et al.，2006）、功能衰退（Luanaigh et al.，2008）、睡眠障碍（Cacioppo et al.，2003），甚至死亡率的提高（Seeman，2000）。为此，国际上已将孤独作为老年人健康的主要威胁（Hawkley et al.，2003）。据中国老龄科学研究中心的调查，我国老年人常感到孤独的比例很高，各年龄段均有超过50%的老年人有明显的孤独感。生理衰老与退休后社会角色的转变容易导致老年人产生心理落差，而当老年人逐步无法独立生活或为家庭服务，其信心与安全感的缺失也会加剧消极心态。调查发现,60~64 岁老年人感到孤独的比例高达 70.3%,75~79 岁老人有 57.0%认为自己成为家庭负担(吴玉韶等,2014)。身体健康水平较低、自理能力较差的老年人的抑郁水平较高(唐丹等,2015)。近 1/5 的失能老人经常感到孤独,是生活自理老年人这一比例(5.8%)的三倍多;近 1/4 的失能老人自认为是家庭的负担,其幸福感远低于生活自理老年人(冀云等,2018)。这一情况在农村失能老年人中尤其突出。

我国老年人获取情感、精神慰藉的途径较为单一。尤其是农村老年人,其情感需求的满足主要来自子女的支持(陶裕春等,2014)。有研究表明,与家人同住比养老院更有利于高龄老人的生活自理能力的延续(王德文,2004),三代共同居住的老年人抑郁水平最低,独居老年人的抑郁水平最高(冀云等,2018),其中农村独居老年人的抑郁倾向最值得关注(伍小兰等,2010)。然而,在提倡家庭为老年人提供情感支持的同时,我们也必须正视家庭养老功能弱化的现实,关注社会支持对老年人心理健康的重要影响。陈立新等(2005)认为社会支持通过两种途径影响老年人的心理健康状况,其一是直接作用,即维持老年人良好的情绪体验,从而保持其健康所需的平衡心态;其二是作为心理刺激的缓冲因素,对老年人心理发挥间接的保护作用。

同时值得注意的是,有研究发现老年人的照护需求与家庭照护人员的生活质量呈负相关关系(Yang et al.,2012)。老年人对家庭照料的依赖程度越高,对照护的需求越强烈,提供照料者所承受的压力也越大。目前,我国家庭照料的主要提供者是配偶与子女,老年人因长期失能对照护的依赖性不仅影响自身生活,也对家庭照料者产生巨大压力,导致后者生活质量下降。从社会整体健康持续发展的角度来看,在倡导家庭关爱、照顾老年人的同时,也应该对家庭照顾者所承受的生理、心理、情感、社会和经济压力给予重视,通过提供喘息服务、经济和就业支持等途径鼓励家庭成员提供养老服务。

二、我国老年人的生活质量

生活质量(quality of life)最早由美国经济学家 J. K. 加尔布雷思在其著作《富裕社会》中提出,也称为生命质量或生存质量。世界卫生组织将“生活质量”定义为:不同文化和价值体系中的个体对他们的目标、期望、标准以及所关心的事情有关的生存状况的体验(WHO,1993)。老年人的生活质量是指老年人对自身的物质生活、精神文化生活、身心健康、自身素质、享受的权利和权益以及生存环境等方面的客观状况和主观感受所做的总体评价(邬沧萍,2002)。

国际范围内对生活质量的评价存在不同的标准,但总体上均包括客观评价和主观评价两个方面(Arnold,1991)。客观生活质量的评价主要基于外在的观察者对研究对象的客观生活环境、健康状况、社会支持系统的一系列评价(Birren et al.,1991)。较早的研究常将老年人的客观健康状况作为生活质量的替代性评估指标(Smith et al.,1999)。随着科学研究的深入,人们认识到不同维度的健康状况对老年人生活质量的影响程度及其影响机制是不同的(Bishop,2005),因而提出了新的评价指标——与健康相关的生活质量(Health-Related Quality of Life,HRQOL)。与健康相关的生活质量既包括躯体健康,也包括心理、社会和情感方面的健康;不仅关注疾病现象的存在,还关注疾病导致的后果(WHO,1946)。与客观生活质量评价不同,主观生活质量评价侧重从个体价值观和主观感受的角度评估生活质量,多采用生活满意度、主观幸福感等评价指标。

影响老年人生活满意度的因素很多,其中健康因素最为显著。此外,生活习惯、社会参与情况、代际支持和收入水平也对老年人的生活质量具有显著影响(刘吉,2015;张文娟等,2005;同莹钰,2000);不同的性别、居住方式、心理特征、文化程度、经济状况等条件也对生活满意度存在显著影响(刘菊芬等,2004;赵细康,1997)。由于数据特征和分析方法的不同,既往研究中也出现了一些相互矛盾的结论。比如一些研究发现城镇高龄老人比农村老年人有着更高的生活满意度(胡军生等,2006;桂世勋,2001;赵细康,1997),但也有研究发现农村老年人的整体生活满意度好于城镇老年人(刘吉,2015)。再如,有研究表明男性高龄老人的生活满意度高于女性(袁小波,2008),也有研究的结论则刚好相反(刘吉,2015)。

彼此相左的研究发现除了可能存在样本、数据等客观因素造成的偏差,更根本的原因在于我国尚无针对老年人生活质量的成熟测量工具与评价方法。中华医学会流行病学组曾于1994年建议在有条件的地区开展老年人生活质量调查,并提出了《老年人生活质量调查内容及评价标准(草案)》,建议使用包括健康状况、生活习惯、家庭和睦、心理卫生、社会交往、生活满意度等11项内容作为评价的主要内容(于普林等,1996),但并没有资料显示该评价标准草案得到执行,或结合经济社会的发展进行了深化与调整。目前涉及全国老年人生活质量的研究主要基于北京大学“中国老龄健康影响跟踪调查(CHARLS)”、北京大学“中国老年人健康长寿影响因素调查(CLHLS)”、中国人民大学“中国老年社会追踪调查(CLASS)”、全国老龄办“中国城乡老年人生活状况抽样调查”等数据库,但仍缺少系统揭示老年人生活质量的研究和调查框架。国际上广泛采用的生活质量测评方法是量表测定法,即通过经考察具有较好信度、效度的正式标准化测定量表对被测者开展综合评定。常用的量表一般包括躯体功能、心理功能、角色活动、社会适应能力和对健康状况的总体感受5个方面的内容(方积乾,2007),如世界卫生组织生存质量测量量表(WHOQOL)、欧洲生命质量量表(EQ－5D)、36条简明健康量表(SF－36)等。对于中国老年人生活质量的测量，实施评价的标准除了国际通用的反映体质健康、心理健康和社会适应能力的指标，还应注意与特定的文化价值体系相结合。

【SF－12 量表】

SF－12 量表是美国波士顿健康教育研究所研制的普适性简明生命质量量表 SF－36 的简化版本。由于条目简单、短小、易懂及操作用时少等优点，并通过验证具有较好的信度和效度，可普遍用于一般人群或患病人群的生命质量评估。该量表共有 12 个条目，评价了健康相关生命质量的 8 个维度，分别是整体健康（general health，GH）、生理功能（physical functioning，PF）、生理职能（role-physical，RP）、躯体疼痛（bodily pain，BP）、活力（vitality，VT）、社会功能（social functioning，SF）、情感职能（role-emotional，RE）、心理健康（mental health，MH），GH、PF、RP 及 BP 经计算可得生理总评分（physical component summary，PCS），SF、RE、MH 及 VT 经计算可得心理总评分（mental component summary，MCS）（肖惠敏等，2014；Fong et al.，2010）。

心理健康状况是个体享受生活和心理复原的能力（Singh，2014），老年人乐观积极的心理状态有助于缓解压力，提高心理适应和社会适应能力（李建新等，2015）。有研究表明，健康状况是通过对心理健康造成消极影响进而降低老年人生活质量的（Bishop，2005）。老年人从社会生产领域的退出、社会角色的转变、权威的失去、社会联系的减少、经济上对他人的依赖等都容易造成自身心理和精神上的负担，从而影响老年人的生活质量。对老年人进行积极的心理干预已经成为当务之急，比如帮助老年人对失能和疾病建立正确的理解和管理，对健康护理和治疗的积极参与。此外，社会支持对老年人心理健康的影响日益得到关注。

社会支持（social support）的内涵不仅包括情感支持、信息支持、陪伴支持等，还能够规范人们的思想、情感、行为，从而影响健康。李建新（2007）的研究发现，生活来源主要靠自己的老年人的生活满意度较高，经常与人聊天对生活满意度有积极的正面影响。该研究还表明，中国社会对社会支持的认识具有鲜明的传统文化的特征——即十分看重子女对老年人的尊重与照料。研究表明，老年人从家庭成员那里获得的支持对生活满意度和生活幸福感至关重要。当老年人遇到问题和困难，有家庭资源支持的（如配偶、子女）比依靠家庭以外支持的老年人的满意度更高。子女、配偶、朋友邻里、社会机构以及其他组织对老年人生活质量的影响依次递减。“养儿防老”的传统观念使中国老年人相较于西方老年人更缺乏独立性，在物质和精神上都高度依赖家庭。面对家庭养老功能的迅速减弱，老年人对晚年生活难免缺乏安全感，随着第一代独生子女的父母步入老龄行列，独居和空巢老人将成为中国老龄化进程面对的严峻挑战，更加需要得到来自社会和社区的支持。例如，医疗保健工作结合流行病学特征做好预防、控制和宣教工作；为高龄独居老人建立资料库；通过智能设备帮助其及时求助，增强安全感。社区工作应加强对老年人的访视，提供家政服务，组织志愿者谈事聊天，疏解心理压力，建立健康、和谐的老龄友好社区。

总体上，我国关于老年人生活质量的研究仍处于摸索阶段，尚未形成适合中国特色的理论基础。随着调查手段的进步和基础数据的积累，未来的探索应从横向研究向反映生活质量变化的纵向研究推进。越来越多的研究成果注意到在特定文化背景下相关因素的影响机制和影响方向的差异，因而更加关注在中国特定的养老文化、家庭关系、社会条件下对相关要素的调节。值得注意的是，以人口学和社会学为主体的既有研究较少涉及建成环境要素，而住房与社区环境、公共空间与绿地、道路与交通、公共服务设施等都是与老年人日常生活紧密相关的物质环境，建成环境在促进老年人从事健康行为、心理调节和社会适应等方面发挥的影响值得高度关注。

第二章
人口老龄化对城乡发展的影响

人口结构的变化不仅关乎老龄事业和产业的发展，也对劳动力供给、产业结构转型、完善社会保障体系等具有不可忽视的影响，更是制度与政策转型、代际关系重构、城乡关系重塑的重要契机。我国幅员辽阔，地区间的经济、社会发展基础不同，老年人口的空间分布和老龄化程度亦存在显著差异，老龄化问题错综复杂。世界卫生组织（WHO）将快速老龄化和城镇化定义为21世纪世界人口的两大历史性转变，中国则正在同时经历这两个重大转变。现阶段，把握窗口机会做好各项部署显得尤为重要，主要包括建立适合中国国情的老龄化制度框架、促进健康和积极老龄化的发展，以及全面推进老年宜居环境的建设。

第一节
人口老龄化对经济与社会的影响

一、对经济发展的影响

人口老龄化程度对地区经济发展的影响主要表现在劳动力供给、产业结构转型、社会保障压力等几个方面。

1. 人口老龄化将改变我国劳动力的供给格局

人口老龄化对劳动力供给格局的影响包括劳动力供给短缺和结构老化。当代中国经济发展在很大程度上得益于充足的劳动力资源。自1978年以来,我国劳动力规模持续以3%左右的速度上升,为生产和经济的高速增长提供了保障。自1990年中国进入人口红利期①,至2010年人口红利达到峰值,这一阶段我国的城镇化水平与经济社会发展迅速。然而,进入21世纪以来,随着人口老龄化进程的加速,我国劳动人口数量逐步下降。预计到2030年,我国的人口红利将衰减为零并转入人口负债期,人口红利窗口逐渐关闭,经济发展也将明显放缓。

劳动人口短缺是较早步入老龄化社会的发达国家普遍面临的发展瓶颈,导致经济的增长速度放缓。世界银行资料(World Bank,2016)显示,日本自1970年人口老龄化率进入快速上升阶段以后,GDP年平均增速出现明显下降。1990年以后,日本人口老龄化程度进一步加深,经济增长则同步经历了又一次明显下降,近10年来经济增速停滞在1.4%~1.8%。在欧洲,德国、法国和意大利同样在20世纪80年代中期前后受到人口老龄化影响而出现经济增速减缓(图2-1)。

从劳动力结构来看,人口老龄化导致老年劳动力比例上升,在总体劳动力数量不变甚至减少的情况下,劳动参与率和生产效率相应下降。当新增劳动力中农村转移劳动力占较大比例的情况下,劳动力素质的下降将进一步直接影响劳动力的有效供给。事实上,近年来我国部分地区已经出现了劳动力结构性短缺的问题。随着人口老龄化程度的持续加深,这一问题将更为严峻。

① 人口红利是指一个国家的劳动年龄人口占总人口比例较大,人口抚养比较低,为经济发展创造了有利条件,整个国家的经济呈高储蓄、高投资和高增长的局面。人口红利带来劳动力资源相对丰富、抚养负担轻、于社会发展有利的阶段被称为人口红利期。

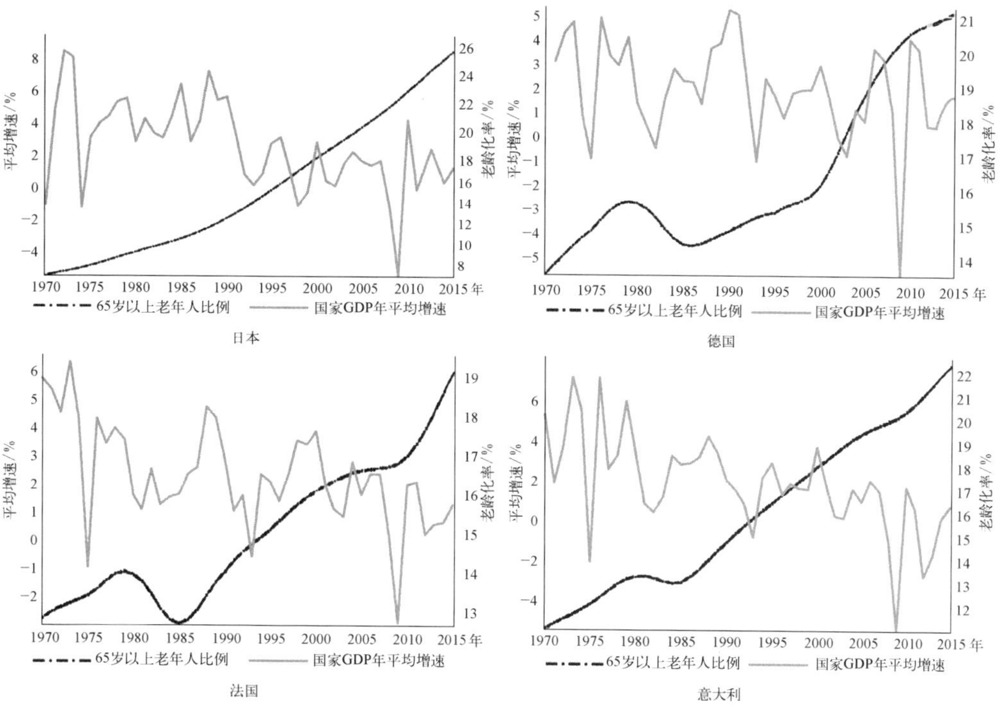

图 2-1　1970~2015 年日本、德国、法国、意大利 GDP 年平均增速和老龄化率对比

注：2008 年各国家 GDP 增速均大幅下滑主要受全球金融危机影响。

资料来源：World Bank，2016

人口结构老龄化还对应着老年人口抚养比①的上升，劳动人口需要负担的老年人口规模增加，这也是未来全球人口变化的整体趋势。联合国人口署（United Nations Population Division）发布的《世界人口老龄化报告 2015》（*World Population Aging 2015 Report*）显示，2015 年全球“抚养人口”中 65 岁及以上的老年人口比例达到 20%，未来还将继续快速增加，预计 2050 年将达到 36%（United Nations，2015）（图 2-2）。

在我国，抚养一个 65 岁以上的人口对应的劳动力数量从 1950 年的 13.8 个降至 2000 年的 10 个，预计 2050 年将进一步降至 2.6 个（Goss，2010）。至 21 世纪中期，中国老年人口将接近人口总规模的 1/3。如果他们当中大多数人既缺乏充足的储蓄，又无法获得家庭的照料，加之较高比例的带病生存率，必然要求国家对养老保障增加投入，这将给中国经济社会的持续发展带来巨大压力。

① 抚养比又称抚养系数，用于度量劳动力人均负担需赡养的非劳动力人口数量。常用每 100 名劳动年龄人口大致要负担多少名非劳动年龄人口的方式表达，即总抚养比=（老龄人口+未成年人口）/劳动力人口。老年人口抚养比指 65 岁以上老年人数对劳动年龄人口数之比。

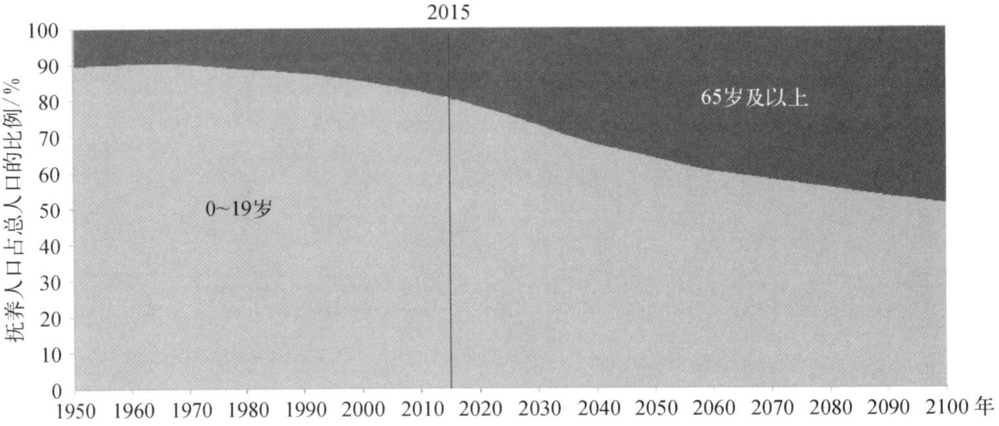

图 2－2　1950~2100 年全球 20 岁以下及 65 岁以上的抚养人口比例变化趋势

资料来源：United Nations,2015

2. 人口老龄化对产业结构优化方向的影响

现代经济增长理论认为,未来可持续的经济增长有赖于产业结构的转型升级。老年人的精力、体力不如年轻劳动力,在掌握新技能方面也存在弱势,通常被认为不利于新型产业部门的成长。应该看到,老龄化对于人力资源和产业的影响既有时空差异,也有行业差异。这种复杂性也使人口老龄化对经济发展的影响呈现出不确定性。有研究指出,必须从根本上消除人口分布不合理和劳动力素质不高双重制约的负面影响,才能顺利实现产业结构的调整与优化(林擎国等,2001);也有研究提出,应该顺应人口的增长方式,促进比较优势产业与高新技术产业相结合的对策建议(钟若愚,2005),促使资本替代劳动,减少社会对劳动力的需求(张杰等,2014)。发达国家的经验值得参考和借鉴:如发展人力资本培训和老年服务产业、提高年轻人和女性的就业率、刺激资本市场根据劳动力结构变化调整资金的投入与产出、挖掘养老服务业潜力等。

为应对人口老龄化对经济发展带来的影响,较早进入老龄化社会的国家已经采取的相关政策包括提高法定退休年龄、鼓励储蓄、增加妇女就业、引入年轻移民、强化教育投入和转变经济发展结构等(Government of Canada,2016;Bloom et al.,2010)。中国人口快速老龄化阶段与城镇化进程相交织,只有促进人口老龄化与经济的协调发展,中国在经济新常态下的转型升级才能得以顺利实现(姚金海等,2017)。

3. 人口老龄化对社会保障形成压力

社会保障作为国民生活和社会安全保障制度,其内容涵盖社会保险、社会救助、社会福利、优抚安置等方面。作为社会文明的重要标志,它为国家经济发展提供了基本动力,为公民生活权利提供了托底保障,为社会安定和谐提供稳定机制(姚金海等,2017)。从经济学的角度来看,养老保障本质上是国民收入再分配的一种基本形式,具有协调养老资源跨期配置和当期兑现的功能。

养老金的充足性和稳健性取决于保障资金收支的长期均衡。中国在家庭养老保障功能弱化、社会养老保障尚未健全的情况下进入老龄化社会,一方面疲于应付养老保障基金支付额的不断增加,另一方面不得不面对养老保险基金的来源逐渐减少。双重压力造成的困境成为社会的沉重负担。2011~2050 年,我国养老保险资金支出估计年均增长 12%,对财政资金的需求量年均增长 10. 6%。以此估算,养老财政资金占财政收入的比例将于 2033 年前后达到 8. 9%(总报告起草组,2015)。

除了持续增长的收支矛盾,我国的养老保障还必须面对各种机制性挑战,包括国民收入分配格局尚不完善、家庭养老保障需求加速外溢、参保人员的负担系数持续提高等。而现行基本养老保险制度自身亦存在救助与福利制度边界不清、对财政转移支付的过度依赖、缺乏风险控制等一系列问题。建立养老保障与经济发展之间的良性互动机制势在必行。发达国家的成功经验证明,充分发挥养老保障制度“提供保障、促进发展”的双重功能,有助于将养老保障制度的可持续性与经济的长期增长联系起来。

美国学者 Wilensky 与 Lebeaux 将社会福利分为补缺型(residual)与制度型(institutional)两类(转引自胡湛等,2012)。“补缺型”的社会福利强调通过家庭和市场途径获得个人所需要的各种福利待遇,只有当家庭和市场作用失调时,国家与政府才会承担相应责任,是为社会无法自助者提供的暂时性和补偿性的社会救助,是对“不幸者的慈善”。而“制度型”的社会福利则主张国家对个人的福利需求有着不可推卸的责任,致力于通过完善的法规制度体系来为个人提供所需的社会福利。制度型社会福利是在现代社会结构中普遍实行的社会制度,通过为全社会的所有人提供相应社会福利与资源达到促进全面福祉和社会发展的目标,具有鲜明的全民保障特点(周沛等,2011)。我国传统的社会福利具有较强的“补缺型”特征,老年社会福利制度以托底保障为目的,对象主要针对“三无”老人①,且主要以政府兴办的社会福利性养老机构进行集中供养,辅以发放补贴等基本生活保障。现行《城市居民最低生活保障条例》仍明确规定:城市“三无”老人均可按照当地城市居民最低生活保障标准,全额享受低保救助。2014 年 9 月发布的《财政部、民政部、全国老龄工作委员会办公室关于建立健全经济困难的高龄、失能等老年人补贴

① “三无”老人是指城镇居民中无劳动能力、无生活来源、无赡养人和抚养人,或者其赡养人和抚养人确无赡养或抚养能力的 60 周岁及以上老年人。

制度的通知》(财社〔2014〕113号),提出给予经济困难的高龄、失能等老年人养老服务补贴,内容从之前的基本生活扩大到养老服务。

英国学者蒂特马斯认为,国家为人民提供福利是对工业社会经济与社会变迁过程的适应与积极回应,政府不仅应该提供国家福利,还应该提供普及型社会福利(钱宁,2006)。2007年,民政部提出建设适度普惠型社会福利,并率先提出有条件的地区可建立困难老人、高龄老人津贴制度。2010年《民政部关于建立高龄津贴制度先行地区的通报》(民函〔2010〕111号)中明确提出对80岁以上老年人发放高龄津贴。目前,已有北京、天津、上海、吉林、云南、黑龙江、宁夏等18个省、直辖市、自治区全面建立高龄津(补)贴制度,其他省份在一定范围内试行。2016年10月,全国老龄办发布《关于推进老年宜居环境建设的指导意见》(全国老龄办发〔2016〕73号),提出从居住、出行、健康、服务和社会文化环境5个方面改善全体老年人的生活环境,可视为普惠型社会福利的重要举措。

二、对社会发展的影响

人口老龄化的进程不仅体现为对老年人自身生存与发展环境日益增长的需求,也将更为深刻地影响整个社会环境的持续发展。

1. 社会主体需求的转变推动制度与政策的调整

随着社会主体结构中老年人比例的迅速增加,老年人对生活质量的追求不仅会推动养老服务事业的发展,也会促进社会治理模式的转型。社会需要建立适应老龄化社会特征的观念、氛围和制度,以实现社会的和谐稳定和良性运转。譬如,鼓励和支持老年人积极参与社会活动、促使劳动力市场对老年人更加包容、构建老年宜居环境等。这些改变有利于构建全社会对老年友好原则的共识,在制度层面推进不同社会群体之间的机会均等和共同发展,立足于社会整合和长期发展的目标,构建相应的公共政策体系。

2. 人口老龄化悄然改变着家庭结构和代际关系

中国传统文化中的“尊老”和“孝”文化在传统社会中具有强烈的伦理性和制度性特征,不仅规范着人们的行为,也主导着中国的主流社会关系(姚远,1999)。譬如中国人对“家”的理解主要以亲子关系为核心,而非西方文化中以夫妇关系为核心(彭希哲等,2011)。然而,随着中国由传统社会向现代社会的过渡,老年人基于财产和经验上的优势所形成的地位逐渐丧失,代际关系呈现出老年人弱势、年轻人和成年人强势的现代格局(吕晓莉等,2014)。加之家庭规模的不断缩小使得家庭成员在不同阶段可以得到的、相互支持的资源不断减少,家庭养老功能趋向于弱化。代与代之间的断裂性和不连续性已使得代际矛盾和冲突成为一种骤生的社会现实而凸显(周晓虹,2008)。

研究表明,代际互动可以增进人与人之间的相互信任和互惠互利,而这两者都是社会资本的核心内容(De Souza,2003)。建立平等、和谐、互补的新型代际关系,有助于促进人在不同生命阶段都能获得更有尊严、更有质量的生活,建构和发展涵盖整个生命历程的代际支持。

3. 重视和预防城乡之间老龄化差距的扩大

我国长期以来形成的城乡二元社会结构,使城市居民所享受的各类社会保障福利尚未完全覆盖乡村地区。全国财政用于社会保障的资金收入大部分拨付给城市居民,用于农村社会保障的公共支出非常有限,城乡之间养老保障和公共服务水平存在差距。

一般性农业生产很难给农民带来较高的经济收益。2010 年,我国城镇老年人平均年收入为 17 892 元,农村老年人为 4 756 元,仅占城镇老年人收入的 1/4 左右。由于青壮年子女多常年外出务工,大量老年农民成为“留守老人”,日常生活无人照料,心理孤独难以排解,常受疾病困扰,其生活压力与困难程度要大于城镇老年人,对社会化养老服务的需求也更加强烈(林宝,2015)。然而,由于农村社会福利和保障制度尚不健全,社会养老保障水平较低。一些地区的村集体财政支出能力有限,或因养老政策差异导致地方养老条件发展受财力、物力限制较明显,提供医疗、文化、照料等为老服务的意识和供应不强。如何建立城乡统筹、形式多样的养老和医疗保险,增加公共养老服务资源的供给,帮助农村老年人解决迫在眉睫的养老问题是“十三五”期间亟待解决的难题。

4. 重新认识健康的意义

健康不仅指个人在身体、精神和社会适应等方面都处于良好的状态,也是促进人力资本可持续发展的基础。健康保障制度建设有助于促进人力资本的恢复和积累,提高劳动参与率,是社会可持续发展的重要制度安排。针对我国老年人普遍存的“长寿不健康”问题,及时采取措施对老年人实施健康促进和干预,不仅有利于降低个人医疗费用支出引起的经济负担,也有利于缓解社会医疗保障的财务压力。目前,我国医疗保险制度具有“低水平、广覆盖”的特点,尚未考虑到各年龄阶段医疗需求的差异,导致老年人事实上能够得到的医疗保障不足。由于各地区间经济发展不平衡,发展较为落后的地区筹集医疗保险基金的能力较低,进一步加剧了不同地区间医疗服务可获得性的不平等。老年人对医疗健康服务的需求将在客观上促进医疗保障和相关服务体系的完善,推动社会进步。

第二节
人口老龄化与城镇化

一、老年人口的空间分布

经济区或省区之间因社会经济发展条件而引起的老龄化演化阶段、特征与趋势方面存在的区域差异(高晓路等,2015),以及区域内部由于城乡人口迁移等原因带来的老龄人口城乡倒置问题和大都市区内部的老龄人口分布差异(王志宝等,2013),构成了我国人口老龄化空间分布的复杂格局。另外,快速城镇化进程中大量人口的跨区域迁移也对我国人口老龄化的空间格局产生重要影响。

根据2010年第六次全国人口普查数据,我国84%的省份已进入老龄化社会。仅广东、西藏、青海、宁夏、新疆5个省和自治区的60岁及以上人口比例尚未超过10%。从发展速度来看,2000年以前人口老龄化水平的平均增长率表现为东部沿海地区最高,中部地区次之,西部地区最低;而2000年以后则相反(王志宝等,2013)。各地老龄化水平均呈上升趋势,但上升的幅度不同,增速也存在差异(孙蕾,2015)。

1. 老年人口空间分布的整体特征

从老年人口的规模来看,我国老年人口规模的空间分布与全国总人口规模的空间分布大体一致,为从东向西依次递减。老年人口规模占全国老年人口总数的比例依次为东部地区43.7%、中部地区30.0%、西部地区26.3%,具有明显的不均衡特征。

从时间进程来看,不同地区进入老龄化社会的时间相差悬殊。如上海于1979年即进入老龄化社会,而宁夏回族自治区于2012年进入老龄化社会,两者相差33年(国家统计局人口和就业统计司,2010)。

从老龄化水平来看,各省份60岁及以上人口占常住人口比例整体呈东高西低的趋势分布(图2-3)。以第六次人口普查时全国常住人口老龄化率13.3%为基准,老龄化率超过全国平均水平的省份主要分布在长江干流流域经济较发达地区,而西部地区省份的老龄化率相对较低。胡焕庸线①也是中国人口老龄化程度分布的重要

① 胡焕庸线即"黑河—腾冲一线",为中国地理学家胡焕庸在1935年提出的划分我国人口密度地理分布的对比线。

分界线，人口老龄化程度较高的地区主要位于胡焕庸线东南（王录仓等，2016）。

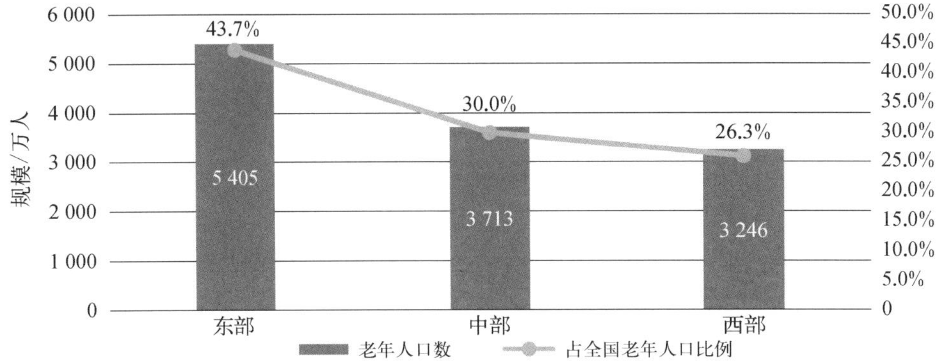

图 2－3　2010 年东、中、西部地区老年人口规模及占老年人口总数的比例

资料来源：根据国家统计局第六次全国人口普查数据整理绘制

2. **五大城市群地区老年人口的空间分布特征**

从五大城市群看，武汉和珠三角的人口结构相对年轻，长三角、成渝、京津冀的老年人口数排名前三，未来将面临更大的老龄化压力（图 2－4）。

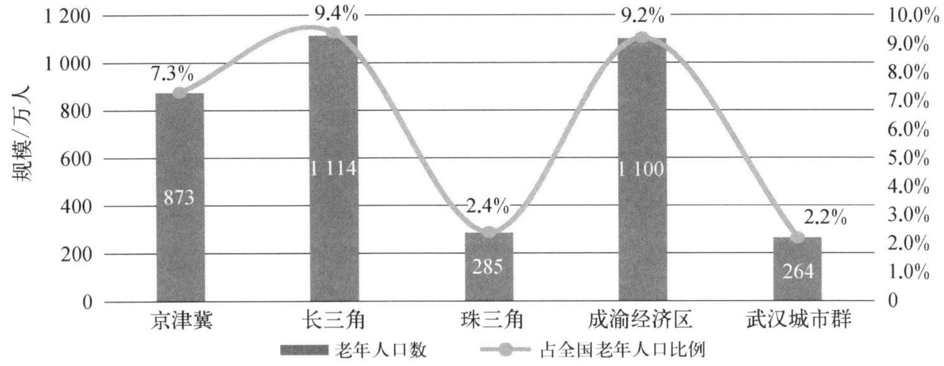

图 2－4　五大城市群老年人口规模和老龄化程度

资料来源：根据国家统计局第六次全国人口普查数据整理绘制

长三角地区的主要城市均已进入老龄化社会。上海、苏州、宁波等城市尽管老年人口规模庞大，但因流动人口比例较高而整体老龄化程度低于南通、台州和扬州。成渝经济区老年人口集中在重庆和成都，两市老年人口均已破百万；其他城市老年人口规模普遍在 50 万以下。成都因大量外来流动人口而整体老龄化率不高；重庆则因农村地区流出劳动人口较多，老龄化率相对较高；此外，眉山、资阳等地老龄化率也已超过 14%。京津冀地区老年人口主要集中在京津和京广线沿线地区。从老年人口的规模来看，京津两市老年人口突破百万，石家庄、保定、唐山老年人口

规模紧随其后。然而，同样由于拥有大量外来流动人口，北京和天津的整体老龄化率低于张家口、唐山和秦皇岛。武汉城市群的老年人口集中于武汉和黄冈两地，呈双峰分布，其他城市老年人口普遍在 20 万左右。珠三角地区流入人口规模较高，除肇庆、江门外，其他城市尚未进入老龄化社会，属于五大城市群中"最年轻"的城市群。

3. 老年人口空间分布的城乡差异

与城市地区相比，中国乡村人口的老龄化程度更深。根据第六次全国人口普查数据，2010 年我国 60 岁及以上城镇老年人口为 4 631 万人，乡村老年人口为 9 930 万人；65 岁及以上城镇老年人口为 3 102 万人，乡村为 6 667 万人；80 岁及以上城镇老年人口为 1 809 万人，乡村为 2 412 万人(图 2－5)。乡村人口老龄化率为 15.0%，比城市人口老龄化率高 3.5 个百分点，比镇人口老龄化率高 3.0 个百分点(图 2－6)。全国有 13 个省份的农村与城镇的老龄化比例差值高于全国水平。根据预测，我国人口老龄化城乡倒置的状况将一直持续到 2040 年左右(李本公，

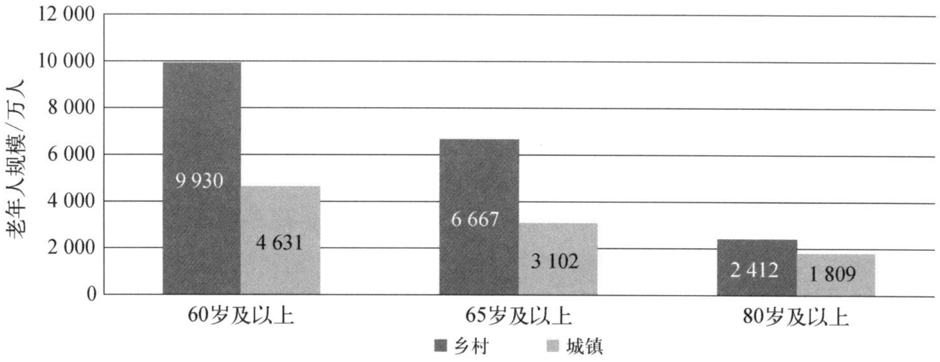

图 2－5　2010 年中国城乡老年人规模比较

资料来源：根据国家统计局第六次全国人口普查数据整理绘制

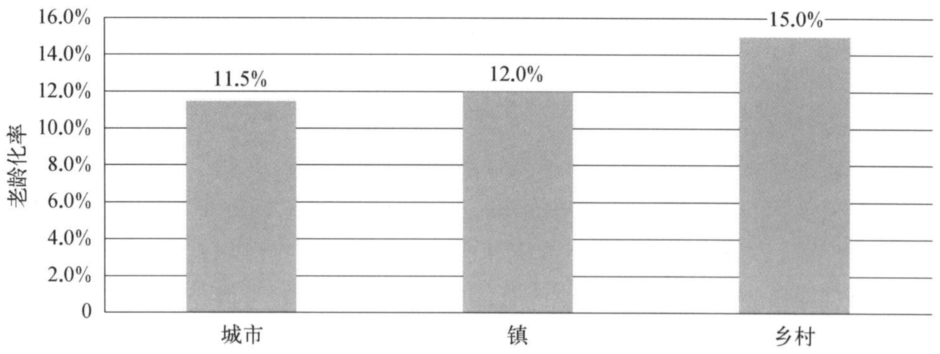

图 2－6　2010 年我国城乡人口老龄化率对比

资料来源：根据国家统计局普查数据与年度数据整理绘制

2007)(图 2－7)。农村人口老龄化的主要原因在于农村生育率下降、人均预期寿命延长和大规模城乡人口流动等。由于农村经济基础较为薄弱,养老保障不充分,在家庭养老功能日益弱化的趋势下,对制度化养老安排的需求更加迫切。

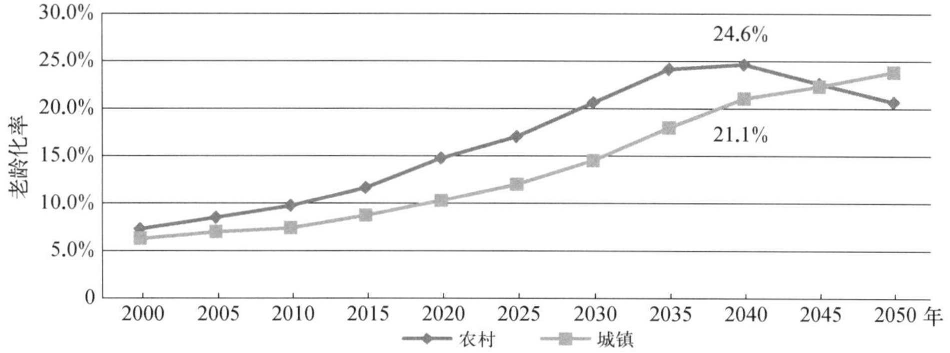

图 2－7　2000~2050 年我国城乡人口老龄化水平发展趋势

资料来源：根据李本公(2007)数据整理绘制

从全国层面的城镇化与老龄化关系来看,农村青年人口大量进城加速了城镇化进程,一方面造成了农村老龄化程度不断加深(徐高,2013;辜胜阻等,2011),另一方面缓解了城市人口的老龄化进程(彭小辉等,2012;童玉芬等,2012;翟振武,1996),从而加剧了城乡人口老龄化的时空差异(表 2－1、图 2－8)。

表 2－1　我国流动人口年龄结构

年龄结构/岁	人口数/万人	比例/%	女性人口数/万人
0~4	220.8	3.08	98.3
5~9	201.3	2.81	86.5
10~14	156.8	2.19	67.4
15~19	554.1	7.74	261.7
20~24	1 424.7	19.90	661.8
25~29	1 102.3	15.40	491.9
30~34	906.8	12.67	388.9
35~39	901.0	12.59	388.9
40~44	740.8	10.35	378.2
45~49	435.2	6.08	176.0
50~54	187.7	2.62	72.2
55~59	152.1	2.12	64.7
60~64	80.8	1.13	36.2
65+	94.7	1.33	45.5

资料来源：根据国家统计局第六次全国人口普查数据整理绘制

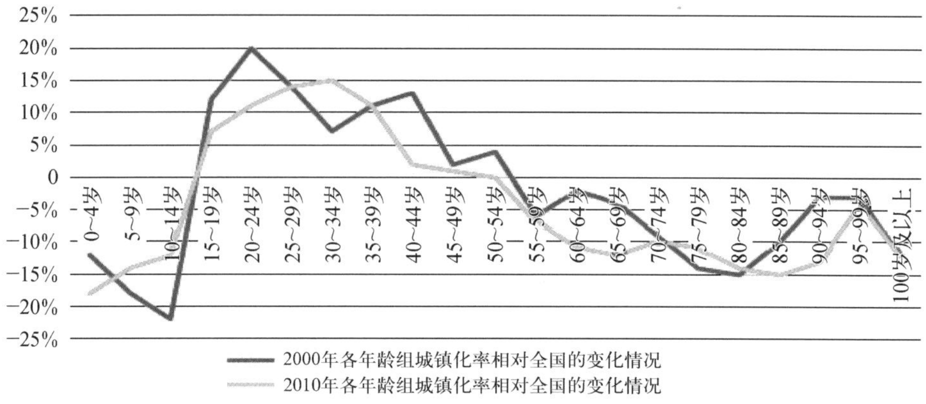

图 2－8　2000 年与 2010 年各年龄组城镇化率相对全国的变化情况

资料来源：根据国家统计局第五次及第六次全国人口普查数据整理绘制

4. 大都市区内部的老龄人口分布差异

老年人口空间分布的不均衡特征不仅体现为地方差异、城乡差异，在城市内部同样存在分布差异。城市在社会转型和空间重构的过程中，以社区为单位的社会空间极化现象十分显著（高晓路等，2015）。部分缺乏家庭及社会支持的老年人，在生活条件和价值取向等方面与年轻社会成员的差异不断加大（颜秉秋等，2015）。伴随着旧城更新力度不断加深，老年人有逐渐向老城及边缘化社区集聚的趋势。于涛方等（2012）将这种现象的产生归结为集聚效应（如拆迁和新建的老年社区）和残留效应的共同作用。从上海的数据来看，对照“六普”和“五普”的人口资料，上海 65 岁及以上老年人口呈现向城市边缘区和近郊区集聚的趋势，中心城区老年人口比例逐年下降；近郊和远郊区成为中心城区迁出老年人口的主要输入地，同时也是外来老年人口的主要截留地区（表 2－2）。

表 2－2　上海市 65 岁及以上老年人口的空间分布

地　区	2010 年			2000 年		
	65 岁及以上老年人口/万人	占所在区县总人口比例/%	占全市 65 岁及以上老年人口的比例/%	65 岁及以上老年人口/万人	占所在区县总人口比例/%	占全市 65 岁及以上老年人口的比例/%
核心区	25.79	14.51	11.06	33.87	16.37	18.09
边缘区	68.86	13.22	29.54	60.82	12.51	32.49
近郊区	91.92	8.47	39.43	60.24	9.43	32.18
远郊区	46.56	8.98	19.97	32.27	10.44	17.24

注：表中的核心区指黄浦区、静安区和虹口区，边缘区指长宁区、闸北区、徐汇区、杨浦区和普陀区，近郊区指浦东新区、嘉定区、闵行区和宝山区，远郊区指松江区、奉贤区、金山区、青浦区和崇明县（2016 年，崇明撤县设区）。

资料来源：根据第六次和第五次全国人口普查数据整理绘制

二、老年人口的迁移与流动

除了人口年龄结构的自然变化，人口的迁移和流动①也是影响城乡地区人口老龄化水平的重要因素。作为人口变动的双重驱动力，城镇化和老龄化之间存在相互影响（刘爽，1998）（图 2-9）。

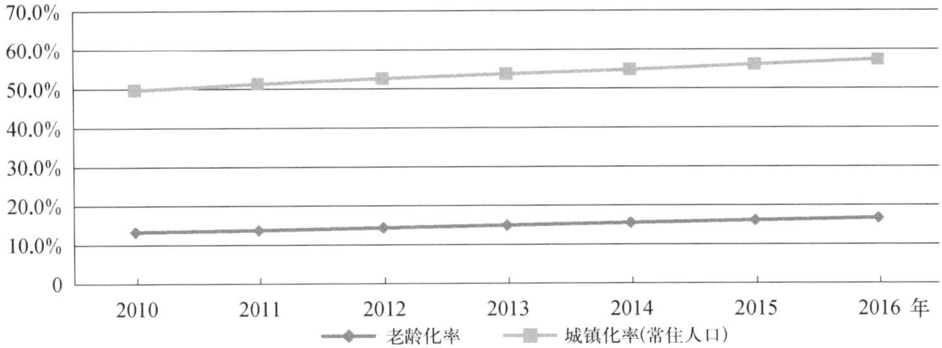

图 2-9　全国老龄化率与常住人口城镇化率关系

资料来源：根据国家统计局 2010~2016 年国民经济与社会发展统计公报数据整理绘制

20 世纪 80 年代中期以后，我国流动人口规模呈快速增长趋势。根据 1990 年第四次全国人口普查数据，当时我国流动人口数量为 2 135 万人。至 2010 年第六次全国人口普查时，流动人口数量增至 2.2 亿人（姜向群等，2013）。人口流动的主力是劳动人口，流动主要方向是从经济欠发达地区向发达地区、从农村向城镇。由于流动人口以青壮年劳动力为主，人口输出地的常住人口老龄化率相对提高，而大量劳动力流入的经济较发达地区，常住人口老龄化水平则相对降低。

以迁移人口主要流入地上海市和人口流出地贵州省为例。2010 年上海 60 岁及以上老人占户籍人口的 23.4%，占常住人口的 15.1%。其中，1 122.4 万外来人口使上海市常住人口老龄化率比户籍人口老龄化率降低了 8.3 个百分点。反观人口输出地贵州省，2010 年 60 岁及以上老年人口占户籍人口的 11.5%，占常住人口总量的 12.8%（韦璞等，2013）。全年净流出人口 710.0 万人，使得贵州省常住人口老龄化率比户籍人口老龄化率增加了 1.3 个百分点（图 2-10）。可见，劳动力的迁移降低了人口流入地的常住人口老龄化率，提高了人口流出地的常住人口老龄化率。劳动力外迁对于加速欠发达地区人口老龄化的影响值得关注。

① 迁移是指人口离开户籍所在地长达半年以上的长期或永久性居住地改变；流动是指人口短期离开又返回原居住地的现象。

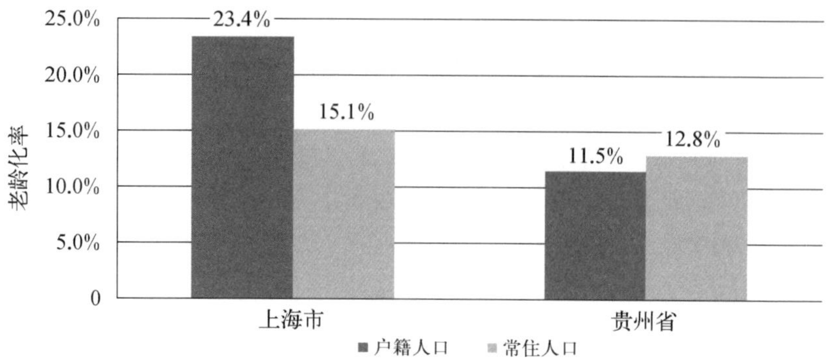

图 2-10　2010 年上海市与贵州省户籍人口老龄化率与常住人口老龄化率对比

资料来源：根据上海市老龄科学研究中心(2011)、国家统计局第六次全国人口普查数据、韦璞等(2013)整理绘制

第六次全国人口普查数据显示,2010 年我国 60 岁以上的迁移老年人口①规模为 934.4 万人,约占全国老年人口总数的 5.3%。老年人口的迁移原因较为复杂,既有追求生活质量和生活方式等个人因素,也有与成年子女间相互照料等家庭因素,以及经济能力、婚姻状况、民族等综合社会因素。针对迁移老年人的研究发现,老年人的迁移随着年龄的增大和身体健康状况的下降而逐渐递减,远距离迁移老年人受教育程度总体偏高(刘颖,2014)。一项针对北京市的研究显示,2/3 的省际老年人口迁移原因是投靠亲友或随迁家属,迁移老年人与子女一同居住的比例高达 84.1%(孟向京等,2004)。研究还发现,家庭成员供养是迁移老年人口的主要经济来源,占比高达 81.3%,老年女性尤其依赖家人的经济供养。离退休养老金在老年人的经济来源中所占比例很少,男性为 12.3%,女性仅为 5.6%(表 2-3)。

表 2-3　迁移老年人口的经济来源对比

性　别	迁移男性	迁移女性
劳动收入	36.1%	9.3%
离退休养老金	12.3%	5.6%
最低生活保障金	2.0%	1.0%
财产性收入	0.9%	0.3%
家庭成员供养	45.6%	81.3%
其　他	3.2%	2.5%
合　计	100%	100%

资料来源：孟向京等,2004

① 迁移老年人口是指人口普查数据中 60 岁及以上老年人离开户口所在地长达半年以上的人口。

除了在经济上缺乏独立性，老年人还不得不面对各项社会保障和补贴的户籍地限制。从迁移的方向来看，老年人口的迁移具有从小城市向大城市、从生活成本相对较低的地区向生活成本较高地区迁移的趋势（吴要武，2013；张伊娜等，2012），迁入广东、天津、上海、北京和山东 5 个省、直辖市的老年人口占老年迁移人口总数的 48.5%，整体上与城镇化人口迁移方向一致。

从另一个角度看，老年人口的迁移也给计划配置思路下的养老服务供给带来很大的不确定性。以上海为例，“六普”数据显示，2010 年全市人户分离人口 384.1 万人，占户籍总人口的 27.2%，较“五普”时增长了 70.8%。其中，60 岁及以上老年人人户分离人口 65.9 万人，占人户分离总人口的 17.1%（表 2-4），即现阶段上海平均每 5 个老年人口中就有一例人户分离。这无疑为按照户籍人口定额指标配置基本养老服务设施的传统规划思路提出了新的挑战。

表 2-4　上海市 2010 年与 2000 年 60 岁以上老年人人户分离状况比较

年　份	60 岁及以上老年人人户分离人口数	老年人人户分离人口占人户分离总人口比例	老年人人户分离人口占户籍老年人口比例
2010 年	65.9%	17.1%	19.9%
2000 年	27.4%	12.2%	11.1%

资料来源：2010 年数据来自上海市统计局网站的《上海户籍人口人户分离状况及特征分析》；2000 年数据来自上海市 2000 年全国人口普查资料

此外，面对生活环境和生活方式的改变，老年人如果不善于自我调节和积极适应，可能产生的家庭矛盾和心理问题会严重降低老年人的生活质量。一项针对北京市的调查发现，流动老年人中仅有 16%经常参加社区活动，近半数流动老人从没参加过现居住地的社区活动（祝银等，2010）（图 2-11）。

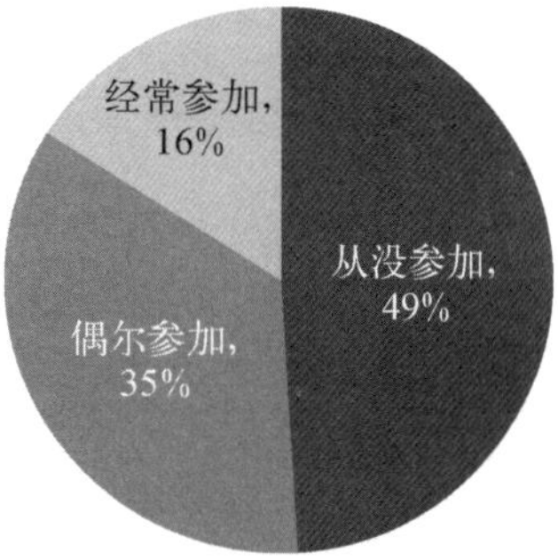

图 2-11　北京市流动老年人社区活动参加情况

资料来源：祝银等，2010

近年来，以健康休养、增长见闻为目的的旅居养老模式日益赢得老年人的喜爱和社会的关注。旅居养老的目的地大多气候温和、环境优美，旅居行为多具有季节性、巡回式特点，也被称为“候鸟式”养老。旅居养老以主动提升自身生活品质为特点，与中国老年人传统的勤俭克己、被动服务型养老态度形成了鲜明的对比，具有积极意义。以改善生活质量为目的的旅居和异地养老在发达国家的老年人中较为普遍，如美国东、北部寒冷地区的退休老年人向气候温暖的佛罗里达州、亚利桑那州、加利福尼亚州等地迁移，英国老年人向阳光充足的西班牙迁移，日本老年人向风光秀丽的泰国、马来西亚迁移等。除了适宜的气候、优美的环境,向消费水平较低的国家和地区迁移也有助于缓解经济压力,但不得不面对重建社会网络、语言障碍和潜在的养老服务水平差异等问题。

中国的“候鸟老人”出现于2005年前后,以躲避严酷气候和回归自然环境为主要动机,目的地主要聚焦于三亚、海口、厦门、福州等温暖地带。2013年,赴三亚越冬的老年人达到40万,超过了三亚本地人口,在促进当地服务业和商业发展的同时,也给当地的交通、医疗等公共服务带来了巨大压力。这些老年人中的绝大多数来自冬季严寒地区,每年10月以后规律性地前往三亚避寒(黄璜,2013)。随着次年4月前后外地老年人陆续离开,当地酒店、房屋出现大量空置,公共服务需求急剧下降,城市管理和服务业面临冷热交替的挑战。值得注意的是,北方凉爽的夏季似乎并未引起南方炎热地区老年人同样的旅居兴趣。尽管黑龙江等地提出积极发展夏季养老产业、搭建跨省异地养老协作平台的发展战略,但到访的老年人多以短期旅游为目的,并无季节性居住的长期打算。

为了舒缓城市生活的节奏和压力,越来越多的老年人选择退休后回归田园生活。这些老年人大多选择在户籍地城市周边的乡镇寻求第二住所,通常会继续持有原住房和相应的福利。以长三角地区为例,江苏省的苏南丘陵地区、浙江省的天目山地区、安徽省的皖南地区养老服务产业均因此得到发展,安徽黄山也迎来了多个大型养生养老项目,在客观上刺激了地方养老产业的发展和住房租售市场。

【美国亚利桑那州太阳城】

旅居和迁居养老在美国十分普遍。位于西部的亚利桑那州凤凰城气候温暖,阳光充足,自20世纪60年代开始建造的太阳城(Sun City)老年持续照料社区已吸引44 000老年人在此落户。随着人口和用地规模的持续扩大,为老年人服务的配套设施也不断增加,如购物中心、医院、剧院、康乐中心等,另配建有专业的高尔夫球场、游泳场馆等体育设施。由于凤凰城夏季炎热,16 000名老年人为季节性入住旅游度假型老人,28 000人为常住老人。美国老年人的独立意识较强,较少介入成年子女的生活,也不依赖子女的照料。尽管美国各州的法律不完全相同,但退休人士的福利和养老金制度是全国统一的,保证了老年人的迁移过程没有后顾之忧。

与发达国家成熟的旅居与迁移养老不同,在我国非户籍老年人较难在异地获得与户籍居民同等水平的社会福利,这在很大程度上限制了老年人的自由迁徙。目前,部分地区开始尝试通过跨行政区划的转移支付解决流动老年人口的异地养老服务和福利保障问题。譬如京津冀制定协同发展规划，鼓励京籍老人异地养老、旅游养老，津冀地区的养老服务试点机构可享受北京市养老床位运营补贴、医保政策互联互通等（徐飞，2016）。根据《京津冀养老工作协同发展合作协议（2016—2020 年）》，三地拟通过合作破除老年人的身份与户籍限制，实现老年福利与服务在地区间的互通。长三角地区也对养老保障一体化合作展开了尝试，上海等城市率先开展了养老服务常住人口全覆盖。

【长三角异地养老试点】

2009 年，由江苏省人力资源和社会保障厅、浙江省人力资源和社会保障厅、安徽省人力资源和社会保障厅、上海市人力资源和社会保障局联合印发《长三角地区异地居住企业离退休人员养老保险待遇资格协助认证合作协议》，对三省一市跨省（市）异地居住且享养老保险待遇的企业离退休人员，实行资格认证，并提供优质服务。《上海市养老设施布局专项规划（2013—2020 年）》在确定全市与各区县养老人口规模时，也将外来常住老年人口纳入规划视野，提出各区设施用地的弹性控制（江苏省人民政府，2010；上海市规划和自然资源局，2014）。

第三节
面向老龄化社会的城市应对

人口老龄化是贯穿我国 21 世纪的基本国情，积极应对人口老龄化是国家的一项长期战略任务（全国老龄工作委员会办公室，2018）。“积极应对人口老龄化”的含义包含以下三方面内容：首先是社会应积极看待老年人已经做出的贡献和继续发挥余热的潜能，将老年人作为宝贵的资源纳入经济社会持续发展的框架；其次是公共政策的决策者应积极面对人口结构转型过程中新的发展条件和机遇，探索适合自身条件、具有自身特色的发展道路；最后也是最重要的，帮助老年人采取积极的态度面对生命历程的每个阶段，享受安全、健康和有尊严的晚年生活。中国的人口老龄化是在经济欠发达、就业不充分和社会保障不完善等背景下到来的，与经济社会的发展并不同步。因此，中国的人口老龄化对策不应仅是针对具体问题和阶段性矛盾的应急措施，而应寻求能将经济、社会和人文发展高度整合的制度框架和中长期发展战略,以便根据轻重缓急和系统影响做出正确的决策,帮助各部门在高度统一的发展目标和工作框架下协同行动。

一、法规体系建设

老龄化程度较高的发达国家的经验无一例外地表明,在发展过程中逐步形成完善的政策和制度体系是应对老龄化趋势的基本举措。这个体系由不同的部门和机构相互配合,并由前后衔接的系列政策逐步推进。尽管中国的人口老龄化肇端于21世纪初,但由于与经济全球化、人口城镇化和经济体制改革的深化阶段等重要历史进程重叠,其紧迫性和重要性在21世纪的第一个十年间未能获得足够的重视,相关的法规体系建设明显滞后。

1996年,《中华人民共和国老年人权益保障法》(以下简称《老年人权益保障法》)颁布,为我国老年公民享受社会保险、社会救济和医疗卫生等基本权益奠定了法律基础。2013年,修订后的《老年人权益保障法》明确了应对人口老龄化的几个重要方向:① 提出"积极应对人口老龄化是国家的一项长期战略任务";② 明确了政府、社会和家庭在养老问题中的地位和责任,提出由居家、社区和机构共同构成的养老服务格局,强化了社区在养老服务中的重要基层作用,鼓励社会力量兴办多元化的现代养老服务业;③ 新增"老年宜居环境"章节,强调居住环境对老年人生活质量的重要影响;④ 明确提出应保障老年人参与经济、政治、文化和社会生活的权利。此外,修订后的《老年人权益保障法》还提出了逐步开展长期护理保障、对外埠老年人实行同等优待等老龄工作目标,尽管近期实施难度很大,但为我国老龄事业的发展勾勒出了方向。

2011年,《国务院关于印发中国老龄事业发展"十二五"规划的通知》(国发〔2011〕28号)中提出的老龄工作目标为"以科学发展为主题,以改革创新为动力,建立健全老龄战略规划体系、社会养老保障体系、老年健康支持体系、老龄服务体系、老年宜居环境体系和老年群众工作体系,服务经济社会改革发展大局,努力实现老有所养、老有所医、老有所教、老有所学、老有所为、老有所乐的目标"。2017年,《国务院关于印发"十三五"国家老龄事业发展和养老体系建设规划的通知》(国发〔2017〕13号)中提出的工作目标为"着力加强全社会积极应对人口老龄化的各方面工作,着力完善老龄政策制度,着力加强老年人民生保障和服务供给,着力发挥老年人积极作用,着力改善老龄事业发展和养老体系建设支撑条件,确保全体老年人共享全面建成小康社会新成果。"不难发现,两次"五年规划"的工作目标均高度重视制度框架的建设(表2-5)。

表 2－5　“十二五”和“十三五”国家老龄事业基本原则和发展目标

	“十二五”规划	“十三五”规划
总体目标	以科学发展为主题，以改革创新为动力，建立健全老龄战略规划体系、社会养老保障体系、老年健康支持体系、老龄服务体系、老年宜居环境体系和老年群众工作体系，服务经济社会改革发展大局，努力实现老有所养、老有所医、老有所教、老有所学、老有所为、老有所乐的工作目标，让广大老年人共享改革发展成果	加强全社会积极应对人口老龄化的各方面工作，着力完善老龄政策制度，着力加强老年人民生保障和服务供给，着力发挥老年人积极作用，着力改善老龄事业发展和养老体系建设支撑条件，确保全体老年人共享全面建成小康社会新成果
基本原则	老龄事业与经济社会发展相适应 立足当前与着眼长远相结合 政府引导与社会参与相结合 家庭养老与社会养老相结合 统筹协调与分类指导相结合 道德规范与法律约束相结合	以人为本，共建共享 补齐短板，提质增效 改革创新，激发活力 统筹兼顾，协调发展
具体发展目标	1. 建立应对人口老龄化战略体系基本框架，制定实施老龄事业中长期发展规划 2. 健全覆盖城乡居民的社会养老保障体系，初步实现全国老年人人人享有基本养老保障 3. 健全老年人基本医疗保障体系，基层医疗卫生机构为辖区内65岁及以上老年人开展健康管理服务，普遍建立健康档案 4. 建立以居家为基础、社区为依托、机构为支撑的养老服务体系，居家养老和社区养老服务网络基本健全，全国每千名老年人拥有养老床位数达到30张 5. 全面推行城乡建设涉老工程技术标准规范、无障碍设施改造和新建小区老龄设施配套建设规划标准 6. 增加老年文化、教育和体育健身活动设施，进一步扩大各级各类老年大学（学校）办学规模 7. 加强老年社会管理工作。各地成立老龄工作委员会，80%以上退休人员纳入社区管理服务对象，基层老龄协会覆盖面达到80%以上，老年志愿者数量达到老年人口的10%以上	1. 多支柱、全覆盖、更加公平、更可持续的社会保障体系更加完善 2. 居家为基础、社区为依托、机构为补充、医养相结合的养老服务体系更加健全 3. 有利于政府和市场作用充分发挥的制度体系更加完备 4. 支持老龄事业发展和养老体系建设的社会环境更加友好
任务	老年社会保障 老年医疗卫生保健 老年家庭建设 老龄服务 老年人生活环境 老龄产业 老年人精神文化生活 老年社会管理 老年人权益保障 老龄科研 老龄国际交流与合作	健全完善社保体系 健全养老服务体系 健全健康支持体系 繁荣老年消费市场 推进老年宜居环境建设 丰富老年人精神文化生活 扩大老年人社会参与 保障老年人合法权益

资料来源：根据《国务院关于印发中国老龄事业发展“十二五”规划的通知》（国发〔2011〕28 号）和《国务院关于印发“十三五”国家老龄事业发展和养老体系建设规划的通知》（国发〔2017〕13 号）整理绘制

针对我国社会保障总体水平低、覆盖面过小、制度不健全等现实问题,“十三五”规划提出建设多支柱、全覆盖、更加公平、更可持续的社会保障体系。其中最为紧迫的是公平问题,如城乡之间养老保障的社会化程度和水平问题、城镇企业和事业单位养老保障的平衡问题以及流动老年人的养老保障问题。参考国内外先进经验,尝试构建多层次的养老保险制度,综合部署中央政府统筹的基础养老保险、强制性个人账户养老保险、企业年金、个人储蓄、商业保险和最低生活保障。此外,健全医疗保障体系,扩大覆盖范围,发挥商业保险的作用,扩大养老保险金涉及的范围也需要通过公共政策予以引导,在实践中进一步探索适合中国特色的保障制度改革方向。

【中国台湾地区的老年人社会保障制度】

中国台湾地区的老年人社会保障制度主要由社会保险和社会救援两部分构成,具体包括社会保险制度、职业退休金制度、社会津贴制度和社会救助制度。① 社会保险制度包括从 1949 年开始实施的劳工保险,以及军人保险、公务人员保险以及私立学校教职工保险等。② 职业退休金制度在社会保险金之外,只针对军人、公务人员及劳工三个群体,是上述三个群体获得的第二层职业年金。该制度规定雇主对其雇佣者提供保障。③ 社会津贴制度是与社会保险并行的双元体制,只在部分县、市得到实施。此外,1995 年开始实施的农民老年福利对象是 65 岁以上符合条件的农民和渔民。④ 社会救助制度是根据台湾地区社会救助法规定,面向贫困线以下“低收入家庭”发放的生活补助及相关服务,老年人口中的低收入者也包含在其中(尹豪等,2006)。

在国家和地方层面制定相应政策,鼓励探索由居家养老、社区养老、机构养老共同构成的社会养老服务体系。重视家庭对社会福利的补充功能,促进政府、市场与家庭责任的优化组合,并根据经济与社会等各个方面的阶段性条件做出妥善安排,是人口老龄化趋势下中国养老制度重要的创新领域。处于城镇化转型阶段的中国社会应高度重视家庭规模、结构和稳定性的变化,为家庭成员赡养老人减轻负担、创造条件,通过公共政策对家庭为赡养老人所付出的财力、物力、精力和时间等予以恰当补偿。如以家庭为基本单位的税收政策,以社区为单位的基本养老服务投资,将家庭成员承担老年人长期护理的成本纳入社会保险范畴等。这不仅有利于社会综合养老资源的优化配置和弹性组合,而且有助于中国传统养老文化的传承和进化。正如哈耶克所说的,理想的制度“将永远与传统紧密相连并受到传统的制约”(弗里德里希·冯·哈耶克,1997)。通过政府投入、老年住房开发的政策支持和建设指导,形成老年住房的良性供应体系。通过法律明确老年人的居住权益,如老年住房的标准、老年住房的保障形式和适老化改造的相关规定。

为了确保各项老年服务资源的科学配置和管理,需要民政、卫生健康、规划及土地管理等多个部门相互协作。面对巨大的需求和资金压力,相关责任部门应引入创新机制,逐步开放老年住房、养老社区、养老服务市场,采取公建民营、民办公助、补助贴息等多种途径,引导和支持社会力量参与。明确养老产业的发展方向,营造公平的竞争环境。

人生的不同阶段是一个相互关联的过程,在不同阶段人的各项能力的发展是不平衡的。不仅如此,老年人的个体之间、群体之间的能力也具有显著的差异,今天的老年人与过去的老年人、未来的老年人都存在明显的异质性。面对错综复杂的需求和不断发生的变化,公共政策的设计需要予以充分的考虑。老年人不应被简单视为需要被供养、被照顾的对象,"当我们的公共政策不再机械地将老年人与被供养人画上等号,人们自立自强的意识就可能会增强、不良的生活方式就可能会减少、平均健康水平就会提高,社会运行成本才有可能降低,从而形成积极应对老龄化的良好环境"(彭希哲等,2011)。

二、战略发展目标

1. 建立适应人口老龄化的制度框架

调整生育的政策、鼓励生育是改善人口结构的重要举措。日本自20世纪末以来连续推出《少子化对策推进方针》(1999)、《少子化社会对策基本法》(2003)、《少子化社会对策大纲》(2004)、《新少子化对策》(2006)等,不断改善生育环境,旨在减轻抚养和教育子女给家庭带来的经济负担。韩国政府也于2006年推出了《低生育老龄社会基本计划》,在鼓励家庭生育的同时主动分担养育责任,倡导家庭和睦和两性平等的社会环境(王彦军等,2015)。我国现阶段的实际总和生育率[①]已下降至1.20左右,低于国际低生育率警戒线(1.30),劳动力供给由过剩向短缺转变,出现日益严重的"空巢"和"失独"老人的养老问题。我国已着手推出调整生育的政策,部分地区,如辽宁省在《辽宁省人口发展规划(2016—2030年)》中开始采取奖励政策。提高生育率无疑是减轻老龄化压力的重要手段,然而国际经验表明仅靠生育政策的调整很难实现人力资本积累的稳定预期。尤其是对于正处在社会和经济发展转型期的中国,应积极采取措施协调人口老龄化与现有政策体

① 总和生育率指一个国家或地区的育龄妇女平均生育子女数。要保证人口相对于上一代人口数量不增不减,则理论上一对夫妇需生育2个孩子。考虑到未成年人夭折和性别比例不对称等因素,通常认为总和生育率应高于2.0才能维持人口的世代更替。

系之间的矛盾,及时制定应对"人口负债"的中长期发展战略。譬如,将社会已得到的"人口红利"更多地投资于教育、卫生和福利等领域,通过人力资本的积累和开发以提高劳动生产率,用相对较少的劳动力人口创造出满足老龄化社会需求的社会财富(彭希哲等,2011)。

国家老龄事业"十三五"规划明确提出,"十三五"期间政府应加强顶层制度设计,制定长期发展战略,建立法律法规体系。人口老龄化对经济社会的影响并非简单的人口问题,从社会整合和长远发展的战略视角促进老龄化社会的发展,首要的任务就是需要排除各种制度阻碍因素,建立及时调试、相互适应的制度框架。社会发展的经验一再表明,以某一部门为基础制定的公共政策,在实施过程中必须要有其他部门的配合与支持,才能达成相应的目标(OECD,2002),战略视角的转变对跨部门的协同与合作提出了更高的要求。然而就目前的情况来看,由于我国各行政部门长期以来形成的条线分割而导致政策矛盾的情况并不少见。例如,尽管政府部门大力提倡加强家庭在养老服务中的作用,城市住房政策却通过严格的面积标准控制促使家庭小型化,相互照料、多代同堂的居住模式在狭小的居住空间里很难实现。再如,尽管政府认识到社会力量在养老服务业发展中的重要地位并连续推出政策促进民间养老服务业的发展,但在土地利用、运营补贴和设施的更新利用政策等方面却尚未出台明确意见,导致后者得不到公平稳定的运营环境。

面对人口老龄化的挑战,制度框架的调整应积极引导伴随人口老龄化出现的新的经济活动,有计划地发展老龄事业和产业,统筹政府、市场和社会三个方面的资源,利用适当的政策工具促进公共物品、准公共物品的有效供给,积极发展养老服务业等。以目前中国的实力而言,仅仅依靠政府的力量难以满足需求的增长,政府、市场、社会、家庭和个人都是相应的责任主体,也各自具有自身的优势。政府应从原来的决策者、投资者、执行者等复杂事务中转向规则的制定者,引导和规范市场参与养老服务业,通过调节人口、产业规划、部门协调机制创造友好的政策环境。

2. 促进健康和积极老龄化

制度框架建立的前提是科学的发展目标和原则。从被动应付到积极应对,全社会各个领域和各个层面需要在发展的核心目标和原则方面达成共识。我国在法规体系建设方面滞后于老龄化的发展进程,其中一个很重要的原因是相关政策研究与科学探索仍然比较匮乏,难以为决策提供有力的支撑。因此,较早进入老龄化社会的发达国家的研究历程与成果积累具有重要参考价值。针对 21 世纪以来国际通用的科学引文检索数据库(Web of Science,WOS)核心合集数据库的研究表明,"健康"不仅是贯穿各国老年友好城市建设的核心议题,也是多领域学科交叉的焦点领域(于一凡等,2018a)(图 2-12)。

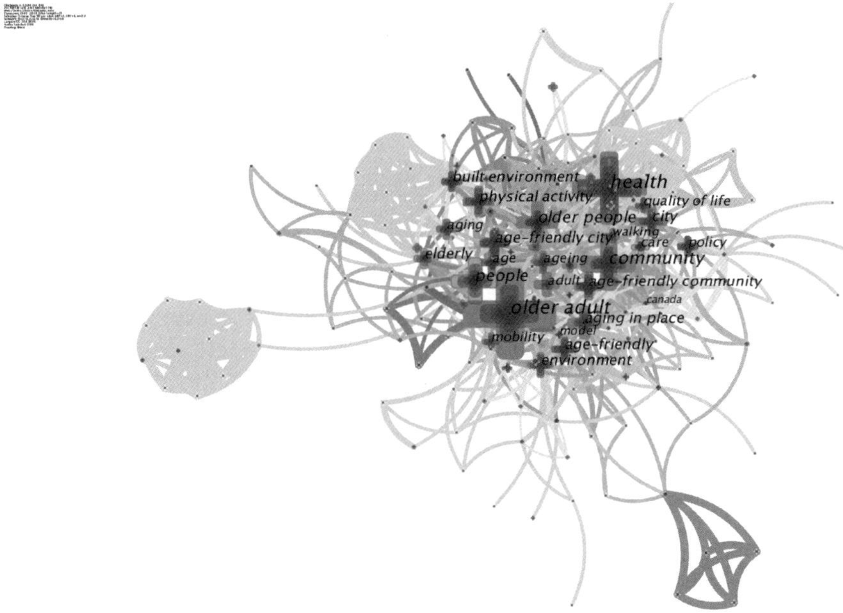

图 2-12　基于 WOS 数据库的"老年友好城市"领域关键词共现分析

资料来源:于一凡等,2018a

现代意义上的"健康"不仅指生理功能健全和生理机能的正常发展,更具有"生理、心理和社会的完全的安宁状态"的含义(WHO,1996a)。世界卫生组织认为,老年人的健康是家庭、社区和经济的资源(WHO,1996b),是个人能够继续为社会做出贡献的基石(WHO,1997),促进老年人的健康是各国老年友好城市建设的关键指标(Green,2013)。

自 1990 年哥本哈根世界老龄大会在《老龄问题国际行动计划》中明确提出"健康老龄化"(Healthy Aging)以来,这一理念已经成为各国面对人口老龄化挑战的核心原则。2015 年,世界卫生组织在《世界老龄化与健康报告》(*World Report on Ageing and Health*)中将"健康老龄化"定义为发展和维护老年健康生活所需的功能发挥的过程(WHO,2015b)。其中:① 功能发挥是指使个体能够按照自身观念和偏好来生活和行动的健康相关因素,它由个人内在能力与相关环境特征以及两者之间的相互作用构成;② 内在能力是指个体在任何时候都能动用的全部身体机能和脑力的组合;③ 环境包括组成个体生活背景的所有外界因素,包括从微观到宏观层面——从家庭、社区到广大社会(图 2-13)。这里的"环境"包括建筑环境、人际关系、态度和价值观、卫生和社会政策、支持系统及其提供的服务等综合要素。

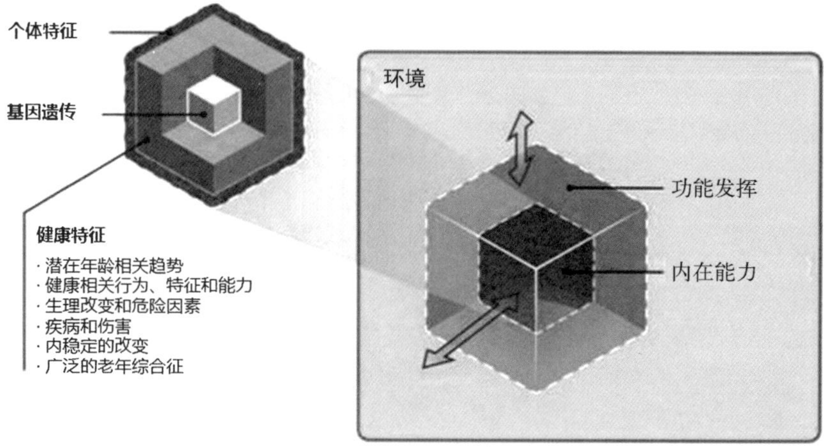

图 2－13　世界卫生组织健康老龄化定义模型

资料来源：WHO,2015b

贫困和养老服务供给水平的差异影响着老年人的健康水平和幸福感。其中，收入、教育水平差异与老年人的生理疾病和心理健康状况紧密相关，并直接决定了人们在健康水平和生活方式上的系统差异。公平公正的社会环境是最具价值的社会资本，对于实现老年人的健康平等具有重要意义(鲁肖麟,2015)。中国社会在过去三十年间经历了重要转型，社会阶层分异加剧，社会经济的不平等随着年龄增长不断积累，成为中国老年人获得健康和幸福感的巨大障碍。促进老年人的健康平等，不仅需要大力完善各项养老服务设施和建成环境，也有赖于促进缩小社会隔离的有效政策和行动。

1999 年，世界卫生组织再次提出“积极老龄化(Active Aging)”的发展理念(图 2－14)，指出应对人口老龄化的对策应从“以需求为基础”的发展为“以权利为基础”，重视人们在社会生活的各方面应该拥有平等的机会和权利，即便步入老年，仍能够行使责任、参与政治进程和社区生活的其他方面。相对于“健康老龄化”而言，“积极老龄化”纳入了更多公民权利、社会正义的内涵，体现了观念的发展与进步(表 2－6)。今天，全球范围内应对老龄化的发展理念已从生物医学领域扩展到公共政策、生活方式、生命历程研究等领域，老年人已成为保障与福利、生活质量、社会参与等内容与社会整体持续发展的重要方面。

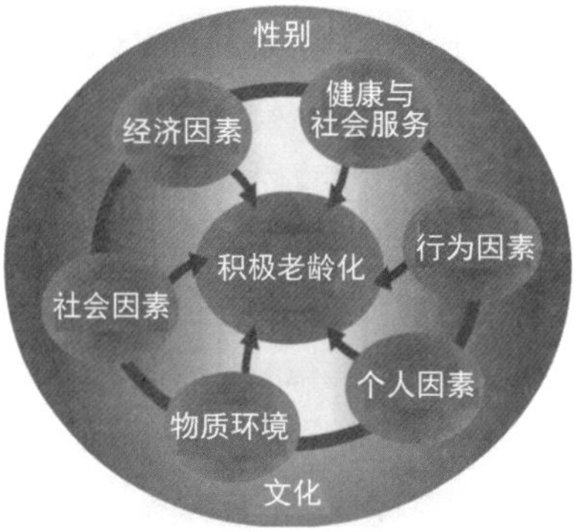

图 2－14　积极老龄化的构成要素

资料来源：WHO,2002

表 2－6　从健康老龄化到积极老龄化的发展

	健康老龄化	积极老龄化
提出时间	1990 年	1999 年
核心理念	一个人进入老年以后，在生理、心理、社会适应能力等方面仍保持良好状态，能够保证生活质量较高，成为一个健康老年人	通过各种方式为老年人参与社会创造条件，让老年人在融入社会的同时获得自身的权益、需求与物质生活、精神生活的保障，以便更好地适应老龄化社会的发展变化
战略视角	以需要为基础 关注老年人的身心健康	以权利为基础 从制约老年人健康的社会因素出发，将老年人视为社会财富和社会进步的积极贡献者

资料来源：根据 WHO(2002)整理绘制

在我国，健康老龄化的相关理论和实践已从老年医疗卫生保健、促进老年人的体质和心理健康水平拓展到公共政策体系、综合环境的适老化对策，出现了生物医学与心理学、社会医学等综合发展的趋势(郭熙保等，2013)。这些令人欣喜的转变将为社会和经济生活的诸多方面带来持久性的影响，包括劳动力结构的稳定发展，老年人生理和心理健康状况的持续改善，老年人积极参与社会、经济和政治生活，进而促进全社会的健康持续发展。

积极老龄化强调通过调动老年人的主观能动性，促进健康、参与和保障权利的充分实现。通过社会资本的培育和积累推动老年人的社区参与，促进社会资源的利用和公平分配，即以强化社区行动为老年人创造支持性的环境(王继伟等，2015)。社会资本同时也是揭示环境—社会—行为之间互动关系的认识工具，有助于理解环境与社会因素的相互作用，以及个体与群组之间的联系。个体与环境之间的相互作用网络可以用来揭示一系列共同的结果，这是单纯通过集合个体健康表现的分析而难以实现的。

参考世界卫生组织的《世界老龄化与健康报告》，我国促进健康和积极老龄化的战略部署可以围绕以下领域展开(表 2－7)。

表 2－7　促进“健康老龄化”与“积极老龄化”的战略部署

能力	部门				
	交通运输部	住房和城乡建设部	民政部、财政部	人力资源和社会保障部、教育部	国家卫生健康委员会
满足基本需求	• 确保获得基本服务、养老服务的安全交通选择	• 保证老年人获得适合的住房 • 确保城市结构和景观的安全、便利与可达性	• 提供生活与经济保障 • 为需要照护老年成员的家庭提供帮助 • 向老年人提供及时的养老服务信息	• 提供适合老年人的再就业培训	• 确保提供充足卫生保健康复服务

续 表

能力	部门				
	交通运输部	住房和城乡建设部	民政部、财政部	人力资源和社会保障部、教育部	国家卫生健康委员会
学习、成长和决策	• 确保一线交通运营者接受有关老年人需求与非歧视业务的培训	• 确保老年人了解住房选择的信息 • 根据通用设计原则建设环境设施 • 支持慢行交通工具的使用	• 促进照护计划的制定 • 确保政策制定充分考虑老年人需求	• 确保老年人易于使用公共资源，通过教育项目向老年人介绍新技术	• 提供可选择的照料费用预算
保持活动	• 确保老年人和失能者可以利用公共交通 • 确保提供老年人优先座椅	• 帮助老年人家庭进行住房改造 • 确保人、车行安全的道路环境 • 提供便于老年人活动的设施	• 以易于理解的形式提供多种交通选择与实践信息	• 确保工作场所适合老年人需求	• 开展住房与健康需求评估
建立和保持各种关系	• 保证设置足够的公交车站，让老年人可以便捷到达目的地	• 规划促进社区融合的住房 • 保证适合的人均住房面积 • 在社区及城市中提供老年活动场所	• 支持志愿者组织促进老年人参与社会活动 • 为老年人提供社会活动信息	• 确保老年人有机会与其他工作者分享经验	• 支持老年人保持良好身体与精神状态
做贡献	• 确保提供交通工具使老年人可以获得工作及志愿服务机会	• 确保住房周边有相关服务设施、工作与志愿服务机会	• 提供失业保险 • 提供志愿服务信息	• 为老年劳动者提供机会 • 实施非强制性退休政策 • 实施政策防止职场年龄歧视	• 提供覆盖重急病症、老年专病的健康保险

资料来源：根据 WHO（2015b）并结合我国实际情况整理绘制

3. 建设老年宜居环境

影响老年人生活质量的不仅是个人的生活状况，还在很大程度上取决于老年人群体生活的物质环境和社会环境。基于 Web of Science 核心合集数据库的研究表明，21 世纪以来，关于老年宜居环境的国际研究热点议题依次是：生活质量（quality of life）、就地老化（aging-in-place）、体力活动（physical activity）、建成环境（built environment）、政策（policy）、照料设施（care facilities）、公共参与（public participation）、劳动能力（work ability）等（于一凡等，2018a）。上述内容大体可归纳为物质空间环境和社会环境。

物质空间环境既包括客观空间要素也包括主观感知环境要素。从尺度上看，既要考虑社区层面的物质要素和空间细节，也应在城市层面的空间结构与规划特征上做出相应的安排。城市化的进程和城市空间的变迁对老年人的社会网络与身份认知存在潜在影响，也是老年友好环境的有机组成部分。

社会环境与物质空间环境相辅相成，通过提供情感关怀、信息支持等引导健康生活方式、促进社会参与。因此，终身教育、老年人就业和志愿服务等应得到充分重视。此外，鼓励老年人参与社区事务和社会活动有助于巩固老年人与社区间的纽带。

实现社会包容是建设老年宜居环境的重要目标。推进提高邻里环境质量的政策行动，将老年宜居环境内容纳入城市（再）发展和城市管理政策是发达国家应对人口老龄化的共同选择。

保持积极而富有成效的社会参与不仅对社会有益，也对老年人的心理和精神健康大有裨益。老年人与其生活的环境同样是多样的、动态的和变化的，两者之间的互动可以迸发出令人难以置信的潜力（WHO，2015b）。创造真正适合老年人的环境，需要社会各界采取长期的协作行动。世界卫生组织在鼓励创造关爱老人的环境、培育全球关爱老人城市和社区网络等方面所付出的长期不懈的努力值得赞赏。

老年人的知识经验累积使其成为推动社会经济继续发展的重要人力资源。老年人就业不仅有助于提高自身的生活满意度和自我价值感，也有利于减轻人口老龄化带来的社会经济压力，包容的社会应该鼓励基于能力而不是年龄的社会规范（Rowe et al.，2015）。通过促进包括终生教育、职业生涯规划、终生健康服务和各个阶段基本保障在内的体系全面发展，帮助老年人在公平分享社会发展成果的同时，持续地为家庭与社会进步做出贡献。我国在“十一五”阶段即提出了“老有所养、老有所医、老有所学、老有所教、老有所为、老有所乐”六项总体目标，目标在于消除现代社会价值观念中对老年人的年龄偏见，引导人们重新正确认识老年人口的价值。

三、近期行动计划

城市是公共政策的制定者和执行者，也是老年人衣食住行的场所，肩负着承上启下的使命。创建老年友好城市的行动需要结合城市发展的阶段，在一致的行动目标下整合不同领域的政策与行动，为长期战略目标的实现奠定基础。

2005 年，世界卫生组织在巴西里约热内卢召开的第十八届老年病学和老年医学世界大会（World Congress of International Association of Gerontology and Geriatrics，IAGG）上首次提出了“老年友好城市”（Age-friendly City）的理念。2007 年，WHO 在全球 22 个国家的 33 个城市[①]进行调查的基础上发布了《全球老年友好城市建设指南》（*Global Age-friendly Cities: A Guide*），具体提出了建设老年友好城市的 8 个主要方面，即户外空间与建筑、交通、住房、社会参与、尊重与社会包容、公众参与及就业、信息交流以及社区支持与卫生健康服务（WHO，2007）（图 2－15）。制定该指

① 包括墨西哥城、莫斯科、新德里、里约热内卢、东京、伊斯坦布尔、伦敦、纽约、上海等。

南的目标是：通过优化健康、参与和安全的机会鼓励积极老龄化，提高老年人的生活质量，促使各国主动识别老龄友好城市环境的特征，通过老年友好环境的建设帮助老年人保持健康与活力，积极参与家庭、社区和社会生活。该指南同时也作为城市进行自我评估和制订规划发展蓝图的工具。

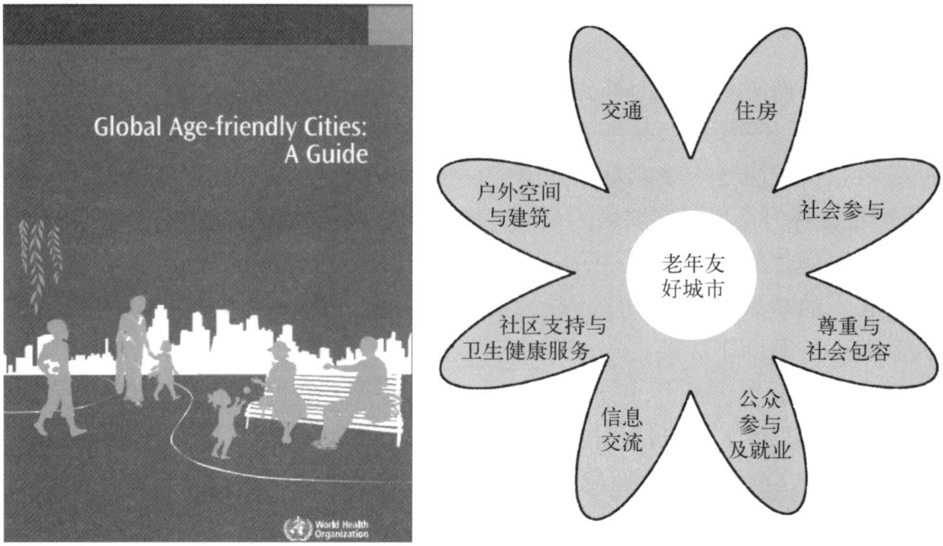

图 2－15　世界卫生组织“全球老年友好城市建设指南”及“老年友好城市”的 8 个主要方面

资料来源：WHO，2007

“老年友好城市”的理念在全球得到了广泛认可，北美洲、欧洲、亚洲和大洋洲的很多国家纷纷响应，相继提出了各自建设老年友好城市的框架，如 2015 年欧盟为促进老年友好城市发展而组织发布的“欧洲老年友好环境：老年友好环境建设在欧洲的革新”，2010 年纽约市政府发布的“老年友好的纽约：为老年纽约人增加城市活力”，2012 年波特兰市政府发布的“向老年友好的波特兰前进”，2014 年英国城市老龄化联盟制定的“老年友好城市研究和评价框架”，2010 年曼彻斯特市政府制定的“曼彻斯特：养老天堂 2010—2020”，2015 年伦敦市政府发布的“老年友好城市——伦敦走了多远”，2010 年首尔市政府福利部门发布的“老年友好城市——首尔：我们一起创造，一起享受”等。尽管老年友好城市并没有统一的建设和判断标准，但世界各国多以《全球老年友好城市建设指南》为蓝本，结合自身的建设基础和城市治理条件提出自己的发展框架，并在物质环境和社会环境方面各有侧重。

例如，美国纽约老年友好城市框架包括社区与公众参与、住房、公共空间与交通、健康与社会服务四个方面的内容。其中，住房、公共空间与交通的内容均以提高空间环境的适老化水平为要点，侧重住房的可支付性和居住条件的改善，为老年人提供方便、舒适的出行环境。社区与公众参与部分重点关注老年人的就业与经济保障、参与志愿者服务和文化娱乐生活等，帮助老年人融入社会的发展与进步。健康与社会服务部分则主要涉及公共政策、社会保障和养老服务，旨在通过医疗和社会服务改善老年人生活的独立性(图 2－16)。

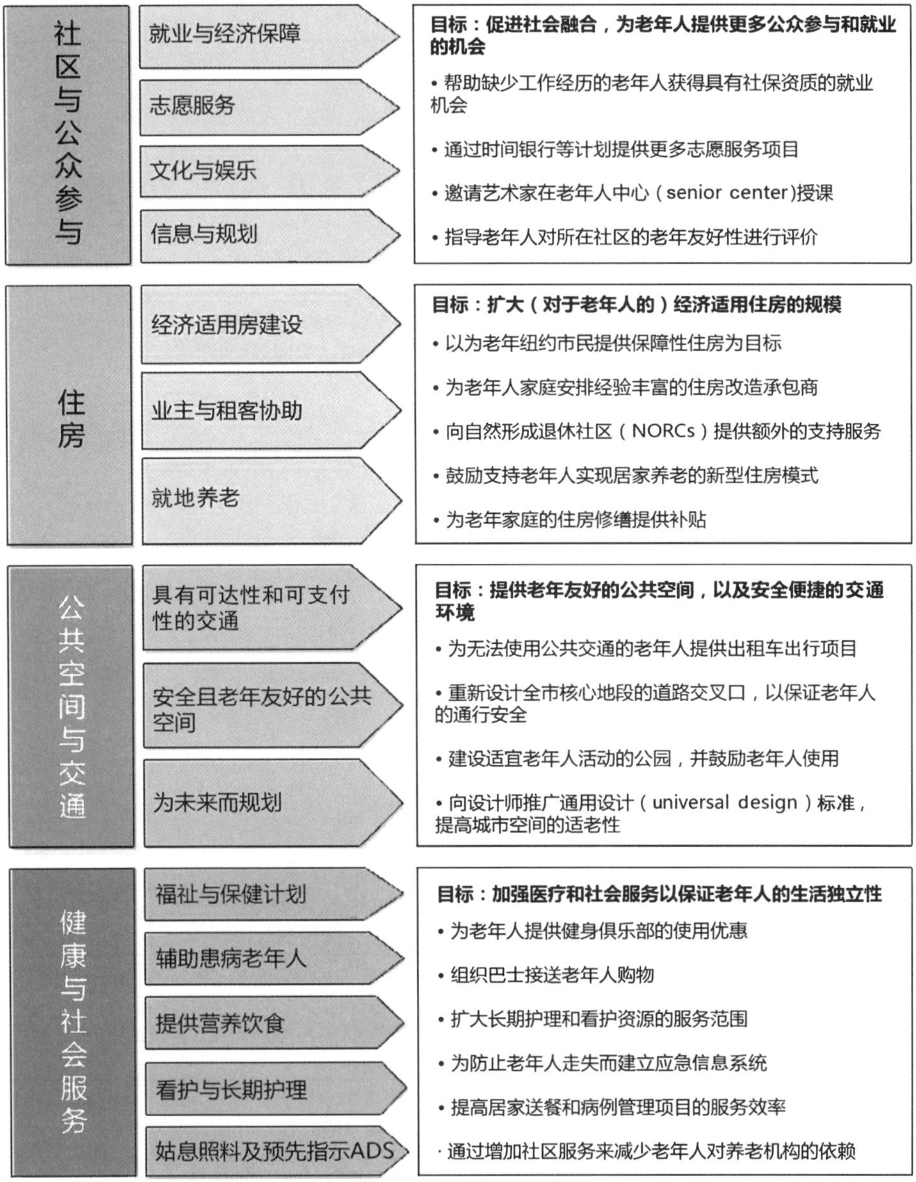

图 2－16　美国纽约市老年友好城市建设的主要措施

资料来源：The Council of the City of New York City Hall, 2009

由英国城市老龄化联盟(UK Urban Ageing Consortium)开发的《老年友好城市研究和评价框架》沿用了《全球老年友好城市建设指南》框架的几个主要方面。不同的是,英国的老年友好城市框架在结合自身特点的基础上,提出了具有更强指导意义的内容,并强调了框架作为评价标准的意义(表2-8)。

表2-8 英国老年友好城市研究和评价框架

主要方面	老年友好城市考察的要点
户外空间与建筑	◆ 减少城市环境对老年人的障碍(及在可达性、包容性方面做出的改善) ◆ 绿色、开放空间对促进老年人的健康和福祉的作用 ◆ 老年人在规划和设计过程中发挥的作用 ◆ 城市环境对老年人个性、自我意识和归属感的影响 ◆ 开发商和规划师在建设项目中的长期影响 ◆ 公共空间在使用、共享和配置过程中内在价值的发挥
交通	◆ 交通、出行对老年人健康与福祉的重要影响 ◆ 物质空间环境和社会环境对老年人使用不同交通方式的限制 ◆ 交通在促进老年人社会融入、幸福感和独立自主方面的关键作用 ◆ 交通在维系老年人自身与外界联系中发挥的作用
住房	◆ 住房条件与健康不平等的关系 ◆ 住房适老化对老年人独立生活的支持 ◆ 住房政策创新对依赖养老金生存的贫穷老年人的影响及提供的选择 ◆ 住房对获得社会认同、地位、延续感和社区感发挥的作用 ◆ 住房设计对满足老年人的需要和创建老年宜居环境发挥的作用
社会参与	◆ 社会参与、健康和幸福之间的关系 ◆ 衡量老年人脱离社会的风险 ◆ 有意义的、富有成效和具有鼓励性的社会活动的价值 ◆ 社会网络所提供的实际帮助和情感支持 ◆ 互惠和交流在社会支持网络中的作用
尊重与社会包容	◆ 改善对待老年人的消极态度和歧视行为 ◆ 关注歧视对老年人身心健康造成的影响 ◆ 关注已被制度化的老年歧视态度和行为 ◆ 认识社会基本组织方式对老年人排斥的程度
公民参与和就业	◆ 促进老年人就业、参与志愿工作和活跃行使公民权利,肯定其做出的重大社会贡献 ◆ 关注老年人就业方面所面临的特殊需要和复杂挑战 ◆ 志愿服务对促进老年人健康和幸福(以及对生活转变的支持)的重要作用 ◆ 承认老年人拥有的平等公民权利,促进其行使公民参与的权利
信息交流	◆ 沟通和信息在支持老年人的社会参与、促进健康和幸福感方面的关键作用 ◆ 兼顾正式和非正式交流与信息的价值 ◆ 开展有效沟通和获得信息存在的障碍和挑战(尤其是科技进步带来的挑战) ◆ 传播和信息对改善老年人知晓度与选择行为的作用

资料来源:英国城市老龄化联盟,2014

位于日本东北地区的秋田市提出的《秋田年龄友好型城市行动计划》同样延续了《全球老年友好城市建设指南》框架的8个主要方面。其特点是在确定具体目标的基础上强调"行动"措施,形成近期具体行动清单。如在居住环境改善部分提出"改善老年人居住环境的便利性”目标,相应的行动计划罗列了房屋维修、住宅搬迁和改造援助、注重房屋的适老化改造、无障碍住房以及住房咨询的改进,共5项具体措施(表2-9)。

表2-9 日本秋田市年龄友好城市行动计划

基本方针	基本措施	具体措施
室外空间和建筑	基本服务的提供	• 提供公共设施 • 购物支撑 • 可放心使用的服务
	舒适的居住环境	• 公园建设 • 垃圾减量化和资源循环利用的推广 • 保护自然环境
	安全可靠的社区	• 防止犯罪的对策
	道路环境的改善	• 车行道、人行道的改善
	除雪措施	• 冬季出行安全保障 • 排雪道路网络
	交通安全保障	• 交通安全对策 • 道路交通环境的改善 • 市民交通安全意识的提高
交通运输	公共交通的促进	• 改善公共汽车通行环境 • 开发公交服务系统 • 改进铁路通行 • 提供充实交通信息
	老年人日常行动的设施保障	• 改善老年人安全行动设施
居住	改善老年人居住环境的便利性	• 房屋维修 • 住宅搬迁和改造援助 • 注重房屋的适老化改造 • 无障碍住房 • 住房咨询的改进
	防止老年人居住隔离	• 生活环境能够与社会接轨
社会参与	发展不同领域的、不同程度的老年人社会参与	• 加强老年人终身学习 • 提供多样的社会参与机会
	地区活动的支持	• 促进代际交流
尊重与社会包容	推动老龄化社会中的老年人意识改革	• 在学校中普及老龄社会的概念 • 建立老年人、老龄社会的正面形象
	让老年人更容易在社会中发声	• 改善会诊制度 • 保障老年人权益
公民参与就业	增加志愿者的机会	• 改善老年人参加志愿活动的现状
	保障老年人就业机会	• 老年人就业支持 • 老年人事业支持
	老年人就业环境的改善	• 改善雇佣环境 • 改善各种工作安排环境
	老年企业家的支持	• 老年创业者的资金支持

续 表

基本方针	基本措施	具体措施
交流与信息	提供易于老年人理解的信息	• 为老年人提供信息
	创造有利于老年人的信息环境	• 通过各种媒体提供信息 • 改进窗口服务
	老年人信息传播支持	• 提供信息设备的使用支持 • 普及易于信息传播的设备
社区支持和健康服务	健康、福利、医疗信息供给	• 提供易于理解的信息
	咨询行业的改善	• 改善会诊制度
	改善健康、福利、医疗服务	• 增强社区综合护理 • 促进终身健康的推广 • 推进护理预防
	加强地区福利活动	• 相互支持的区域发展 • 确保灾难时期的支援体系
	加强社区活动支持	• 通过社区的政府合作支持 • 加强先进通信和信息技术的应用

资料来源：日本秋田市，2013

值得一提的是，老年友好城市的核心是“全龄友好”。安全、无障碍的宜居环境同时能够为残疾人、儿童、妇女等提供便利。而包容、积极的社会环境则有利于整个社会从老年人的积极参与中受益。

2014 年，世界卫生组织神户健康发展中心在对包括发达国家（如美国、法国、日本）和发展中国家（如肯尼亚、斯里兰卡、哥斯达黎加）在内的 15 个国家进行全球试点的基础上，提出了一套用于评估全球社区的年龄友好程度的核心指标——《建立老年友好城市的全球指标》（*Measuring the Age-friendliness of Cities: A Guide to Using Core Indicators*）（WHO，2015c）。

《建立老年友好城市的全球指标》在公平性、可及性和包容性三项核心原则的基础上形成了以“投入—产出—结果—影响”为逻辑的评价指标体系（图 2－17）。由于指标的选取便于测度、比较、分解，并且与总体目标紧密关联，因而具有较强的指导性。从《全球老年友好城市建设指南》到《建立老年友好城市的全球指标》，“老年友好城市”在不足 10 年的时间里由理念走向实践，由国际组织的倡议成为各国（地区）发展建设的行动计划。不难看出，老年友好城市的建设正在成为积极应对人口老龄化的国际共识。

我国在老年友好城市建设方面也表现出与国际接轨的意识，并积极参与全球化行动，谋求应对人口老龄化的解决方案。目前已有齐齐哈尔市、上海市浦东新区等 14 个城市（区）被列为国家级老年友好城市（区）试点。上海市是参与起草《全球老年友好城市建设指南》的中国城市，并于 2015 年颁布了我国第一个老年友好

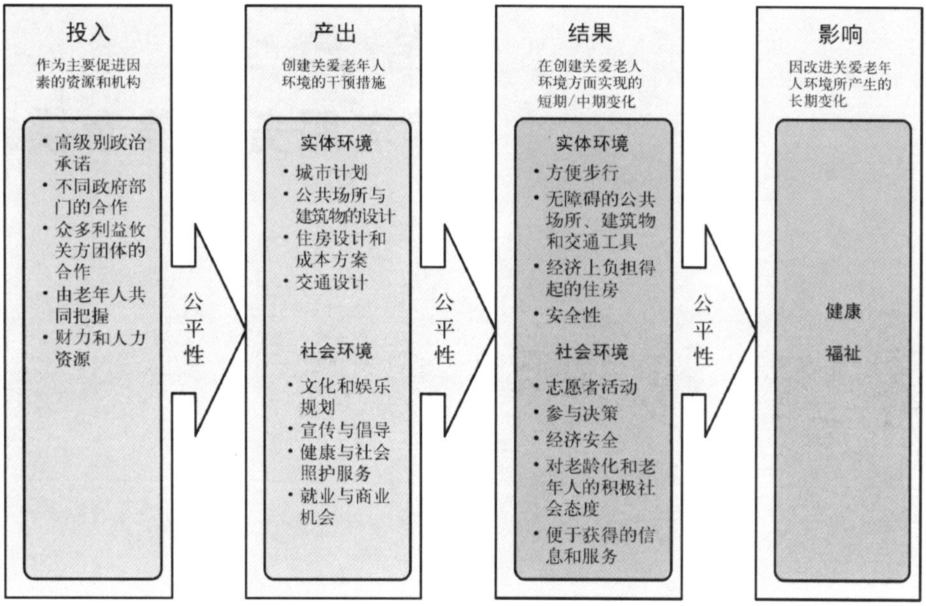

图 2－17　关爱老年人城市指标集的挑选框架

资料来源：根据 WHO(2018)编译绘制

城市的地方标准《老年友好城市建设导则》(DB31/T883—2015)。

上海市《老年友好城市建设导则》中提出的老年友好城市建设宗旨是：在城市建设、规划和发展中，通过政策、管理和引导，以积极的姿态，发掘老年人和城市的潜能；通过社会服务、场所和设施支持，社区、企业、社会组织以及家庭和个人的参与，为老年人提供适宜的公共社会资源和人文环境；营造全社会尊重包容老年人的氛围，促进老年人全面融入社会，让老年人有更好的自主生活和社会参与机会，享有健康和有尊严的老年生活。其内容同样参照《全球老年友好城市建设指南》的 8 个主要方面展开，具体包括：① 户外环境和设施；② 公共交通和出行；③ 住房建设和安全；④ 社会保障和援助；⑤ 社会服务和健康；⑥ 文化教育和体育；⑦ 社会参与；⑧ 社会尊重。

第三章 养老服务与养老模式

当人生步入暮年，个体在生理、心理和社会适应等各个方面的需要会相应地发生变化。同样地，进入老龄化的社会在满足社会运行与发展方面的举措也需要及时做出调整。养老服务的逻辑起点是老年人生存和发展的需要。提高以健康为基础的生命质量既是所有老年人的基本需要，也是养老服务事业和产业发展的核心目标。养老模式的选择既是老年人主观需要的反映，也受到客观条件的制约。社会化养老服务包括居家、社区、机构三种类型，三者互补协作、共同构成社会养老服务格局。面对人口老龄化加速发展的严峻挑战，养老服务业的发展应适应老年人养老模式的选择，确保老年人的生活质量随社会进步得到同步提升。

第一节
养 老 服 务

一、老年人的需要

人类个体在生理、心理和社会适应方面的各种需要，主要表现为主观感受到的缺乏或不平衡状态。老年人的需要受生理状态、认知水平和环境因素等影响，其结构具有层次性特征。

根据美国心理学家马洛斯提出的需要层次理论（Maslow's Hierarchy of Needs），人的需要可以归纳为生理需要、安全需要、归属与爱的需要、尊重的需要及自我实现需要（Maslow，1943）。这些需要从低到高呈金字塔形分布，一般只有当较低层次的需要得到满足以后才向较高层次的需要发展；但各层次需要之间存在相互依赖的关系，较高层次的需要得到发展后，较低层次的需要仍然存在，只是在主观排序中显得不再紧要。越高层级需要的满足对于前提条件和客观环境的要求越多，因而越难获得满足（图3－1）。

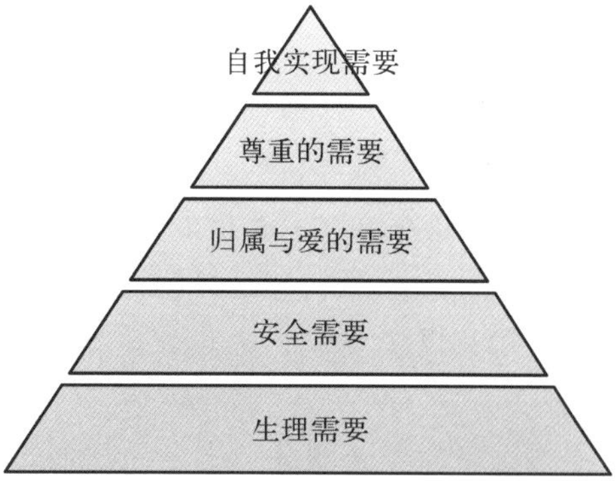

图3－1　马斯洛需要层次模型

老年人的基本需要主要包括衣、食、住、行等生存和生活需要，通常以占有物质和服务资源的方式获得满足，如一日三餐、适当的居住和出行条件等；较高层次的需要包括对文化、休闲、社会交往和自我实现等的发展需要，通过参与社会、经济、文化活动等方式获得满足。不同层次的需要之间存在相互影响和调节的机制，如良好的健康状态和友好的交通环境有助于促进老年人积极出行，进而获得更多参与社会交往、放松身心的机会；而积极的户外活动不仅有利于提高老年人的身心健康水平，也有助于促进建成环境的维护和社会环境的改善。

由于老年人的身体机能随着年龄增长而不断退化，以个体健康为核心的生命质量构成了老年人需要层次模型的基石（图3－2）。生命质量包括整体健康

(general health)、生理功能(physical functioning)、生理职能(role-physical)、躯体疼痛(bodily pain)、活力(vitality)、社会功能(social functioning)、情感职能(role-emotional)、心理健康(mental health)8方面内容(Ware et al.,1996)。为了帮助老年人在晚年获得较高的生命质量,以世界卫生组织为代表的国际组织先后提出了成功老龄化(Successful Ageing)、健康老龄化(Healthy Ageing)、积极老龄化(Active Ageing)等理念,鼓励老年人主动选择健康的生活方式,倡导家庭与社会在促进老年人身心健康、角色转换和价值体现等方面承担责任和提供服务。

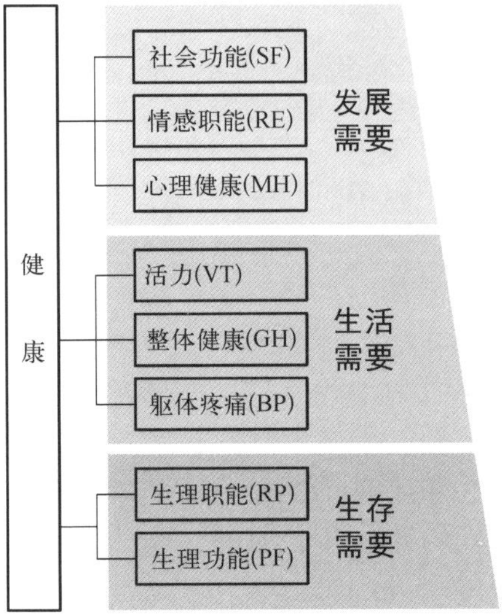

图3-2　生命质量与老年人不同层次需要之间的关系模型图示

二、养老服务

养老服务是为了满足老年人不同层次的需要而开展的一系列活动,主要包括医疗保健、生活照料和精神慰藉等内容。按照养老服务的供给来源,除老年人的自我服务以外,主要包括来自家庭内部的家庭养老服务和来自家庭外部的社会养老服务。

1. 家庭养老服务

家庭养老服务是指由家庭成员(包括子女、配偶和其他亲属)为老年人提供的物质赡养、生活照料和精神慰藉等服务。

"积谷防饥,养儿防老"。中国传统文化中的家庭代际关系含有强烈的抚育与反哺的相互义务,对我国的社会伦理和制度规范产生了重要影响。养老的"养"字在甲骨文里表现为持鞭驱羊,含有"被赡养"和"被供养"的意思(图3-3)。直至今天,中国老年人对晚年生活质量的期待仍主要来自家庭提供的保障,尤以得到子女事无巨细的照料为"老年得福"的标志。

图3-3　甲骨文"养"

尽管孝文化是东方社会的传统美德,但自21世纪以来,受多方面因素影响,我国家庭养老功能正在迅速弱化。首先,人口结构的高龄化、少子化特征愈发显著,不可避免地削弱了家庭养老服务功能,特别是空巢、独居老年人,很少得到来自成年子女或亲属的照料。其次,无论是老年人还是成年子女,出于对独立、自主生活的追求,多代共同居住的模式选择日渐式微，老年人在自理能力下降时亦难以从成年子女或其他亲人处获得及时、充分的照料。最后，日益激烈的社会竞争、沉重的生活压力迫使成年子女用于照料年迈家庭成员的时间和精力锐减，在日常照料和精神慰藉方面的弱化尤其显著。

2. 社会养老服务

家庭养老服务功能的弱化使社会养老成为必然的选择。社会养老服务是由政府、社会组织、市场企业等服务主体提供的各种养老服务的总称，以满足老年人的生存、生活等基本需要和更高层次的发展需要。社会养老服务与家庭养老服务不同，它通过社会化途径生产养老服务资源，再通过制度化、组织化的方式将养老服务产品输送给有需求的老年人。

20 世纪中后期以来，从传统的家庭养老逐步向社会养老发展已成为世界性的趋势。然而，根据世界经济合作与发展组织（Organization for Economic Cooperation and Development，OECD）的研究，至 20 世纪末，其成员国中仅有约 1/5 的老年人接受由社会提供的养老服务，绝大部分老年人的服务照料仍由家庭提供（Jenson et al.，2000）。在中国，主要依靠社会提供的养老服务的老年人比例更低，在城市中不到 10%，在乡村不到 5%（徐勤等，2007；Wu et al.，2005）。严重滞后的社会养老服务发展水平与迅速增长的服务需求之间形成巨大矛盾，使社会养老服务成为 21 世纪以来全球性的重大议题。

以美国为例，20 世纪 30 年代，意识到家庭养老功能迅速弱化，美国提出社会应承担更多养老服务（Ernest，1931）。此后，美国致力于发展养老机构和老年住宅，为高龄、少子、独居、空巢，以及失能与失智老年人群体提供集中的养老服务（Evashwick et al.，1984；Branch et al.，1982；Greenberg et al.，1979）。由于养老机构和老年住宅发展质量参差不齐、大量占用社会资金和空间资源，以及养老服务需求结构发生变化，至 20 世纪末，老年人留在原先居住的社区或家中安度晚年的养老方式重新得到社会的普遍认同。不同的是，21 世纪以来北美提倡的就地老化（Aging-in-place），其核心在于如何消除设施化养老服务与社区、居家养老服务之间的隔阂，强调老年人在原来的住所里获得社会化养老服务的支持。

在我国，新中国成立至改革开放初期，政府提供的养老服务的主要内容是发展福利养老机构，重点针对“三无”老人提供住养服务。1958 年，中共八届六次全会在《关于人民公社若干问题的决议》中明确提出，“要办好敬老院，为那些无子女依靠的老年人提供一个较好的生活场所”。这一阶段的养老服务，主要指养老机构提供的服务。

20 世纪 90 年代，经济体制改革从根本上改变了我国的社会福利格局，也转变了社会对养老服务的认识。一方面，养老机构得到进一步的发展；另一方面，社区和居家养老服务日益得到重视。1994年,全国老龄委等部门指出应在基本养老服务的基础上加快养老服务社会化体系建设,提出“以居家为基础、以社区为依托、以社会福利机构为补充”的发展方针(国家计划委员会等,1994)。养老服务体系的覆盖面比过去明显扩大,养老服务的对象目标群体从特殊群体开始向一般老年人延伸。

21世纪以来,我国社会养老服务的工作目标和内容不断完善,养老服务覆盖群体进一步扩大,公共养老服务体系初步形成并迅速发展。各级政府一方面加大对养老服务的财政支持力度,另一方面通过税收、土地等多种优惠政策鼓励民间资本参与养老服务。2011年,《国务院关于印发中国老龄事业发展“十二五”规划的通知》(国发〔2011〕28号)提出“发展适度普惠型的老年福利事业”。2000年开始,上海、宁波等地陆续开展居家养老服务工作,得到社会各界的认同。在实践经验的基础上,2008年全国老龄办等十个部门联合下发《关于全面推进居家养老服务工作的意见》(全国老龄办发〔2008〕4号)。该意见实施过程中,各地政府从面向老年人发放专项补贴,到鼓励社会力量为老年人提供多种形式的生活照料、医疗护理等养老服务,有力地推动了社会养老服务的发展。2012年,《老年人权益保障法(修正案)》明确提出全面发展社会养老服务体系,不仅要满足重点老年人的基本生活需求,同时也要求扩大养老服务体系的覆盖范围和保障水平,满足全体老年人不同层次的需要(林卡等,2014)。翌年,《国务院关于加快发展养老服务业的若干意见》(国发〔2013〕35号,简称“35号文”)颁布,提出“到2020年,全面建成以居家为基础、社区为依托、机构为支撑的,功能完善、规模适度、覆盖城乡的养老服务体系。养老服务产品更加丰富,市场机制不断完善,养老服务业持续健康发展。”“35号文”明确提出:积极应对人口老龄化,加快发展养老服务业,不断满足老年人持续增长的养老服务需求,是全面建成小康社会的一项紧迫任务;社会养老服务的覆盖范围是“所有老年人”。

从新中国成立到21世纪的今天,养老服务体系和相关政策的发展历程不仅反映出我国养老服务的对象群体、工作目标、组织结构等经历的重要调整,也体现出政府和社会对养老服务认识的不断进步。

三、社会养老服务的类型

社会养老服务体系的形成既反映着特定时期老年人对生命质量的追求,也受到特定社会、经济和文化环境的影响,一般由以下四个基本要素构成:① 需要养老服务的对象;② 适应服务需求的内容和产品;③ 提供养老服务的主体;④ 开展养老服务的场所。根据《国务院关于印发中国老龄事业发展“十二五”规划的通知》

(国发〔2011〕28 号)、《社会养老服务体系建设规划(2011—2015 年)》和《国务院关于印发“十三五”国家老龄事业发展和养老体系建设规划的通知》(国发〔2017〕13 号)等一系列文件,我国的养老服务体系主要包括居家养老服务、社区养老服务和机构养老服务三种类型。

1. 居家养老服务

居家养老服务是政府和社会力量依托社区,为居家的老年人提供生活照料、家政服务、康复护理和精神慰藉等方面服务的养老服务形式(全国老龄办等,2008)。现阶段,居家养老服务在我国还处于摸索阶段,政府、社会组织和社区应该为居家养老的老年人提供哪些服务尚未得到明确的界定。就各地的经验来看,上海市重点发展“六助”服务,具体包括: ① 助餐(送餐上门、协助就餐、上门烧菜);② 助洁(上门理发、上门扦脚、居住保洁、物具清洁、清洗油烟机、集中收洗床单);③ 助急(修锁开锁、上门家电维修、室内下水道疏通及空调加液、移机、清洗保养、拆机、装机、加铜管);④ 助浴(搓背、上门助浴、外出陪同洗浴);⑤ 助行(陪同外出散步、陪同购物、生活用品配送、代领工资、代付公共事业费);⑥ 助医(陪医就诊、代为配药、养生保健咨询)六项内容。南京市鼓楼区的居家养老服务包括生活服务、医疗卫生服务、法律援助服务、精神陪护服务、安全保障服务、特殊求助服务等。宁波市镇海区为老年人提供的居家养老服务包括家政服务、餐饮服务、精神慰藉、健康讲座、文体活动等。

总体上,各地开展的居家养老服务以生活照料、代办事项等服务为主,其中不少内容与社区养老服务相似,或为社区养老服务向家庭提供的派出服务。

2. 社区养老服务

社区养老服务是以社区为载体,通过整合正式与非正式养老服务资源所形成的一系列养老服务。社区养老服务的核心价值突出体现在以下两个方面: 其一是通过连续的、多样化的服务帮助老年人延长独立生活的时间,满足其独立自主和个体尊严的需要;其二是支持老年人留在熟悉的居住环境和长期形成的社会关系中,从而帮助老年人实现正常的社会交往与情感价值。

按照英国学者沃克的观点,社区养老服务可以划分为社区内照顾(care in the community)、由社区照顾(care by the community)以及社区共同照顾(care with the community)(Walker,1997)。社区内照顾是将服务对象安置在社区养老院或护理院等小型服务机构中,由专业服务人士为老年人提供照料和服务,由正式养老服务资源发挥主要作用。由社区照顾是指利用包括亲朋好友、邻里或志愿者等在内的社区资源,为老年人提供服务,强调非正式养老服务资源的作用。社区共同照顾则是指整合社会养老服务资源,形成对社区服务的志愿支持和辅助。近年来,社区养老服务在欧美国家得到高度关注,并结合各国的国情得到了各具特色的发展。

我国的社区老年人服务较早开始于2001年民政部在全国推行的“社区老年福利星光计划”(民政部,2001)。该计划要求在城市中,以社区居委会为重点,逐步形成社区居委会有站点、街道有服务中心的社区老年人福利服务设施网络。服务内容从满足社区老年人的急需入手,逐步拓展服务范围,覆盖住养、入户服务、紧急援助、日间照料、保健康复、文体娱乐等多种项目;入户服务的内容逐步覆盖家务整理、生活照料、送餐服务、陪护服务等方面,为有需求的老年人提供方便快捷的服务。另据全国老龄科学研究中心开展的“中国城乡老年人口状况追踪调查”,社区养老服务分为上门护理、上门看病、聊天解闷、老年人服务热线、陪同看病、帮助日常购物、康复治疗、法律援助、上门做家务、老年饭桌或送饭、日托或托老等11项服务。此外,中国综合社会调查(Chinese General Social Survey,CGSS)将社区养老服务分为上门护理、上门做饭、聊天解闷、老年人服务热线、陪同看病、帮助日常购物、康复治疗和法律援助8项内容。概括而言,上述内容可归纳为生活照料、家务服务、医疗康复、安全、休闲服务、咨询服务6类:① 生活照料服务涉及与日常生活活动(ADL)相关的辅助活动,如喂饭、助浴、如厕协助、穿衣移动等;② 家务服务涉及与工具性日常生活活动(IADL)相关的辅助活动,如送餐、理发、上门医疗、社区巡诊等;③ 医疗康复服务是指提供康复锻炼、陪同看病、配药、上门预防照料、社区巡诊等;④ 安全服务是指提供紧急呼救、安保,以及为特殊人群提供动态监测等;⑤ 休闲服务主要有聊天谈心、心理辅导等;⑥ 咨询服务则指那些需要专业人士提供信息的服务,如金融、法律咨询等。

3. 机构养老服务

根据民政部《养老机构基本规范》(GB/T29353—2012)的规定,机构养老服务主要提供生活照料服务、老年护理服务、膳食服务、清洁卫生服务、洗涤服务、心理与精神支持服务、文化娱乐服务、咨询服务、安全保护服务、医疗保健服务共10类服务内容。

机构养老服务主要由专业护理人员、医护人员、社会工作者等经过培训或有相应资质的人员提供,并对开展服务的场所及设施设备有专业化要求,这也是机构养老服务区别于其他养老服务的主要方面。从服务内容上看,养老机构的护理服务通常分为三级:一级护理主要照顾生活自理老人;二级护理主要照顾介助老人,相当于临床二级护理;三级护理主要面向介护老人,相当于临床三级护理,专门负责照料完全无法自理或患有特殊病症的老年人。随着护理等级的提高,机构所提供的照料与医疗护理类服务力度相应增加,使得养老服务机构具有类医疗机构的特征。从提供服务的场所来看,专业养老机构需要满足独立用地、独立空间、床位规模、设施设备配套等专业技术要求,普通社区和居家环境难以胜任。

尽管居家、社区和机构养老服务各有侧重，但是随着服务内容的不断创新、服务主体的多元化发展，各类养老服务之间的衔接和融合势在必行。例如，我国部分城市近年来出现的社区"小微"机构对机构养老服务向居家和社区老年人延伸进行了有益探索，不仅有助于提高机构养老服务与社区居民养老服务需求的匹配程度，也有助于老年人在熟悉的空间与社会环境中获得专业的养老服务与照料，具有巨大的发展潜力。

传统的养老服务往往更加关注基本社会保障而忽略了医疗卫生与保健服务，而后者恰恰是老年人区别于其他年龄段人群的核心服务需求。调查发现，日常生活活动能力下降或出现障碍的老年人对养老服务的依赖程度更高，更需要专业化程度较高的养老服务，如紧急救护、用药指导、康复训练、心理咨询等。我国目前的养老服务以基本生活照顾为主，而养老服务的关键环节是专业医护服务（汪凤兰等，2017）。以医疗和养护为核心的养老服务是养老服务的核心，建立长效的社区医养结合服务是满足老年人（尤其是日常生活活动能力下降和障碍老年人）需求的核心举措。2013 年第五次国家卫生服务调查分析报告显示，我国城乡老年人口慢性病患病率持续上升，老年人慢性病发病率近 71.8%（国家卫生计生委统计信息中心，2015）。伴随着人口老龄化、高龄化的发展，失能失智老年人的规模不断扩大，养老服务需要大量医养资源。然而，现阶段社会对医养结合服务的认识主要仍来自护理院、护理型医院、大型综合医院的照护单元、具有双向转诊功能的医疗机构（廖芮等，2017），在很大程度上仍依赖空间和设备载体，医养结合还未能在社区层面发挥重要的作用。此外，由于我国经济发展呈现城乡、区域发展不平衡特征，经济欠发达地区推行医养结合比发达地区要困难得多。

第二节
养老服务需求

一、养老服务需求

养老服务需求是老年人为了满足自身需要而对养老服务产生的要求。对于老年人个体而言，衣食住行等基本需要的满足取决于个体完成日常生活活动的能力。如果个体能力受到限制，就会对来自外界的支持和弥补产生需要。当较低层次的需要得到满足，个人便会追求更高层次需要的满足。从需要转化为需求，前提条件是使用者对满足特定需要具有明确意愿,而社会则具备提供相应物品的能力。现阶段,由政府或社会组织提供的公共养老服务多采用免费或低价形式供给,主要用于满足老年人基本的生存和生活需求;而由市场提供的养老服务则需要依照市场价格付费获得,可以满足部分老年人对服务更高的要求。从需求侧来看,家庭养老功能的弱化客观上会导致社会养老服务需求的上升,但并不是每一位有需要的老年人都会对社会养老服务产生同等的需求。意愿和支付能力是形成社会养老服务需求的关键。从供给侧来看,面对多样化的养老服务需求,并不是全部养老服务需求都可以采用同样的形式得到同等水平的满足。

我国城乡养老服务需求正在经历一些重要的变化。首先,随着社会和经济的发展,老年人的整体文化程度不断提高,思想更加灵活开阔,需求日益个性化、多元化。人们拥有更多接触社会的途径与生活方式的选择余地,人口的流动性与主观权利感都明显增强。人们的养老观念正在脱离对代际抚养模式的依赖,对各种创新形式表现出更多的包容。其次,随着个人收入的不断增加,老年居民的财务自由度有所提高。且随着我国社会福利保障体系的完善,养老保险金的覆盖面与保障水平都有所提升,老年人的经济支付能力提高,对养老服务的消费意愿逐渐增强。同时,生活水平的改善使老年人的需要层次普遍提高,在内容上从关注基本物质需要转向更加注重精神层面需要的满足。第三,伴随着人口平均预期寿命不断延长、家庭养老功能逐渐弱化,我国需要长期照料服务的老年人规模急剧增加。2015年,我国失能、半失能老人约有 4 063 万人,占老年人口总数的 18.3%(中国老龄科学研究中心,2016),成为社会养老服务需要面对的当务之急。最后,相对于集中居住的专业照料型老年设施而言,如何向留在普通居住环境里的老年人提供社区居家养老服务是步入老龄化社会的地区亟待解决的焦点问题。

二、养老服务需求调查和评估

老年人是处于动态变化中的群体,不同时代老年人的养老需求不同,同一时代的老年人养老需求也存在差异。年龄、性别、自理能力、健康状况、教育程度等个人要素,以及地区经济发展水平、养老文化、社会养老服务水平等综合因素均会影响到养老服务需求的规模、结构和特征。准确把握养老服务需求的现状和发展趋势是科学部署养老服务格局、配置养老服务资源的基础。譬如,根据人口统计数据中不同年龄阶段的老年人口数量可估算当前老年人对照料和护理服务的需求(贾清显,2010),根据老年人的规模、增长的速度、年龄的结构等可预测养老服务的发展变化(钱亚仙,2014)。特定环境条件和养老服务资源的供给水平对养老服务需求具有客观的激励或抑制作用,观察这一影响既可以通过历史发展不同时期的纵向维度加以比较，也可以通过不同地区、不同人群之间的横向维度进行分析。

总体上，国内外关于养老服务需求的调查主要基于主观需求和客观需求两个不同的视角。

1. 主观需求调查

主观养老服务需求调查有助于完善对养老服务需求结构的认识，发现对养老服务需求有影响的因素。目前经常使用的调查手段包括基于特定老年人群体的性别、婚姻状况、子女数量、收入水平等调查老年人的养老意愿（田北海等，2012），针对老年人的居住安排了解老年人的居住模式选择（曲嘉瑶等，2013），基于老年人对既有养老服务项目的评价了解老年人对养老服务内容和空间适老化改造的需求（于一凡等，2014；于宝荣等，2012；曾友燕等，2006）。进一步的满意度调查有利于了解老年人对养老服务的预期与实际感受的相对关系，如针对养老机构开展满意度调查（刘慧等，2013），针对社区居家养老开展满意度调查（王佳琳等，2014），以及针对建成环境适老化程度开展满意度调查（Yu et al.，2018）。

研究表明，空巢老人是社区居家养老服务需要格外关注的群体（毕红霞等，2015），失能老人和一般老人对养老服务的需求存在较大差异（林文亿，2015）。2015 年，全国四调数据显示，全国生活在普通社区里的老年人中，38.1%的老人需要上门看病服务，12.1%的老人需要家政服务，11.3%的老人需要康复护理服务，10.6%的老人需要精神慰藉服务，10.3%的老人需要健康教育服务，9.4%的老人需要日间照料服务，8.5%的老人需要助餐服务，4.5%的老人需要助浴服务，3.7%的老人需要老年辅具用品租赁服务。与前三次全国老年人生活状况调查数据比较，社区老年人的养老服务需求结构没有发生显著变化：医疗康复等健康类服务需求始终是养老服务需求的核心，其次是家政服务，第三是精神慰藉（表 3－1）。

表 3－1　历次全国城乡老年人生活状况抽样调查中前三位的社区居家养老服务需求

排序	2000 年		2006 年		2010 年		2015 年	
	城镇	农村	城镇	农村	城镇	农村	城镇	农村
1	上门看病	上门看病	康复治疗	上门看病	家政服务	上门看病	上门看病	上门看病
2	家政服务	精神慰藉	上门看病	精神慰藉	助　餐	上门护理	家政服务	康复护理
3	精神慰藉	上门护理	家政服务	上门护理	上门看病	精神慰藉	康复护理	精神慰藉

资料来源：中国老龄科学研究中心，2016

2. 客观需求评估

客观养老服务需求评估通常是以老年人的能力为核心，以日常生活活动能力（ADL）和工具性日常生活活动能力（IADL）量表为基础，衍生出的各类评估（裴晓梅等,2010)。较早进入老龄化社会的发达国家多采用客观需求评估,作为提供长期照料服务的依据。

日本根据1997年制订的《介护保险法》,成立照护服务评估审查会针对服务对象实施养老服务评估,内容包括服务现状、居住和社会环境、身体机能、生活机能、认知机能、精神及行动障碍、社会适应、医疗服务等内容。照护服务评估审查会根据统一的老年人能力评估调查确定老年人所需的照护服务内容和所需照护服务的时间,通常每隔半年进行复核评估,并根据健康状况的变化程度来调整所需服务的内容和费用。

在澳大利亚,老年服务评估小组(Aged Care Assessment Team,ACAT)负责对有养老服务需求的老年人进行评估。ACAT通常由老年病学专家、注册护士、社会工作者、理疗医师、职业理疗师、心理学家等组成,评估的内容包括老年人需要的医疗服务、目前的身体状况、认知和行为能力。此外,ACAT的调查内容还包括了解老年人的家人和潜在的照顾者的情况,目前的居住环境和个人的意愿等。从供给侧的角度出发,澳大利亚采用老年照护资金测算工具(Aged Care Funding Instrument,ACFI)测算养老服务的需求规模和相应的资金预算。

美国在社会保障制度中引入了InterRAI评估体系,涵盖机构养老、社区养老和居家养老等各类养老服务需求,内容包括数据收集、状态评价及服务计划等。养老机构、提供养老服务的社会组织或相关医疗机构可使用最小数据量表(Minimum Data Set,MDS)收集老年人的各项数据,结合老年人评测工具(RAPs/CAPs等)评估老年人的身体、心理和社会状况,在分析、判断的基础上制定相应的照护计划。评估包括初次评估、季度评估和突发情况时的评估,分别建立统一评估信息系统作为支撑,不仅有助于促进养老机构改进照护服务、控制成本,也可用于促进行业监督,辅助政府决策(赵洁,2017)。

中国民政部于2013年发布了《民政部关于推进养老服务评估工作的指导意见》(民发〔2013〕127号),要求各地在政府部门指导下开展社会养老服务需求评估工作,并通过了《老年人能力评估》(MZ/T 001—2013)行业标准①,作为养老服务评估工作的技术依据。该标准基于老年人的自理能力评估分析当前养老服务需求的主要内容,评估指标涵盖日常行为能力、精神卫生情况、感知觉情况、社会参与状况等方面。根据民政部的指导意见,各地应根据当地平均生活水平、养老服务资源状况、护理或者养老服务补贴相关政策等制订适合当地情况的标准,开展针对老年人经济状况、居住状况、生活环境等方面的评估,综合运用定性分析和定量分析的手

① 民政部行业标准《老年人能力评估》(MZ/T 001—2013),2013年8月29日发布,2013年10月1日实施。

段，结合面谈、走访等方法，逐步建立科学、全面、开放的评估指标体系（民政部，2013）。

开展养老服务评估对推进我国养老服务业具有非常重要的意义。第一，评估结果可作为老年人入院、制定护理计划和风险防范的主要依据。对于经评估属于经济困难的孤寡、失能、高龄、失独等老年人，应当优先安排入住政府投资兴办的养老机构。第二，根据服务辐射区域内老年人的能力和需求评估状况，合理规划建设符合实际需要的养老机构，提高设施设备的使用效率。第三，居家养老服务机构可以根据评估结果分析老年人的服务需求，在征得老年人同意的前提下，加强与相关服务单位的对接，制定个性化的服务方案，提高居家养老服务的社会化程度。第四，将评估工作纳入养老服务信息系统建设，有利于促进国家社会养老综合信息服务平台的建设，推进建立老年人健康档案，提高康复护理等服务水平。第五，利用评估结果协助各地建立护理补贴和养老服务补贴制度，完善并落实老年人社会福利政策（民政部，2013）。

养老服务评估是整合各类养老服务资源、衔接各类养老政策和促进我国健康养老服务发展的重要基础。目前，北京、上海、武汉等地已先后提出了适应地方需要的养老服务需求评估技术体系。需要注意的是，养老需求的评估应同时关注整体层面和群体层面的内涵，前者关注养老服务需求的共性和发展趋势，突出养老服务资源的系统性配置；后者侧重特定群体的特殊性和改善要求，以解决具体问题为导向。

三、长期照护服务需求

自理能力是评估老年人养老服务需求的核心内容。随着年龄的增长，老年人的自理能力持续下降而导致对养老服务的依赖程度不断提高。在民政部 2001 年颁布的《老年人社会福利机构基本规范》（MZ008—2001）中，按照生活自理能力程度将老年人划分为自理老人、介助老人和介护老人。其中，自理老人为日常生活行为完全自理、不依赖他人护理的老年人；介助老人为日常生活能自理，但需要依赖拐杖、扶手、轮椅和升降设施等帮助的老年人；介护老年人为日常生活行为需要依赖他人护理帮忙的老年人，也就是失去了生活自理能力的失能老人。

国际上通常使用日常生活活动能力（ADL）量表或工具性日常活动能力（IADL）量表来测定老年人的独立生活自理能力。世界卫生组织将失能老年人定义为：完成一项或几项 ADL 时存在障碍，或者完成一项或几项 IADL 时存在障碍的老年人。失能老年人对来自他人的照料护理依赖程度较高，需要长期、密集的日常生活照护。

长期照护(long term care,LTC)[①]是指在持续一段时间内为不同程度丧失活动能力的人提供的健康护理、个人照料和社会服务项目(雷克斯福特,2006)。老年人占据了服务对象中的绝大多数。美国国家卫生统计中心(National Center for Health Statistics,NCHS)在长期照护调查报告中对长期照护进行的概括如下:为慢性疾病、伤病、身体残疾、认知或精神残疾,或者因其他身体条件而出现自我照顾能力限制的老年人和其他成年人,提供的包括健康管理、个人护理和支持服务在内的一系列服务(NCHS,2016)。长期照料的宗旨是满足缺乏完全自理能力的服务对象的生活需要,并在尊重个人选择的基础上协助其获得最大限度的独立、自主、参与、个人充实和人类尊严(世界卫生组织,2000)。裴晓梅等(2010)在《老年长期照护导论》中提出,长期照护不是解决医疗问题,而是为提高生活质量、满足基本需求而存在的。

世界卫生组织提出,长期照护是由非正式照护提供者(家人、朋友或邻居)和专业人员(卫生、社会或其他)开展的服务活动,旨在确保服务对象能根据个人的优先选择尽可能保持较高的生活质量,并享有独立自主与个人尊严(世界卫生组织,2000),服务提供的地点包括在家、社区和机构。

长期照护服务的重要特征在于其长期连续性与综合性。长期连续性是考虑到老年人身心状态衰老、活动能力丧失是长期、逐步的变化过程,其间各年龄阶段因患病或失能程度的不同,老年人对照护服务的需求也存在差异。相应的,从家庭、社区到机构需要提供一系列满足不同需求、衔接有序的服务内容。综合性则表现在提供服务的多种人员和场所。服务既包括由专业机构、社区人员提供的正式照料,也包括由家人亲友提供的非正式照料,涵盖综合医疗护理与生活照料等内容。随着照护需求的加深,老年人接受服务的地点也将从居家向社区、老年护理机构、专业医疗机构逐步转变。北欧、日本、中国台湾等为老年人提供的长期照护服务均包含了居家照护、社区照护、机构照护,以及为照护者提供的支持服务等一系列服务。

世界上很多国家均建立了长期照护制度。根据筹措资金来源的不同,大体可以分为三类:① 来源于税收的福利模式,如奥地利、丹麦和瑞典等高福利国家;② 来源于个人缴费的商业保险,如美国和法国;③ 来源于企业缴费的社会保险,如德国、日本、韩国等(赵曼等,2015)。我国长期护理的制度选择倾向于以社会保险为主体、商业保险为补充的保险模式,采用企业和个人为主、政府补贴的共同付费模式。

从国际经验来看,由社会提供的长期照料通常是由多个部门构成的制度性安

① 长期照护一词由英语 long term care 翻译而来,也有译作长期照料、长期照顾、长期护理等。

排,内容一般包括:① 保持参与社区、社会和家庭生活;② 住房的环境性适应和辅助装置以弥补个人的功能减退;③ 评估和评价社会照料与卫生保健状况,提出明确的照料计划并由适当专业人员和准专业人员采取后续行动;④ 通过制定降低危险的措施以预防进一步健康恶化;⑤ 必要时在专门机构照料环境或住区环境中接受服务;⑥ 满足个人精神、情感和心理需求;⑦ 提供必要的姑息治疗和抚恤支持;⑧ 对家庭、朋友和其他非正式照顾者提供支持;⑨ 由具有文化敏感性的专业和准专业人员提供照料和支持服务。

对照“五普”和“六普”老年人口数据,我国人口高龄化速度明显快于老龄化。2000~2010 年,60 岁及以上老龄人口的占比从 10.5%上升至 13.3%,其中 80 岁及以上老年人口的占比从 1.0%升至 1.6%。高龄化速度是老龄化速度的两倍。80 岁及以上老年人是失能失智高风险群体,该群体规模扩大意味着需要生活照料和医疗护理的老年人比例将不断上升。全国老龄办和中国老龄科学研究中心对全国城乡失能老年人状况进行的调查研究显示:2010 年全国失能老人共计 3 300 万,占老年人口总量的 19.0%,其中完全失能老年人达 1 080 万,占全体老年人口的 6.2%;而入住各类养老机构的失能老人仅占失能老人总数的 17.0%(中国老龄科学研究中心课题组,2011)。同期《2009 年民政事业发展统计报告》显示,入住养老机构的老年人中有 79.0%是具备完全生活自理能力的老年人。上述数据一方面反映出社区和居家养老的老年人中存在大量长期照料服务需求,另一方面也揭示了机构养老向失能老人适度倾斜的导向有待加强。尽快建立起长期照护服务体系,重点满足失能、半失能老年人群的长期照护服务需求是我国养老服务的重中之重。分析比较不同国家的长期照护制度,对我国长期照护的制度选择大有裨益(赵曼等,2015)。

【以色列的《社区长期照护保险法》】

以色列人口中 65 岁及以上的老年人口占总人口的 14%,其中至少一项日常生活活动能力缺失的老年人占老年人口的 14%。在以色列,30%的老年人独自生活;失能老年人中有 76%的有家人照料,4%的人住在养老或护理机构,剩下 20%的人需要各类社区照护。1986 年,以色列国会通过《社区长期照护保险法》(*The Community Long-term Care Insurance Law*, CLTCH),并于 1988 年开始实施。法律要求征收全国卫生保险的雇员缴费的 0.2%,建立一个用于实施此项法律的保留基金;增加居家照护和服务提供组织的资源量;促使原有分散和单独预算的服务项目成为法律授权的全民受惠制度。该法律正式界定了政府的法律责任,即基于个人的权利和界定清晰的资格标准,政府有义务为失能老年人提供最基本的长期照护服务(戴卫东,2008)。

【奥地利的《长期护理津贴法案》】

1994年,奥地利国会通过了《长期照护津贴法案》(*The Long-term Care Allowance Act*),授权建立长期照护先进资助计划,为那些符合要求的、需要长期照护服务的人提供现金资助,使他们能够根据自己的需要购买市场提供的正式服务,或支付非正式服务的相关费用。现金资助计划是为了增强受益者的自助和自决意识,从而缓解非正式照护者的压力。与此同时,现金资助的形式也被寄希望于刺激地方服务业的发展和服务质量的改善(佘洋,2013)。

【德国的《社会抚养保险法案》】

在德国,医疗保健的费用一般是由保险机构支付。德国有许多卫生保险计划提供者以及由他们建立的患者基金,有一定收入的人都可以自愿缴费参加一项保险计划。对那些低收入的人而言,在全国卫生保险法的规定下,他们可以选择任何一项保险计划,由政府帮助他们缴纳保险费。然而,疾病保险只负责承担与医疗相关的费用,不承担长期照护的费用。若需要长期照护服务,只能自己承担服务费用,或是在消耗了所有个人和家庭资源后求助于社会福利救济。直到1994年,在经历了多年的政策探讨后,德国立法机关终于通过了一项涉及长期照护的法案——《社会抚养保险法案》(*The Special Dependency Insurance Act*),并据此建立起覆盖全民的长期照护保险计划。这类计划既保留了德国已有的社会保险特征,又引进了一些新的筹资和成本控制方式。德国《社会抚养保险法案》的实施分两个阶段:从1995年4月开始,该法案在居家服务中开始实施;1996年7月开始在机构服务中实施(中关村思德智能健康养老产业联盟,2015)。

第三节 养老模式

一、养老模式

养老模式包括两方面含义:一是奉养方式,即由谁提供资金和养老服务;二是居住安排,即在哪里生活和接受照料。从奉养方式的角度,养老模式可分为自我养老、家庭养老和社会养老(穆光宗,2000);从居住安排的角度,养老模式可分为居家养老、社区养老和机构养老;结合居住安排与金融计划,养老模式还可分为异地养老、以房养老等。总体上,我国老年人的养老模式正由家庭供养向社会保障转变,由家庭照料向社会服务转变。

1. 居家养老

居家养老是指老年人居住在自己家里,由家庭、社区和社会提供养老服务的养老模式。对居家养老模式的认识应把握以下几个方面:第一,老年人留在原先的生活环境里,便于获得物质和精神上的支持;第二,居家养老是建立在成熟的社会保障体系基础上的养老模式;第三,居家养老并不等同于家庭养老和自我养老,居家老年人获得的养老服务来自政府、社会组织和市场企业提供的正式服务,也来自家庭、邻里、朋友和志愿者等提供的非正式服务;第四,居家养老的服务内容不仅包括为老年人提供的日常生活照料,还包括医疗保健、精神慰藉、法律援助和其他老年人需要的服务。

居家养老是对传统家庭养老模式的补充与更新(全国老龄办等,2008),强调在家居住的老年人获得家庭以外的社会化养老服务(王锦成,2001)。颜秉秋和高晓路(2013)根据北京市 6 个社区调研数据,发现老年人居家养老满意度与社区养老服务发展的程度高度相关。

在新时代养老理念的引导下,居家养老作为我国绝大多数老年人主动或被动采取的养老方式,需要为居家老年人的晚年生活提供全面、有力的保障。居家养老是必然的发展趋势而非权宜之计,符合老年人的养老意愿和养老服务业发展的新趋势,有利于整合各项养老服务资源,维持社会稳定,具有重要的战略意义。近年来国家陆续出台的相关政策和文件反映出我国居家养老服务发展的两个重要变化:首先是政策涉及领域拓宽,多部门参与推动居家养老,具体表现为参与相关政策制定的部门增多,从民政部与老龄部门扩展到住建部、自然资源部、财政部等;其次是更加注重可操作性,关注养老服务购买、服务标准化和养老服务设施建设等,以多种手段保证养老服务的数量和质量。

【日本的居家养老】

日本居家养老服务经过长期发展形成了较为成熟的体系,以下几个特点值得我国参考和借鉴。一是居家养老服务法制化。从 1963 年的《老年福利法》到 1982 年的《老人保健法》,直至 1997 年的《介护保险法》,明确了居家养老服务的责任、资金、服务人员等基本事项,形成了健全的法律保障体系。二是居家养老服务地方化。日本实行以市、町、村地方各级政府为主体的居家养老服务,重视相应设施的完善和建设，为持续、稳定地提供居家养老服务提供了物质基础。三是居家养老服务多元化。日本厚生省和地方各级政府分级设立了老年人保健福利部、福利事业所和保健所，专门负责对老年人的营养、卫生保健给予指导。民间力量，如地方公共团体、志愿者、企业等，也在养老服务事业中发挥着重要的作用。政府同时通过各种手段强化家庭作为养老基本单元的作用，将家庭的赡养和经济支持作为养老资源的重要组成部分，同时鼓励包括健康老年人在内的社区居民作为志愿者提供志愿服务。四是居家养老服务多元化。日本的居家养老服务包括向老年人提供医疗保健、福利及各项综合服务，具体有保健、长期照护、日托、短托、信息咨询等。由市、町、村提供的保健服务所、老人家庭护理站、日托中心等为养老服务提供专业服务。五是居家养老服务人员专业化。1992 年，日本颁布了《福利人才确保法》，通过立法对养老服务人员提出要求和保障（张新生等，2015）。

2. 社区养老

社区养老是指老年人居住在原住所或社区内，通过整合政府、社会组织、企业等主体提供的养老服务资源，为老年人提供家庭养老以外的养老服务的养老模式。社区养老结合了家庭养老中"在宅养老"层面的内容与社会养老中社会化的服务供应方式，既是对现有养老资源的重新整合，也是独立的发展领域（李晓华，2005）。社区养老同时具有家庭养老和机构养老的优点，帮助老年人在不脱离原来家庭和社区的情况下，享受到社区为老年人提供的各种服务（李学斌，2008）。

社区养老服务照顾的对象是全体老年人。其中，需要特别照料的高龄、独居、残疾老人等是社区养老服务的重点保障对象。2013 年发布的《国务院关于加快发展养老服务业的若干意见》（国发〔2013〕35 号）提出"加强社区服务设施建设""分区分级规划设置养老服务设施""加强社区养老服务设施与社区服务中心（服务站）及社区卫生、文化、体育等设施的功能衔接"，强调社区养老在统筹利用养老服务资源、就近提供紧急救援和长期照料方面应发挥的优势。公共养老服务为社区提供的普惠型公共服务既包括直接应用于老年人个体的服务，也包括完善物质环境的适老化举措、建设老年人专属的公共服务设施等。

与机构养老比较而言，社区养老服务更人性化，在人力、物力和管理成本上更经济，并且有助于促使老年人从服务的被动接受者转变为服务的积极消费者乃至服务的提供者。完善的社区养老服务与充分的生活自主性相结合，便于老年人在社区生活圈内延续原有生活方式，同时有利于节约社会整体照料成本（包含政府资源和子女的机会成本），提高养老服务的供给绩效，因而被认为是在社会学和经济学意义上最佳的养老服务资源供给模式。

我国发展社区养老还需要克服一系列挑战。首先,我国养老服务的社会化发展水平不高,地区间发展很不平衡,尚不能充分满足老年人对社区养老服务的需求。其次,现阶段社区层面养老资源的整合还不顺畅,原有条线工作机制造成的部门之间缺乏协调机制的矛盾亟待克服,养老服务的知晓度和社会认可度不高。再次,无论是老年宜居环境的营造还是长期照料服务的开展都需要一定的资金投入和有力的政策引导,普通居住环境的适老化基础较差,基础设施和服务设施的建设较为落后,制约了社区养老的发展;社区养老需要的全科医生、护理人员和社会工作者队伍尚未形成,社区的服务意识和专业化服务人员的能力有待提高。此外,社区养老设施的类型较为单一,配置尚不均衡,社区服务设施的利用率较低(吴玉韶等,2014)(图 3－4),这与老年人强烈的养老服务需求形成了鲜明的反差。

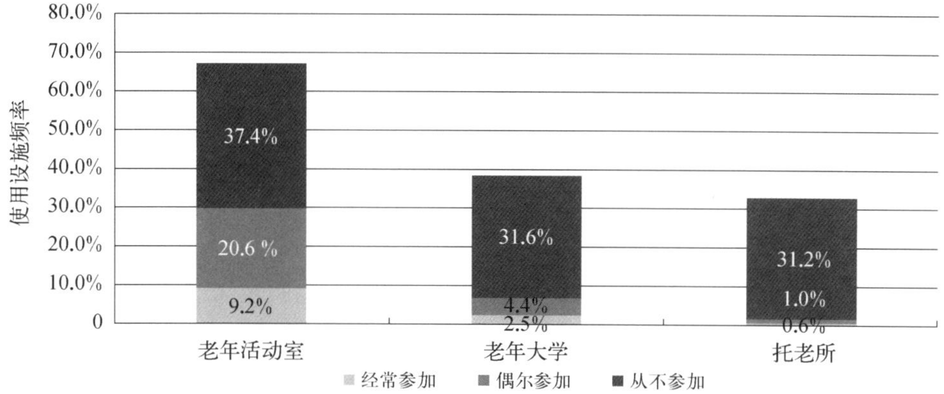

图 3－4　2010 年所在社区有服务设施的城市老年人使用设施频率

资料来源：根据吴玉韶等(2014)整理绘制

【英国的社区养老】

英国是较早提出社区养老模式的国家。20 世纪中后期,英国“去机构化”呼声强烈,政府着手发展机构养老以外的多元化养老模式。1963 年,英国卫生健康部将社区照顾确立为医疗工作的主要内容。1989 年,英国政府在社会福利白皮书中提出“社区照料”,通过制度设计帮助老年人建立独立生活的经济保障,通过改善居家环境和提供各类服务资源支持社区老年人在熟悉的居住环境中继续生活。相应举措包括,政府支付一定范围内的社区养老服务,为需要照顾的老人家庭提供经济补贴,通过专门人员或志愿者提供免费上门服务等。

【美国的社区养老】

美国主流文化强调自主和自立,社区和居民在养老服务体系中发挥着重要的作用。可资借鉴的做法:一、社区层面根据需要设置养老服务项目,主要是日间护理中心、老年人活动中心和服务中心;二、以老助老,鼓励尚有劳动能力的老人去帮助高龄、失能老人,包括陪护、照料和代办事务;三、为有需要的老年人提供就业机会,经过体检、培训以后,老年人可以在社区内的医院、学校、老年人服务中心等单位工作,并获得一定的工资收入;四、老年志愿者组织,红十字会、社会福利机构和社会福利团体组织和培训人作为志愿者,为有需要的老年人提供服务。

3. 机构养老

机构养老是指老年人长期居住在专业的养老机构中,由机构提供全面、专业的养老服务的养老模式。养老机构主要包括养老院、敬老院、福利院、护养院、护理院、养老公寓等,可以是独立的法人机构,也可以是附属部门或者分支机构(尹孔阳等,2015)。

机构养老作为典型的社会化养老方式,其优势在于安全可靠,提供密集的专业照料,减轻家庭成员的负担。其中,公立机构享有较高水平的政府补贴,对生活困难、高龄的老人来说是不错的选择,对身患重病或自理能力下降、需长期照料的老年人来说很有必要。随着我国人口寿命延长,失能失智老人的比例大大增加,对拥有专业照料能力的养老机构的需求会进一步加大。

穆光宗(2012)概括了我国机构养老的六大问题:机构养老供不应求但资源利用率不高;微利甚至负债导致养老机构自我发展能力不强;养、护、医、送四大功能分离;机构养老缺乏家居认同和亲情滋养;专业、负责的护工和管理人才短缺;农村养老机构发展缺乏规范。实践中发现,我国城市养老机构的功能定位有待明确,很多机构因自身服务能力限制而不愿接收失能失智、迫切需要照料的老人。一些地区对养老机构的空间分布缺少合理规划,导致"一床难求"和"高空置率"问题并存。部分养老机构的居住环境质量较差,设施设备简陋,服务人员不足,服务质量不高。相对而言,营利性质的养老机构通常软硬件条件较好,但运营成本高,收费标准也明显高于公办养老机构,惠及人群有限。

【英国的机构养老】

英国的机构养老主要为鳏寡孤独、生活自理能力较差、需要长期照料、缺乏家庭支持的老年人提供服务。由于这类老人的照护工作量很大,且有些护理工作有一定的专业性,超出了家庭成员的承受能力,需要依赖专业养老机构及工作人员。20世纪80年代之后，伴随国家福利制度改革，英国机构养老服务范围从过去免费全方位照料服务，开始倾向为老年人提供康复医疗等准医疗服务。目前英国养老机构一般有两种类型：一种是不提供医疗服务的养老院(Residential Care Home)，主要是为老人提供助餐、助浴、助行、助厕等生活照料服务；另一种是提供医疗服务的护理院(Nursing Home)，除了基本的生活照护服务之外，还提供专业的医疗、康复和护理服务等。另外，还有专门针对有某种特殊需求老年人的养老机构，如临终关怀机构(Hospices)、专门看护认知症患者的养老院等(Care Home for Dementia Patients)(王莉莉等，2014)。

二、养老模式的选择

居家养老模式基于老年人独立自主地实现在地生活与自我照料，有利于延续社会网络和满足老年人的情感需要。社区养老在居家生活的基础上，以社区公共服务设施为载体，便于兼顾社区、家庭提供的非正式照料和有组织的社会养老服务。在自身健康条件和居住条件允许的前提下，居家养老结合社区养老是绝大多数老年人愿意采用的养老模式。机构养老提供的专业养老服务和医疗护理，对自理能力减弱、缺少家人照料或经济条件较差的老年人至关重要，弥补了居家与社区养老服务的不足。然而，入住养老机构意味着老年人不得不脱离原先的生活环境，缺少情感支持，设施的服务质量和收费标准等因素决定了机构养老难以成为主流养老模式(表3－2)。

表3－2　三种主要养老模式的对比

养老模式	居家养老	社区养老	机构养老
特点	老年人不离开熟识的居住环境和社会关系，便于获得亲情关怀与精神慰藉；遵照自身的意愿安排生活；隐私得到最大限度的保护；独立自主	节约社会资本和经济成本，可以充分利用社区管理、志愿者服务和家庭的支持；充分利用社区文、体、教育、照料设施；丰富的社会参与机会；便于获得多样化服务	便于获得专业化的医疗、护理和康复服务；全方位的生活照料；减轻家人的负担
不足	缺乏专业养老服务和医疗护理，生活自理能力下降以后难以应付；给家庭成员造成负担	人力、物力和财力有限，现阶段难以实现高质量、均等化的服务；目前尚未形成明确的体系和相应的技术规程，服务资源整合仍有一定难度；缺乏稳定的资金来源，服务质量缺乏规范	建设成本和其他硬件投入大；老年人脱离原有的社会关系网络，日常生活的自由度和私密性降低；容易出现情感慰藉方面的危机

家庭、社区和机构养老模式各自的优势只有当符合老年人的需求并与具体社

会发展条件相适应时才能得以充分体现。养老模式的选择是个人及社会为了满足特定养老需求而做出的合乎意愿的决策过程。个体对养老模式进行选择的宽度取决于可及性范围内养老模式的构成和分布,以及自身对养老需求的价值判断。理性选择的基础是:① 追求个人养老需求最大化的满足;② 有不同类型养老模式可供选择;③ 知晓不同选择会对自身造成的影响;④ 符合自身价值判断和文化偏好。从这个意义上说,养老模式选择的过程本身是主体与客体、意志与行为、动机和效果的统一,是老年人口的价值追求和实现价值手段的辩证统一过程(胡宏伟等,2015)。这一过程具有明确的目的性,反映着老年人的价值判断和追求,譬如向往自由的田园生活的老年人希望在退休后隐居乡间。然而,这一过程又无法脱离各种现实因素的制约,如乡村的医疗卫生和居住条件会制约老年人的迁居意愿。同样地,尽管接受专业照料是自理能力下降后老年人的迫切需求,但倘若可及范围内养老机构的管理水平和硬件水平欠佳,老年人及家人也往往会选择延长留在家中生活的时间。因此,养老观念的变化与养老模式的选择也对城市和社会的发展提出了相应的要求,需要在空间环境、服务体系等层面做出积极响应与支持,令不同需求的老年人能够自由选择在适合的环境中居住并获得不同程度的照料服务,拥有独立、充实、尊严的高质量晚年生活。

个体层面对养老模式的选择受到复杂因素的影响。宋宝安(2006)利用Logistic模型对全国城乡老年人口调查数据进行分析,结论是性别、年龄、教育程度、婚姻状况、居住地、健康状况、职业类别、家庭关系和家庭地位对养老模式有影响。初炜等(2007)根据随机抽样调查的城乡老年人调查数据,验证了年龄、婚姻状况、职业收入、家庭人均收入、生活自理能力及城乡因素对养老模式的选择有较大影响。阳艳珠等(2008)基于社区老年人的调查显示,子女、年龄、健康状况、收入情况和居住条件对养老模式的选择有影响。

养老模式不是一经确定就一成不变的,而是会随着自身和外部条件的变化而发生改变。自理能力的强弱、生活目标的调整、家庭结构的变动都会对个体的养老模式选择产生影响,而社会养老服务的组织方式和服务水平也会影响个人对养老模式的选择。现阶段我国对老年人的照料仍处于"阶段式"服务,老年人不得不因为生活自理能力的降低而变换养老场所,居家、社区和机构三种养老模式彼此的相互衔接和转化显得极为重要,亟待建立长期照护机制为老人消除后顾之忧。

目前,从老年人的意愿看,往往只有出现服务刚需才会考虑入住养老院,接受专业化养老服务,如自理能力下降、缺乏家人照料、家庭经济条件较差等。谢钧等(2000)针对天津市养老机构和入住老人的调查显示,身体情况较弱、生活不能自理且子女难以给予日常照料的高龄老人,或是与子女生活方式冲突、感到寂寞的自理老人倾向于选择入住养老机构。值得注意的是,生活方式变化、知识水平提升、消费意愿与能力增强等特征，决定了未来老年人的养老需求和意愿将不同于过去和现在的老年人，这些因素组成了未来老年人养老意愿变化的客观背景。西南财经大学中国家庭金融调查与研究中心发布的《中国家庭金融调查报告 2012》显示，中国居民养老计划中，50 后、60 后、70 后和 80 后中依靠子女养老的意愿占比分别为 37%、31%、25%、19%，呈下降趋势，而依靠政府的占比相对升高（转引自朱海龙等，2015）。姜向群等（2011）对老年人选择机构养老的多因素分析发现，非高龄、经济较富裕、日常生活需要照料的老年人更倾向于入住养老机构。2016 年上海社会科学院发布的《上海民生民意民情系列报告》也表明，高达 35.8%的居民选择前往专业养老机构养老，且高收入者选择养老机构的比例高于低收入者。

不同的需求决定了老年人多元化的养老模式选择，而多样化养老模式能够更加充分地满足老年人各层次的需求，进而提高其生活质量。不符合提高老年人根本利益的养老模式是没有生命力的，而仅以满足少数人的特殊需求为目标的养老模式亦不会成为养老模式的主流。

三、社会养老服务格局

个人对养老模式的选择是构建社会养老服务体系的重要依据，但不一定有利于整体利益的实现，也不一定符合未来发展的需要。以社会养老服务为主的养老服务业发展需要慎重做出整体的选择和相应的制度安排，兼顾现实需要和前瞻性。社会养老服务格局的形成是在客观条件和主观需求博弈的过程中完成的整体选择。我国在 21 世纪初就提出“必须注意老年事业的整体发展，把养老及其服务系统形成一个开放的、与社会互动的系统，而不是孤立和封闭的系统”（梁鸿，2002）。

1. 构建适应养老服务需求的养老服务格局

居家养老的老年人尽管并不离开自己的住所，但仍可享受到政府和社会提供的相应福利和服务。养老机构可由国家、企事业或个人出资兴办，一般来说由国家出资兴办的养老机构资金较充足，但兴办形式较为单一；企事业单位或个人兴办的养老机构通常规模较小、形式灵活，但在政策和资金的支持方面不具备优势。社区养老由老年人所在社区提供相应的养老服务，一方面弥补居家养老难以提供的专业照料及对场所、设备等硬件有特定要求的服务，另一方面通过提供援助性服务尽量延长老年人在原居住地独立生活的时间。可以看作是居家养老和机构养老之间的养老形式，也被看作是具有较强自理能力、可以独立生活的阶段与失能失智、需要专业照护或医疗服务阶段之间的过渡。三种代表性的养老模式都享有国家提供的福利和保障，但提供的形式和处所不同，力度也有所差异。社区和居家养老作为国际上的普遍趋势，可以得到更多非正式照料资源的补助，老年人也更容易获得精神上的慰藉,不仅减轻了国家的负担也有助于提高个人的满意度,是我国养老服务体系的核心。

应该看到,居家养老、社区养老、机构养老虽然是三种不同的养老模式,在我国养老服务体系中的比例也不同,但三者并非独立,而是相互紧密关联、相互支持的。其共同的目的是满足老年人生存和发展的需要,提高老年人的生活质量。目标的一致性决定了三者可以同在一个体系中发挥作用,并不相互排斥。相互关联的属性保证了系统内当一种供给减弱时可以通过另一种模式的供给得到弥补或加强。也就是说,在特定的发展阶段或特定的具体情境下,特定模式的能力不足可以通过其他模式得以补充。但当三者的支持力度都出现下降或跟不上养老需求的变化时,便会影响到养老需求整体的满足水平。三者的构成越接近实际的需求结构,共同构成的养老格局也越接近阶段性的平衡态,是较为理想的状态。

构建与养老服务需求、养老模式选择相匹配的养老服务格局,应重点关注以下几个方面的问题:

第一是目的性。构建社会养老服务格局的目标是为养老模式的发展提供引导,并通过相应的制度安排使其得以落实。新中国成立初期,我国的福利保障制度是以“救济”为导向,极少数的养老机构重在满足极端弱势的少数老人的基本需求,绝大多数老年人需要依靠家庭与自我养老。改革开放后我国的社会福利制度发展以“托底保障”为目标,将服务对象扩大到全体老年人的基本需求,并着重关照高龄、贫困等弱势老年人群体,通过社区公共设施建设、适当经济补贴等方式满足老年人文娱、医疗、经济方面的基本需求。这一时期养老保障目标得到相对的提升,但仍处于基本保障阶段。现阶段,我国社会福利尝试从“保障型”向“普惠型”转变,国家老龄事业发展提出“六个老有”目标,考虑到了老年人在经济、医疗、教育、娱乐、文化、社会参与等多个方面的需求变化。居家、社区、机构等多元养老模式的出现,意味着社会养老服务的目标从关注老年人基本的生存和生活需要,发展到提高老年人的生活质量,为不同背景条件的老年人提供更多选择。

第二是阶段性。社会养老服务具有明显的公共服务性质,养老模式的发展以集约、节约利用社会公共资源为原则。伴随国家发展的不同时期,社会经济水平与老龄化程度等阶段性特征决定养老模式的供应结构。从新中国成立至实行改革开放政策之前,我国老年人口总量较小,老龄化增速慢,国家社会经济水平低,国民保障主要集中在解决温饱问题。这一阶段的养老模式主要是家庭自我养老,政府救济仅支持极少数特殊老年人。改革开放之后,市场经济体制建立,在国家经济水平呈快速上升发展态势的同时,老龄化速度也明显加快。政府对社会保障的投入加大,社会保险制度逐渐完善,医疗、养老等方面的公共服务保障与设施建设不断加强。此阶段的养老模式仍以家庭养老为主，由政府主导的机构养老覆盖面扩大。进入21世纪，国家提出全面建设小康社会目标，人民生活水平普遍提高，国家经济实力明显增强。但与此同时，高龄化、少子化带来的人口内部结构性失衡、人口红利日益削弱等问题突出，老年人口规模却依然呈快速上升趋势。“未富先老”成为这一时期我国老龄化的重要特征之一。家庭赡养能力弱化、国家经济增速放缓，单纯依靠家庭和政府的养老模式已无法满足日益增长的老年人群多样的养老需求。而社会化养老服务的出现与发展为养老模式提供了更多创新的空间。

第三是地方性。经济条件是老年人选择养老模式的重要前提。经济越宽裕，选择的余地越大；相反，经济条件越紧张，选择的余地越小。城乡和地区间老年人经济条件的差别，决定了其收入来源稳定性与自养能力的不同，进而影响到对养老模式的选择。有研究指出，受经济、社会条件的制约，经济欠发达地区和农村地区仍然以家庭养老为主要模式，社会化养老模式缺乏发展条件（黎民等，2005）。社会经济发展水平与老年人经济状况的地方差异，是国家养老政策决策与个人养老模式选择的重要考量因素。2010年，我国城镇老年人主要收入来源的87%为养老金，而农村地区老年人收入主要通过劳动挣得，养老金仅占19%（吴玉韶等，2014）。城乡老年人经济收入来源的明显差异，决定了养老模式选择的不同。另据“六普”数据，上海、北京和天津是以离退休金养老金为主要收入来源的老年人比例最高的三个城市，上海高达81%，天津也有58.9%的占比。2010年国家统计局上海调查总队关于上海老年人生活方式和质量评价调查报告显示，受访老年人中97.4%以退休金和养老金为主要经济来源，且对72.4%的老人而言这是他们唯一收入来源。这三个城市的经济条件较好，虽然是我国户籍人口老龄化最严重的地区，但也是老年人自我养老能力相对最强的地区，对养老创新模式的接受能力也相对较强。应着力强化居家养老的宜居环境和社区层面的养老服务设施建设，配合社会化养老服务大力发展居家养老和社区养老。东北三省及新疆，老年人以离退休金和养老金为主要经济来源的占比在1/3以上，高于全国平均水平（24.1%），依赖家庭成员供养的比例在25%～35%。这些地区在推广社区养老服务设施建设的同时，应有步骤地完善养老福利和机构养老模式。中西部大多数地区老年人以离退休金和养老金为主要经济来源的占比低于1/3，家庭成员供养的比例基本在40%左右，西藏地区高达56.4%，老年人对家庭和子女高度依赖。这些地区应该坚持家庭与社会养老相互结合与补充，加强养老保险与机构养老的供应。另外，广东、福建、湖南等经济发展较好、老龄化程度较高的地区，老年人依靠子女亲属供养的比例也很高，以养老金为主要经济来源的比例偏低。反映出这些地区老年人自我养老的经济能力并未随地方经济的快速发展而出现根本变化，以及家庭子女在经济供养上的必要性（杜鹏等，2006）。

表 3-3　2010 年全国 31 个省(自治区、直辖市)老年人主要生活来源情况

地　区	离退休金和养老金	家庭其他成员供养	劳动收入
上　海	81.0%	4.9%	5.1%
北　京	71.8%	18.4%	5.0%
天　津	58.7%	26.8%	10.8%
辽　宁	48.2%	27.5%	20.0%
黑龙江	44.5%	32.9%	16.0%
新　疆	39.7%	25.1%	25.4%
吉　林	36.2%	34.8%	21.8%
宁　夏	28.4%	39.3%	23.9%
江　苏	28.2%	37.2%	29.2%
海　南	28.1%	39.2%	25.0%
内蒙古	27.6%	36.3%	23.9%
广　东	25.4%	50.1%	19.6%
浙　江	24.7%	42.3%	26.9%
湖　北	24.2%	36.9%	33.8%
山　西	23.0%	44.1%	25.5%
重　庆	22.2%	36.5%	34.1%
青　海	21.9%	51.0%	19.4%
陕　西	21.0%	43.2%	28.3%
江　西	20.3%	49.7%	24.6%
福　建	20.1%	54.9%	20.9%
河　北	18.1%	44.4%	32.4%
四　川	17.9%	39.8%	36.0%
湖　南	16.2%	47.3%	30.4%
山　东	16.0%	43.1%	36.6%
云　南	15.9%	47.7%	31.0%
甘　肃	14.8%	48.9%	28.3%
安　徽	14.8%	41.6%	37.3%
广　西	14.4%	45.8%	33.2%
河　南	13.8%	41.6%	38.4%
贵　州	13.1%	44.6%	31.8%
西　藏	7.5%	56.4%	24.7%

资料来源：根据国家统计局第六次全国人口普查数据整理绘制

城镇化与老龄化是我国人口结构变化的两个关键特征。随着城镇化进程的不断推进，地区之间人口流动性加强。值得关注的是，城镇化水平的差异不仅决定了地方社会经济条件与养老保障力度，也会强化以非老年人口为主的迁移活动。在

对人口老龄化的空间格局产生明显影响的同时，也直接关系到老年人对养老模式的选择。要求地方对养老服务格局做出长远打算，对养老服务资源供给的规模与结构做出科学部署，迎接城镇化与老龄化的双重挑战。

社会养老服务体系的不同结构与各地实际情况和发展阶段相关。根据发展居家与社区养老服务的战略，各地约有95%~97%的老年人将接受社区和居家养老服务，需要入住养老机构的老年人约占3%~5%，且以失能失智等需要照料护理的老年人为主。例如，上海在“9073”养老服务格局框架下提出7%的老人依托社区服务实现社区养老，3%的老人在机构养老。养老模式的量化有利于按照人口比例总体把握服务资源的配置和设施规模的测算，是构建养老服务格局的重要手段，但在实践中却不应简单地将养老服务类型固化，而应结合实际需求，为各类养老服务的衔接与相互补充提供弹性调整的空间。

由于社会经济与文化观念的逐步转变，现阶段我国养老服务体系的建设具有以下两个特征：一方面，我国仍然处于从家庭养老为主向社会养老为主的过渡阶段，且这一阶段还将持续较长一段时间，需要适应养老模式从家庭向社会的转变，完成文化心理和养老观念的转型；另一方面，我国同时处于传统老龄事业向现代养老服务业过渡的阶段，需要逐步做好各项制度的转型与优化。

2. 完善养老服务格局的机制保障

养老模式的多元化是社会经济发展的必然结果。根据老年人不同的自身条件和养老需求，养老保障体系的建立应考虑多渠道、多元化以及多层次，最大限度地满足老年人在经济保障、生活照料、医疗护理和精神慰藉等多方面的要求（王敏，2017）。在一个越来越崇尚生活质量的时代，老年人不仅追求物质上的满足，精神文化层面的需求也会越来越强烈，对相应服务的需求也必然走向多元化。

为了适应养老服务发展的需要，构建一个完善的保障机制势在必行。首先，需要在社区层面形成稳定的公共财政投入机制。我国养老服务业发展的总体投入不足，尤以社区层面的养老服务资源的不确定性、欠完整性、非连续性最为突出，社区层面亟待建立与事权匹配的财权，促进以居委会为主体的社区服务工作的顺利开展。其次，亟待构建持续照料服务体系，依托社区服务发展家政服务、生活照顾、长期照护、康复保健、临终服务等多种形式的社区养老服务，构建完整的社区老年照料系统。并通过与专业的养老服务机构及服务人员合作，发挥社区向上承接机构、向下延伸至居家的枢纽作用。再次，挖掘社区非正式照料资源，弥补正式照料的不足。来自家庭和社区的非正式照料资源是居家养老与社区养老的一大优势，也是对社会化养老服务的重要补充。相关政策应关注正式照料资源与非正式照料资源的整合，鼓励家庭和社区持续发挥养老照料服务的功能。最后，社会养老服务格局的实现有赖于城市空间予以响应。比如居家养老的老年人，有的希望独自居住，有的希望跟子女共同居住,有的希望跟子女邻近居住,这就对住房安排提出了新的要求。选择机构养老服务的老年人也会受到养老机构的类型、区位、服务标准等因素的影响。相较于传统公办养老机构在建设标准和空间选址上面对的诸多约束,近年来市场上出现的老年社区项目显得丰富多样,旅游度假型、养生保健型、文化活动型等丰富的类型为老年人提供了更加多样的选择。

从城市层面来看,城市养老服务格局对城市住房、交通、公共服务设施等方面的规划部署提出了新的要求。改善居住环境的适老化水平,提高就医、购物、休闲和出行环境的老年友好程度,合理布局各项养老服务设施,均应提上重要的议事日程。

从住区层面来看,发展居家、社区养老服务需要在居住空间、社区环境和公共服务设施等方面做出相应的安排。譬如,为了保证老年人能够在家中接受生活照料,套内空间需要满足一定的净宽和无障碍要求。再如,为了满足社区开展养老服务的要求,住宅区的公共服务设施配套应在规模、标准等方面满足相应的要求。促进养老服务的顺利开展不仅要有赖于福利、资金、管理等政策环境的改善,也有赖于城市、社区物质空间环境的优化,而这也正是老年友好城市、老年宜居社区等实践的重要目标。

第四章 养老服务资源

养老服务资源生产的社会化程度是民生保障和社会文明进步的重要标志，也是促进养老服务事业和养老服务产业健康发展的基础。社会养老服务资源包括为满足老年人养老服务需求而提供的物力、财力、人力和制度等要素，其供给的主体包括政府、社会组织与市场企业。为了优化资源配置的结构、提高资源的有效供给，不同服务主体之间需要通过制度化、组织化的途径实现协调发展，也需要通过理论和实践创新为养老服务业营造良好的发展环境。积极发挥社区的平台作用、深化医养结合的实践、推进智慧养老的发展是社会养老服务资源整合的重要途径。市场部门参与养老服务在我国尚处于起步阶段，但其在满足老年人多样化的需求、推动国民经济发展及优化产业结构等方面具备鲜明优势，发展潜力不可小觑。

第一节
养老服务资源

一、养老服务资源的构成

养老服务资源是为了满足老年人的养老服务需求而提供的物力、财力、人力和制度等要素的总和。个人、家庭和社会都是养老服务资源的提供者。本章着重探讨社会养老服务资源,其区别于个人和家庭养老服务资源的特征在于:① 社会养老服务资源的供给主体是社会化的,包括政府、社会组织和市场企业;② 社会养老服务的资金筹措方式是社会化的,涉及财政拨款、社会集资、慈善募捐等多种渠道;③ 社会养老服务的人力资源是社会化的,服务人员需要具备一定的专业知识和技能;④ 社会养老服务资源的组织是制度化的,其发展需要兼顾社会效益和经济效益。

1. 物质资源

养老服务的物质资源是指老年人进行各项活动所依托的客观存在物。养老机构、医疗设施、老年住宅、老年大学、社区养老服务设施等物质空间设施是城市养老服务水平的重要考核指标。这些设施的兴建需要在城市建设用地中给予适当的配置,相关土地、建筑物和构筑物因而成为养老资源的重要组成部分。住房、公共服务设施、道路交通设施和公园绿地等都对老年人发挥着重要的支持作用,也需要必要的资源投入以适应老年人的需要。物质资源供给的不足会在很大程度上限制养老服务的水平,譬如机构养老床位规模与需求之间的差距会制约老年人对养老模式的选择,或社区养老服务设施的缺乏会降低居家养老的老年人的生活质量。建设用地的供给和建筑面积的配置一方面受到相关规划要求和建设标准的影响,另一方面也受特定发展条件的制约,例如较早建成的城市居住区往往存在居住条件差、空间密度高、公共服务设施基础差等问题,增补和嵌入老年服务设施需要克服很多困难。

对于在社区、居家养老的老年人来说,日常活动需要住宅、社区和周边城市环境的支持,涉及的空间要素包括户内环境、户外环境、公共服务设施、出行环境等。在机构养老的老年人需要居住环境、设施设备等空间要素的支撑。此外,城市出行环境、医疗、文化、体育、休憩等各种功能空间也与老年人的日常生活活动息息相关。上述物质要素各自具有独立性,但彼此间也存在内在的联系和相互影响,通过不同的形式发挥作用。一方面，物质和空间要素构成了日常生活的连贯场景和行为空间，老年人通过日常活动将不同的场所串联起来，并在不同的场所里完成不同的活动需求。另一方面，随着自身能力和健康状况的变化，老年人在不同阶段对物质资源和空间环境的使用需求也在不断发生变化。

2. 财政资源

养老服务的财政资源是指政府部门通过收支活动筹集和供给资金，推动养老服务发展的经济行为。从形式上看，相关的经济行为既包括直接提供各种经济补贴，譬如为有特殊需要的老年人提供高龄津贴、养老服务补贴、失能老人护理补贴等，也包括投入公共资金用于建设和运营养老服务设施、制定养老事业发展规划等。从用途上看，财政资源是社会养老保障、医疗资源等老年人基本生活质量的重要基础，也是城乡老年友好环境建设的主要资金来源。以投入养老机构的建设与运营的资金为例，上海对社会投资改造并形成产权的基本养老机构按照每床 2 万元的标准予以补贴，其他非营利性养老机构按照每床 1 万元的标准予以补贴（表 4－1）（上海民政，2016）。

表 4－1　部分省份养老机构床位补贴情况

省　份	床位建设补贴/（元/张）	执行年份
北　京	20 000～25 000	2013
上　海	10 000～20 000	2016
天　津	12 000～30 000	2014
四　川	11 000～15 000	2015
江　苏	5 000～10 000	2016
云　南	5 000～10 000	2016
青　海	5 000～10 000	2015
甘　肃	4 000～10 000	2015
广　西	3 000～5 000	2016
内蒙古	2 000～6 000	2016
河　北	2 000～4 000	2015
贵　州	3 000	2016
黑龙江	2 000	2015
江　西	1 000～2 000	2014
安　徽	1 000	2016
湖　北	500～1 000	2014

资料来源：根据各省份门户网站及养老政策文件整理绘制

随着《国家发展改革委员会关于开展政府和社会资本合作的指导意见》（发改投资〔2014〕2724 号）等政策的陆续出台，民间资金参与养老服务得到发展。中国经济进入新常态，产业结构调整进入转型阶段，随着产能过剩企业逐渐退出，养老服务业为民间闲置资本提供了发展空间。现阶段，民间资本多用于投资建设养老院、养老地产和老年人用品等营利性项目，如何引导其更加广泛和规范地融入养老服务业的发展还有待探索。

3. 人力资源

养老服务的人力资源是指发展养老服务业所需要的、具有必要劳动能力的人员，如家政服务人员、护理人员、医务人员、社会工作者等。养老服务涉及医疗保健、生活照料、精神慰藉等内容，需要具备相应的疾病护理、营养饮食、紧急救助等专业技能的服务人员。然而受传统观念的影响，人们对养老服务工作存在认识偏差，从业人员大多是中年农村妇女，缺少文化知识和专业护理服务技能。国家有必要建立养老服务人员培训机构，积极组织从业人员进行岗位技能培训，通过借助医院、学校开展联合培训和技能考试等方式，尽快提升相关人员的养老服务水平，解决专业护理人员短缺问题（赵静华，2019）。同时，积极培养和发挥社会工作者的桥梁作用，动员企事业单位、社会团体等为老年人提供人力、物力、财力等方面的支持，维护老年人权益，增强老年人权能，满足社会发展对养老服务人才的需要。

4. 制度资源

养老服务制度是在养老服务领域内约束和规范各参与主体行为的规则，作为资源的制度安排主要表现为促进养老服务资源健康发展的相关政策，具有引导、调控和配置养老服务资源的功能。同样的物力、财力和人力依照不同的制度安排会产生不同的效果。改革开放 40 余年来，我国养老服务从救济型走向适度普惠型，从单一政府主体到鼓励参与主体多元化，从福利养老到社会化和产业化养老，反映了社会保障对经济体制变革的回应，体现了新时期养老服务体系的导向、重点和成效，凸显了制度资源对养老服务业的主要作用。与此同时，养老服务作为影响国家经济社会发展的重大问题，也获得了相关部门的积极响应，如财政规划、住房城建、卫生教育、文化体育、公安消防等部门均以参与联合出台政策或提出部门政策的方式为养老服务业的发展提供支持，既提高了政策的连贯性和延续性，也有效推动了政策的具体落实，增强了制度资源的实施性、协调性和系统性。

二、社会养老服务资源

当 20 世纪末中国进入老龄化社会时，社会养老服务理念在我国尚未形成，国家主要通过福利院、敬老院等社会福利机构为老年人提供服务，面向需要社会救济的老年人群体。“社会养老”的概念首次出现于 2000 年发布的《中共中央、国务院关于加强老龄工作的决定》（中发〔2000〕13 号）。随后，国务院办公厅转发民政部等十一部委《关于加快实现社会福利社会化的意见》（国办发〔2000〕19 号），提出应减轻国家在兴办和运营福利机构上的财政负担，实行投资主体多元化，采取国家、集体和个人等多渠道投资方式；要求拓宽福利机构的服务面，实行服务对象公众化。“养老”从传统的家庭和机构范畴拓展到多主体、全覆盖的社会公共服务领域。2006 年，在全国老龄委等十一部门联合颁发的《关于加快发展养老服务业的意见》（国办发〔2006〕6 号）中，首次使用了“养老服务业”的概念，标志着养老服务从社会福利范畴向现代服务业的转变。2010 年，我国“十二五”规划纲要中第一次出现了社会养老服务内容，并将其区分为养老服务事业和养老服务产业两个组成部分，明确了国家福利范畴之外的“养老服务产业”的制度性地位。此后陆续出台的政府文件高度聚焦居家和社区在养老服务体系中的作用发挥，政策目标是集中物质、财政、人力和制度资源等补齐短板，激活居家和社区在养老服务体系中的重要作用。

关于居家、社区和机构在社会养老服务体系中的关系，国家通过一系列法律和政府文件对此做出了阐述。2011 年，国务院在《中国老龄事业发展“十二五”规划》（国发〔2011〕28 号）中提出了“建立以居家为基础、社区为依托、机构为支撑的养老服务体系”。2012 年底修订的《中华人民共和国老年人权益保障法》亦明确了“建立和完善以居家为基础、社区为依托、机构为支撑的社会养老服务体系”的发展目标。2013 年，国务院发布的《关于加快发展养老服务业的若干意见》（国发〔2013〕35 号）进一步明确提出，到 2020 年养老服务业的发展目标是“全面建成以居家为基础、社区为依托、机构为支撑的，功能完善、规模适度、覆盖城乡的养老服务体系”。此后，2015 年 4 月和 2018 年底两次修正的《中华人民共和国老年人权益保障法》均在条文总则中沿用了“国家建立和完善以居家为基础、社区为依托、机构为支撑的社会养老服务体系”的阐述。值得关注的是，2017 年国务院印发的《“十三五”国家老龄事业发展和养老体系建设规划》（国发〔2017〕13 号）中将养老服务体系的格局调整为“居家为基础、社区为依托、机构为补充、医养相结合的养老服务体系”。最新公布的《国务院办公厅关于推进养老服务发展的意见》（国办发〔2019〕5 号）亦将“持续完善居家为基础、社区为依托、机构为补充、医养相结合的养老服务体系”作为养老服务到 2022 年的发展目标。其中，机构在养老服务体系中的“支撑”作用被调整为“补充”作用。

从养老服务资源的整合利用角度出发，居家、社区和机构是一个有机的整体，实现三者之间的功能耦合是保证服务资源利用绩效的前提。机构所发挥的作用如同养老服务的运营核心、专业基地和物流中心（唐钧，2016），除了为失能老人提供专业照护以外，也可以发挥向社区辐射养老服务，为社区养老服务设施提供示范、培训等作用。在条件许可的情况下，还可以与社区的养老服务设施共同运营。从这个意义上说，机构的“支撑”作用不容忽视。然而就养老机构改革的方向来看，公办养老机构与公建民营养老机构将主要承担兜底保障作用，着重为存在特殊困难的老年人提供无偿或低收费托养服务，机构养老服务的供给和惠及人群的规模与国家大力扶持的社区居家养老相比则主要发挥“补充”的作用。

从养老服务资源的供给情况来看，“十二五”和“十三五”时期是我国养老服务业得到长足发展的时期。近十年来，我国养老服务业相关法规政策不断完善，基本养老、医疗保障水平逐年提高，老年宜居环境建设持续推进，老年人社会参与条件进一步优化，老年文化、体育、教育等事业快速发展。对照2005年、2010年、2015年中国民政统计年鉴的相关数据不难发现，养老服务资源在总体增长的趋势下，仍存在类别模糊、规模偏小的特征（表4－2）。养老资源的供需关系中，医护资源的严重不足，机构床位数仍有较大缺口，社区养老服务设施亟待发展。

表4－2　2005年、2010年、2015年我国社会养老服务资源的供应水平

服务类别	序号	供给项目	2005年	2010年	2015年
养老机构与设施资源	1	养老机构和设施/万个	—	4	11.6
	2	提供住宿的养老机构和设施床位数/万张	163.9	316.1	672.7
	3	收养老年人及残疾人数/万人	116.2	242.6	295.7
	4	每千名老人拥有养老床位数/张	11	17.8	30.3
	5	获专业鉴定的养老护理员/人	—	171	8 127
社区资源	1	社区服务中心/万个	0.8	1.3	2.4
	2	社区服务站/万个	—	4.4	12.8
	3	社区服务机构和设施覆盖率	—	22.4%	52.9%
	4	社区养老机构和设施/万个	—	—	2.6
	5	互助型养老设施/万个	—	—	6.2
	6	日间照料床位/万张	—	4.7	121.3
	7	短期住宿照料床位/万张	—	1.2	176.9
	8	老年活动室/万个	—	36.8	37.1
	9	社区服务志愿者组织数/万个	—	10.6	9.6
社会服务资源	1	老年法律援助中心/万个	—	1.8	2.1
	2	老年维权协调组织/万个	—	8.3	7.1
	3	老年学校/万个	4.6	4.9	5.3
	4	在校学习人数/万人	431.4	586.9	732.8

资料来源：根据2005年、2010年、2015年中国民政统计年鉴相关数据整理

不同地区养老服务供给能力的显著差别仍是我国养老服务资源发展所面临的突出问题。针对2010年老年人人均获得的养老公共服务的分析表明，全国有10个省、直辖市和自治区的水平高于全国平均水平（图4－1）。其中，上海、天津、北

京和浙江的养老公共服务供给力为全国平均水平的 2 倍。上海多样化养老公共服务供给能力为全国最高；海南省最低，供给能力仅为全国平均水平的 20%（陈英姿等，2013）。同时，养老服务资源分布的地区差异与地区经济水平具有显著相关性，东部及东南沿海地区经济发达省份具备较高的养老服务资源供给能力，少数中西部省份也具有较高的水平，特别是国家区域经济发展战略扶持的重点地区，如重庆、成都地区。相比之下，中西部经济能力较落后的省份普遍供给能力较低。此外，城市和乡村养老服务资源分布的不平衡也是亟待改善的问题。

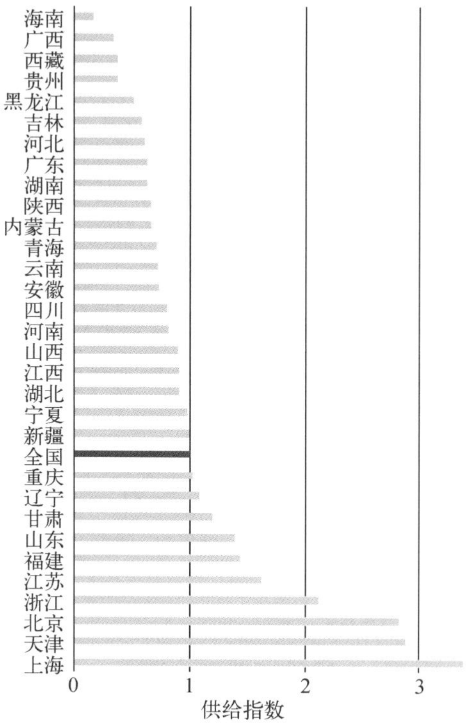

图 4－1　2010 年我国内地（大陆）养老公共服务供给综合指数的省际比较

资料来源：陈英姿等，2013

现阶段，由于政府、社会组织和企业等供给主体之间缺乏有效协调，医疗保健、生活服务、精神慰藉和社会参与等养老服务之间受行政体制条块分割的局限存在整合困境，资源冗余和短缺的现象并存。社区居家养老服务面临的资源供给主体结构困境、认知结构困境和组织结构困境（张孝廷等，2012）亟待突破。在社区层面具体表现为，条线分割的公共服务资源管理使得医疗、文化、养老等服务分属不同的部门，各类资源在管理手段和供给形式上缺少协调，出现服务重叠或空白领域，导致社区服务内容混乱、管理主体不清等问题，进而影响了服务的效率。在城市层面则表现为，养老服务政策与社会养老保险、社会医疗保险制度之间缺乏紧密联系，与土地、住房、金融、社会保险等配套政策也缺乏衔接。养老服务资源供给的碎片化以及政策的相对独立性导致资源分布不平衡且造成服务的错位浪费，不仅不利于养老服务的健康发展，还会进一步影响到社会的安定和谐。

从社会养老服务资源配置的绩效来看，政府提供的养老服务资源具有计划导向性，受既有资源多少的约束，并非根据老年人的实际需求特征制定供给计划，表现在服务模式、内容等方面还带有较为明显的政府计划特征。当服务对象仅为一小部分特定老年人群体时，服务的重点和内容比较容易确定。但当服务的对象扩大到全体老年人群时，自上而下的资源配置就很难与老年人多元化的养老服务需求相匹配，容易出现供需错配，造成养老服务资源的浪费。以人口结构变化、服务资源构成替代需求，虽然有助于把握宏观发展趋势，却不能清晰揭示需求的内涵。

辜胜阻等（2017）认为，当前我国养老服务体系主要问题有政府在体系中的定位不清，存在越位、错位、缺位的现象，民办养老机构面临人才、资金缺乏以及使用率低下的困境，失能失智老年人数量多而看护成本高，农村养老服务体系建设滞后等主要问题。尽管近年来的政策环境有利于降低社会力量进入养老服务业的门槛，但仍缺乏有利于养老服务长期、多元化发展的行之有效的制度保障。现阶段，政府监管和服务能力还不能很好地适应市场需要，譬如建立长效的监督管理，对市场力量提供的养老服务的专业化、价格、服务质量进行规范，从制度层面鼓励社会力量在金融、保险、空间资源等主要支持资源上取得突破，支持其长期稳定地提供服务。

三、社会养老服务资源的发展基础

尽管我国养老服务业的发展尚面临诸多不足和挑战，但我国发展社会养老服务仍具有自身的优势和潜力。

1. 发展居家养老的潜力

相较于西方发达国家，我国国民对于赡养老人及家庭养老的整体意识相对较强（柳海民等，2011）。孝文化是我国社会养老服务的重要文化资源，也是规范社会群体行为的重要途径，更是国家进行社会治理的重要基础。然而，空洞的伦理教化尚不足以与社会养老服务的目标和行动相结合，需要在传统文化基础上结合社会组织、企业发展的愿景，结合品牌建设、服务特色等在服务中予以践行。国家应强化居家养老制度化的规范，使实施有章可循、有法可依，保障服务供给的可及性和持续性，避免含糊地将居家养老的服务责任推诿到家庭养老义务；采取鼓励和奖励等方式保障家庭养老服务提供者的权益，促进家庭成员为老年人提供养老服务，家庭养老资源对社会养老服务资源具有重要的支持作用，家人、亲友提供的非正式照料和精神慰藉也是制度化正规养老服务所难以替代的。有学者认为对于赡养老年人的家庭成员应予以一定的经济补偿（Evandrou et al. ,2003）。为维持家庭养老服务资源的水平，有必要对家庭服务的供应成员给予经济、服务等方面的支持。家庭养老服务资源的提供主体是子女、亲属等家庭成员，具有血缘、义务和稳定性特征；服务包含经济、情感、服务、实践等多种资源（穆光宗，2002），涵盖满足养老需求的人、财、物等各个方面内容。虽然当前传统家庭养老意识有所淡化，家庭养老资源的稳定性和可靠性也正在减弱，但相比社区服务和志愿者服务提供的养老服务资源，家庭养老资源仍然具有更强的稳定性。不仅如此，家庭养老服务资源可以免费获得，因此无论老年人自身经济条件如何，其可得性优势明显，应鼓励家庭养老服务资源在服务老年人中发挥作用。另外,老龄化、少子化造成我国老年人独居和空巢的比例逐步上升。新中国成立初期的家庭人口规模为4.3人/户,2010年下降到3.2人/户,家庭规模减小了25.6%,且这一趋势正在持续。综观西方发达国家的人口老龄化,老年人的家庭照料被视为"新社会风险①",即面临以家庭妇女成员为主的老年人照护人员短缺问题。因此,我国的养老服务资源供给需要通过政府、市场及家庭共同分担老年人服务的需求。

现阶段,各地居家养老服务主要由政府推动,解决助餐、助浴等较为集中的服务需求,而向居家老年人提供康养、照护服务尚未取得突破性进展。部分地区对家庭医生制度进行了有益尝试,旨在打通家庭医生和各级医院之间的转诊通道,解决患病或(半)失能老年人的就诊问题。居家养老较之机构养老,具有投资少、成本低、服务广、收益大、收费低、见效快的特点,能够减轻机构服务养老的压力(王刚义等,2008)。以上海为例,建造一个设施条件良好的养老机构,平均每张床位的成本在10万元左右,一个200多张床位的养老机构,就意味着2 000多万元的投入,还不包括建成后运作费用的补贴(何谦等,2007)。与收费较高的养老机构相比,在家和社区养老设施里接受照料服务更符合老年人的主观意愿和客观经济承受能力,也有利于节约社会养老服务资源的投入。根据中国老龄科学研究中心"第四次全国城乡老年人生活状况调查",我国老年人选择在家里接受照料护理服务的占比为82.1%,远远超过选择养老机构的占比4.4%(表4-3)。发展、完善居家养老服务将在最大限度上满足老年人的养老服务需求。

表4-3　老年人的照护服务地选择意愿

服务地	合计	自理老人	失能老人
在家里	82.1%	81.8%	89.9%
白天在社区晚上回家	2.1%	2.2%	0.8%
在养老机构	4.4%	4.4%	4.7%
视情况而定	11.4%	11.7%	4.6%

资料来源:根据中国老龄科学研究中心(2016)数据整理绘制

2. 发展社区养老的优势

社区是极富中国特色的养老服务单元。我国的社区治理组织基础较为成熟,在事务管理、服务等方面已形成一套较完备的、系统化的管理方法。在我国,社区既是养老服务的提供者,也是养老政策落实的执行者,更是连接政府、其他社会组织和居民之间的纽带。第一,社区是城市属地化管理的末端,街道、居委会组织完

① Giuliano Bonoli 教授对于新社会风险的定义是,因社会经济转型而出现如第三产业快速增长及女性劳动力广泛进入劳动市场等的后工业化现象,从而导致个体经历福利损失的状态。

善，针对老年人的服务是社区众多事务之一，尽管此前重视程度和专业化水平较弱，但具备快速发展的组织条件。第二，我国城市公共服务设施的分级设置使社区层面具备比较完善的医疗、文化、体育和生活服务设施，具备强化为老服务功能的硬件条件。其三，在大量存在的传统社区、单位社区中普遍形成的社会纽带为老年人提供了丰富的非正式照料资源，有利于老年人的身心健康与社会支持。目前，部分老龄化程度较高地区的社区养老已经形成了一定带动和示范效应。从北京、上海、天津等大城市率先开展的实践来看，社区组织对于整合、配置养老服务资源发挥了至关重要的作用，并具备一定的经验积累，初步形成了社区、居家养老服务工作机制和服务体系。唐启群(2014)针对河北5个城市调研数据，对比了家庭养老、机构养老、社区居家养老三种不同模式下老年人的生活满意度，结果发现社区居家养老的满意度最高。

为了充分发挥社区养老服务的作用，社区养老首先需要有明确的组织管理者和多样化的养老服务资源供给主体，其次应保证老年人对社区服务有充分的了解、提供表达养老服务需求的渠道。然而现阶段，针对上海社区的研究揭示，30%以上的老年人不愿意参加社区适老化改造，40%以上的老年人认为不需要社区服务(于一凡等，2014)。老年人对社区参与兴趣寥寥，既对自身参与社区发展的影响缺乏认识，也对参与结果能否带来的改善缺乏信心。因此，应从根本上转变老年人对社区服务的认知，鼓励老年人参与社区事务。

根据我国社会养老服务体系的部署，我国部分地区已开始有计划地开展养老服务项目，包括日常生活照料、医疗保健、文化娱乐、精神慰藉、应急帮扶等内容。一些社区为提高社区的管理水平，通过向社会公开招聘管理人员等方式积极为社区养老储备人才。结合社区治理和更新活动，不少专业人才直接参与了社区工作。总体来看，各地在社区层面建设的养老服务设施不断完善，服务水平逐步提高，服务对象群体不断扩大。

3. 发展机构养老的基础

相较于居家和社区养老服务，我国机构养老服务体系建立时间较早，得到了较为充分的发展，为社会养老服务提供了重要基础。

在以家庭养老为核心的传统孝文化背景中，我国的机构养老服务较早是国家为集中解决贫病老人的生活问题而产生的。新中国成立初期，为保障存在特殊困难的老年群体的基本生活问题，政府兴办了养老院、敬老院、福利院等社会福利机构，并从政策和资金等方面给予一定扶持。虽经过不断发展完善，机构养老迄今仍然带有较明显的国家救济保障性质。这在很大程度上造成了包括老年人及其家人在内的社会偏见，对入住养老机构存在误解。近年来，社会化养老机构的多样化尝试在一定程度上改善了人们机构养老的较低预期，出现了一些硬件和软件均有较高水平的养老机构，社会对养老机构的看法有所改观。伴随文化观念的改变，不少独立性较强、有经济支付能力的老年人也愿意接受晚年入住养老机构的选择。

随着政府、社会组织和市场企业等多元主体投入机构养老服务，我国养老机构的服务资源不断扩大、规模迅速增长。截至 2017 年底，全国注册登记的提供住宿的各类社会服务机构有 3.2 万个，其中注册登记为事业单位的机构 1.8 万个，注册登记为民办非企业单位的机构 1.3 万个。同年，全国共有机构内床位 419.6 万张，年末收留抚养人员 228.8 万人（民政部，2018）。根据 2017 年的数据，每千名老年人拥有养老床位 30.9 张，尽管与“十三五”养老规划提出的“每千名老人养老床位 35~40 张”的目标仍有差距，但呈现出了良好的增长趋势。

按照出资与承办主体划分，我国养老机构现有公办、公助民办、民办三种类型。不过，多数收费低廉的公办养老机构实际功能以“养”为主，为老年人提供住、洁、吃等方面的基本生活照料服务，缺乏为老年人提供医疗及康复护理的服务功能。部分民办高级养老机构的实践则在养老服务的质量、形式和内容上做出了更广泛的尝试。尽管后者昂贵的服务费用并非所有老年人能够负担，但对养老服务市场的建立做出了有益探索，对整体养老服务起到了示范和促进的作用。由于集中兴建的养老机构通常位置偏远，不便于子女探望，近年来基于社区的小型机构已经开始涌现，是值得关注和扶持的重要形式。

第二节
养老服务资源的供给与配置

一、养老服务资源的供给主体

面对日益严峻的人口老龄化挑战，各国对福利制度的认识逐渐转向福利多元主义（Welfare Pluralism），认为国家不应是福利供给的垄断主体，提出尽管国家是福利的主要提供者，市场和家庭也是福利的重要来源（Rose，1986）。与传统的福利供给模式比较，福利多元主义具有更综合和系统的分析视角，它不再将政府、市场、社会看作此消彼长的隔离状态，而是强调多元主体的相关补充和协调，促使不同主体发挥最大优势，从而保证公共服务资源的有效配置。不同部门输送的福利可以独立存在，也可以在公共领域或私人领域相互重叠（Neil et al.，2003）。

在政府引导及监管下，鼓励社会各界参与养老服务的供应，实现资源的社会化运作,不仅可以减轻政府的养老压力,还可以盘活一些公办养老资源,实现良性竞争。政府、社会组织、市场企业作为社会养老服务资源的供给主体,通过相互联系的组织输送路径,共同为老年人提供服务(表4-4)。

表4-4 社会养老服务资源的供给主体类型与服务性质

供给主体	服务性质	特点	关系
政府	公共服务	保障、均等	公民权利与国家责任
社会组织	公益服务	补充、协调	行动者与社会
市场企业	私人服务	选择、竞争	消费者与市场

1. 政府

政府是社会养老服务体系中具有主导地位的供给主体,其作用包括宏观决策、制定规划、政策调控、财政投入、制定标准、规范收费、行政管理、加强监管等多个方面(马岚,2018)。

首先,国家通过构建养老服务体系、做出系统规划、出台政策文件等,为养老服务业的持续发展提供制度资源。我国民政部、人社部、财政部、国家卫健委等部门均直接参与推动养老服务体系的发展,通过一系列政策措施为养老服务业的发展提供正式组织框架,对公共养老服务资源进行必要的部署和调配,从而实现养老服务资源的高效利用和系统完善。自从1989年国家首次在政府工作报告中提出"人口老龄化成为我国社会的重要问题,各地区、各部门都应关心老年工作"以来,我国陆续推出的多项相关政策法规对老龄事业的发展起到了重要指导作用。例如,《中华人民共和国老年人权益保障法》(1996)、《国务院办公厅转发〈关于加快实现社会福利社会化的意见〉》(国办发〔2000〕19号)、《中共中央、国务院关于加强老龄工作的决定》(中发〔2000〕13号)、《民政部关于印发〈"社区老年福利服务星光计划"实施方案〉的通知》(民发〔2001〕145号)、《民政部关于支持社会力量兴办社会福利机构的意见》(民发〔2005〕170号)、《国务院关于加快发展养老服务业的若干意见》(国发〔2013〕35号)、《国务院关于印发中国老龄事业发展"十二五"规划的通知》(国发〔2011〕28号)、《民政部关于推进养老服务评估工作的指导意见》(民发〔2013〕127号)等。1994年,我国首个老龄工作发展纲要《中国老龄工作七年发展纲要(1994—2000)》颁布,此后结合国民经济"十一五""十二五""十三五"发展规划,国家和地方不断完善养老服务相关的制度建设、组织健全、运营组织、服务质量等工作,极大地促进了社会养老服务体系的形成。

其次,从中央到地方,各级政府将社会养老服务体系纳入财政预算,包括对环境和设施的投入、对养老服务设施的各项补贴、对低收入老年人购买养老服务的补贴、对城乡困难老人提供集中供养服务等。具体形式包括:一是由政府运用各级财政扶持资金或自筹资金，由区、街道、居委会建立三级管理机构，由公益性岗位人员向老年人提供服务。其优点在于整合养老服务资源的能力较强，缺点是资源的利用率不高，服务的灵活性较低。二是政府采取公办、财政补贴、政府购买等多种形式联合非营利组织提供服务。政府主要承担着养老服务发展规划、服务资格标准和运行规范的制订、服务过程和服务质量的监督等功能，具体服务内容的供应由非营利组织负责。该模式特点在于符合政府职能转型和社会建设发展趋势，但对社会组织的培育管理提出了挑战。三是由政府购买服务、采用市场化运作模式。政府利用服务券或补贴等形式将购买权直接发放给老年人，由他们在市场上选择、购买所需要的服务。其优点是老年人有较充分的选择自由，减少了政府的行政干预，但前提是市场上有品种齐全、质量可靠的服务可供老年人选择（张孝廷等，2012）。

2. 社会组织

社会组织是指区别于政府和企业的组织类型，具有公益性和非营利性的特点。我国参与社会养老服务的社会组织主要是各类社会团体、民办非企业单位、各类公益性基金会等，不包括各类营利型企业组织、政党组织、宗教组织和家庭组织（陈洪涛，2009）。《社会组织蓝皮书：中国社会组织报告（2016—2017 年）》指出，我国社会组织开始步入整体性变革时期，引入社会力量参与养老服务，对于满足养老服务发展需求、推动中国养老服务业的健康发展具有重要意义（黄晓勇等，2017）。

社会组织所具有的志愿性、公益性使其在参与养老服务过程中扮演着重要角色。第一，社会组织在人力、物力、财力等资源调动方面更灵活，能够弥补国家资源投入不足的问题，对养老需求变化能够做出更迅速和准确的响应。第二，社会组织为群众参与养老服务提供了组织化渠道，有利于推进尊老爱老、团结友爱的文明价值。其三，社会组织渗透社区的能力很强，擅于在服务供给主体与被服务对象之间建立良好的感情纽带，更好地满足老年人的精神需求。其四，社会组织具有灵活多样的管理方法和专业化的工作方法，可以为养老服务资源的供给提供创新途径。

现阶段，由于缺乏资金保障和政策保障，社会组织在参与养老服务的过程中难以避免地存在发展瓶颈。例如对政府过度依赖、服务可持续性较弱和人才匮乏等。同时，由于现阶段社会组织的成熟度较低，从事养老服务的社会组织尚未获得充分的社会认可和群众信任，需要在不断完善自身建设、改善服务效果的基础上获得社会公众的支持和参与。

3. 市场企业

市场企业的参与有利于在商业运作模式下产生更多高品质的服务和产品，并且在利益驱动下为不同特征、不同需求的老年人提供更有针对性的服务，是通过供给侧改革实现养老服务资源优化配置的重要手段。

2000 年，《中共中央、国务院关于加强老龄工作的决定》（中发〔2000〕13 号）首次提出了“培育和发展老龄消费市场”，随后《关于加快发展养老服务业的意见》（国办发〔2006〕6号）等政府文件进一步提出了“政策引导、政府扶持、社会兴办、市场运作”等指导性意见，鼓励通过公建民营、民办公助等多种形式推动社会力量参与养老服务资源的供给，市场作为养老服务资源优化配置的重要力量进入政策议程。2016年，《国务院批转国家发展改革委关于2016年深化经济体制改革重点工作的意见》（国发〔2016〕21号文）中提到全面放开养老服务市场，着力放宽社会资本的市场准入，鼓励民间资本、外商投资进入养老健康领域，推进多种形式的医养结合，增加有效供给。同年发布的《国务院办公厅关于全面放开养老服务市场提升养老服务质量的若干意见》（国办发〔2016〕91号）进一步提出“繁荣养老市场，提升服务质量，让广大老年群体享受优质养老服务”的要求，要求政府从顶层设计、政策规划、政策执行和配套等多个方面来推进养老服务的市场化改革。

养老服务业的市场化改革将为社会养老服务资源开辟新的物质、资金和人力资源。首先，资金的筹集从政府供给与筹资一体化的传统资源分配模式向供给方与生产方分离模式转变（朱浩，2017）。政府可通过财政补助、税收优惠、土地使用、信贷融资等政策实现对市场主体的资金支持（林闽钢等，2016），或通过建立养老服务产业投资基金、股权融资和债权融资等探索市场化融资渠道（付诚等，2015）。其次，养老服务的市场化运作有助于提升养老服务的质量和效率，通过公建民营、委托管理、购买服务等多种方式引导市场主体参与，通过“需求管理”或分层分类方法来实现市场细分（席恒，2015），并借助市场定价、信息网络技术等手段或载体实现服务供需匹配，提高养老服务的供给质量和效率（朱浩，2017）。此外，增加市场供给有助于强化养老服务的产业化发展，通过产业政策调整，实现养老服务资源的丰富化和多元化。

值得注意的是，养老服务具有较强的福利属性，养老服务资源的配置不完全适合一般商品交易的规律，养老服务的社会化与市场化不能简单地使用市场思维来看待。尽管养老服务的社会化使政府转向引导者角色，政府在养老事业中仍处于主导地位。一方面，现阶段我国由政府所掌握的服务资源仍占较大比例，企业可调动的养老服务资源较少，单纯依靠设施市场的意愿难以实现服务的系统化。另一方面，社会力量兴办养老服务具有投资大、收益率低、投资回收周期长的特点，也决定了行业的发展离不开政府的支持，很大程度上仍然取决于政府补助政策、经费力度的多寡。

二、养老服务资源的配置

对于社会养老服务需求而言，资源具有相对稀缺性，需要人们对有限的服务资源进行合理配置,通过最少的资源耗费取得最大的服务效益。养老服务的配置机制是一个“投入—产出”系统,投入物力、财力和人力,产出相应的产品和服务。产出的效益取决于资源配置的过程中各个部门是否可以兼顾局部职能和整体目标、优化需求与供给的结构关系、提升服务的综合效益。

21 世纪以来,发达国家公共服务的目标普遍转向强调政府责任前提下的绩效提升,通过引进“最佳价值”(Midwinter et al.,1999)和“综合绩效”(Klein,2002)为政府提供评价、监督绩效的工具。依据评价工具在既定背景下做出决策响应,帮助决策者改善政策的适用性和弹性(Lindblom,1959)。从影响养老服务资源配置决策的因素来看,需要考虑以下四个方面的内容:① 供给主体和供给模式(Erkip,1997);② 城镇化和社会经济的发展水平(Perkins et al.,2004);③ 社会因素,即居民的价值观、社会身份的认同感、居住偏好与需求等(Deverteuil,2000);④ 历史文化因素,包括地理、空间等因素,以及用地供给、制度安排和社会群体在地理上的集聚(Carmon et al.,2013)。

长期以来,我国公共服务供给的政策制定与选择遵循自上而下的政府主导路径,在保证资源供给公平性的同时,将资源适当向弱势群体倾斜。然而,政府主导的公共资源配置的弊端也不容忽视:① 由于缺少利益约束,在一定程度上会造成资源浪费与效率缺失;② 政府的资源配置决策需要经历多个环节程序,容易因决策滞后而造成资源配置不再适用;③ 相关利益主体诉求缺乏有效的表达和参与机制,导致服务资源供给与服务需求之间的距离扩大。相反地,市场所具有的灵活度高、供应能力强、响应迅速等优势能够有效弥补上述不足。自下而上的资源配置路径在于市场快速响应服务需求的变化,通过价格、供求、竞争等方式来调节资源的配置。一方面,市场通过价格变化及时准确地反映服务的供求变化,有利于合理配置服务资源。另一方面,市场竞争推动生产效率提高,有助于促进资源的高效供应。然而,市场难以提供公共产品,在资源配置中稳定性不足,需要通过制度管控避免造成社会矛盾。

单一的资源配置路径容易造成资源配置不当,带来社会养老服务资源配置效益的下降。随着我国政府角色从管理向服务逐步转型,社会养老服务资源的配置路径不断得到优化。“自上而下”的政府路径通过制定政策规则引导社会资源配置的方向与结构,通过购买市场化资源的形式代替生产供应,保障公共养老服务资源均等化配置;“自下而上”的市场路径便于快速响应老年人需求,整合社会各方力量参与资源供给。不同供给主体和供给路径的配合成为形成科学有效的资源配置秩序的关键。

福利多元主义对于我国政府职能转型、扩大养老服务资源的供给具有启示和借鉴意义,同时也对不同渠道养老服务资源的配置提出了挑战。我国养老服务的责任主体正在从“国家(单位)—家庭”变化为“国家—社会—市场—家庭”。然而,由于相关制度尚未建立、服务格局尚未健全,养老服务社会化的发展仍处于初步阶段,需要通过多方面的努力优化完善公共养老服务资源配置。

首先,在进行公共养老服务资源内容配置时,重视个体的差异化需求。将服务对象从一般老年群体细分到有不同需求的老年群体,甚至服务个体。对老年人进行类型划分以及需求特征总结,整合服务资源形成横跨居家、社区、机构的长期照料体系,有针对性地为不同生命阶段输送所需的养老服务资源。

其次,养老服务资源的配置从政府完全负责到政府、社会、家庭共同承担,明确政府角色的转变。为进一步推动社会化养老服务的良性发展,政府需要建立、健全相关制度法规,引导、保障各级各类养老服务资源的供给。对老年人的照料需求进行事先评估,确保服务需求与资源供应相互匹配,减少服务资源的浪费与错位。规范资源配置中的市场行为,保证服务质量。

再次,强调社区居家养老服务作为基本公共养老服务资源供给的重点领域。政府通过购买服务、提供补贴等形式将多种社会化养老服务资源提供给社区居家养老的老年人。以社区为服务资源统筹配置的平台,无论是服务供应方的社会与市场组织还是接收方的老年人及其家庭都能获得较大的选择空间。

最后,建立养老服务资源供需影响的双向机制。养老服务资源供给逐步向市场、社会开放,通过政策引导及合作,扩大社会服务资源的规模与质量,补充国家公共福利服务供给。同时以发放补贴等途径增加老年人对服务的选择空间,促进服务市场供给方的良性竞争。通过合理的制度机制设计,改变传统自上而下的单一服务配置路径,推动国家福利从一元向多元迈进。

总体上,养老服务资源的供给与配置应参照 2017 年《国务院关于印发“十三五”推进基本公共服务均等化规划的通知》(国发〔2017〕9 号),努力实现基本公共服务可及性显著提高,各领域标准基本完善并有效实施,可持续发展的长效机制基本形成,最终促进基本公共服务均等化总体实现的目标。通过合理布局各类养老资源,建立资源有效共享机制,实现服务供给与社会经济发展相协调,服务资源在城乡、地区间较均衡配置,使全体老年人有均等享有获取服务的权利与机会。

【瑞典的养老服务】

20 世纪 90 年代初,受新公共管理思潮影响,再加上经济衰退,瑞典开始将市场化机制引入公共服务的供给。1992 年,瑞典实施《新地方政策法案》,允许地方将部分公共服务外包给营利和非营利组织,并将需求评估从服务供给中分离出来。政府根据《公共采购法》与服务供应商签订合同,依据需求评估等级向老年人提供照料服务。招标过程中,大公司往往凭借价格优势而形成市场垄断,导致2009年《公共部门选择系统法》的出台,要求地方政府引入消费者选择模型,即个人可以从官方认定的服务供应商名单中选择一个为自己提供居家养老服务,以此帮助小型服务商提高盈利能力,激发市场活力。如今,瑞典老年照料服务中的87%由政府向营利型企业购买,居家养老服务中有1/5的服务时间由营利型企业提供。在所有私营养老服务组织中,93%是营利企业,其中绝大多数的雇员不超过10人,属小微型企业(Gabrielle et al. ,2013;Ragnar et al. ,2009)。

【英国的养老服务】

英国是较早进行养老服务市场化改革的国家,由地方政府直接供给的养老服务逐年下降。国家鼓励地方政府通过养老服务市场购买服务。养老公共服务的供给与个人经济状况挂钩,老年人申请公共养老服务需要接受家庭财产调查和需求评估,并建立了用户付费或政府补贴用户联合付费制度。目前,英国75%的居家照料服务由营利组织提供,仅8%由非营利组织提供,营利组织和非营利组织提供家庭照料的时间总和是政府的2倍。2008年,英国6%的养老院由政府所有,18%的归非营利组织所有,74%的归营利组织所有。英国重视通过消费者的选择促使服务供给者提供优质服务,同时也重视鼓励服务供给者的积极性。一些地方政府颁布了“非正式照料支持法”,为家庭照料者提供喘息服务,弥补因照料老人而产生的收入损失。相较于通过立法强调家庭赡养关系,并通过惩罚督促家庭成员履行照料义务的做法,鼓励和支持的措施显得更为积极(Yeandle et al. ,2012;Marianna et al. ,2005)。

【新加坡的养老服务】

新加坡将社会养老作为系统工程对待,将个人、家庭、社区、国家共同纳入养老服务体系的构建和规划中。既要求个人必须负起规划自己晚年的责任,鼓励家庭为老年人提供照料,也要求社区采取行动协助和支持家庭,担负起照顾老年人的责任。国家则提供基本框架,创造条件帮助个人、家庭和社区各尽其责。在就地老化的战略目标下,社区养老服务发展迅速。根据实际情况与需求,部分社区成立了有特色的“三合一”家庭中心,将托老所、托儿所等结合设置,同时设置了社区医院养老院、临终关怀机构和老年庇护所等社区养老服务设施(林闽钢,2014)。

三、养老服务资源的整合

如何将不同部门的资源整合到统一的体系中，以便提高服务效率、满足老年人多样化的需求，是社会养老服务体系建设的重点。“系统整合”是在组织层面进行的协作，以克服组织间的障碍和服务的不连续性，使服务对象能够得到持续的、无障碍的服务流（敬乂嘉等，2009）。我国近年来在推进社会养老服务的过程中出现了不少有益的探索，本节分别从资源整合的平台、实践和手段探讨社会养老服务资源整合的途径。

1. 资源整合的平台：社区

社区是养老服务资源整合的重要平台。中国城市拥有良好的社区建设基础，养老服务在社区层面不仅有利于获得丰富的资源支持，也有助于老年人持续获得非正式照料和发展社会参与，有条件探索出一条具有中国特色的社区养老服务道路。

首先，社区是公共服务资源配置的基本单元。我国城市社区经过多年的发展沉淀，形成了丰富的医疗、体育、文化、教育和基础设施资源，为社区养老服务奠定了良好的物质基础。党团志愿服务体系则为社区养老服务提供了重要的组织资源和人力资源。

其次，社区也是居民日常生活活动的基本单元。以社区为核心的日常生活圈是老年人活动最为频繁的场所，也是老年人获得生活服务、医疗保健和精神慰藉的主要途径。

再次，老年人自身作为养老服务资源的重要组成部分，宜通过来自内部的动员、参与、组织、协调推动社区养老服务发展。我国城市社区拥有丰富的互助资源，应重视和挖掘社区内部互助养老的潜力，将社区内老年人作为社区养老服务的参与者与提供者组织起来，不仅有助于加强老年人与社区的接触面，发挥自身价值帮助和服务他人，也可成为社会养老服务资源的重要补充。

最后，也是最重要的，社区是联系家庭和机构的纽带，可以将家庭养老和机构养老的服务整合并转化为社会养老服务。在社区平台上，老年人在家庭中获得的养老服务被纳入社会养老；养老机构在发挥正常作用的同时，也可以通过社区将自身的专业化服务提供给居家的老年人（边恕等，2016）。社区养老因此成为养老服务的核心。

1992 年，联合国第 47 届大会通过的《老龄问题宣言》提出“把社区作为改善养老环境的载体，以社区为单位，鼓励为老年人提供必要的照顾，并组织由老年人参加的活动”，突出强调社区通过提供连续性养老服务促进就地老化、改善老年人生活质量的作用。很多国家在此号召下开展了积极实践。例如,加拿大法律规定,养老机构要定期到社区开展为老服务,同时也接受社区老人的短暂寄养,向附近社区进行功能辐射(孟钧等,2010)。日本的小规模多功能居宅介护事业所、日间照料中心等设施提供多种社区通所介护、短期居住服务,并对周边社区居家老年人提供服务,大大提高了居家养老老年人的比例及其生活质量。

打破不同系统养老服务资源输送的藩篱,要将养老服务置于机构照料、社区照料和家庭照料的共同发展框架之下,特别是借助机构照料的专业化优势来补充社区养老服务的建设。在完整的养老服务网络中,家庭、邻里社区、民政体系内的养老机构以及卫生体系内的医疗护理机构、社会组织、政府等都属于养老服务的提供者。以社区为平台,整合各类服务资源,为满足老年人的各种需求提供长期连续的养老服务,这是基于社区的养老服务链的核心所在。

基于社区所具有的各类养老服务的整合与衔接的界面作用,社区养老服务链就是以养老服务资源利用最大化和最大限度满足老年人的各项服务需求为目的,致力于提供综合养老服务。社区养老服务链模型的构建以满足老年人的生存和发展需要为宗旨,以社区为界面,分别向居家养老服务和机构养老服务延伸。社区养老服务链的服务主体包括政府机构、社会组织和市场企业等,核心任务是组织和管理各种服务资源,并提供给有需求的老年人(图 4－2)。

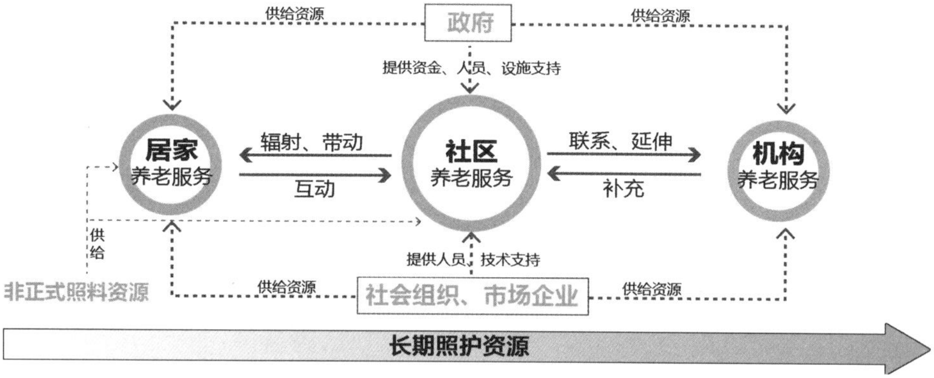

图 4－2　基于社区的连续养老服务链模型

【日本的社区居家养老服务】

日本的社区养老服务发展比较成熟,目前主要有四种养老服务的组织形式:一是以政府力量为主,服务人员由政府与民政人员组成;二是政府资助民间组织,如社会福利协会等;三是志愿者及其组织,主要由家庭主妇、大学生及健康老人组成;四是企业提供养老服务。社区养老服务在政府的大力扶持下,充分利用社会资源向老年人提供福利、保健、医疗等综合性服务，以适应不同的养老需求。主要包括上门服务、日托服务、短托服务、长期服务和老年保健咨询与指导服务等（田原，2010）。

2. 资源整合的实践：医养结合

医，指为老年人提供的一切医疗服务，包括疾病诊疗、康复护理、预防保健、健康咨询及临终关怀等。养，指为老年人提供的一切日常养护服务，涉及生活照护、颐养身心、精神慰藉等。

“医养结合”是将医疗资源和养老资源通过结构整合与功能整合的方式，有机地整合在一个体系中，从而提高资源的利用率（张晓杰，2016），是养老服务资源融合的重要实践。在人口平均预期寿命不断延长、老年人失能失智比例和空巢率不断提高的现实挑战下，老年人的核心需要——保障生命质量显得越来越迫切，医疗卫生需求和日常生活照料服务需求叠加的趋势日益显著。然而，我国现有的康复资源和养老服务资源十分有限，医养资源之间又相互独立，难以实现资源的优化配置，亦难以满足老年人对健康养老服务的需求。

根据2015年发布的《国务院办公厅转发卫生计生委等部门关于推进医疗卫生与养老服务相结合指导意见的通知》（国办发〔2015〕84号），青岛、上海、苏州等地开始进行小范围实践。实践表明，目前医养结合在政策、管理、资金、结构以及人才供给等方面都不尽人意，运行效果并不理想（马珊伊等，2016）。医养结合的制度安排面临的资源主体“部门化”、资源“碎片化”是实现医养结合的主要障碍。从行政管理体制来看，医养结合涉及医疗服务和养老服务两大领域近20个行政部门，如医疗卫生和医疗保障服务由卫计委和人保部门主管，养老服务涉及民政部门、老龄委和人社部门等；从机构管理来看，民政部门负责审批和管理各类养老机构，老龄办负责组织实施社区居家养老服务，卫计委认定和管理医疗卫生机构，人社部负责医保定点机构管理和医疗保险及护理费用报销事宜（邵德兴，2014）。在原有的行政管理体制下，各部门职能分工不同，缺乏统一的组织管理体系和一体化的协调机构，没有明确的责任主体，资源分散、管理分割，很难实现有效的整合与衔接（李长远等，2017）。当务之急是需要建立专业的养老医疗队伍，培养专业的医护人员，增加社会力量的参与。同时，在医养结合的过程中加强政府的协调管理，破除壁垒，减少因责权交叉导致的管理真空。针对失能失智老年人发展长期照护服务，科学界定服务对象，有效整合医养资源（李长远等，2017）。

上海市结合社区提供的养老服务平台，发挥社区卫生服务中心平台的医疗辐射功能，实现机构、社区、居家医养资源无缝衔接的经验值得借鉴（孙建娥等，2016）。

【上海市社区医养结合的探索】

上海市自2014年开始探索医疗卫生和养老服务结合发展。2015年，由上海市民政局、卫计委等五部门联合发布了《关于全面推进本市医养结合发展的若干意见》（沪民福发〔2015〕19号），明确了以社区卫生服务中心为支持平台开展医养结合的思路。上海在全面推进医养结合时，主要依托社区卫生服务中心平台，该平台扮演着整合医养资源、推动医疗资源辐射和周转的核心角色。根据机构养老入住老人、居家和社区老人等不同层次的医疗卫生服务需求，由社区卫生服务中心向社区内各类老年群体提供相应的医疗服务。一方面，鼓励社区卫生服务中心与养老机构、社区托养机构签约合作，开展定期医疗巡诊、康复护理指导、慢性病管理、健康宣教等多层次医疗卫生服务，从而缓解养老机构、社区托养机构老年医疗护理供需矛盾突出的状况；另一方面，鼓励养老机构采取委托、合作等方式向社区卫生服务中心购买医疗护理服务，社区卫生服务中心委派医生上门为入住养老机构、社区托养机构的老年人提供基本的医疗护理服务。截至2015年底，上海社区卫生服务中心与区域内养老机构签约服务实现全覆盖。2016年，社区卫生服务机构与社区托养机构签约率达50%（钱蓓，2015）。

3. 资源融合的手段：智慧养老

科技的发展和技术的进步为养老服务资源的整合提供了崭新的前景。智慧养老是利用信息化手段、互联网和物联网技术，整合各类养老服务资源，构建综合信息平台，并在此基础上提供实时、高效、互联化、智能化的养老服务。智慧养老不仅有利于提升机构、社区养老服务的效率，更在社区、居家养老领域具有巨大的潜力，为医养结合、长期照料等重要领域的突破带来重要契机。

通过运用互联网、物联网、大数据等信息技术手段，社区和居家养老服务可对接各级医疗机构及养老服务资源，为老年人提供监控、健康服务，在保护隐私和对服务场所的适应方面具有显著优势，将会极大地促进社区居家养老的发展。不仅如此，以数据和信息作为资源开发科技产品，在为老年人服务的过程中增强老年人的主体性，有助于缓解服务人员缺乏的难题，提高老年人主动管理自身健康、及时获取服务信息、参与社会活动的积极性，从而有利于改善老年人的生活质量。

2016年，《国务院办公厅关于全面放开养老服务市场提升养老服务质量的若干意见》（国办发〔2016〕91号）提出：发展智慧养老服务新业态，开发和运用智能硬件，推动移动互联网、云计算、物联网、大数据等与养老服务业结合，创新居家养老服务模式，重点推进老年人健康管理、紧急救援、精神慰藉、服务预约、物品代购等服务,开发更加多元、精准的私人订制服务。支持适合老年人的智能化产品、健康监测可穿戴设备、健康养老移动应用软件(APP)等设计开发。打通养老服务信息共享渠道,推进社区综合服务信息平台与户籍、医疗、社会保障等信息资源对接,促进养老服务公共信息资源向各类养老服务机构开放。2017 年,《国务院关于印发“十三五”国家老龄事业发展和养老体系建设规划的通知》(国发〔2017〕13 号)明确提出建设“居家社区养老服务工程”,要求各地依托城乡社区公共服务综合信息平台,以失能、独居、空巢老年人为重点,整合建立居家社区养老服务信息平台、呼叫服务系统和应急救援服务机制,方便养老服务机构和组织向居家老年人提供助餐、助洁、助行、助浴、助医、日间照料等服务。“居家社区养老服务工程”还提出实施“互联网+”养老工程,支持社区、养老服务机构、社会组织和企业利用物联网、移动互联网和云计算、大数据等信息技术,开发应用智能终端和居家社区养老服务智慧平台、信息系统、APP 应用、微信公众号等,重点拓展远程提醒和控制、自动报警和处置、动态监测和记录等功能,规范数据接口,建设虚拟养老院(国务院,2017)。

上述政府文件为社区层面养老服务资源的整合与延伸提供了有力的制度保障。值得注意的是,发展智能养老并不是简单信息技术的应用,还需要多方的协调配合。以信息技术、数据共享和创新管理模式构建的智慧养老服务体系需要医疗机构、教育机构、社区服务中心等机构的紧密合作,同时可以成为社会组织和市场企业参与养老服务的信息平台。

第三节
养老服务产业

一、养老服务产业

养老服务产业是由消费市场带动的社会经济活动,通过市场化途径满足老年人对养老服务的需求。通过发展养老服务产业提供多种高品质的养老服务,是改善民生、提高老年人生活质量的重要途径,不仅有利于社会发展进步,也对国民经济有明显推动作用,被视为改善民生、促进经济转型升级的经济发展新动能。国家统计局 2016 年数据显示,与居民生活幸福度密切相关的养老、旅游、文化、体育、健康“五大幸福产业”的营业收入合计同比增长 12.6%,比服务业总体增速高出 1.2

个百分点，其中养老服务业营业收入同比增长 17.1%，增幅仅次于体育服务业（国家统计局，2017）。据《国务院关于印发“十三五”国家老龄事业发展和养老体系建设规划的通知》（国发〔2017〕13 号）估计，2016 年国内养老服务产业市场规模约 5 万亿元，2020 年将达到 7.7 万亿元，复合年均增长率（CAGR）① 为 11.4%，预计 2030 年将超过 20 万亿元。

市场机制的优势在于对供求变化信息及趋势的快速反应，利用多元化市场策略全方位地满足老年人需求。一方面，随着我国人口老龄化程度加深，高龄、失能、空巢老人的规模将明显增加，不同老年群体对于养老服务的需求愈发迫切，这为养老服务产业的发展提供了巨大潜力空间。另一方面，随着社会经济发展，人们的生活水平普遍提高，老年人的需要从基本的生存、生活层面上升到追求较高生活品质的层面，对养老服务的需求从基本保障向多元化享受转变。由政府主导的公共养老服务受国家公共财政支出的限制，无法满足老年人较高层次的需要和多元化的服务需求。相比之下，市场的逐利性使其对于目标消费者的需求更为敏感，通过供需价格变动能够更加迅速地掌握养老服务消费者对于不同服务需求的真实性与迫切性。与此同时，市场的竞争机制有利于激励企业不断技术创新，提高生产效率，优化产业结构，提高自身竞争力。

我国老年消费市场的潜力巨大，养老服务产业的发展有助于拉动内需，促进社会就业。老年人群因其庞大的规模和需求逐渐在我国服务消费市场中占据重要地位，特别是城市老年人对服务的购买意愿与能力近年来均得到明显提高。首先，近年来我国企业退休人员基本养老金水平不断提高，且涨幅略高于城镇居民可支配收入的上涨幅度，对提升企业退休人员支付能力起到积极作用。其次，通过个人储蓄、再就业、股票理财等多种途径所获取的收入扩大了老年人的经济来源，成为我国老年人消费的潜在财富保障。《中国老龄产业发展报告（2014）》指出，从 2014 年到 2050 年，中国老年人口的消费潜力将从 4 万亿左右增长到 106 万亿左右，占 GDP 比例将由 8%左右上升至 33%左右，未来我国将成为全球老龄产业市场潜力最大的国家（李心涛等，2014）。另外，产业发展将带动就业岗位的增加。根据中国老龄科研中心的预测，未来我国城市地区居家养老服务业市场容量将由 2015 年的 1 115 万人增长至 2050 年的 3 668 万人，城市居家养老服务从业人员需求将从 2015 年的 139 万人增长到 2050 年的 458 万人（朱勇，2014）。

养老服务产业对上下游产业的带动作用明显，有助于形成养老服务产业链，推动产业结构的优化和持续发展。老年人对养老服务的持续需求，也有利于打造具有连续性的现代服务业产业链。通过整合养老服务相关上下游产业资源，有利于

① 复合年均增长率（compound annual growth rate，CAGR），指某项投资在特定时期内的年度增长率。

促进产业之间的良性互动合作。养老服务产业涉及领域广，并以第三产业为主，养老服务业、金融业等领域的发展将极大推动第三产业产值和就业的提升。在养老服务产业不断规范化和多样化的过程中，服务人员需要有较高的劳动力素质和一定的技能，以此为契机可促使人力资本升级，增强劳动力在产业间的转移能力。

养老服务产业对以社区为平台的资源整合具有重要促进作用。依托社区在养老服务体系中的平台作用，将市场提供的养老服务嵌入居家、社区和机构养老服务，有利于整合不同市场领域的服务资源。譬如对当前有特色、产业集中度高的企业或服务供应模式实行服务品牌化经营，培育壮大相关产业链，形成贯穿居家、社区、机构，涵盖不同服务领域的养老服务产业体系。同时，应着力通过政府购买服务支持社区居家养老服务企业与项目发展，加强对服务人才的教育培训，为养老服务产业输送更多具备专业资质与技能水平的服务与管理人员。

自《国务院关于加快发展养老服务业的若干意见》（国发〔2013〕35 号）文件发布以来，民政部、卫生部、自然资源部、住建部、财政部等相关部门相继制订、出台了一系列政策措施，涵盖资本投入、金融、土地、设施、医养结合等多个方面，为养老服务产业发展构建了一套政策支持体系。《国务院关于印发"十三五"国家老龄事业发展和养老体系建设规划的通知》（国发〔2017〕13 号）提出"丰富养老服务业态、繁荣老年用品市场"，要求"大力发展养老服务企业，加快形成产业链长、覆盖领域广、经济社会效益显著的养老服务产业集群。支持养老服务产业与健康、养生、旅游、文化、健身、休闲等产业融合发展，丰富养老服务产业新模式、新业态。鼓励金融、地产、互联网等企业进入养老服务产业。利用信息技术提升健康养老服务质量和效率。"在这一框架下，一些地方政府着手积极尝试吸引境外或港台资本投入内地（大陆）养老服务市场，为养老服务企业提供优惠等。从国家到地方、从政府到社会的重视与关注，为未来我国养老服务产业营造了良好的发展环境。

【瑞典的老龄产业】

瑞典作为高福利国家，其老龄产业发展以确保老年人生活舒适为目的，追求产品与服务的质量。政府在进行政策引导的同时，注重营造公平、公开的市场竞争环境，鼓励民营资本积极参与老龄产业。良好的市场环境使瑞典民营资本在进入老龄产业的过程中形成了众多国际知名的大企业，并成为瑞典老龄产业发展的中坚力量，如瑞典多朗（Doro AB）电信和家电集团，致力于开发、销售老年远距照护产品，已成为全球老年手机的领军品牌。此外，全球尿失禁管理方面的领军品牌瑞典添宁（TENA）、世界著名老年辅助器具生产商瑞典博动（Permobil）也都是瑞典民营资本进入老龄产业的成功案例。

民营资本在拉动经济增长的同时，也通过行业间的良性竞争，不断改善养老产品与服务的性价比。

在机构设施方面，养老机构根据老年人心理需求的变化，推动居住环境的布置趋向“家庭化”，以满足老年人对家庭养老的心理需求，在一定程度上减轻老年人对养老机构的抵触情绪。养老机构的各种设施皆以老年人的舒适、安全为目标，并结合最新科技，做到精益求精。除了先进的个人辅助设施外，瑞典很多养老机构还设置了老人康乐部、自动洗衣房、理疗室等配套设施。在养老产品用品方面，推出了日常生活、医疗保健、金融保险、旅游休闲等方面的多种产品用品，满足了不同人群的需要（李东阳，2016）。

引入市场机制有利于促进养老服务资源的社会和经济效益，但养老服务所具有的公共物品属性决定其无法在完全市场机制下供应。养老服务产业与养老服务事业的区别在于，前者属于市场范畴，提供的是私人产品；后者属于福利范畴，提供的是公共物品。区分养老服务产业与养老服务事业的边界与关系，实质上是关于养老服务业市场性与公共性的探讨，也是关于政府在发展养老服务产业过程中的职责与作用的讨论。有学者认为，从市场经济的规律来看，政府过多干预产业发展会影响养老服务产业的独立性，造成产业组织对营利性要求的漠视，进而影响产业的持续发展（杨立雄等，2019）。也有观点提出政府应通过发展养老服务事业，专注于满足基本公共养老服务的需求，“对于那些高品质、个性化、享受型以及公共产品和社会福利属性并不太明显的养老服务产品，都应该交由企业和社会，为市场腾出空间”（黄清峰，2016）。还有学者认为，发展养老服务产业要避免被市场和利益所“绑架”，应该围绕着“社会孝道”“孝心”为养老服务事业提供补充和支持（胡泽勇，2017）。

区分政府与市场在不同类型养老服务资源供给过程中的权利与义务，是共同推动养老服务业健康发展的重要前提，只有在充分尊重市场规律的前提下认识政府在发展养老服务产业中的职责与作用，养老服务产业与养老服务事业才能相互促进和协调。政府不宜直接参与、过多干预养老服务产业的发展，让市场充分发挥资源配置优势，推动产业发展，突出对产业发展的宏观引导、监管和扶持等方面的职责。

【日本的养老服务业】

伴随着日益严重的老龄化和少子化问题以及家庭养老模式的不断退化，日本早在20世纪60年代就开始着力推进养老服务体系的建设工作，经过不断地发展和完善，目前已形成包括《老人福利法》《老人保健法》《介护保险法》《高龄老人保健福利推进10年战略计划》等在内的较为完善的政策和法律支持体系。

在养老服务市场的培育方面,日本政府通过一系列的养老政策与制度建构和变革,促进养老产业的社会化、市场化、产业化发展,并逐渐形成以养老服务为核心的“银发产业”,涵盖老年住宅、老年金融、家政服务、福利器械用品、文化娱乐和老年生活用品等各个方面,以满足老年人生活多样化、更高层次的需求。

在实施保障的机制方面,日本政府以社会保险形式建立了涵盖“养老保险、劳动保险、医疗保险、介护保险”的社会保障体系,包括基础年金、厚生年金、共济年金、企业年金等多种层次,实现人人参保,以保证老年人有足够的支付能力。

在养老服务业标准化与评价方面,目前日本主要实施由厚生省老人保健福祉局制订的养老服务评价标准,涉及日常生活服务、特殊服务、其他服务、与相关业务单位的协作、设施设备与环境、经营管理六方面内容,根据这六方面设定各种问题,组成服务评价项目,以此评价养老服务的质量(标准生活,2017)。

二、养老服务产业的发展现状

我国养老服务产业近年来发展迅速,并取得了一定进展,丰富了老年人对养老服务的选择,服务创新层出不穷。需要正视的是,现阶段我国养老服务产业化水平较低、结构不完善、政策机制不健全、消费能力滞后于养老服务需求等问题较为突出,养老服务产业对养老服务体系的贡献存在局限。从各地的发展情况来看,中西部地区养老服务产业显著落后于东部地区,即使在东部地区,也只有上海、北京、杭州、南京等经济发达、老龄化程度高的城市得到一定的发展,但仍存在营利模式不清晰、市场培育不充分、产业规模偏小等问题(杨立雄,2017)。

首先,养老服务业市场化水平较低、服务意识弱,各行业发展差距大。由于我国养老服务产业的发展时间较短,市场化程度明显不足。目前我国老年人需求度较高的生活照料、医疗护理等服务主要仍由政府主导的养老机构和社区养老服务设施承担。民办养老机构虽然有所增加,但实际效率与社会认可度明显低于公办养老机构。老年人活动中心、老年大学等为老年人提供文娱类服务的公共设施基本由政府负责建设,社会参与更少。由于养老服务产业的市场意识较弱,在研发、宣传、销售、反馈等服务环节尚未形成完善的市场化运作机制,不利于提高老年群体对产品的认知度,进一步制约了消费。另外,养老服务产业涉及领域众多,各行业间发展并不均衡,如养老康复保健、辅助行动等行业发展较快,社会认可度较高,而适合老年人的日用品、精神文化等产品的发展则相对缓慢。

其次,养老服务产业的结构有待完善。在我国,由于老年人习惯于传统养老服务供给由政府包办,加之养老服务市场尚不健全,市场力量参与养老服务的供给常常难以获得老年人的信任,极大限制了市场企业参与养老服务的方式和提供服务内容的领域。当前养老服务产业出现的“高端化”倾向便是直接的结果——服务对象主要锁定具有较强支付能力的老年人,服务内容偏重对老年人较高层次需要的满足,如老年人用品、文化、旅游等功能型产品,以及养老机构、老年住宅等居住类产品。对于绝大多老年人而言,中等档次、收费合理的服务项目在市场上相对欠缺。一些养老地产项目以住房产品为主,不重视服务配套,与养老服务内涵不符。此外,相关企业对服务产品缺少技术创新,部分产品完全照搬或引入国外的内容,并未针对我国老年使用者的需求进行研发设计,也是造成真正符合中国老年人使用习惯的产品类型有限的重要原因。

然后,产业扶持及监管的政策机制不完善、落实不到位,会直接影响到养老服务产业的发展。近年来,国家及地方层面均相继出台了一系列促进养老服务产业发展的政策文件,但多数集中在原则性要求与指导方面,缺少配套落实的具体措施。例如,在养老机构供地方面的政策规定“社会福利机构的建设用地,按照法律、法规规定应当采用划拨方式供地的,要划拨供地;按照法律、法规规定应当采用有偿方式供地的,在地价上要适当给予优惠;属出让土地的,土地出让金收取标准应适当降低”,但在具体实施过程中由于土地资源的稀缺性与地价上升波动而难以执行(王莉莉等,2015)。另外,现阶段相关行业规范标准、法律保障尚不健全,对于市场的监管存在缺位,不利于形成养老服务产业市场秩序。在尚未明确规定养老服务市场的准入机制、缺乏必要行业标准的情况下,难免出现低品质服务产品或违法企业,降低行业整体水平,扰乱市场;或出现大量高端服务项目,削弱养老服务的公共属性。

最后,现阶段我国老年人整体收入水平不高,也在很大程度上限制了养老服务产业的发展。我国大部分老年人的收入和消费能力较低、生活节俭,除日常生活必需品以外,消费行为并不活跃。同时,出于防病应急的考虑,很多老人会选择将较大比例的收入储蓄起来以备不时之需。要提高老年人的服务购买能力,保证其能够享受到有效的服务,前提是完善社会保障制度,提高社会养老保险水平,让老年人能够拥有更高的支付能力。尤其要逐步建立长期护理保险制度,解决医疗照护等主要养老服务费用来源的安排,减少老年人的后顾之忧。日本等国家和地区的经验已表明,建立长期照护保险制度对于解决老年人在医疗照护方面的费用支出,提高社区与机构服务购买力方面具有明显作用。我国可通过养老金制度、医疗保险制度改革,发放老年福利津贴,建立长期照护保险制度等多种途径提高老年人的服务支付能力,扩大养老服务产业的消费基础。

我国的养老服务产业仍处于产业发展的初期阶段,有待不断开发新的产品、改善服务形式。推动养老服务产业的健康发展,既要尊重产业发展的一般规律,也需要准确把握我国养老服务发展的自身特点,兼顾创新性和规范性两项原则。创新性是指应尊重市场规律,从老年人的需求出发培育市场和产品,适应养老服务需求的变化,灵活整合养老服务资源,为老年人提供有针对性的、高质量的服务。规范性则是指要从政策与制度方面强化对养老产业的支持、管理力度,保证服务的水平和产品的质量,从而确保产业的良性发展。

尽管存在诸多不足,养老服务产业的出现仍旧有效分担了政府在社会养老服务资源供给上的压力,丰富了老年人对养老服务的选择。随着我国人口老龄化程度的不断加深,老年人各项需求的分层化进一步凸显,社会对养老问题的关注力度日渐加大,养老服务的模式在现有基础上将出现更加丰富、多样化的发展。

【美国的养老服务产业】

美国的养老服务产业发育比较成熟。以市场为核心,养老需求中的健康、休闲、旅游、教育等服务得以整合,政府主要发挥监管和协调的作用。这一模式符合美国市场经济体制的特点,卓有成效地提高了老年人的生活质量,减轻了养老的社会经济负担。美国政府一般不直接参与供应服务,而是通过购买服务或资金支持等方式推动市场和社会组织提供服务,或者为使用服务的低收入老人等提供补贴。市场的灵活性与多元化优势,以及慈善团体或组织的成熟机制,使其成为各类养老设施与服务的主要提供者,并催生出多样化的养老模式(褚湜婧等,2015)。

三、养 老 地 产

养老地产是融住房、医疗健康服务设施和支持性服务等多样化养老服务资源为一体的居住类养老服务产品。从国际、国内的经验来看,以适老化居住环境和长期照护(LTC)服务为核心,养老地产项目有条件将医疗保健、专业护理、生活照料和精神慰藉等服务资源整合在一起,为老年人提供全面、持续的服务。

根据产权类型的不同,目前市场上的养老地产产品可分为销售型、持有型。产权销售型产品具有较强的商品房特征,通过开发、销售盈利;产权持有型产品具有一定的机构养老特征,通过收取租金和提供服务盈利。全部销售型养老地产便于资金的流动,通过滚动开发提高资本的运转效率,其前提是必须取得土地使用权,开发销售过程须符合房地产市场运作的规定,依赖增加适合老年人的环境和服务设施塑造项目特色,产品的附加价值通过一次性销售而取得。持有型养老地产需要结合物业、医疗、保健等多种服务实现持续、稳定的经营,通常需要相应的土地优惠政策和机构支持,在硬件与软件方面一次性投入和持续投入大,资金占用量大,回收期限较长。目前我国养老地产多采用销售、持有相结合的形式以兼具上述两种模式的优势(田菲等,2013)。

需要指出的是,并非具有一定老年宜居环境特征的住房开发都可以称为养老地产。养老地产的核心特征除了基本的适老化居住空间和必要的服务设施外,需要特别强调对入住对象的年龄限制,并根据入住对象的自理能力提供相应的服务和专业照料。

美国的养老住房产业(Senior Housing Industry)在世界范围内具有突出的代表性,其成熟的体系化产品已成为美国老年人选择养老模式的重要决策依据。20 世纪 90 年代以来,养老住房产业已经成为美国最具经济前景的产业之一,市场与养老服务需求的结合日益紧密,且“与普通的房地产游戏规则渐行渐远”(Coopers et al.,1995)。根据老年人的自理能力和所需要的服务,美国养老地产大体上可以分为活跃长者社区(AAC)、独立生活型社区(ILF)、协助生活机构(ALF)、专业护理机构(SNF)和持续照料长者社区(CCRC)五种类型(ASHA & NIC,2018)。从护理和介护程度上看,前四种依次加深,而 CCRC 则涵盖前几种类型。

1)活跃长者社区(Active Adult Community,AAC)主要面向低龄活跃老人,产品以出售为主、出租为辅。AAC 是各种老年住宅模式中最接近普通房地产的一类,通常以鲜明的度假特色和活动主题吸引特定客户群体,如配置高尔夫球场,提供专业网球、游泳设施等。对老年人来说,迁入一个由年龄相仿、情趣相投的老年人组成的社区,不仅可以减少孤独和不必要的干扰,也是提升晚年生活质量的人生选择。

2)独立生活型社区(Independent Living Facilities and Communities,ILF)同样面向身体健康状况良好的老年人,但产品以出租为主,出售为辅。

3)协助生活机构(Assisted Living Facilities,ALF)主要面向高龄、没有重大疾病、需要一定程度生活照料的老人,服务内容包括餐饮、娱乐、清洁、定期体检等基础服务。ALF 通常可为老年人提供个性化的服务菜单,服务内容的确定综合考虑老年人各方面情况的评估结果、家人可提供的照料、老年人的意愿,对老年人的尊严表现出充分的尊重。由于 ALF 仅能提供有限的康复和医疗服务,老年人的身体状况一旦衰弱到不能自理或罹患重病,便需要离开 ALF 前往更加专门的照料机构。

4）专业护理机构(Skilled Nursing Facilities,SNF)是以医疗护理为主的养老机构,但在居住空间上较医院略宽松。SNF 可以在一定范围内使用和派发药物,其工作人员须持有专业护理证书。入住 SNF 的老年人通常需要 24 小时护理照料,其中一部分是刚刚经历过手术或急救,在恢复基本自理能力并回到原先的住所之前在这里接受过渡性和康复型治疗;另一部分长期留住在 SNF 的是失能、失智老年人;还有一部分老年人在这里接受临终照料。

5）持续照料长者社区(Continuing Care Retirement Community,CCRC)是根据老年人在不同阶段的需求而持续提供完整的住房、居住服务和健康照料的住所,某种程度上兼容了上述四种老年住宅的特征。由于其服务内容的全面性和连续性,入住的老年人往往旨在获得稳定的终老之所。

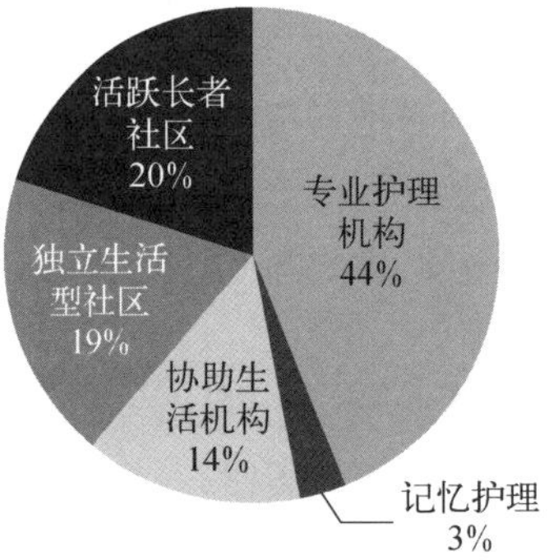

图 4－3　美国养老社区市场中前 100 位营利性企业的供给结构

资料来源：根据 NIC(2013)整理绘制

上述 5 种类型中,除 AAC 和 IL 外,其他类型社区的开发运营需得到所在州政府的授权,并且需通医院和专业护理机构建立紧密的服务合作。值得注意的是,美国养老地产企业的盈利竞争领域并非地产本身而主要集中在专业护理领域。根据美国养老地产与照料产业投资中心(National Investment Center for Seniors Housing & Care)公布的数据,21 世纪初在美国前 100 位营利企业中,专业护理机构占总量的 44%,其后是活跃长者社区(20%)、独立生活型社区(19%)、协助生活机构(14%)、记忆护理床位(3%)(图 4－3)。

反观中国现阶段养老地产业的格局,由于缺乏对养老服务核心价值的认识,大部分潜在的消费者都会沿用普通地产模式自然延伸出对房屋产权的追求,反而轻视了对产品持续服务能力和专业照料水平的要求。究其原因,一方面,老年人尚未对市场企业提供的养老服务建立信任,对不成熟的养老市场产品持怀疑态度,追求产权成为自我保护的一种手段;另一方面,养老地产的发展迄今尚未完成必要的产业化和规范化,相关产品良莠不齐,缺乏强有力的立法和监督机制,消费者的权益得不到保障。老年住宅项目尽管在硬件设施和空间设计上采取了相应的适老化措施,但在管理、维护和专业服务等软件方面存在不足,成为养老地产发展的制约因素。

我国养老地产业起步较晚,但发展空间广阔,呈现出良好的发展态势。现阶段,京津冀、长三角区域项目较为丰富,服务也更为多元化(中国老龄科学研究中心,2014)。目前,万科、保利、恒大、龙湖、复星、远洋、华润等国内品牌开发商均以不同的方式进入养老地产领域,建成的项目含纳"医疗护理养老""文化教育养老""生态养生""度假型养老"等各种理念和经营模式,并逐渐摸索出了适合自身发展的服务特色和盈利模式。

以上海"亲和源"项目为例,该社区内共有 834 套公寓式老年住宅,总建筑面积 72 355 平方米,配套的健康会所建筑面积 8 000 平方米,社区内设有老年人活动中心、配餐中心、休闲会所、运动健身场地,还设有以老年专科为主的颐养院,并与区外的三级甲等医院对接。此外,亲和源度假公寓设有 74 套客房,采用公寓配置、酒店管理模式,为老年人提供分时度假、旅游休闲、短期托老等服务。服务内容包括上门服务、楼层助理、班车接送看病购物等。亲和源设入住年龄限制,需经过会员资格审核,对会员的要求是男性年龄在 60 岁以上,女性在 55 岁以上,目前以身体健康能够自理的老年人为主。

其销售会籍的做法可以看作是变相的销售加持有模式。项目以长短期租赁并举的形式,由产权销售向会员销售转变。采用会员制模式有利于筛选同质化的服务对象,退出机制灵活。由于卡费和服务费分离,运营方可获得较为稳定的现金流。运营过程中,亲和源还尝试通过土地和服务的双向增值,做金融衍生投资,借以支撑长期发展(图 4-4)。

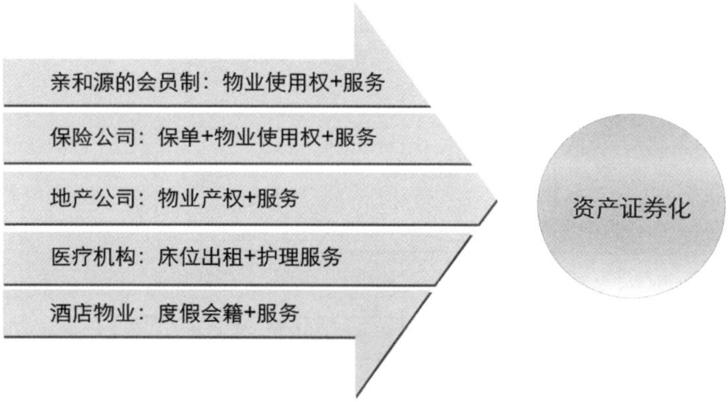

图 4-4　亲和源的运营模式

资料来源：亲和源股份有限公司董事长奚志勇 2017 年在同济大学老龄城市中心 ACL 会议上的发言

从简单的特色房地产项目到成熟的养老地产项目,需要养老服务业整体环境的完善和市场秩序的建立,社会福利和养老保险制度的完善,特别是服务质量的稳步上升,通过专业化、个性化服务降低成本、改进效率以及提高利润率。由于项目开发及盈利周期较长,养老地产项目不仅需要雄厚的资金链,也需要具备可持续的运营能力，对于开发企业而言不啻为严峻的考验。开发主体可以考虑与保险、运营、医疗服务等企业在投资、运营、管理等方面合作，以增强开发实力、分散风险（图4－5）。

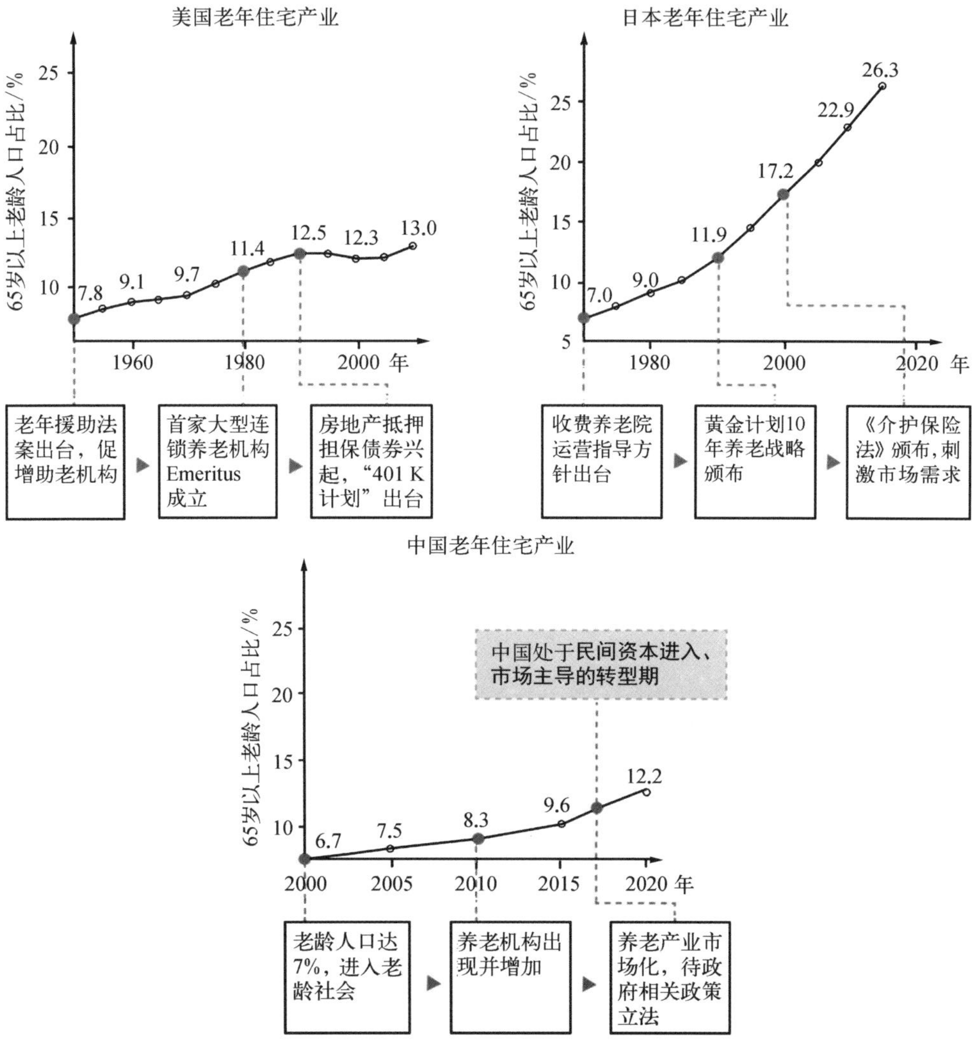

图4－5 各国老年住宅产业发展历程

资料来源：根据相关资料整理绘制

不可否认的是，养老地产是具有居住隔离（segregation）效应的产品。然而，老龄化社会的到来不可能要求消除这种隔离，甚至不得不利用这种隔离来提高社会养老服务资源的分配效率，刺激养老服务业整体水平的提高。

第五章 养老服务设施

在养老服务资源从生产到使用的过程中，其资源转化的效率和达到的服务效果在很大程度上取决于养老服务设施的配置结构与空间布局。近年来，我国养老机构床位规模快速上升，但发展中存在的结构性问题不容忽视。社区居家养老服务设施建设尚处于起步阶段，面临着更为严峻的“未备先老”问题。总体上，我国养老服务设施的发展存在对象粗放、用地矛盾、空间失配、标准缺乏等问题，需要理顺养老服务资源的配置结构，优化养老服务设施的空间布局和服务效率。本章讨论养老服务设施规划的编制方法和技术要求，分析、介绍机构养老服务设施和社区居家养老服务设施的技术标准，旨在为建设老年友好城市和老年宜居社区提供支撑。

第一节 养老服务设施

一、养老服务设施的内容

养老服务设施是为城乡老年人提供养老服务的设施。既有政策与技术标准曾多次从不同角度阐述了养老服务设施的含义。在民政部、国土资源部、财政部、住建部等联合发布的《关于推进城镇养老服务设施建设工作的通知》(民发〔2014〕116号)中,“养老服务设施”的含义是在城镇范围内建设的,专为老年人提供生活照料、康复护理、文体娱乐、精神慰藉、日间照料、短期托养、紧急救援等服务的设施,包括居家和社区养老服务设施及各类养老机构。在原《养老设施建筑设计规范》(GB 50867—2013)①中,“养老设施”指为老年人提供居养、生活照料、医疗保健、康复护理、精神慰藉等方面专项和综合服务的养老建筑服务设施。在2018年修订的《城乡养老设施规划标准》(征求意见稿)②中,“养老设施”的定义是为城乡老年人提供生活照料、医疗保健、文化娱乐、学习教育等方面综合或专项服务的公共服务设施。尽管使用的术语不尽相同,但以上阐述都明确了养老服务设施的服务对象是老年人,服务内容是各项社会养老服务。

根据养老模式、服务内容和服务形式,养老服务设施可分为机构养老服务设施、社区养老服务设施和老年人公共活动设施三类(住房和城乡建设部,2018a)。机构养老服务设施为全托型设施,为有长期住养需求的老年人提供住宿饮食、医疗保健、生活照料、康复护理、心理慰藉、文化娱乐、临终关怀等综合服务,包括老年社会福利院、敬老院、养老院等,不包含作为居住建筑属性的老年公寓。社区居家养老服务设施是结合社区生活圈配套建设的公共服务设施,为社区居家养老的老年人提供保健康复、生活照料、文化娱乐和精神慰藉等服务,服务形式有日托、短访及入户服务,包括社区老年人日间照料中心、社区老年人活动中心等,不包含社区医疗卫生服务设施。老年人公共活动设施是市、区或部门为丰富老年人退休生活、鼓励老年人参加社会活动而设立的老年人专享公共服务设施,主要为健康、活跃的老

① 该标准已于2018年10月1日废止。

② 《城乡养老设施规划标准》(原名:城镇老年人设施规划规范)于2018年10月18日发布征求意见稿。

年人提供文化娱乐、康体健身、学习教育等服务，包括市、区老年人活动中心、老干部活动中心、老年学校（大学）等（表5－1）。

表5－1　养老模式与主要的公共养老服务设施对应关系

养老模式	设施类型	设施内容	配置层级
机构养老	机构养老服务设施	老年社会福利院 敬老院 养老院	市、区 街道（镇） 15分钟社区生活圈
社区养老 居家养老	社区居家养老服务设施	社区老年人日间照料中心 社区老年人活动中心（室）	10分钟社区生活圈 5分钟社区生活圈
—	老年人公共活动设施	市、区老年人活动中心、老干部活动中心、老年学校（大学）	市、区、街道（镇）

根据社会养老服务资源供给主体的不同，养老服务设施可以分为政府主导的基本类服务设施、社会组织主导的公益类服务设施和企业主导的市场类服务设施。不同属性的养老服务设施的建设需要遵循共同的技术标准和建设要求，但在空间资源获取的途径和管理方式上有所不同，规划管控过程中需要有针对性地做出安排。现阶段，各地养老服务设施专项规划主要针对具有基本公共服务特征的公共养老服务设施进行部署，这类设施由政府主导、社会组织和市场参与，主要提供具有保障和普惠特征的养老服务。

鉴于养老服务设施专项规划的首要任务是落实基本类公共养老服务设施的建设目标、促进形成社会养老服务格局，本章重点讨论与主要养老模式密切相关的机构养老服务设施和社区居家养老服务设施，不涉及完全由市场企业主导、为具有一定消费能力的老年人提供服务的设施，也不过多讨论市、区层面设置的老年人公共活动设施。

1. 机构养老服务设施

机构养老服务设施指为老年人提供住宿饮食、医疗保健、生活照料、康复护理、精神慰藉、文化娱乐和临终关怀等服务的机构，简称养老机构。养老机构作为社会化养老服务的重要载体，需要提供专业化的养老服务、配备专业化的设施设备。在对失能、半失能老人的照护服务方面，养老机构具有其他社会化养老服务载体难以比拟的专业化优势（吴玉韶等，2015）。根据兴办主体、所在地区、服务对象的区别，养老机构可以分为老年社会福利院、养老院、敬老院。其中，养老院根据服务对象的自理水平可进一步分为：老年养护院（或护理院）、护老院、护养院（表5－2）。政府主导的机构养老服务设施由民政部门协同城市、区、街道统筹部署，通过城市总体规划、控制性详细规划对用地、选址和规模进行控制。对机构养老服务设施的统计主要采用养老机构的数量和床位数量两个指标。

表 5－2　机构养老服务设施的主要类型

设施名称		兴办管理主体	所在地区	服务对象
	老年社会福利院	政府	城镇地区	“三无”老人、介助老人、介护老人优先
	敬老院	以政府为主	农村地区	“三无”老人、“五保”老人、介助老人、介护老人优先
养老院	老年养护院（或护理院）	不限	不限	介助老人、介护老人
	护老院	不限	不限	介助老人
	护养院	不限	不限	介护老人

资料来源：根据相关规范标准整理绘制

由政府兴办的养老机构属于社会福利事业单位，主要提供政府托底保障的基本类养老床位，重点为“三无”老人、低收入老人、经济困难的失能半失能老人提供无偿或低收费的供养、护理服务（国务院，2015）。基本类养老机构的布局分为市（区）—街道（镇）—社区三级。市级养老机构强调硬件完善、人才培训、服务管理等方面的综合示范、试点性质；区级机构主要以社区示范辐射及专业化培训作用为主，承担提供地区更专业化养老服务（包括收住失智老人等），同步发挥补充街镇养老服务的作用。街道（镇）级主管部门主导的养老机构，入住对象面向辖区范围内的常住老年人，并为社区居家养老服务提供支持。社区养老院是机构养老服务的末端，结合 15 分钟社区生活圈进行设置（图 5－1）。

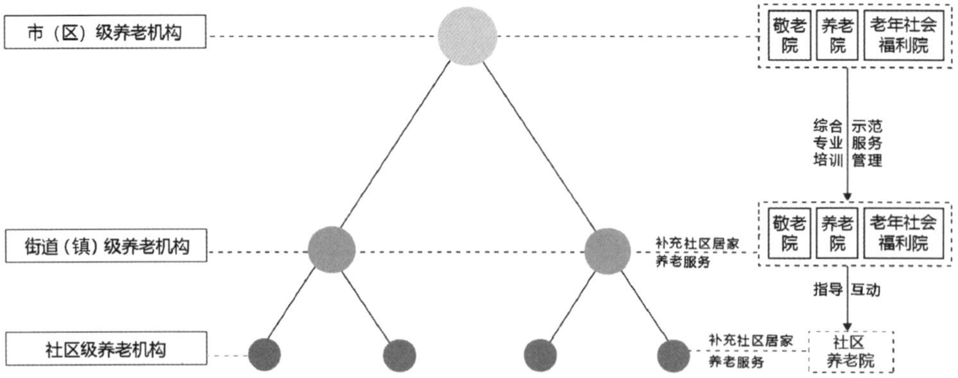

图 5－1　养老机构网络体系示意图

从承办主体来看，养老机构可分为公办养老机构、民办非企业性质的养老机构、工商注册的养老机构。具体运营模式有公办公营、公办民营、民办公助、民办民营 4 种类型，不同性质的养老机构享有不同的权利和义务，适合不同的标准和政府支持（表 5－3）。

表 5-3　养老机构的运营模式

类　别	特　　点	不　　足
公办公营	基本类设施,公共部门投资、公共部门经营。只收取少量费用或免费入住。政府财政保障,服务持续、稳定,维护社会公平	增加公共财政负担,设有入住资格门槛,运营灵活性不足,部分机构专业化程度较低
公办民营	基本类设施,公共部门投资、私人部门经营。政府提供场地、资金、设施等,由专业化、社会化机构运营,有助于节约成本和持续发展	增加公共财政负担,缺少市场竞争意识,合作方缺少对硬件追加投资的意愿
民办公助	公益类设施,私人部门投资、私人部门经营、公共部门支持,还可获得基金会、慈善机构的持续投入和捐助。注重人性化服务和社会公益精神	缺乏整合养老服务资源的能力,服务和管理的规范性和专业化程度参差不齐,经营缺乏稳定性
民办民营	市场类设施,私人部门投资、私人部门经营,依靠市场调节机制的非公益机构。在营利目标驱动下,不断填补养老服务的盲点,勇于创新,特色鲜明,充满活力	机构自负盈亏、经营压力和风险大,对入住老年人有较高的支付能力要求,存在因过度逐利而忽视品质的风险。在市场机制不健全的条件下,难以提供持续、稳定的养老服务

社会力量兴办养老服务机构是我国养老服务业发展的重要趋势,既能够节约政府公共财政支出,又可以充分发挥市场资源配置的力量。为了迅速增加养老机构床位规模,近年来各地通过土地划拨、税费减免与优惠、基础设施使用费用减免、床位建设补贴、床位运营补贴、租金补贴和购买服务等方式支持民营机构的发展。

由民间资本投资兴建的养老机构,按照其是否以营利为主要目的,可分为公益类和市场类养老机构。公益类养老机构是指不以营利为目的,为老年人提供集中居住和照料护理服务的民办非企业单位。公益类养老机构虽然服务对象不限,但收费执行政府定价或政府指导价。机构可享受政府部门的床位补贴,但不进行收益分配,只能用于养老机构的持续发展。市场类养老机构是以营利为目的、为老年人提供集中居住和照料护理服务的企业。机构提供面向市场的营利型床位,服务对象不限,政府不对其进行补贴,收益可自行分配。目前,我国市场类养老机构主要服务于政府托底保障之外的老年人群体,以经济条件相对宽裕或有特殊需要的老年群体为主要服务对象。

民间资本兴办养老机构必须克服投资规模大、收益率低、投资回收周期长等困难,其发展离不开政府的主导和支持。同时,社会养老服务所具有的公共物品属性,也决定了机构养老服务设施的发展应避免过度依赖市场。

【英国养老机构民营化过程的反思】

20 世纪 50~60 年代,英国大力推行国家主导的机构养老政策,由全国性机构“国家老年人照料公司(The National Corporation for the Care of Old People, NCCOP)”和地方政府建设运营大量养老院等机构养老设施。20 世纪 70 年代,在老龄化水平不断加深及国家经济发展放缓的双重压力下,英国公共财政负担加重,开始实行社会福利制度改革。政府允许使用补充福利金为入住民营养老机构的老年人支付费用,极大鼓励了有照护需求的老年人选择民营养老机构。20世纪80年代以后,民营机构床位大量替代国家健康服务体系(National Health Service,NHS)提供的床位,全国接受机构养老服务的老年人规模迅速增长。

由于国家和地方政府对社会公共福利支出收紧,使得英国机构养老发展主要依赖于民营系统,市场企业逐渐成为养老服务产业的主导力量,这为养老机构乃至社会养老服务体系的发展埋下了隐患。受宏观经济环境影响,养老院经营成本不断升高,而私人企业自身具有较高风险商业模式亦增加了民营养老机构发展的不稳定性,综合因素导致过度依赖市场力量的英国社会养老体系难以为继。2011年,拥有英国最大规模连锁养老院的养老企业"南十字星集团"(Southern Cross Healthcare Group)宣布破产,导致三万多名养老院住户一时居无定所。危机的发生促使英国重新重视政府在社会养老服务体系中的主导作用。近年来,英国政府预算不断扩大社会养老服务的支出,以期改善政府、社会组织和私人机构创办的养老机构的比例。

2. 社区居家养老服务设施

社区居家养老服务设施是为在社区和在家生活的老人提供保健康复、生活照料、文化娱乐和精神慰藉等养老服务的公共设施。考虑到居家养老服务多为社区养老服务的派生、主要依托社区养老服务设施提供,因此将社区养老服务设施和居家养老服务设施统一归类为社区居家养老服务设施。基本类的社区居家养老服务设施主要包括社区老年人日间照料中心和社区老年人活动中心(室)。

社区老年人日间照料中心为有需要的老年人提供日间集中照护和短期托养服务,并为社区居民提供上门服务。经评估需要长期寄养和护理的老年人宜入住机构养老服务设施。由社会力量举办的社区老年人托养服务设施应根据服务内容取得相关职业许可,服务项目收费接受当地民政部门监管和指导。

社区老年人活动中心(室)是为老年人提供餐饮、文娱、健身、社会参与等活动的场所,同时为日常照料和养老综合服务提供补充。老年人活动中心(室)主要面向健康活跃的居家老年人,既可以单独设置,也可与社区文化活动中心、社区服务中心等与老年人生活密切相关的居民共享型公共设施综合设置。

社区居家养老服务的组织实施和质量监督由市区、街道统一管理和指导,形成由"市(区)—街道(镇)—社区(居委会)"构成的网络体系。市区层面设置社区居家养老服务指导中心,发挥整合养老服务资源、服务示范、指导管理的作用,并提供专业性较强的服务支持。街道层面设置老年学校等专业程度较强的服务设施,以及老年综合服务中心等综合事务与信息管理设施,为社区居家养老服务提供信息和指导,也可以根据实际需求直接提供养老服务。社区层面的设施配置强调养老服务的可达性和普惠性,重点为社区内的老年人直接提供日间照料、康体保健、文化娱乐和精神慰藉等。

结构清晰、衔接紧密的网络化结构有利于养老服务资源的系统整合和统筹管理。从横向上看,以社区居家养老服务设施作为养老服务的基层节点,便于覆盖社区和居家老年人的养老服务需求;从纵向上看,各类养老服务资源通过设施在城市、街道、社区各个层面进行整合,进而便于提高社区居家养老服务的专业化水平和规范化程度(图 5-2)。

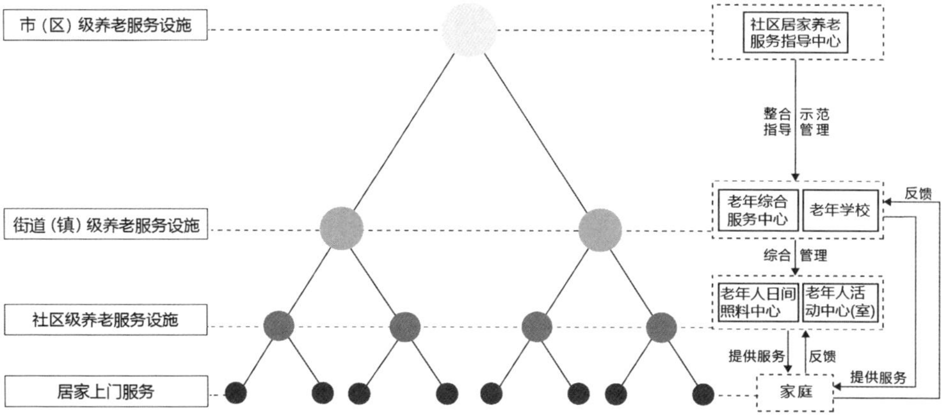

图 5-2 社区居家养老服务设施网络体系示意图

社区居家养老服务设施应结合城市新区建设规划和旧区改造规划,通过控制性详细规划和修建性详细规划进行安排,人均用地不少于 0.1 平方米。根据 2018 年修订的《城市居住区规划设计标准》(GB 50180—2018),5 分钟社区生活圈以内的养老服务设施属社区配套公共服务设施,在居住用地内综合设置。10 分钟和 15 分钟社区生活圈层级的养老服务设施属城市配套公共服务设施,在城市建设用地内统筹规划。

二、养老服务设施的发展现状

根据民政部社会服务发展统计公报数据,截至 2017 年底,我国各类养老服务设施共计 15.5 万个,其中注册登记的养老服务机构有 2.9 万个;全国拥有养老机构床位 406.3 张,社区托养和日间照料床位 338.5 万张,各类养老床位合计 744.8

万张(民政部,2018)。2017 年,全国平均每千名老年人拥有 30.9 张床,距《国务院关于加快发展养老服务业的若干意见》(国发〔2013〕35 号)提出的到 2020 年"全国社会养老床位数达到每千名老人 35~40 床"的底线目标尚有不小的距离。2018 年,新修订的《城乡养老设施规划标准》(征求意见稿)将机构养老总床位的建设目标明确为 40 床/千名老人,若社区托养和日间照料床位不计入在内,则机构养老床位的供给缺口进一步加大。然而,这一目标仅接近发达国家养老床位 40~80 床/千名老人的底线水平(图 5-3)。

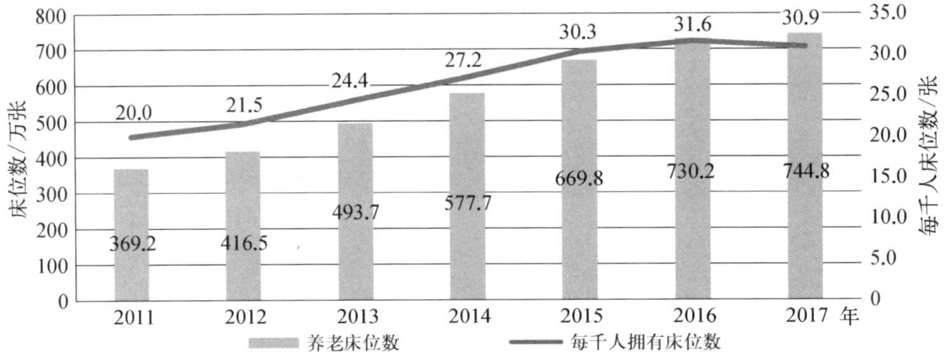

图 5-3　我国养老床位数增长情况

资料来源:根据 2011~2017 年社会服务发展统计公报数据整理绘制

从养老机构的配置结构来看,目前公办养老机构平均床位数最高,但民办养老机构增长迅速,部分城市的民办养老床位规模已超过公办床位规模。为了快速提升城市养老服务的能力,近年来人口老龄化程度较高的城市普遍出现了养老机构郊区化集中发展建设的趋势,在养老服务的物力、财力、人力资源紧缺情况下,郊区空置床位逐年上升,养老机构配置的结构性问题十分突出。

相较于养老机构的发展现状,我国社区居家养老服务设施的"未备先老"问题无疑更为严峻。城乡社区在养老服务设施的配置方面大多存在规模不足、类别单一、功能缺失、设备简陋等问题。既有社区普遍面临空间资源紧张、资金困难等现实困境,设施的改造提升空间有限,矛盾积重难返。杜鹏等(2016)基于 2014 年中国老年社会追踪调查数据的研究发现,我国城市社区老年活动室覆盖率为 80.6%,农村社区为 39.1%;社区老年人日间照料中心在城市地区的覆盖率为 27.7%,在农村仅为 4.9%。可见,社区居家养老服务设施的建设严重滞后于人口结构的变化和养老服务需求的增长。

从老年人使用社区养老服务设施的情况来看,各项社区服务中使用率最高的是"上门探访",占服务对象总数的 3.9%;随后是"上门做家务""老年人服务热线""陪同看病"等,占比分别为 2.1%、1.0%和 0.9%(杜鹏等,2016)。很多老年人对社区居家养老服务设施提供的养老服务不了解、不使用,并未将自身的养老服务需求与社区居家养老服务设施联系起来。可见,现阶段社区居家养老服务设施远未承担起应尽的职责。在造成这一局面的诸多因素中,回答以下几个问题成为当务之急:社区究竟应该为老年人提供哪些公共服务设施?应该按照什么原则和建设标准进行配置?如何在高度密集的建成环境里获得所需要的空间资源?

2014 年前后,我国部分城市开始着手编制养老服务设施规划,旨在结合人口、空间和社会经济条件,通过合理布局各类养老服务设施实现社会养老服务资源的科学配置。然而,由于缺乏必要的理论基础和配置手段,加之计划经济体制时代遗留下来的政府主导的指标分配思路陈旧,养老服务设施的建设难以在短期内实现较高的系统化水平并发挥理想的资源配置绩效。不仅如此,养老服务设施的建设既需要符合自身发展的规律和特点,又需要兼顾诸多外在因素的影响,规划配置的难度超过普通公共服务设施。譬如,老年人的居住、交通、医疗、休憩和购物等行为具有不同于其他群体的多样化特征,本身存在较大不确定性(于涛方等,2012)。城市不同地区老年人口居住密度、收入水平、流动人口比例等的差异都会影响到对养老服务设施的需求(胡畔等,2013;陈小卉等,2012)。不同类型的社区中,养老服务需求既存在共性、也存在差异,需要结合老年人口的结构特点和空间分布特征综合考虑设施的布局、配置的规模和服务的辐射范围(于一凡等,2015a)。

伴随着公共服务社会化的发展趋势,国际领域对公共服务的多元供给与社会绩效给予了广泛关注,推动了公共服务设施均衡布局的相关研究进展。如以考克斯(Cox,1979)、莱克(Lake,1993)为代表的学者从政治地理学角度针对邻避设施开展的研究,以迪尔(Dear,1992)、沃尔琪(Wolch,1993)为代表的社会学者基于人本思想对公共服务设施开展的社会学研究。这些研究提示我们在进行公共服务设施建设的时候,不仅要关注设施本身的空间属性,更要关注其社会价值,关注服务需求的分布、偏好和群体差异,并逐步演化为 21 世纪以来公共服务配置领域的公平和正义议题。

三、养老服务设施发展存在的主要问题

我国城乡养老服务设施建设近年来所取得的发展有目共睹,但在实践中暴露出的问题也不容忽视。当前,制约养老服务设施发展的矛盾主要表现为服务对象粗放、规划用地矛盾、空间布局失配和配建标准缺位四个方面。

1. 服务对象粗放

由于配置规模尚存在较大缺口,现阶段养老服务设施的发展仍以设施数和床位数的增长为主要考核指标,与养老服务需求的匹配程度有待提高。

李斌等(2011)通过对比中、日养老服务设施,指出我国缺少对设施服务特点和服务对象的详细界定,未对老年人多层次、多元化的养老服务需求提供细致的设施门类。公共养老服务资源主要以设施为单位、而非以服务对象为中心进行配置,导致公办设施陷入“争取资源—消耗资源”的循环,对自身服务能力的建设、对老年人需求的特征与变化等缺乏足够的认识,从而导致养老服务资源的低效使用(表5-4)。

表5-4　中、日养老服务设施类别特征对照

日本		中国	
类型	特征	类型	特征
介护老人保健设施	专为症状进入安定期、已无须入院治疗的,但仍需康复训练或护理介护等医疗服务的介护老人而提供医疗服务及生活服务的设施	护理院	为无自理能力的老年人提供居住、医疗、保健、康复和护理的配套服务设施
日间照料(通所康复)	医疗机构提供的日间照料,是指针对痴呆症等精神障碍的患者或是心脑管疾病等引起运动障碍的患者,以恢复或维持他们的身体机能为目的。老人保健设施中提供的日间照料,是为卧床在家的老人的家庭提供后援服务为目的,附加了医疗机构的诊断及治疗等医学性的管理功能,还能选择营养指导、服药指导、医学康复训练等服务		
特别养护老人之家	为身体上或精神上有着显著障碍,平时需接受介护的老人、在自宅中很难得到合适介护的老人所设立的设施	养老院/福利院/敬老院	为老年人提供集体居住、设有生活起居、文化娱乐、康复护理、医疗保健等配套服务设施
痴呆症高龄者集体之家	针对需介护状态的痴呆症老人,在5~9人的小规模生活场所中,实施入浴、大小便、就餐等介护服务,根据其能力提供的一个自立生活的场所		
短期居住	供需照料或需介护的老人短期入住,提供入浴、大小便、用餐等介护、日常生活照料及康复训练等服务的专用设施		
照料住宅C型(轻费老人之家)	为60岁以上、身体功能退化不能自己做饭、或因高龄等不能够独立生活的老人,提供生活咨询、入浴服务及用餐服务或紧急情况处置的设施		
生活援助住宅(高龄者生活福祉中心)	以60岁上的独居老人或空巢夫妇、担心无法独立生活的老人为对象,在老人日托中心中增加居住部分等要素的小规模复合性设施		
日托服务(通所介护)	需介护的老人定期去老人日托中心等指定通所介护事业所,接受入浴、大小便、用餐等介护及康复训练。除单独型设施之外,原则上都是与特别养护老人之家或老人福祉中心共设		
轻费老人之家(A、B型)	为老人提供用餐和其他日常生活上必要便利的、免费或低收费设施。A型以没有家人照顾或与家人同住困难的低收入老人为对象;B型以因家庭环境和住宅状况等居家生活困难的、但能自己做饭的老人为对象		
养护老人之家	入住者为主要因经济原因而居家养护困难的、65岁以上生活自理的老人,以养护为目的的设施		

续　表

日　本		中　国	
类　型	特　　征	类　型	特　　征
有料老人之家	提供入浴、大小便和用餐介护,提供伙食及其他日常生活上必要便利的、老人福祉设施及集体之家等以外的设施	托老所	为老年人提供寄托性养老服务的设施,有日托和全托等形式
高龄者优良租赁住宅	针对独居老人或空巢老年夫妇的优良租赁住宅,具有无障碍化、紧急应对服务、低房租等特征	老年人公寓	为老年人提供独立或半独立家居形式的居住建筑。一般以栋为单位,具有相对完整的配套服务设施
银发住宅	以老人家庭及残疾人家庭为对象的公共租赁住宅,提供针对老人的身体特点设计的住宅和附带设施,以及生活支援咨询员所提供的福利服务	老年人住宅	供以老年人为核心的家庭居住使用的专用住宅。老年人住宅以套为单位,普通住宅楼栋中可配套设置若干套老年人住宅

资料来源:李斌等,2011

笼统的设施功能界定使老年人难以针对自身的实际需要慎重地选择服务设施,转而更加侧重根据区位条件、社会关系或支付能力等因素进行决策。不同服务对象混杂可能导致养老机构中部分老人出现“习得性失能”,或带来过度照料、过度医疗,既不利于老年人自身的健康,也增加了机构的负担。社区居家养老服务设施的服务对象较为宽泛,但将养老服务对象简单抽象为60岁及以上的老年人群体则容易忽略不同群体之间的需求差异,导致空间形式僵化、服务功能单一,致使不少社区养老服务设施徒有其名,得不到充分的使用和老年人的喜爱。

2. 规划用地矛盾

2014年发布的《住房城乡建设部等部门关于加强养老服务设施规划建设工作的通知》(建标〔2014〕23号),要求各地将养老服务设施建设规划纳入城市、镇的总体规划,明确了养老服务设施在建设用地供给和公共服务设施建设中的地位。然而,对于养老服务设施的用地类型、配置标准和规划选址等关键技术,目前尚未形成明确意见。根据国土资源标准《土地利用现状分类》(GB/T 21010—2007),公共管理用地、公共服务用地中的医卫慈善用地均可安排养老服务设施。但依照《城市用地分类与规划建设用地标准》(GB 50137—2011),养老服务设施应在社会福利设施用地(A6类)中进行配置,设施的落实渠道单一、适配用地类型局限。为此,一些城市自行对A6类社会福利设施用地进行了细分完善,以便适应不同设施在用地规模、选址和供地渠道等方面的技术和管理需要。如北京市将A6类用地细分为机构养老设施用地(A61)和社区养老设施用地(A62);温州市针对基本类养老机构的用地计划，在社会福利设施用地（A6）基础上进一步细化为社会福利院用地（A61）、敬老院用地（A62）、老年护理院用地（A63）（董林飞等，2015）。

在已建成的设施中，由于历史原因造成的设施用地属性与规划存在矛盾的情况同样大量存在，导致部分设施缺乏用地保障，进而影响设施经营的稳定性，造成床位流失等问题。以上海为例，浦东新区社会福利院现状为福利用地，而控制性详细规划中的对应性质为商业服务用地；XY 街道敬老院的现状和控制性详细规划用地性质均为农用地；徐汇区民营 RYX 养老院现状为社区公共服务用地，规划用途为防护绿地（上海市城市规划设计研究院，2014）。面对各种用地矛盾，仅靠短期过渡政策虽可解一时之围，却无法保证长期稳定的设施用地供给，给养老服务设施的持续增长埋下了不小的隐患。

此外，在规划建设过程中，由于牵涉到供地途径和操作模式，公益类和市场类养老服务设施与城市建设用地的兼容性，及其与基本类设施之间关系也是值得养老服务设施规划关注的问题。

3. 空间布局失配

避免养老服务设施建设指标的机械摊派是提高设施服务绩效的首要问题。然而，为了迅速提升机构养老床位的总量、满足规模达标的要求，很多城市集中投入养老服务资源，在郊区兴建大型养老机构。中心城区“一床难求”与郊区床位大量空置并存的“空间失配”（spatial mismatch）现象屡见不鲜。譬如，《上海市养老设施布局专项规划（2013—2020 年）》提出，中心城区每百位老年人的机构养老床位配置指标为 2~3 床，郊区则为 3~4 床。然而事实是，中心城区老年人口规模大、养老床位供不应求，而郊区老年人口规模较小、养老需求分散，部分远郊区的养老机构现状平均入住率尚不足 50%（图 5－4）。可获得的土地资源的分布取代了养老服务需

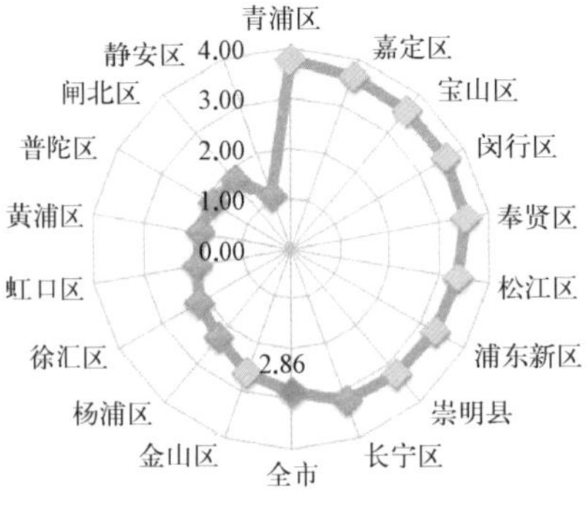

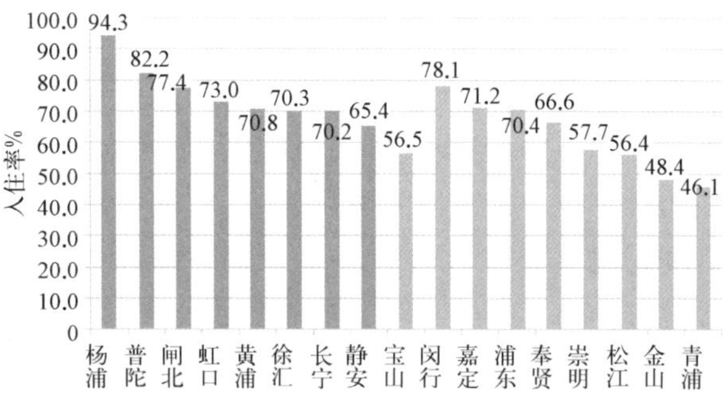

图 5－4　2012 年上海市各区县百位老人床位数（左）与养老机构入住率（右）

注：浅色部分为上海市郊区数据，深色为上海市中心城区数据。
资料来源：上海市城市规划设计研究院，2014

求的分布,成为新建养老机构的决定因素,而在规划期内满足政府提出的机构养老床位指标才是导致这一结果的核心根源。同样的问题在其他城市也普遍存在,例如,北京市针对机构养老床位空间配置效率的问题提出了“尽量实现养老床位与老年人口的空间分布匹配”的建设要求,但对具体实施过程却缺乏有力的落实手段,只提出了“分区制定养老设施用地标准,旧城的养老设施建设更集约”等原则性要求。

社区居家养老服务设施应依托街道和社区,建设在老年人集中的居住用地内。以上海为代表的较早进入老龄化社会的城市在社区居家养老服务设施建设方面已经形成了一定的基础。设施的空间分布大体上与居住用地的空间分布相对应,呈现中心城区设施多而密、郊区设施少而稀的特征。在老年人口较为密集的中心城区,各街道大体完成了老年人日间照料中心、助餐点、助老服务社的设施配置,而郊区的服务设施主要建设在老年人口较集中、呈簇状分布的街镇中心区,难以顾及老年人分布稀疏的远郊(图 5－5)。

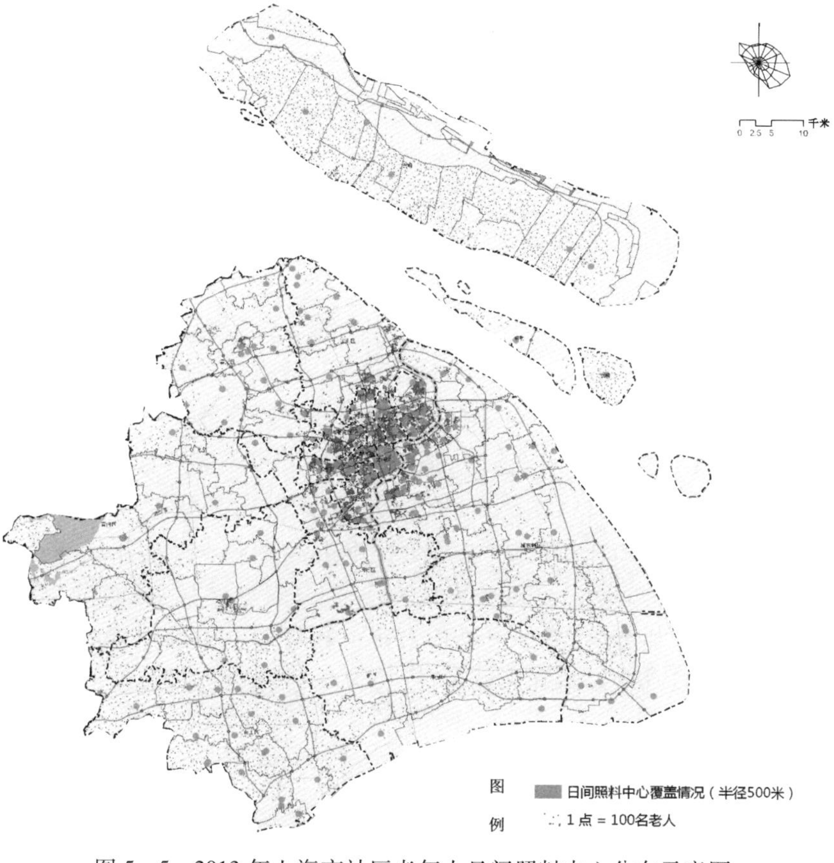

图 5－5　2013 年上海市社区老年人日间照料中心分布示意图

资料来源:上海市规划和自然资源局,2014

调查中发现，由于中心城区与郊区老年人口的空间分布与土地利用条件存在差异，客观上进一步增加了合理配置社区居家养老服务设施的难度。一方面，同样设施的服务效率差距明显，如以 500 米为半径配置的养老服务设施在中心城区和郊区服务到的老年人数量相差悬殊；另一方面，即便同在中心城区，不同区、街道的老龄化程度和老年人口密度也存在显著差异（表 5－5），简单采用千人指标和服务半径进行养老服务设施配置难免与地区的实际情况和需求存在出入。

表 5－5　上海部分街道老年人分布情况调查

街道名称	面积/平方千米	常住人口/人	60 岁及以上人口/人	60 岁及以上老人比例/%	老年人口密度/（千人/平方千米）
杨浦区四平路街道	2.68	95 780	19 225	20.07	7.17
静安区江宁路街道	1.84	85 267	22 841	26.79	12.41
浦东新区东明路街道	5.95	100 000	21 756	21.76	3.66

资料来源：于一凡等，2016

“空间失配”是养老服务设施配置过程中的一大顽疾，需要在反思传统规划方法的基础上构建以人为中心和关注社会公平的规划视角。养老服务设施体系的建设是一项长期、系统的工作，应通过专项规划的编制和控制性详细规划的管控进行系统部署和规划引导。

4. 配建标准缺位

从国家到地方，健全的法规与技术标准体系是科学配置养老服务设施的必要前提，也是指导养老服务设施规划、建设与使用的重要保障。近年来，我国养老服务设施的相关技术标准得到较快发展，但存在的问题也不容忽视。首先，部分标准存在重叠、冲突或缺失，现行技术标准在术语、指标和分类分级等方面相互矛盾，迫切需要进行梳理、修订和补充。其次，部分标准的技术要求滞后于发展，存在配置标准偏低、弹性不足等问题。实践中表现为，一边是对养老服务设施的部署缺乏系统性，难以适应发展的需要；另一边是技术要求和管理手段僵化，对通过旧改增补设施的建筑和场地规模、消防和照明条件、设施综合设置许可等缺乏灵活裁量，成为发展的掣肘（于一凡等，2015a）。

国家有关部门应率先开展基本技术体系构建的工作，指导养老服务设施规划与建设工作的有序开展。以现有相关技术标准为基础，结合我国国情和国际先进经验，及时补充、完善缺失内容。地方则在国家政策的指导下，充分结合各地的实际问题和需求，强化技术标准的规范性和适用性（表 5－6）。

表 5－6　养老服务设施规划建设的相关国家技术标准

建设与管理类	建 筑 设 计 类	规　划　类
•《老年人社会福利机构基本规范》(MZ008—2001)(民政部) •《社区老年人日间照料中心建设标准》(建标 143—2010)(民政部) •《老年养护院建设标准》(建标 144—2010)(民政部) •《社区老年人日间照料中心服务基本要求》(GB/T 33168—2016)(民政部)	•《老年人居住建筑设计标准》(GB/T 50340—2003)(住建部) •《养老设施建筑设计规范》(GB 50867—2013)(住建部) •《老年人建筑设计规范》(JGJ 122—99)(住建部)	•《城镇老年人设施规划规范》(GB 50437—2007)(住建部) •《城市用地分类与规划建设用地标准》(GB 50137—2011)(住建部) •《城市公共设施规划规范》(GB 50442—2008)(住建部) •《城市居住区规划设计标准》(GB 5018—2018)(住建部)

资料来源：根据相关资料整理绘制

根据对我国 12 个典型省、直辖市养老服务设施相关法规与技术标准的分析，现有地方标准体系涉及养老设施规划、土地供给、设施配置要求及指标、设施设计要求、设施功能以及其他共 6 方面内容。总体上，2006 年以前的技术标准以养老机构的工程建设标准为主，2006 年以后城市规划领域涉及养老服务设施的技术规定逐渐出现并持续增加，2014 年以后社区养老服务设施出现，相关标准数量迅速增长。地方技术文件的出台多与各地人口老龄化的水平相关，在实践中得到了及时的应用，发挥了指导和推动养老服务设施建设的作用(于一凡等，2017a)(图 5－6)。

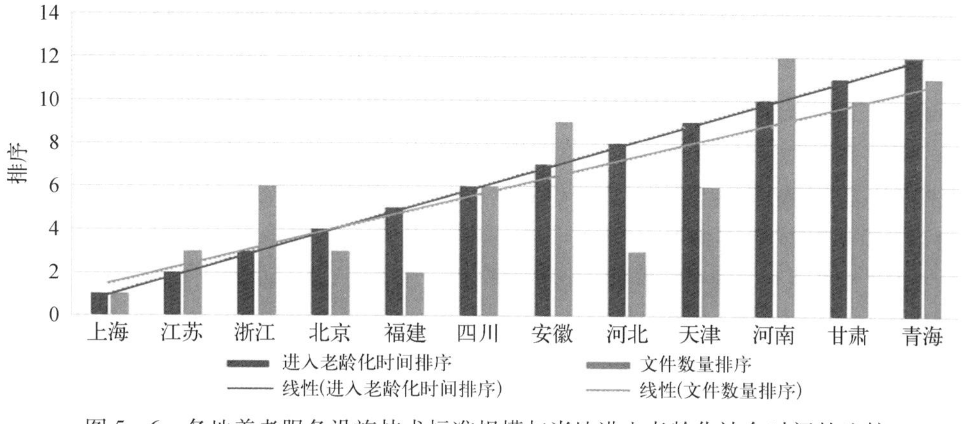

图 5－6　各地养老服务设施技术标准规模与当地进入老龄化社会时间的比较

资料来源：于一凡等，2017a

我国人口老龄化的增长趋势在未来 20 年间十分严峻，预计 2040 年左右到达老龄人口峰值，期间老年人的养老服务需求将随着经济、社会的发展而不断发生变化，养老服务设施的规划建设因而必然面临不断发展的挑战。这就要求养老服务技术标准具有一定的开放性和较强的适应性，要求规划建设部门既要建立科学的前瞻视野，又要重视实施评估与反馈信息的收集，不断完善养老服务设施的技术标准体系。

第二节
养老服务设施的规划

一、养老服务设施规划的目标和任务

养老服务设施的规划目标是积极应对人口老龄化的趋势，构建满足多层次、多样化需求的养老服务设施体系，实现设施的合理建设规模和均衡布局，迅速提升城市养老服务的能力，帮助老年人安享幸福晚年、共享社会经济发展成果。面对日益严峻的老龄化趋势，国务院提出各地应加快城市养老服务设施的建设，结合人口规模、养老服务需求，明确养老服务设施建设规划，并将有关内容纳入城市、镇总体规划（国务院，2017；住房与城乡建设部等，2014）。

21 世纪以来，我国社会主要矛盾已经转化为人民日益增长的美好生活需要和不平衡不充分的发展之间的矛盾[①]。作为一项重大的民生工程，养老服务设施的规划原则也正在经历着一些重要变化，突出表现为：设施服务的目标从满足基本养老需求到改善老年人的生活质量；举办设施的主体从单一走向多元；设施建设的重点从以机构为主拓展到机构与社区居家养老设施并重。

结合“十三五”期间我国养老服务业的发展目标和当前的建设基础，各地在推进养老服务设施的规划编制、管理和实施过程中，应着重关注以下几方面内容：

1. 健全技术标准体系

构建养老服务设施的相关技术标准是优化我国养老服务体系的当务之急和必由之路。从国家到地方，健全的法规与技术标准体系是科学配置养老服务设施的基本前提。国家有关部门应率先开展基本技术体系构建的工作，夯实养老服务设施规划的决策基础，指导养老服务设施规划与建设工作的有序开展。各地养老服务设施技术标准体系的建设应在国家政策指导下，充分结合地方实际需求和现实基础，因地制宜地构建兼顾城市和乡村的技术标准框架体系。

在养老服务设施的规划、设计、施工、监理、验收、运行、维护、管理等环节加强标准建设是法律提出的明确要求[②]。根据《中华人民共和国老年人权益保障法》

① 参见 2017 年习近平在中国共产党第十九次全国代表大会上所做的报告。

② 参见《中华人民共和国老年人权益保障法》（2018 年修订版）第六十三条。

（2018年修订版）的规定，国家应制定和完善涉及老年人的工程建设标准体系。2016年，中国工程建设标准化协会养老服务设施专业委员会成立，其主要任务是对我国养老服务设施规划建设相关的标准进行梳理、修订和补充，建设完整的技术标准体系，同时负责引进、推荐国内外新技术、新标准、新设备等，为我国养老服务设施建设的现代化和国际化提供技术支撑。

近年来，民政部、国家老龄委等部门已经着手制定、修订多个养老服务设施领域的核心标准，如《养老机构等级划分与评定》（GB/T 37276—2018）、《老年人能力评估》（MZ/T 001—2013）等基础标准；城乡规划与建设管理部门也对《城乡养老设施规划标准》（征求意见稿）、《城市居住区规划设计标准》（GB 50180—2018）、《老年人居住建筑设计标准》（GB 50340—2016）等相关技术标准进行了修订。不同部门在养老服务设施的相关标准制定过程中应注意统一术语、分类、关键指标等核心内容，对同类设施的规划与建设要求进行协调。

地方规划和建设管理部门应在落实国家和部门标准的同时，着重提高地方标准的可操作性，合理布置各类各级养老服务设施的数量和规模。结合当地养老服务需求和建设基础，提出养老服务设施落地的区位引导、用地供给、规划条件、配建指标等技术规定，关注功能适配与空间匹配。

2. 营造多元协同机制

养老服务设施的建设与体系构建是一项综合性较强的工作，多方的参与合作十分重要。首先，不同部门之间的协作是平稳推进养老服务设施建设的基础。目前的情况是，机构养老服务设施中养老院、福利院属于民政系统管理范畴，老年护理院则由卫生系统负责。社区居家养老服务设施中，老年人日间照料中心由民政部门组织管理，老年人活动中心则由街道管理。老年人公共活动设施中，老年医院、卫生服务中心等属于卫生系统，各级老年学校（大学）则隶属于教育部门（图5-7）。此外，养老服务在实际工作中涉及市（区）发改委、财政、人力资源社会保障、卫生、规划与自然资源、工商行政管理、经济信息化、商务、公安（消防）、食品药品监管等多个部门，各部门在政策制定、实施过程中是否步调一致、彼此协调，直接关系到养老服务资源的转化效率，进而影响到老年人的获得感。

各地应通过编制养老服务设施规划，将民政、医疗卫生、劳动保障、教育、土地资源、建设管理等部门的政策要求进行协调，打通各部门的资源壁垒，联动和管理机制创新。横向上，以街镇、社区服务设施为枢纽，整合各部门的养老服务资源，形成联动平台；纵向上，构建市区、街镇、社区居委会各层级养老服务设施的有序衔接，确保专业化服务的品质和持续性，利用网络的稳定性增强局部的灵活性和应变能力。

为了引导多元主体参与养老服务设施的建设与运营，应结合不同情景下的有效需求，综合发挥政府、社会和市场的作用，构建多元化的服务供给体系，满足老年

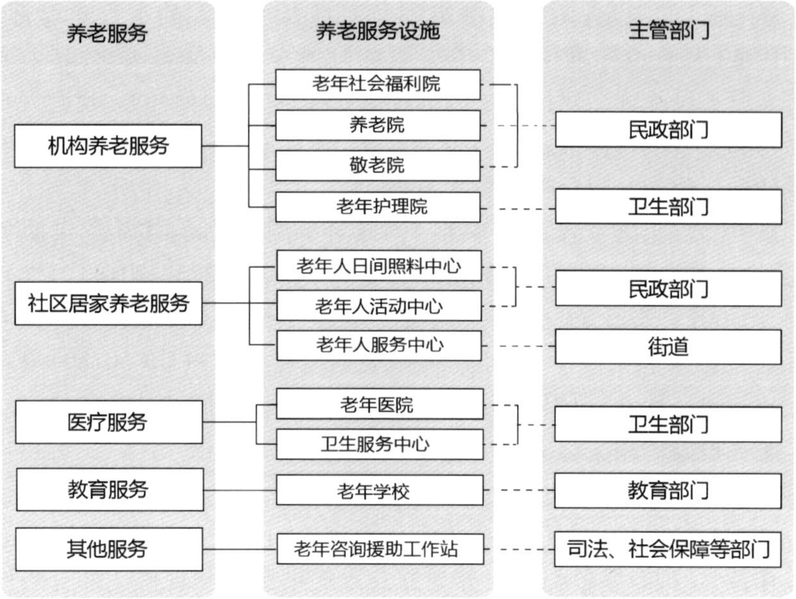

图 5－7　养老服务设施的功能与管理部门关系示意图

人多层次、多样化的养老服务需求。政府应充分发挥托底保障和优化资源配置的作用，对基本类养老设施进行底线管控，统筹安排机构、社区和居家养老服务设施，着力推进专业化、连锁化的养老服务链。值得注意的是，养老服务社会化与市场化是有区别的，不能简单地利用市场思维来对待。养老服务的社会化、福利多元供给消解的不是政府的福利责任，而是让政府从过去的养老服务资源直接供给者转变为引导和监管者。政府从以往提供人力、财力和设施空间，转向以支持满足基本福利需求的资金投入为主，由社会力量根据管理制度提供人力和设施空间，并以此为契机发展多元养老服务。

【上海市陆家嘴长者综合照护家园】

陆家嘴长者综合照护家园是浦东首家集 24 小时中短期住养、日间托养、居家服务、家庭援助等多功能为一体的综合型、嵌入式社区养老服务设施。项目位于浦东新区乳山路 130 弄，于 2016 年 11 月落成，总建筑面积 1 060 平方米，可为 32 位老人提供短期的托养服务，并设有 30 个日间照护床位（图 5－8、图 5－9）。陆家嘴长者综合照护家园同时利用专业服务优势，为周边 15 分钟社区生活圈的老年人提供上门服务。机构采用“公办民营”的运作方式，由街道提供相关场地、设施并投入资金进行改造，由专业社会组织具体负责运营管理。

图 5-8　陆家嘴长者综合照护家园入口（左）及花园（右）

图 5-9　陆家嘴长者综合照护家园住养空间（左）及活动房（右）

3. 提高用地管控弹性

《国土资源部办公厅关于印发〈养老服务设施用地指导意见〉的通知》（国土资厅发〔2014〕11 号）对养老服务设施用地的适用范围、出让年限、用地规模控制等提出了指导意见。具体包括合理界定养老服务设施用地范围，依法确定养老服务设施土地用途和年限，规范编制养老服务设施供地计划，细化养老服务设施供地政策，鼓励租赁供应养老服务设施用地，实行养老服务设施用地分类管理，加强养老服务设施用地监管，鼓励盘活存量用地用于养老服务设施建设，利用集体建设用地兴办养老服务设施等内容。依据《土地利用现状分类标准》（GB/T 21010—2007），规划为公共管理用地、公共服务用地中的医卫慈善用地，可布局和安排养老服务设施用地，其他用地中只能配套建设养老服务设施用房并分摊相应的土地面积。养老服务设施用地以出让方式供应的，建设用地使用权出让年限按最高不超过 50 年确定；以租赁方式供应的，租赁年限在合同中约定，最长租赁期限不得超过同类用途土地出让最高年限。

养老服务设施用地供应应当纳入国有建设用地供应计划。新建城区和居住小区配建养老服务设施用地的，建设规模应一并纳入住房建设用地供应计划；新建养老机构服务设施用地的，应根据城乡规划布局要求，统筹考虑，分期分阶段纳入国有建设用地供应计划。对闲置土地依法处置后由政府收回的,规划用途符合要求的,可优先用于养老服务设施用地,一并纳入国有建设用地供应计划。

在处理不同性质养老服务设施的关系方面,应明确各自的职责作用,提高规划政策与管理的灵活度。我国现行用地分类只体现了养老服务设施的等级规模,并未体现基本类、公益类和市场类养老服务设施的差异。属性关系虽然不是以空间为主要工作内容的规划编制工作重点,但在实际规划落实时严重影响养老服务资源的总量、布局和实施。由于传统规划的养老服务设施默认为政府举办,对社会力量的参与缺乏相应的实施细则和保障机制,因而在项目认定、规划编制调整、审批、土地供应、运营管理等方面存在一系列瓶颈,成为推动社会和市场参与养老服务的阻碍。

部分城市对本地养老设施用地开展了管控弹性的探索。例如,北京市根据不同城市区域的需求,探索多种模式的养老服务设施混合供地方式,包括"商业用地+经营性养老设施用地+住宅用地""住宅用地+经营性养老设施用地+限价商品住房用地""医疗用地+经营性养老设施用地+住宅用地"等,以此促进养老服务运营商和地产商联合体拿地,并通过商业、住宅的现金流回报消化部分养老资金投资压力。深圳市为了吸引社会投资,提出两种灵活的土地供给方式:① 协议出让免地价、产权归政府的方式,社会投资者可以通过租赁方式利用政府养老设施用地和地上建筑物;② 招标拍卖挂牌公开出让的方式,政府每年把一定数量的社会投资养老设施用地纳入近期建设与土地利用规划年度实施计划,并享受养老设施用地优惠地价政策(深圳市规划和国土资源委员会,2013)。浙江省针对营利性养老机构建设用地,参照成本逼近法、收益还原法进行地价评估后,采取租赁、招标拍卖挂牌出让方式供地(浙江省民政厅,2014)。广州市通过局部修订控制性详细规划新增区级养老服务设施用地,实现的方式包括在社会福利设施用地基础上增加服务功能和建筑面积,以及将原农林用地、工业用地、中小学用地等进行用地转型(广东省民政厅等,2013)。

养老服务设施规划原则应坚持社会福利社会化发展,体现政府主导,发挥规划对基本类养老设施的保障作用;同时鼓励社会参与,发挥规划对社会办养老设施的引导作用,促进和带动其他服务项目发展。以养老机构为例,经主管部门认定的非营利性养老机构,其养老服务设施用地可采取划拨方式供地。民间资本举办的非营利性养老机构,经主管部门认定后同意变更为营利性养老服务机构的,其养老服务设施用地应当报经市、县人民政府批准后,办理协议出让(租赁)土地手续,补缴土地出让金(租金)。营利性养老服务设施用地,应当以租赁、出让等有偿方式供应,原则上以租赁方式为主。以招标、拍卖或者挂牌方式供应养老服务设施用地时,不应设置要求竞买人具备相应资质、资格等影响公平公正竞争的限制条件。

4. 构建智能技术平台

结合智慧城市、智慧社区和智慧家居的发展，集成应用互联网、物联网技术，智能技术，云计算基础设施，地理空间基础设施等新一代信息技术，提升养老服务资源配置和利用的效率，优化养老服务设施的管理和服务，改善养老服务的质量。近年来，相关研究已取得初步进展。例如，中科院地理所应用多主体模拟技术方法对北京市养老机构需求与供给态势进行了预测，并通过设施的利用率、百人床位数与空间的匹配度等指标，对北京养老服务设施的规划政策进行了评估（颜秉秋等，2015）；北京大学利用时空行为数据对老年人日常活动路径及其时空特征进行了探索（张纯等，2007）；同济大学利用 ICT 技术对社区养老服务设施空间绩效开展了研究（姚栋等，2016）等。

利用智能化手段建立养老服务设施的信息管理平台是未来城市养老资源管理的重要方向。以上海市为例，上海市民政局网 2012 年正式开通基于地理信息系统平台的养老服务电子地图①，该地图具有养老服务设施定位和服务查询功能，既可以作为养老服务设施体系信息统筹和运作协调的平台，又可以帮助老人获取各种养老服务资源信息，并具备为老年人制定一体化、个性化服务的能力。利用信息技术还有助于为养老服务的多元化发展提供条件。养老服务设施通过信息平台对老年人信息建立数据库管理，便于同医疗机构、市区养老服务平台实现快速互通。偏远地区可以通过互联网开展远程教学、诊疗，突破设施场地设置的限制，为养老服务的供给提供新的途径。

二、养老服务设施规划的核心原则

在养老服务资源从产生到利用的过程中，资源转化的效率和达到的服务水平在很大程度上取决于养老服务设施的规模、结构和布局。养老服务设施专项规划需要确立科学的编制原则以保证工作的有序开展。

1. 总量控制与分级管理

养老服务设施建设的规模与结构需要结合明确的社会养老服务需求、养老服务资源的供给能力加以确定。就部分城市提出的养老服务结构而言，无论是上海的“9073”、北京的“9064”，还是武汉的“9055”②等，都是在对服务人口规模和既有

① http://ylgw.shweilao.cn/agency/map/toOldMap.

② 数字代表各城市根据自身情况提出的养老服务结构目标，即家庭自我养老、社区居家养老和机构养老的老年人比例。上海“9073”指 90%的老年人由家庭自我照顾养老，7%的老人享受社区居家养老服务，3%的老人享受机构养老服务。北京“9064”养老服务模式指 90%的老年人在社会化服务协助下通过家庭照顾养老，6%的老年人通过政府购买社区照顾服务养老，4%的老年人入住养老服务机构集中养老。武汉“9055”养老服务格局指 90%的老人为家庭养老、5%的老人享受社区居家养老、5%的老人享受社会机构养老。

养老服务资源摸底的基础上综合提出的。对于养老服务设施的规模预测需要考虑服务对象基数的变化，以及城区、街道、社区之间养老服务需求的差异性特征，对用地和空间资源的供给进行总量控制和分级管理。

首先，根据规划范围内老年人口的年龄结构和空间分布特征，在综合分析现状养老服务设施存量的基础上明确设施缺口和结构调整方向，结合人口老龄化发展预测提出总量控制。基本类和公益类养老机构可根据常住老年人口峰值预测以及养老服务体系中机构养老服务所承担的比例，预测规划期内养老床位规模，进而通过控制性详细规划落实设施的用地面积和建筑面积。对于市场类养老机构，宜在规划中给予用地兼容、规模控制和布局导引。社区居家养老服务设施应结合服务人口规模、社区生活圈层级及相应的建设标准要求，合理控制设施用地及建筑面积。

其次，按照《城市居住区规划设计标准》（GB 50180—2018）提出的社区生活圈进行分级管理，在对老年人空间分布差异性做出响应的同时，强化各级设施发挥的不同作用。机构养老服务设施中仅基本类设施需进行市区级和社区级划分。市级主要以示范、培训等功能为主；区（县）级包含示范和培训作用，承担提供地区更专业化养老服务，同步发挥补充街镇养老服务的作用。社区级养老服务设施是设施配置及服务供应的核心层面，用于统筹各类资源利用，直接面向社区居家养老的老年人提供养老服务（表 5－7）。

表 5－7　养老服务设施分类配建表

设施类型	设 施 名 称	城市地区				乡镇地区	
		城市生活圈	十五分钟生活圈	十分钟生活圈	五分钟生活圈	镇区、乡集镇	村庄
机构养老照料设施	养老院、老人院、福利院、敬老院、老年养护院、老年公寓（公共服务属性）等	—	▲	—	—	▲	—
社区养老照料设施	社区老年人日间照料中心、托老所、老年服务中心等	—	—	▲	△	▲	▲
老年人公共活动设施	老年人活动中心、老年学校（大学）等	▲	▲	—	▲	▲	△

注：表中▲为应配建，△为宜配建；城乡养老设施配建内容可根据城乡社会发展进行适当调整。
资料来源：住房和城乡建设部，2018

2. 均衡布局

养老服务设施的布局直接关系到设施的利用效率和老年人使用设施的便利程度。养老服务设施的布局是否均衡，关键在于与养老服务需求的匹配程度。

一般情况下，中心城区老年人口的规模与密度通常较大，高龄化趋势突出，对各类养老服务资源的需求较为集中。郊区老年人规模相对较少，且分布较为分散，对养老服务的需求趋于分散。然而从用地供给的角度看，情况却往往相反。中心城区建设用地紧张，增建养老服务设施十分困难；而郊区的建设用地相对充足，规划和新增设施的可行性较高。养老机构在中心城区“一床难求”和郊区空置率高企现象的并存，便是老年人口空间分布与设施空间分布“失配”的结果。传统公共服务设施的配置主要采用基于行政管理单元的建设指标分配方式，设施的布局沿用服务半径工具实现服务区空间覆盖的规划原则，具有重“物”轻“人”的价值取向。这一固有思路不仅忽略了服务资源的地均分布和人均分布的差异，亦难以实现服务资源在城市整体层面和各街道间的均衡配置，值得深入反思。养老服务设施的配置应将服务人口及其分布特征纳入规划布局视野，建立“空间匹配”与“需求匹配”相结合的系统性思维（于一凡等，2018b）。

目前，我国相关政策对养老服务设施的建设和运营方式、供地渠道多为原则性表述，关注的重点在于养老服务设施的规模总量和配置水平，对空间布局的引导相对缺乏，有空间布局的工作思路难以应对老年人口规模、空间分布的变化不均、具有流动性等问题。如果仅以传统的养老方式分担比例和千人床位数进行控制，那么类似养老床位空置与“一床难求”的矛盾局面可能愈演愈烈，必然造成资源的浪费。

《住房城乡建设部等部门关于加强养老服务设施规划建设工作的通知》（建标〔2014〕23 号）提出，“要按照一定规划期城镇老年人口构成、规模等因素，合理确定养老服务设施类型、布局和规模，实现养老服务设施的均衡配置。”养老服务设施均衡布局的基本原则是与养老服务需求相适应，符合老年人口的空间分布特征与设施的服务辐射能力。编制城市控制性详细规划时，应按照城市、镇总体规划要求落实养老服务设施布局、配套建设要求，因地制宜地确定养老服务设施的服务半径和规模（住房和城乡建设部，2014）。新增养老服务设施应根据老年人口的分布及各地社会治理体系的特点，按照服务范围和服务人口规模分类合理布局。机构养老服务设施应结合行政管理、城市居住区十五分钟生活圈进行分区设置，充分发挥养老机构的服务效率和综合效益。社区居家养老服务设施应结合城市居住区十分钟生活圈、社区管辖范围等综合因素均衡布局，考虑老年人行动不便，服务半径不宜大于 500 米（住房和城乡建设部，2018a）。

3. 公平与效率

公共服务资源的配置具有社会再分配的作用。西方学者关于公共服务设施空间布局的研究经历了从地域均等、空间公平到社会公平等几个阶段（江海燕等，2011）。较早的研究主要关注公共服务设施的空间均等布局，后提出设施的空间布局应以公共服务的均匀分布为核心（Kunzmann，1998），继而将居民的需求、城市的机动性和服务标准等影响因素纳入公共服务设施布局的决策视野(Smoyer et al.,2004;Hewko et al.,2002)。其中,以Teitz(1968)为代表的现代公共区位理论认为公共服务设施的布局应当同时满足公平和效率两个方面的要求,提出了公共服务设施配置的福利最大化原则,对公共服务资源的配置产生了重要影响。

近年来,我国学者也对养老服务设施布局与老年人口的空间分布之间的耦合关系开展了有益的探索。陶卓霖等(2014)基于改进两步移动搜索法(2SFCA)对北京市养老设施的可达性进行测度和评价,得出结论认为北京市目前养老设施的可达性分布明显不均衡。于一凡等(2018b)针对上海市老年教育资源空间配置的分析表明,养老服务设施的布局失衡现象不仅存在于城市的不同地区之间,也存在于目标服务群体的空间分布与设施的布局之间。高晓路等(2015)认为,接近性不能只用空间距离来衡量,还要考虑社会和情感的接近性、可支付性和养老服务设施的可持续运营能力等养老服务空间组织中需要考虑的因素。于涛方等(2012)认为,面向老龄化的规划政策应综合考虑老年人的需求和城市空间及要素资源的合理配置,以实现公平与效率的统筹兼顾。谢波等(2013)也认为老年设施的规划选址必需遵从“老年人空间分布”与“养老设施规划布局”结合发展的原则,避免养老服务资源的重复建设和低效利用。不过,实证研究的发现如何转化为改善养老服务资源配置效果的规划工具尚有待进一步探索。

养老服务设施作为应对老龄化社会的重要社会公共服务资源,不仅要关注其总量的增加,同时也需要关注其空间分布的社会绩效。公共服务设施的绩效与特定社会群体的空间分布相关,由于设施配置单元在用地规模、人口分布和邻近设施等方面存在差异,简单的空间均等化往往掩盖了设施使用效率和资源配置的公平性问题。以我国的实际情况看,地区间与城乡间存在的配置失衡、不同社会阶层和社会群体间配置水平的异化趋势,都将成为城乡社会和谐发展面临的严峻挑战,值得高度关注。

三、养老服务设施规划的技术要求

作为公共服务设施的一种,养老服务设施需要纳入空间规划体系,通过规划编制进行统筹部署。与其他城市公共服务设施不同,养老设施的配置带有显著的跨部门、跨行业特征,在配置要求和管理维护中有着自身的特点,规划编制应遵循资源要素统筹、配置结构优化、服务效率提升、空间权利公平等原则。

1. 机构养老服务设施规划技术要求

机构养老服务设施的养老床位包括生活护理和医疗护理床位。生活护理床位指通过养老机构提供的普通养老床位。医疗护理床位指通过医疗单位和养老机构提供的、为老年人服务的护理床位。公办养老床位通常根据常住老年人口计算,其中包括养老机构的床位和医疗机构中的老年护理床位。在相关政策的引导下,近年来各地在符合规划和用地管控的条件下,着力推进市场类养老机构的发展,以满足多层次、多样化的养老需求。

城乡地区根据服务区域和规划常住人口规模等因素设置相应规模的养老机构,根据各地人口老龄化程度和发展趋势确定近期(通常为 5 年)和远期(10~20 年)建设目标。根据 2018 年修订的《城乡养老设施规划标准》(征求意见稿),机构养老服务设施的规模按照城乡老年人口不少于 40 床/千名老人控制。各地应根据原有养老服务设施基础和社会经济状况确定养老机构床位的配置结构和空间分布,并根据床位用地面积确定用地管控底线。原则上,常住人口规模 4.5 万人至 7.2 万人①应配建 300~700 张养老床位,单床综合建筑面积不低于 40 平方米,单床用地面积按照 25~50 平方米/床配建(表 5－8)。15 分钟社区生活圈应设置至少 1 处养老机构,便于老年居民就近入住。

表 5－8 城市机构养老服务设施配建要求

常住人口/万人	配建规模及要求	配建指标	
		建筑面积/(平方米/床)	用地面积/(平方米/床)
4.5~7.2	• 一般应配建 300~700 床位; • 十五分钟生活圈应至少设置 1 处; • 每处规模宜 300 床左右,不宜大于 500 床	≥40	25~50

注:1. 各地可根据老龄化率和千名老人养老床位指标,对配建规模予以相应调整。
2. 乡镇地区常住人口规模分级按照乡镇行政管辖范围计算。
资料来源:住房和城乡建设部,2018a

针对老年人不断提高的服务需求和未来老年人生活方式的转变,需加强公共服务设施的阶段性、分区化应对,动态调整养老服务设施的供应规模、结构和时序,从而提升老年人对养老服务的满意度和城市老年宜居水平。鼓励根据实际条件,对存量设施进行扩建和改善,在扩大设施总量的同时集约利用空间资源。新增机构养老服务设施应位于交通便捷、环境良好的集中建设区范围内;结合地区人口特征和发展导向,引导设施向需求集中的区域配置,并适当留有发展余地。

综合常住老年人口规模和既有养老床位的分布,以及建设用地的供给情况,各地须妥善安排基本类床位的建设。对于政府提供的基本类养老机构的收住对象,需要进行老年照护统一需求评估,经评估符合条件的老人入住基本类养老机构时

① 根据《城市居住区规划设计标准》(GB 50180—2018),十五分钟社区生活圈常住人口规模为 4.5 万人至 7.2 万人。

实行轮候制度。原则上,照护等级较高的老人、高龄(80 周岁及以上)老人、无子女或者独生子女重残老人、经济困难老人(如低保家庭老人、低收入家庭老人、月收入低于城镇企业月平均养老金老人)优先入住。

根据对各街道(镇)养老服务需求的预测,对市区级以下机构养老服务设施布局给予空间引导。结合不同街道(镇)原有的养老机构基础和人口老龄化预测,确定重点配置、补充完善或预留配置的引导策略。

机构养老服务设施选址要考虑老年人的出行需求特征,尽量选择在交通便捷、方便可达的地段,宜临近公交、轨道交通站点设置,方便老年人出行和子女探望。街道(镇)级养老机构宜靠近卫生服务中心等社区公共服务设施,实现公共服务资源共享。从安全和安静的角度出发,机构养老服务设施也应避开邻近对外交通、快速干道及交通量大的交叉路口路段。

2. 社区居家养老服务设施规划技术要求

社区居家养老服务设施由各级政府主导建设,运营管理涉及政府、社会组织、民营企业等多方主体。规划编制内容包括明确各项设施的规模、功能和相应的空间布局。社区居家养老服务设施的布局应结合生活圈服务范围进行确定,在步行15 分钟、10 分钟、5 分钟范围内满足老年人的养老服务需求。设施布局的合理性主要体现在以下两个方面:① 在适宜的服务半径内,即步行可达,以保障为老年人提供优质服务;② 确保一定规模的服务人口,以利于设置合理规模的设施,保障其运行效率。

根据《城市居住区规划设计标准》(GB 50180—2018)中对配套设施的规定,15 分钟社区生活圈范围内应设置养老院、老年养护院和老年人活动中心,设施的服务半径不大于 1 000 米。其中,养老院和老年养护院属机构养老服务设施,本节不另做说明。5 分钟生活圈范围内应设 1 处老年人日间照料中心(托老所)和 1 处老年活动室,设施的服务半径不大于 300 米(表 5-9)。

表 5-9 各级社区生活圈养老服务设施配建要求

社区生活圈	服务半径	配置养老服务及相关社区公共设施
15 分钟	≤1 000 米	养老院、老年养护院、社区老年人活动中心
10 分钟	≤500 米	—
5 分钟	≤300 米	老年人日间照料中心(托老所)、老年活动室

社区居家养老服务设施宜与同级别老年人公共活动设施合并设置,并鼓励与社区服务设施、社区绿地等综合或邻近设置。为了充分发挥社区公共服务设施的养老服务功能,应加强社区居家养老服务设施与社区服务中心(服务站)及社区卫生、文化、体育等设施的功能衔接,提高设施的使用率,发挥服务的综合效益(图

5－10）。考虑到城乡养老设施与其他服务内容在服务对象、服务功能上存在差异，故在综合设置时，应保持其功能布局具有一定的独立性，以满足老年人所需的安静、安全、避免干扰等特殊要求。此外，各级社区生活圈应配建的公共管理设施、医疗卫生设施、体育运动设施、商业服务设施和交通场站等均与老年人的日常生活息息相关，在同步建设或旧城更新过程中应关注其适老化性能。

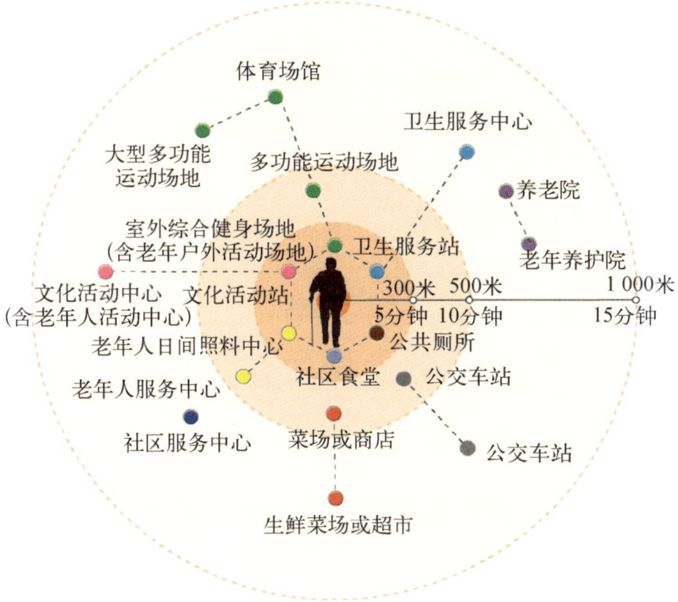

图 5－10　基于生活圈的养老服务设施及相关社区设施配建示意

3. 老年人公共活动设施

《国务院关于印发"十三五"国家老龄事业发展和养老体系建设规划的通知》（国发〔2017〕13 号）指出，到 2020 年各地应完善覆盖城乡的公共文化设施网络，全国县级以上城市至少应有一所老年大学，在基层公共文化设施内开辟适宜老年人的文化娱乐活动场所。与社区居家养老服务设施不同，市（区）级老年人公共活动设施的服务对象为中心城区的全体老年人，并作为市域范围内老年人公共活动的基地，其服务对象的覆盖范围超出老年人步行可达的范围。街道（镇）层面和部分 15 分钟社区生活圈的基层公共设施结合城市老年人休闲出行的特征和对设施的使用频率进行设置，衔接《城市公共设施规划规范》（GB 50442—2008）、《城市居住区规划设计标准》（GB 50180—2018）、《镇规划标准》（GB 50188—2007）对公共服务设施的配置要求（表 5－10）。

老年人公共活动设施对室外活动场地要求较高，宜按照 0.5～0.8 的容积率控制用地使用强度。室外活动场地包含可开展休闲活动的绿地。

表 5－10　城市老年人公共活动设施配建要求

设施层级	配建规模及要求	配建指标	
		建筑面积/（平方米/处）	用地面积/（平方米/处）
市	• 每座城市应设置至少 1 处市级老年人公共活动设施，50 万人口以上的市辖区应设置 1 处区级设施，300 万人口以上的市辖区应分 2 处设置； • 应附设大于 600 平方米的室外活动场地	1 000～5 000	2 000～10 000
街道（镇）	• 每个街道应设置至少 1 处老年人活动设施； • 应附设大于 450 平方米的室外活动场地	1 200～1 800	2 400～3 600

注：室外活动场地的面积计算可包含满足休闲活动开展的绿地面积。
资料来源：住房和城乡建设部，2018a

第三节
养老服务设施的建设标准

一、机构养老服务设施的建设标准

机构养老服务设施简称养老机构，为老年人提供住宿饮食、医疗保健、生活照料、康复护理、精神慰藉、文化娱乐和临终关怀等服务。根据 2018 年颁布实施的《老年人照料设施建筑设计标准》（JGJ 450—2018），养老机构属老年人全日照料设施（表 5－11）。

表 5－11　老年人照料设施的基本类型及服务对象

服务对象＼基本类型	老年人全日照料设施		老年人日间照料设施
	护理型床位	非护理型床位	
能力完好老年人	—	—	▲
轻度失能老年人	—	▲	▲
中度失能老年人	▲	▲	▲
重度失能老年人	▲	—	—

注：▲为应选择。
资料来源：住房和城乡建设部，2018b

养老机构的建设应以人为本，以尊重和关爱老年人为理念，遵循安全、健康、卫生、适用、经济、环保的原则。养老机构的设计应符合老年人生理、心理特点，保护老年人的隐私和尊严，保证老年人的基本生活质量，适应设施运营、管理的需要，保证照料服务得以有效开展。

养老机构的建设应与社会经济发展水平相适应，符合养老服务体系建设规划和城乡规划的要求，充分利用现有公共服务资源和基础设施，满足服务功能、规模等技术要求。

现行技术标准从制度管理、场地规划、建筑设计等方面对养老机构进行管理，主要包括《老年人社会福利机构基本规范》（MZ 008—2001）、《老年养护院建设标准》（建标〔2010〕194 号）、《养老机构基本规范》（GB/T 29353—2012）、《老年人居住建筑设计规范》（GB 50340—2016）、《城乡养老设施规划标准》（征求意见稿）（表 5－12）。自行业标准《老年人照料设施建筑设计标准》（JGJ 450—2018）于 2018 年 10 月 1 日起实施，原《养老设施建筑设计规范》（GB 50867—2013）和《老年人居住建筑设计规范》（GB 50340—2016）同时废止，其中主要的变化在于养老服务设施的分类口径和标准效力的转变，后者的技术规定仍具有较强的参考价值和时效性，因而依然纳入本节讨论的范围。

表 5－12　机构养老服务设施的设计规范与技术标准

规范内容	老年人社会福利机构基本规范（MZ 008—2001）	老年养护院建设标准（建标〔2010〕194 号）	养老设施建筑设计规范（GB 50867—2013）	老年人居住建筑设计规范（GB 50340—2016）	老年人照料设施建筑设计标准（JGJ 450—2018）	城乡养老设施规划标准（征求意见稿）
批准部门	民政部	住建部、发改委	住建部	住建部	住建部	住建部
性质	强制性行业标准	国家标准	国家标准	国家标准	行业标准 局部强制性	国家标准
施行时间	2001. 3. 1	2011. 3. 1	2014. 5. 1	2017. 7. 1	2018. 10	2018. 10 发布征求意见稿
适用对象	各类、各种所有制形式的、为老年人提供养护、康复、托管等服务的社会福利服务机构	老年养护院的新建、扩建和改建。老年护理院、社会福利院、敬老院、老年公寓等机构相关设施建设可参照执行	新建、改建和扩建老年养护院、养老院和老年人日间照料中心等养老设施建筑设计	专为老年人设计。供其起居生活使用，符合老年人生心理及服务要求的居住建筑。特指按套设计的老年人住宅、老年人公寓，及其配套建筑、环境、设施等	适用于新建、改建和扩建的设计总床位数或老年人总数不少于 20 床（人）的老年人照料设施建筑设计	为城乡老年人提供生活照料、医疗保健、文化娱乐、学习教育等方面综合或专项服务的公共服务设施

资料来源：根据相关规范和标准整理绘制

养老机构的配置等级划定兼顾人口规模和管理要求，在市（区）、街道（镇）、15 分钟社区生活圈层面设置。根据民政部 2013 年统计数据，全国有乡镇（街道）共计 40 495 个，其中镇 20 117 个、街道 7 566 个、乡 12 812 个。乡镇（街道）人口规模大于 5 万人的占 19. 3%，3 万至 5 万人的占 22%，1 万至 3 万人的占 42%，小于 1 万人的占

16.7%。由此,做1万人—3万人—5万人规模划分,形成四个等级的养老机构类别。

一类养老机构原则上不超过500床,500床以上设施建议采取设置分院的形式。二类机构养老设施新增单处养老机构的床位规模宜在150~300床。三类机构养老设施一般为50~150床,建议项目空间设计上优化布局,为未来扩建或增加床位预留空间。四类机构养老服务设施宜与社区养老服务设施综合设置或采用嵌入式小型养老机构形式,适合旧区更新或用地紧张的地区增加养老床位,设置规模30~50床,最小不应小于10床,如发展具有长期寄养功能的老年人日间照料中心。新增单处养老机构床位规模的适宜规模宜在100~300床,设施规模大于300床应保障独立占地(表5-13)。

表5-13 机构养老服务设施的配置等级

设施类别	类别	常住人口规模/万人	配建规模及要求	配建指标	
				建筑面积/(平方米/床)	用地面积/(平方米/床)
机构养老设施(养老院、护理院)	一类	≥5	≥300床,超过500床宜分点设置	≥30	20~50
	二类	3~5(不含)	150~300床		
	三类	1~3(不含)	50~150床		
	四类	<1	30~50床		

资料来源:根据相关规范标准内容整理绘制

养老机构的功能空间主要包括场地和房屋建筑两部分。考虑到室外场地需要满足活动、衣物晾晒等功能,养老机构用地建筑密度不应大于30%,容积率不宜大于0.8,活动场地不宜小于400~600平方米。场地道路系统应保证救护车辆能停靠在建筑的主要出入口处,且应与建筑的紧急送医通道相连。场地应进行景观环境和园林绿化设计,绿化植物应适应当地气候,且不应对老年人的安全和健康造成危害。场地内应设置机动车和非机动车停车场。在机动车停车场距建筑物主要出入口最近的位置上应设置无障碍停车位或无障碍停车下客点,并与无障碍人行道相连。无障碍停车位或无障碍停车下客点应有明显的标志。

房屋建筑包括老年人用房、管理服务用房和辅助用房。为护理型床位设置的生活用房应按照料单元设计;为非护理型床位设置的生活用房宜按生活单元或照料单元设计。照料单元设计包括居室、单元起居厅、就餐、备餐、护理站、药存、清洁间、污物间、卫生间、盥洗、洗浴等用房或空间,可设老年人休息、家属探视等用房或空间。生活单元包括居室、就餐、卫生间、盥洗、洗浴、厨房或电炊操作等用房或空间。照料单元的使用应具有相对独立性,每个照料单元的设计床位数不应大于60床。失智老年人的照料单元应单独设置,每个照料单元的设计床位数不宜大于20床。管理服务用房包括值班、入住登记、办公、接待、会议、档案存放等办公管理用房。辅助用房包括厨房、洗衣房、储藏等后勤服务用房,以及员工休息室、卫生间等用房或空间,宜设员工浴室、食堂等用房或空间(表5-14)。

表 5-14 机构养老服务设施各类用房使用面积指标表

用房类别		使用面积指标/(平方米/床)				
		500床	400床	300床	200床	100床
老年人用房	入住服务用房	0.26	0.32	0.34	0.50	0.78
	生活用房	17.16	17.16	17.16	17.16	17.16
	卫生保健用房	1.23	1.35	1.47	1.68	1.93
	康复用房	0.57	0.63	0.72	0.84	1.20
	娱乐用房	0.77	0.81	0.84	1.02	1.20
	社会工作用房	1.48	1.50	1.54	1.56	1.62
管理服务用房		0.83	0.94	1.07	1.30	1.45
辅助用房		3.57	3.81	3.97	4.34	5.19
合计		28.87	26.52	27.11	28.40	30.53

注：老年人用房、其他用房(包括管理服务和辅助用房)平均使用面积系数分别按0.6和0.65计算。建设规模不足100床的参照100床老年养护院的面积指标执行。

资料来源：根据相关规范标准内容整理绘制

综合各项标准的技术规定,机构养老服务设施的床均用地面积一般为20~40平方米,床均建筑面积以25~42.5平方米为宜。结合具体情况,设置时可因地制宜,用地紧张的地区床均面积可以相对小一些,标准较高的机构设施则可以适当大一些。考虑到促进医养结合的发展导向,养老机构中的部分床位宜设置一定比例具有医疗功能的老年护理床位(纳入医保统筹),设置比例不低于25%。

老年人使用的交通空间应清晰、明确、易于识别,且有规范、系统的提示标识;失智老年人使用的交通空间,线路组织应便捷、连贯。老年人使用的走廊,通行净宽不应小于1.80米。二层及以上楼层、地下室、半地下室设置老年人用房时应设电梯,电梯应为无障碍电梯,且至少1台能容纳担架。电梯的数量应综合设施类型、层数、每层面积、设计床位数或老年人数、用房功能与规模、电梯主要技术参数等因素确定。为老年人居室使用的电梯,每台电梯服务的设计床位数不应大于120床。老年人照料设施内供老年人使用的场地及用房均应进行无障碍设计,并应符合国家现行有关标准的规定。

养老机构的人员疏散应符合现行国家标准《建筑设计防火规范》(GB 50016—2014)的规定,噪声环境应位于现行国家标准《声环境质量标准》(GB 3096—2008)规定的0类、1类或2类声环境功能区。

养老机构在用地布局上应紧凑节地,充分考虑老年人(特别是介助、介护老人)的活动特点与各项设施功能要求,并为未来扩建预留空间。用地紧张的地区在符合国家和地方相关规定,保障设施安全、安静、避免干扰的前提下,可与医疗、文化、商业设施等综合设置。综合设置时须设置独立出入口和交通流线,并宜设置在建筑低层区。

【上海市宜川养老院】①

上海宜川养老院由普陀区人民政府投资兴建。项目位于上海市普陀区远景路69号,占地面积5 900余平方米,建筑面积13 954平方米,设置床位459张。养老院的服务对象既包括自理老人也包括不能自理的老人,养老院的功能包括养老养生、生活照料、医疗康复与护理服务。老年人居住用房分为二人、三人、四人、多人间不同户型,为老年人提供会议室、棋牌室、健身房、书画阅览室、影音室等活动空间(图5-11、图5-12)。

图5-11　宜川养老院内部功能空间

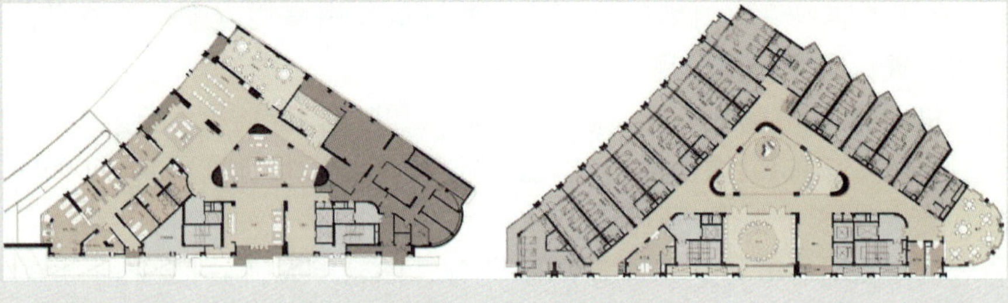

图5-12　宜川养老院1、3层平面图

① 本案例由上海志贺建筑设计咨询有限公司提供。

【上海万里长者照护之家】①

位于上海市普陀区的万里长者照护之家由民营养老服务企业爱照护公司运营，是利用住宅底部三层建筑空间改造而成的社区嵌入式养老机构。建筑面积约 1 400 平方米，设有照护床位 48 张，可同时为周边 150~200 位老人提供上门服务。万里长者照护之家 1 层为服务与接待功能区，2~3 层为居住与活动功能区，应用了防跌倒、呼叫和健康监测等智能设备，旨在提高设施的人性化服务水平和护理人员的工作效率（图 5－13、图 5－14）。

图 5－13　上海万里长者照护之家外观及内部功能空间

图 5－14　上海万里长者照护之家 3 层平面图

① 本案例由上海志贺建筑设计咨询有限公司和爱照护公司提供。

二、社区居家养老服务设施的建设标准

社区居家养老服务的对象是留在原地养老的老年人。这些老年人的年龄、家庭结构、经济条件、文化教育水平等各异,对养老服务的需求不一而足。从发展社会养老服务的角度,《国务院关于加快发展养老服务业的若干意见》(国发〔2013〕35号)明确提出了社区应兴办日间照料和老年人活动中心两项社区居家养老服务设施,从老年人自理能力差异的角度提出了针对不同服务对象的设施建设要求。因此,本节重点围绕主要为介助、介护老人服务的社区老年人日间照料中心,和主要为健康、活跃老人服务的社区老年人活动中心两项公共设施,分别介绍各自的规划设计要点与建设要求。

需要说明的是,这两项设施均属城市居住区配套建设的公共服务设施,应同时遵照《城市居住区规划设计标准》(GB 50180—2018)提出的有关规定。除了社区老年人日间照料中心和社区老年人活动中心这两项具有代表性的设施之外,各地应结合自身情况在实践中不断摸索、创新,因地制宜地为社区和居家养老模式的发展提供切合实际的支持。

1. 社区老年人日间照料中心

社区老年人日间照料中心是为老年人提供日间集中照护、短期托养服务的设施,并为有需要的老年人提供上门服务。服务对象以生活不能完全自理、日常生活需要一定照料的半失能老年人为主,有条件的日间照料中心还可以提供短期托养和康复护理服务。服务内容包括生活照料、保健康复、膳食供应、文体活动和交通接送等。社区老年人日间照料中心建设应满足老年人在生活照料、保健康复、精神慰藉等方面的基本需求,做到规模适宜、功能完善、安全卫生、运行经济。社区老年人日间照料中心建设应充分利用其他社区公共服务和福利设施,实行资源的整合与共享。设施宜设在建筑低层部分,设置独立出入口,设置在二层以上的社区老年人日间照料中心应配置电梯或无障碍坡道。

社区老年人日间照料中心建设应根据老年人的特点和各项设施的功能要求,进行合理布局,分区设置。老年人休息室宜与保健康复、娱乐用房和辅助用房做必要的分隔,避免干扰。根据《社区老年人日间照料中心建设标准》(建标 143—2010),社区老年人日间照料中心应合理设置老年人的生活服务、保健康复、文化娱乐及辅助用房。老年人生活服务用房应包括休息室、沐浴间(含理发室)和餐厅(含配餐间)。老年人保健康复用房包括医疗保健室、康复训练室和心理疏导室。老年人文化娱乐用房包括阅览室(含书画室)、网络室和多功能活动室。辅助用房包括办公室、厨房、洗衣房、公共卫生间和其他用房(含库房等)。

社区老年人日间照料中心根据社区人口规模分为三类，其房屋建筑面积指标宜符合表 5－15 规定，各类用房使用面积占比宜符合表 5－16 规定。一、二、三类社区老年人日间照料中心房屋建筑面积可分别按老年人人均房屋建筑面积 0.26 平方米、0.32 平方米、0.39 平方米核定。

表 5－15　社区老年人日间照料中心房屋建筑面积指标表

类　别	社区人口规模/人	建筑面积/平方米
一类	30 000～50 000	1 600
二类	15 000～30 000（不含）	1 085
三类	10 000～15 000（不含）	750

注：平均使用面积系数按 0.65 计算。
资料来源：民政部，2010

表 5－16　社区老年人日间照料中心各类用房使用面积所占比例表

用房名称		使用面积所占比例/%		
		一　类	二　类	三　类
老年人用房	生活服务用房	43.0	39.3	35.7
	保健康复用房	11.9	16.2	20.3
	文化娱乐用房	18.3	16.2	15.5
辅助用房		26.8	28.3	28.5
合　计		100.0	100.0	100.0

注：表中所列各项功能用房使用面积所占比例为参考值，各地可根据实际业务需要在总建筑面积范围内适当调整。
资料来源：民政部，2010

【上海市徐汇区斜土街道江南新村邻里汇】①

上海市徐汇区斜土街道江南新村邻里汇集社区卫生服务、日间照料服务、老年人活动等服务功能为一体。设施原址为原江南造船厂一栋四层砖混结构的厂房，占地 411.6 平方米，建筑面积 1 200 平方米。改造后一层以便民实用型的公共空间为主，集合了接待等候、查询、社区卫生站、家庭医生、便民助餐等功能。二层以日间照料功能为主。三层以社区综合人群为主，设置有老少同读、儿童亲子、多功能活动室。四层以工作服务人员为主，设置有邻里众创空间以及家庭医生办公室（图 5－15）。

① 本案例由上海见山建筑设计有限公司、上海徐汇区斜土社区爱创益公益发展中心提供。

图 5-15　上海市徐汇区斜土街道江南新村邻里汇平面及实地照片

【北京市潘家园夕阳红社区养老驿站】

位于朝阳区潘家园松榆西里东院的夕阳红社区养老驿站，于 2014 年投入使用，由爱侬养老服务公司连锁经营。建筑面积 388 平方米，共 5 个房间，设有文娱活动区和日间照料区（图 5-16）。可以为老年人提供日间照料、助餐、短期托管和术后康复服务，同时支持向周边社区的老人提供上门家政服务，极大方便了周边老年人的生活(朝阳养老服务网,2016)。

图 5-16　北京市潘家园夕阳红社区养老驿站外观及内部空间

【上海市溧阳长者照护之家】

溧阳长者照护之家由上海申养投资管理股份有限公司运营管理。项目位于上海市虹口区宝安支路 76 号,建筑面积 710 平方米,提供 18 张长期照料床位、20 张日托床位。项目为社区老年人提供长期照护、短期照护、姑息照护、日间照护、远程中医门诊、健康管理、营养餐饮、居家养老上门服务等多种为老服务,以及亲情式 24 小时贴心专业护理。建筑内部分两层,一层主要为对外接待、健康评估区域,二楼为长者生活区(图 5-17、图 5-18)(阿沐养老,2017)。

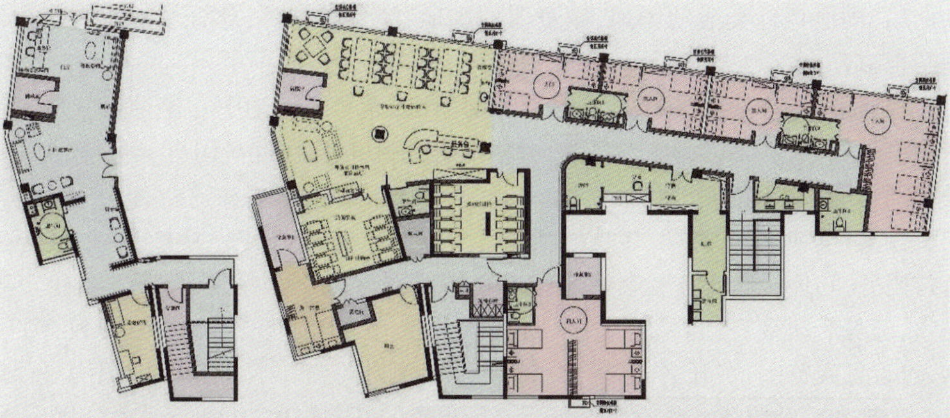

一层平面　　二层平面

图 5-17　上海市溧阳长者照护之家平面示意

图 5-18　上海市溧阳长者照护之家外观及内部功能空间

2. 社区老年人活动中心

社区老年人活动中心是为健康、轻度失能失智老年人提供文化娱乐、学习、健身活动、社会交往等服务的设施。社区老年人活动中心用地由建筑用地、室外活动场地和绿化用地等组成。活动广场的设置主要考虑老年人室外集体舞、健身操等对场地的要求，可与建筑的入口广场、球类活动场地等合用。室外活动场地包括活动广场（硬地）、球类活动场地、健身器械场地、健身步道等，部分场地宜与集中绿地结合布置。

根据中国工程建设标准化协会编写的《社区老年人活动中心建设标准》（征求意见稿），社区老年人活动中心应设置休闲娱乐用房、康体健身用房、学习教育用房及辅助用房。休闲娱乐用房是供老年人开展休闲娱乐活动和进行社会交往的用房，可设置棋牌室、歌舞厅、多功能活动厅等。康体健身用房是为老年人提供基本医疗服务、心理保健服务及康体健身的用房，可设置医疗保健室、心理疏导室、乒乓球室、健身活动室等。学习教育用房是供老年人培养兴趣修养、进行学习教育的用房，可设置阅览室、书画室、网络室、教室、手工制作室等。管理与辅助用房是保障日常管理和后勤服务工作有序开展所必须设置的基本用房，包括行政办公用房、社工办公用房、厨房、公共卫生间、储藏室、后勤设施设备用房等。此外，还可以根据实际需要为老年人提供短暂休息、谈话交流、公共交往的用房，如设置休息室、茶室、聊天室等(表 5－17)。

表 5－17　社区老年人活动中心的功能空间配置

功能类型	配建内容
休闲娱乐用房	棋牌室、多功能活动厅(室)、影音室、排演室、亲子游艺室、茶室
康体健身用房	医疗保健室、健身房、乒乓球室、康复训练室
学习教育用房	阅览室、网络室、教室、书画室
管理与辅助用房	管理用房、公共卫生间、辅助用房、餐厅

资料来源：社区老年人活动中心建设标准(征求意见稿)

以社区常住人口规模为主要依据,社区老年人活动中心可分三类设置,其房屋建筑面积指标宜符合表 5－18 规定,各类功能用房的面积指标可参考表 5－19 的规定。社区老年人活动中心房屋建筑面积可按老年人人均房屋建筑面积 0.38 平方米核定,不同社区可以根据老年人的规模进行适当增减。

表 5－18　社区老年人活动中心规模分类及房屋建筑面积指标表

级(类)别	社区常住人口规模/人	建筑面积/(平方米/处)
一类	6 000~9 000	400~600
二类	3 000~6 000(不含)	200~400
三类	3 000 人以下	200

注：表列房屋建筑面积与社区常住人口数相对应,人口数在范围中间采用插入法计算;社区常住人口 9 000 人以上的大型社区房屋建筑面积按不超过一类标准的上限的 30%控制。

资料来源：社区老年人活动中心建设标准(征求意见稿)

表 5－19　城市社区老年人活动中心各类功能用房面积指标表

用房名称		面积标准	参考相关标准情况
休闲娱乐用房	棋牌室	≥40 平方米 每张棋牌桌占地面积不少于 8 平方米	参考《上海市营业性棋牌室管理暂行规定》
	多功能活动室	30~100 平方米	《社区老年人日间照料中心建设标准》(建标 143—2010)
学习教育用房	阅览室(含书画室)	30~60 平方米	《社区老年人日间照料中心建设标准》(建标 143—2010)
	普通教室	30~50 平方米可容纳 20~40 人	参考《中小学校建筑设计规范》
	电脑网络室	20~30 平方米	《社区老年人日间照料中心建设标准》(建标 143—2010)
康体保健用房	医务药品室	20~30 平方米	《老年人居住建筑设计标准》(GB/T 50340—2003)

续 表

用房名称		面积标准	参考相关标准情况
康体保健用房	康复保健室	40~60 平方米	《社区老年人日间照料中心建设标准》(建标 143—2010)
	心理疏导室	15~18 平方米	
	乒乓球室	≥80 平方米 至少可容纳两张乒乓球台	—
	台球室	≥80 平方米 至少可容纳两张乒乓球台	—
	健身训练室	50~100 平方米	—
休憩交流用房	休息茶室	30~50 平方米	—
辅助用房	茶水间、储藏室	10 平方米/层	《老年人居住建筑设计标准》(GB/T 50340—2003)
	办公室	25~50 平方米 可划分为多个办公室	《社区老年人日间照料中心建设标准》(建标 143—2010)
	厨房	50~150 平方米	
	公共卫生间	25~35 平方米	

注：表中所列各项功能用房使用面积配置标准例为参考值，实施中可根据实际需要做适当调整。

社区老年人活动中心如与社区老年人日间照料中心、社区服务站等其他社区设施进行合设时，其房屋建筑面积可结合实际情况酌情减少。社区老年人活动中心建设规模按照社区常住人口数分为三类，其房屋建筑面积指标宜符合表 5-19 规定。人口老龄化水平较高的社区可根据实际需要增加建筑面积，社区老年人活动中心房屋建筑面积可按老年人人均房屋建筑面积 0.38 平方米核定。

【上海市大宁阳光中心】①

上海市大宁阳光中心位于大宁路 540 号 18 甲，建筑面积 437 平方米。中心共有三层，一层主要为前台接待、起居培训室、多功能室、卫生间、储藏室等，满足不同活动的需要；二层为老年人学习、上网、阅读、会议和康复室；三层提供休憩、交流、手工、电视等多功能空间。设施由老旧建筑改造建成，设计师采用了温暖的材质和色彩增加阳光中心的舒适性和活力(图 5-19、图 5-20)。

① 该案例由上海志贺建筑设计咨询有限公司提供。

图 5 - 19　大宁阳光中心外观及内部功能空间

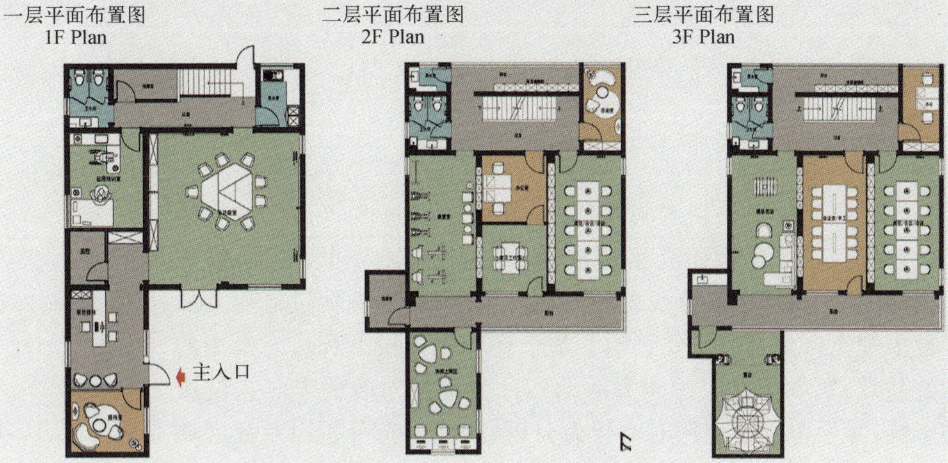

图 5 - 20　大宁阳光中心平面示意

第六章
老年宜居环境

人类或许无法阻止衰老与疾病，但却可以通过改善自己的生活方式和居住环境而获得更多健康收益。国内外大量研究表明，友好的建成环境对延长老年人独立生活的时间、促进老年人从事更多健康行为具有重要影响。基于环境压力模型和生态模型的理论基础，本章重点探讨体力活动和社会交往对改善老年人健康的影响，并示范性地应用时空行为分析、居住形态分析以及社区调查三种不同的研究方法，探讨老年宜居环境的构成要素和改善方向。通过揭示建成环境对老年人健康的影响机制，构建老年宜居环境的学理基础和研究框架。

第一节
老年宜居环境的认识基础

一、环境的宜居性

1. 宜居环境的含义

宜居的字面含义是适合居住。宜居环境是指能够满足人的居住需要的，安全、健康、便利、舒适的生活环境①（转引自日笠端，1977）。宜居城市（livable city）的研究较早始于北美地区。20 世纪 70 年代，大卫·史密斯（David L. Smith）提出宜居的内涵应包括三个方面的内容：一是公共卫生和污染问题方面的宜居；二是舒适和生活环境方面的宜居；三是历史建筑与自然环境方面的宜居（Asami，2001）。同时期的美国学者约翰斯顿（Johnston，1973）提出了影响居住区宜居水平的三类因素：一是人之外的环境要素，包括建成环境和自然景观；二是人和人之间的环境要素，包括社区人群的社会特征；三是区位因素（转引自张文忠，2007）。20 世纪 90 年代，美国学者诺克斯（Knox，1995）在《城市社会地理学》中将与宜居相关的因素归纳为美学、邻里、可达性、安全性、噪声环境、心理困扰 6 个方面。哈维格（Hahlweg，1997）则指出宜居城市首先是支持居民获得健康生活的城市，应高度关注城市中的弱势群体，为老年人和儿童提供安全与保障。

20 世纪 90 年代，伴随着全球能源和环境危机的爆发，可持续发展成为宜居环境发展的重要内容。1996 年联合国第二次人居大会提出“人人享有适当的住房”和“城市化进程中人类住区可持续发展”理念，可持续性成为衡量城市宜居水平的重要指标。20 世纪末，人本主义理念对城市规划的影响日益显著，居民的生活质量被作为衡量环境宜居水平的核心标准。2000 年以来，社会伦理成为衡量宜居环境的重要原则，公平性成为宜居城市建设的重要目标。温哥华在《大温哥华地区长期规划》（*The Long-term Plan for Greater Vancouver*）及《宜居区域战略规划》（*Livable Region Strategic Plan*）中明确将公平和尊严作为宜居城市的核心原则，提出共享、和谐的宜居性原则（Timmer et al.，2004）。2004 年颁布的《伦敦规划：大伦敦空间发展战略》（“*The London Plan*” *Spatial Development Strategy for*

① 1961 年由世界卫生组织提出。

Greater London）也提出了建设宜人、繁荣、公平、可达性的城市发展目标（Mayor of London，2004）。

2. 宜居环境的评价

上述发展历程表明，城市的宜居性主要表现为居住环境要素对人们各项需求的满足程度和对生产生活活动的支持水平，对生活质量的不懈追求是推动宜居性不断提升的核心动力。衡量和评价建成环境的宜居性可以从以下三个角度出发：一类是基于各项社会、经济统计数据的客观评价；二是基于地区、社区的社会调查开展主观评价；三是兼顾客观评价和主观评价，实施综合评价。

1998 年，Gedeon E. D. Omuta 就尼日利亚首都贝宁的社区生活质量，提出住房、教育、就业、负面事件、公共设施及服务、经济社会因素 6 大城市宜居性评价指标。2004 年，英国经济学人智库（Economist Intelligent Unit，EIU）在居住困难度调查基础上开展了全球宜居城市（Best Place to Live）排名，评价的标准从较早的健康与安全、文化与环境、基础设施三个方面，发展到后来涵盖社会稳定程度、健康水平、文化与环境、教育质量、基础设施 5 大类城市宜居评价指标、40 余项评价因子（Evans，2001）。2014 年，美国提出的“最适宜居住城市指数”（Livability Index）则包括住房、卫生、环境、就业点距离、交通、工作机会和社会参与程度 7 个方面（AARP，2016）。

我国对宜居环境评价的研究相对较晚，主要集中在宏观、中观层面。通过对不同类型地区环境进行调查研究，结合地区特点总结出不同的评价方法与指标体系。杨贵庆（1997）以上海大都市周边地区为背景，研究了影响大城市周边地区小城镇人居环境可持续发展的内外因素。宁越敏等（1999）以上海市为例，构建了包括居住条件、生态环境质量、基础设施与巩固服务业设施三类指标在内的人居环境评价体系。周志田等（2004）选取经济发展水平、经济发展潜力、社会安全保障、生态环境水平、生活质量水平、生活便捷程度 6 类指标，提出了中国适宜人居城市评价指标体系。张文忠（2007）从城市安全性、环境健康性、生活方便性、出行便利性和居住舒适性 5 个方面提出了宜居城市评价体系。赵东霞等（2013）运用 UML 模型绘制老年人宜居环境评价指标体系，涵盖生态宜居、健康宜居、生活宜居、精神文化宜居、安全宜居 5 个方面。中国城市科学研究会组织开展了“宜居城市科学评价指标体系研究”，并公布了经住建部验收的《宜居城市科学评价标准》，为我国城市宜居环境评价提供了依据（邓茂林等，2008）。中国老年学会与北京师范大学老年学研究中心共同构建了“中国老年人宜居城市评价指标体系”，选取了生态、经济、社会三类公共客观指标，经济、医疗、照护保障，社会参与及优待政策五类专项指标（戴俊骋等，2011）。

既往宜居性评价多从探讨宜居城市建设入手，且基于较大空间尺度展开，因而主要采用经济、社会、环境等客观指标。随着以人为本理念的发展，围绕着居民主观生活感受的幸福感和生活满意度等宜居性评价逐步增加。

主观幸福感(subjective well-being)是指人们对自身生活质量的认知，这种认知包括情感上的反应和判断(Dienner,1984)，一般认为包括情感认知和生活满意度两个方面。徐映梅等(2014)在针对中国居民主观幸福感的研究中所提出的分析框架包括人口学因素、经济学因素、工作因素、家庭因素、人际关系因素和情感因素等。其中，人口学变量包括性别、年龄、受教育程度、婚姻状况、健康状况。经济学变量主要包括收入、储蓄、家庭财政满意度。工作状况变量指对工作的满意度。家庭因素变量包括家庭成员间的信任度和家庭生活满意度。人际关系变量指对非家庭成员的信任度。情感因素主要包括孤独感、积极情感和消极情感。该研究表明，2000年以后中国居民主观幸福感呈现上升趋势，收入水平上升带来的生活水平改善是现阶段中国居民幸福感的主要来源，但收入差距扩大可能带来的负面影响值得警惕。健康是主观幸福感的前提条件，改善医疗服务、加强健康教育已成为社会发展的当务之急。完善社会保障和健全养老体系对于老年人群体的主观幸福感至关重要。构建和谐的家庭和邻里关系对社区环境的宜居水平提出了更高的要求。

居住满意度(residential satisfaction)用于揭示建成环境要素对生活满意度的影响，以及后者对居民的主观幸福感与生活质量的重要意义(Doyle et al.,2006)。针对居住满意度开展的研究主要聚焦于衡量居住空间服务水平、发现影响要素之间的关系和关键问题、采取针对性改善措施的重要依据(Campbell et al.,1976)。基于环境压力模型(environmental press model)的分析关注环境对居民各项能力的支持，发现养老模式的选择过程中，居住环境所提供的支持程度和服务可及性是影响老年人决策的核心因素(Carp et al.,1986)。Morris和Winter(1975)的"住房适应理论"(Housing Adjustment Theory)以及Galster(1987)的"社区满意度心理建构理论"(Psychological Construct of Neighborhood Satisfaction)等也是基于环境对居住满意度的影响而提出的。

面向老年人的居住满意度研究较早针对养老机构，致力于缓解设施化集中养老模式带来的自主性缺失和身心健康影响(Hellstrom et al.,2007;Deci et al.,1985)。研究发现，尽管随着身体机能的逐渐衰退，老年人的活动能力和社交范围显著减小，但居住在原先住所里的老年人仍旧在主观自评健康和生活质量评价方面显示出显著的优势(Pinquart et al.,2000)。对于长时间逗留在居住环境里的老年人来说，较高的居住满意度往往同时发挥着促进健康行为、获取更广泛的社会支持和精神慰藉的作用，相关要素主要包括居住方式、邻里关系、配套服务设施、社区环境等(张景秋等,2015)。

我国居住满意度的研究主要集中在老年人生活满意度领域，研究发现良好的身体与精神状况、经济地位、家庭支持、积极的社会生活是影响老年人生活满意度的主要因素（Lee，2005；项曼均等，1995；郭晋武，1992）。颜秉秋等（2015）运用结构方程模型（SEM）方法在北京开展的研究发现，社区持续支持、经济独立是影响老年人居住满意度的主要因素。纪竞垚（2016）针对北京的研究发现，农村老年人的住房满意度高于城市，北京市周边区县老年人的住房满意度高于市中心；随着年龄的增长，老年人的住房满意度先升高后降低；此外，老年人个体因素中的年龄、城乡、经济和健康状况以及住房条件中的建造时间、适老化程度和产权状况均对老年人的住房满意度有显著影响。张景秋等（2015）以北京60岁及以上的老年群体为研究对象，使用第六次人口普查和抽样调查数据，从居住方式、邻里关系、周边配套服务设施、社区环境状况4个维度进行分析，发现大型购物设施、社区文体活动、邻里关系、社区认同感对老年人生活满意度的正向影响度大，而空巢、医疗设施和物业管理水平等方面存在的问题是造成老年人生活满意度降低的重要原因。

基于居民主观评价的居住满意度指标正在成为衡量老年宜居环境发展水平的重要手段。评价工作可在两个不同的层面加以应用：其一是利用面上统计数据分析城市层面对老年人居住满意度具有影响的规划要素；其二是通过具体现场调研评价社区层面对老年人居住满意度具有影响的规划和设计要素（图6-1）。本章第三节将以上海作为具体案例介绍具体的工作方法。

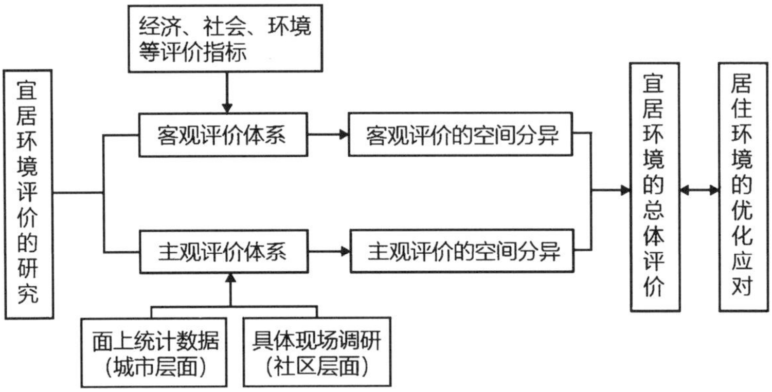

图6-1　宜居环境评价的研究框架

二、老年宜居环境

在城市这个复杂的巨系统中，以老年人为主要研究对象的老年宜居环境由于群体需求结构具有较为突出的共性，日常活动空间范围较为明确，在研究上更容易取得共识和突破。老年宜居环境建设的意义是利用积极的规划设计干预,通过提供援助性服务和支持性环境对老年人的生理和认知健康衰退做出适应和补偿,尽量延长老年人独立生活的时间,帮助老年人在日常生活中达到可能的最佳活动水平和参与水平。

1. 老年宜居环境的国际实践

西欧、北美、日本等较早进入老龄化社会的地区和国家均将居住环境的老年宜居性作为重要切入点,并不断发展、完善相关措施。法国是世界上最早进入老龄化社会的国家,目前老年福利设施收养的老年人约占老年人口总数的7%,其余超过90%的老年人仍旧生活在原来的住所,由住区提供各种服务和生活照料。瑞典在20世纪70年代进入深度老龄化社会以后,政府着手修订建筑法规,全面推行普通住宅的无障碍设计。英国于20世纪中期开始针对低收入老年人实行住房补贴制度,用于改善城市和社区的适老化水平;2008年以后通过终生住区(Lifetime Neighborhoods)和终生住宅(Lifetime Homes)技术体系全面促进普通居住环境的老年宜居水平,并在城市规划、金融政策、社区服务等方面采取了一系列配套措施。20世纪50年代中期,美国在65岁以上人口的比例达到8%时采取措施发展老年住宅市场;1990年,当65岁以上人口的比例超过13%以后发布《集合住宅服务法》,重点支持开发具备护理服务功能的集合住宅。美国建筑师学会(American Institute of Architects, AIA)与美国高龄人士服务协会(American Association of Homes and Services for the Aging, AAHSA)自20世纪末开始紧密合作,推介示范案例、资助相关研究和举行专题研讨,形成了一套适用性强、权威性高的技术标准体系。日本在65岁以上人口比例接近7%的1964年出台政策,向老年人家庭提供租金低廉的公营住宅;在该比例达到11%的1987年开始实施"银发住宅"工程,提供具备护理服务功能的老年人住宅;在该比例达到13%之后的1991年开始推行普通住宅的无障碍化(周燕珉等,2011)。不难发现,上述国家在老龄化趋势初步显现的时期重点发展专属老年人设施;随着老龄化程度的逐步加深,均将重点转向推进适老化通用措施的应用。

2. 老年宜居环境的研究内容

老年宜居环境研究总体上包含以下三部分内容:① 机制研究:包括居住环境对老年人生活质量的影响,建成环境健康影响机制,老年人对环境的感知;② 价值化评价,包括对公共政策效用的评估,老年人的主观满意度,对建成环境的适老性能的评价;③ 促进老年宜居环境建设的规划与设计干预策略(图6-2)。三部分的内容具有递进关系,空间环境作为老年宜居环境建设的结果,同时也是感知和评价的对象,处于不断被重新认识和塑造的循环过程中。

老年宜居环境建设对处于人口老龄化加速期和城镇化转型发展期的中国城市

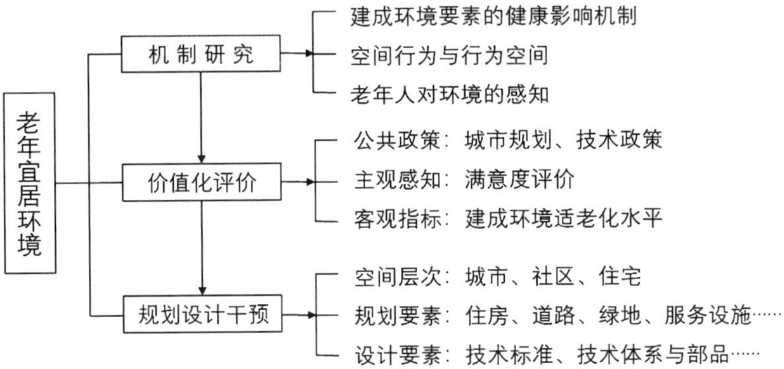

图 6-2　老年宜居环境的研究内容

具有格外重要的意义。它不仅是宜居环境建设走向精细化的重要途径，也是城市规划与空间科学转变理念和工作方法的重要契机。作为理论研究和实践的目标，老年宜居环境的核心价值观既反映着人们当前的实际需求，又反映着人们追求的向度，具有重要的进步意义。安全性、健康性、便利性和舒适性四个规划原则，有助于深化人们对老年宜居环境的认识，明确行动的方向，把握实施的效果。

1）安全性（safety）：老年宜居环境建设的首要任务是保证老年人在行动、感知能力逐步下降的情况下仍能够安全地从事各项生活活动。提高安全性的手段包括采用技术措施消除环境安全隐患，减少或避免事故的发生；也包括提供各种预防、应急系统支持以提升老年人的安全感。

2）健康性（health）：健康性指的是居住环境的建设和管理阶段为老年人保健、养生、精神愉悦所做的努力。提高健康性的手段包括营造良好的卫生条件、提高物理环境的舒适性，以及创造良好的出行环境和交往空间，促进老年人的健康行为。

3）便利性（convenience）：便利性主要体现为老年人各项需求得到满足的程度和水平。提高便利性的手段包括提高公共服务的可及性和可达性，使老年人易于完成各项日常生活活动并获得需要的支持。

4）舒适性（comfort）：舒适性是有助于老年人感觉舒服、放松和愉悦的环境特征。提高舒适性的手段包括提高环境的美观、整洁程度，合理安排服务设施和休憩设施，提高居住环境对老年人不同阶段需求的适应能力等。

3. 老年宜居环境的研究要点

老年宜居环境的建设既是一项迫切的任务，又是一项长期、系统的工作。基于我国目前的发展阶段和主要矛盾，相关研究和实践应着重从以下三个方面进行探索。

1）深入探索建成环境与老年人生活质量的关系，系统研究对老年人生理、心理健康和社会适应能力具有影响的环境要素及其影响机制，为提高环境的健康产出提供理论支撑。

2）立足于老年人的主观感受，推进针对养老需求、居住满意度的调查研究，开展对老年人空间行为的研究，探索建成环境提高安全、健康、便利、舒适等适老化性能的有效途径，完善老年宜居环境相关研究的认识基础。

3）把握适老化举措与建成环境的关系，结合人居环境的发展阶段和规划设计的层次，综合应用既有技术体系和创新手段，为老年宜居环境建设的实践提供技术支持。

第二节
老年宜居环境的健康影响

一、研究综述

促进老年人的健康水平是各国老年宜居环境建设的关键指标（Green，2013）。在过去30年间，老龄健康问题在生物学、医学、心理学、人口学、社会学、伦理学等学科领域均得到了高度关注，而建成环境领域对老年人健康的影响研究却刚刚起步。根据世界卫生组织的研究，在影响健康老龄化的因素中，遗传因素约占20%，医疗照料约占10%，环境因素约占20%，生活方式则占50%（WHO，2015b）。大量证据表明，个体与群体身体机能的下降可以通过自身及外部环境的积极干预得以减缓。公共设施的可达性（James et al.，2014）、居住的密度（Ewing et al.，2010）、环境与建筑的质量（Saelens et al.，2008）、路网体系和密度（Kerr et al.，2006）等对居民的健康具有较为显著的影响。21世纪以来，世界卫生组织通过《老龄化与健康的全球报告》（2015）、《老龄化与健康的全球战略和行动计划》（2017）大力倡导建成环境对老年人健康的意义，倡议全球采取措施建设老年宜居环境（Buffel et al.，2016；Roux et al.，2010），实现"健康老龄化"的发展目标。

由于身体机能随着年龄的增长而退化，老年人的活动场所常常局限于家庭和社区，对居住环境和社区服务的依赖性日益增强，物质空间和服务设施的适老化水平在很大程度上影响着老年人的生活方式与生活质量。针对特定的建成环境，老年人会主动调节自己的行为，如调整外出次数，形成特定的出行规律与路线，并建立对安全、舒适的活动空间的判断，从而影响自身的生活质量（图6－3）。

<table>
<tr><th>老年人身心状况变化</th><th>行动及生活需求</th><th colspan="3">对居住环境的要求</th></tr>
<tr><td>各种能力水平下降 ⟶</td><td>安全、健康、便捷、舒适 ⟶</td><td colspan="3">无障碍、包容性</td></tr>
<tr><td></td><td></td><td>住宅</td><td>社区</td><td>城市</td></tr>
<tr><td rowspan="2">肢体僵硬，协调能力减弱</td><td rowspan="2">• 活动安全，避免跌倒损伤
• 基本能够独立生活，或行动需要借助辅助工具或有人帮助
• 站姿或坐姿都可以进行日常操作</td><td colspan="2">• 通行及活动空间有扶手设计
• 采用防滑、非坚硬、不易破损的材料</td><td></td></tr>
<tr><td colspan="3">• 减少地面高差或采用坡道
• 功能空间、家具设施尺寸与位置同样适合使用拐杖或轮椅者</td></tr>
<tr><td rowspan="2">动作缓慢，体能下降</td><td rowspan="2">• 集中在小范围活动
• 能够方便、省体力地进行活动
• 有足够的行动反应时间</td><td>• 低楼层或有电梯、升降梯帮助上下楼</td><td>• 社区就近集中布置各类服务设施，并提供上门服务</td><td>• 城市服务设施及活动场所可达性高</td></tr>
<tr><td></td><td colspan="2">• 道路及交通设施适合老年人安全步行和使用</td></tr>
<tr><td rowspan="2">感觉器官功能下降</td><td rowspan="2">• 针对视觉、听觉、嗅觉下降的环境做出补偿与保护
• 体感温度保持舒适稳定</td><td>• 危险设备有安全监控</td><td colspan="2"></td></tr>
<tr><td colspan="3">• 室内外保证充足的自然光或人工照明
• 各类指示、警报、开关采用多种明显的感知方式
• 通过布局选择或采用设备维持舒适的声、光、热环境舒适度</td></tr>
<tr><td rowspan="2">记忆力衰退，反应变慢</td><td rowspan="2">• 能够辨别、记忆行动路径与空间
• 各种操作简单易学
• 适当的外界环境变化刺激</td><td></td><td>• 社区环境或老年人活动场所有明显方向性与标识性</td><td></td></tr>
<tr><td colspan="3">• 室内、城市家具、设备或服务设施易使用
• 利用电子设备或景观塑造丰富环境</td></tr>
<tr><td rowspan="3">心理压力及精神不佳</td><td rowspan="3">• 温馨和谐的居住氛围
• 能够在舒适环境中开展活动并得到放松
• 有对外交流、疏解情绪的机会</td><td>• 居室有良好朝向，环境色彩柔和，增加绿植</td><td colspan="2"></td></tr>
<tr><td></td><td colspan="2">• 社区及城市有丰富的公园和绿地</td></tr>
<tr><td colspan="3">• 提供多种休憩活动场所与休憩设施</td></tr>
</table>

图 6－3　老年人能力水平下降对居住环境产生的要求

以能力缺失的补偿机制为主导的无障碍设计在老年宜居环境的实践中率先得到了应用。然而，能力弥补型举措并不能完全满足健康、积极老龄化倡导的积极干预健康结果和主动改善生活质量的目标。基础理论研究的滞后是导致目前相关探索局限性和碎片化的主要原因，迫切要求深化相关基本认识，构建可靠的理论模型，在此基础上探索如何突破基于能力弥补型的技术局限，以更加积极和主动的方式实施有效的规划和设计干预。

鉴于人的活动和行为是个体能力与环境因素之间协调的结果（Stineman

et al. ,2007),现有研究多从活动与行为的角度对建成环境的健康影响进行观察。从活动行为与环境响应的机制来看,身体的健康因素决定了活动能力的阈值,而环境因素则决定了能力局限是否在特定建成环境条件下构成“失能”。换言之,活动能力不仅取决于个体自身的生理健康水平,也取决于环境因素的制约。活动的参与程度可以成为观察和评价个体能力与建成环境匹配程度的测度。适宜的规划设计有助于消除或降低时间、地点和活动内容上的参与限制。相反地,建成环境也会由于缺乏相应的举措而阻碍、甚至剥夺特定人群参与活动的可能。以下两个理论模型较好地阐释了人与环境(person-environment)的匹配关系。

1. 环境压力模型

环境压力模型(environment press model)(Lawton et al. ,1973)提出压力(press)作为环境因素导致的需求强度(environment demands)与个体能力(competence)的交互作用产生了个体活动行为的结果。个人的能力包括身体机能、认知能力、社会交往能力等,建成环境的适宜性表现和参与活动的结果是两者协调(P－E fit)或失调(P－E misfit)的表现。图6－4中纵轴是个体的能力,横轴是对环境支持的需求强度。产出是个人能力和环境需求强度交互作用下的区间。阴影区域表明个人能力的舒适区和环境支持强度的绩效最优区域,即个人能力与环境绩效匹配最优。当环境支持与个人能力匹配度较高,意味着环境对于个人活动能力发挥了积极的支持作用,即环境的功能性绩效较高。相反地,当需求强度较高而环境支持度不足,无论是环境挑战性过高,还是挑战性不足,即出现能力与环境绩效失配,环境的功能绩效变差。

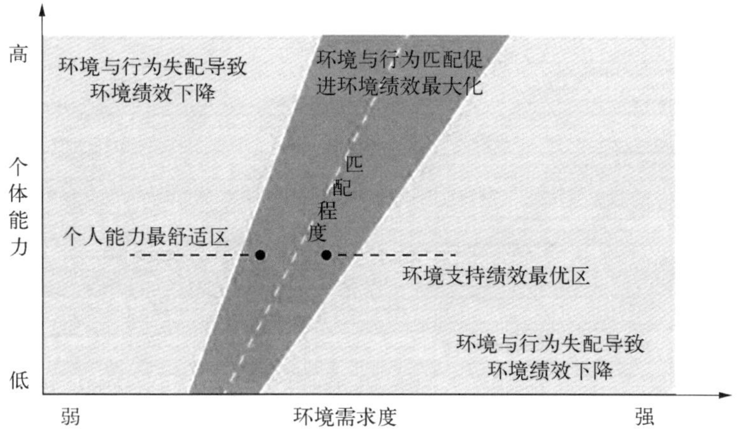

图6－4　环境压力模型图示

资料来源：根据Lawton(1973)整理绘制

环境压力理论模型根植于老年学,主要目的是探讨环境如何影响存在能力衰退或缺失的人的活动能力,关注的结果是行为能力的修复而非环境的适应性,因而并未过多涉及建成环境要素。尽管如此,该模型所揭示的特定环境条件下个体能力水平参与活动的范围仍具有重要启发意义,而通过对行为的观察来间接地了解环境的绩效也为老年宜居环境的研究提供了重要的视角。

2. 生态模型

根据美国著名心理学家、行为主义心理学创始人约翰·华生(1931)的观点,行为本身是有机体对于周边环境产生适应的反应系统。早期的个体行为研究模型,如健康信念模型(Health Belief Model)、计划行为理论(Theory of Planned Behavior)、社会认知理论(Social Cognitive Theory)和阶段行为模型(Transtheoretical Model)等,主要以关注个人的能力水平和身心要素为重点。直到 20 世纪 80 年代,社会生态模型理论将影响个体行为的因素拓展到人际关系、组织结构、社区类型、政策导向等多层面的因素(Mcleroy et al. ,1988)。

Sallis 等(1998)在综合多个领域研究发现的基础上提出了基于行为研究的积极生活生态模型(Active Living Ecological Model),将建成环境对体力活动的影响因素归纳为可达性、便捷性、舒适性、观赏性和安全性 5 个方面,并就居家、社区、工作和学习环境提出了可供观察的空间要素。该模型从整体的角度阐释了与行为相关的建成环境因素,并在社会生态模型的基础上将行为区分为不同的类型和层次,从而为实施干预提供了明确的可能(图 6-5)。

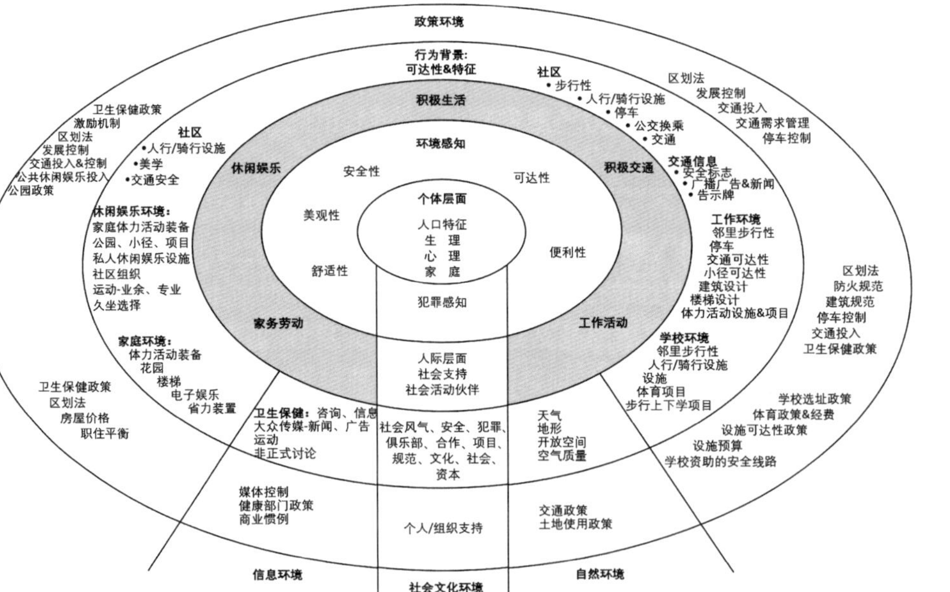

图 6-5 积极生活(Active Living)生态模型

转引自:于一凡等,2017b

针对特定建成环境中居民行为的主观测量通常采用问卷、访谈、出行日志等形式;客观测量则主要通过加速度计、计步器和GPS等获取出行频率、距离和时长等数据。随着地理信息系统(GIS)、网络技术和计算机虚拟技术等分析工具的日渐成熟,地理学、经济学、空间统计学、城市规划、综合交通、运动机能学等学科的大量研究从不同的角度论证了建成环境与人群健康的关系(Jackson,2003)。其中,老年人的体力活动和社会交往成为老年宜居环境领域具有代表性的两个研究方向。

二、体力活动

改变建成环境要素可以促进或约束体力活动,从而影响健康结果。体力活动已得到证明的健康影响包括控制体重、降低心血管疾病风险、降低患糖尿病和老年认知障碍症等的发病率。具有良好的步行性、完善的生活服务设施、充足的开放空间和令人愉悦的环境设计等环境特征的社区,居民在户外活动的时间更长、得到的健康益处更多(Coogan et al., 2009;Frank et al.,2008;Michael et al.,2003)。近年来,部分中国学者也开始致力于探索建成环境要素与体力活动的关系(鲁斐栋等,2015),及其对控制体质指数(Body Mass Index,BMI)(张莹等,2010)、预防和治疗慢性病(李之俊等,2012)的积极影响。Brownson等(2009)认为体力活动可分为交通类活动、休闲类活动和家务类活动,分别受到不同建成环境因素的影响,人们出于不同目的、在不同环境下从事不同类型的体力活动;反之,不同的建成环境也会促使不同类型体力活动的发生。

根据2010年中国城乡老年人口状况追踪调查的分析结果,老年人的步行能力、独立完成活动的能力随年龄增长而减弱。70岁以后能够不费力地步行3~4千米或自己乘坐公交车的老年人比例明显下降,在80岁及以上的高龄老人当中能不费力完成3~4千米步行的比例仅有25.4%,无法达到这一步行能力的老年人比例上升至42.5%(图6-6);自己能不费力、有些困难,以及无法独自乘坐公交的老年人各占1/3左右(图6-7)。论及原因,生理机能的衰退确实会直接造成老年人行动能力迟缓。然而,不容忽视的事实却是城市建成环境对老年人活动的考虑不足,加剧了老年人独立外出活动的不便。例如,城市的交通空间往往更关注机动车通行能力和效率,道路过宽且人行绿灯时间短,对行动缓慢的老年人造成很大威胁;再如,城市道路路面的人行横道设置数量不足,车站、公共建筑出入口、天桥和地下通道等地段缺少必要的无障碍设施,这些都成为腿脚不便或坐轮椅的老人出行的难题。另外,公园绿地、文娱活动设施等公共场所在设计时常常过分关注形式,设置台阶增加高差,或选择过于光滑的地面铺装,给老年人

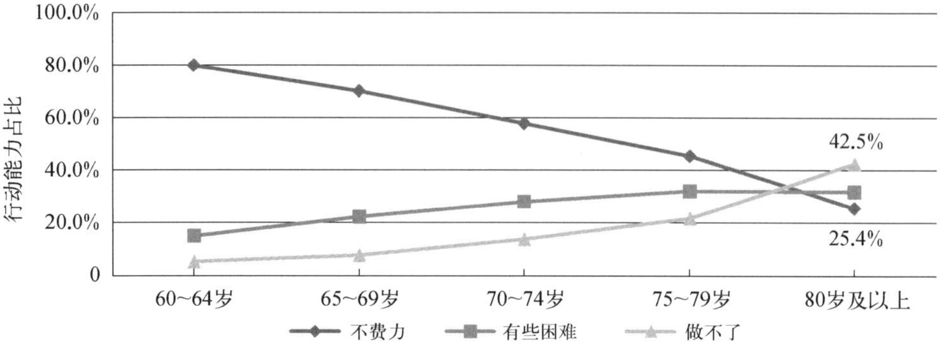

图 6-6　2010 年分年龄段老年人能否步行 3~4 千米路

资料来源：根据吴玉韶等(2014)数据整理绘制

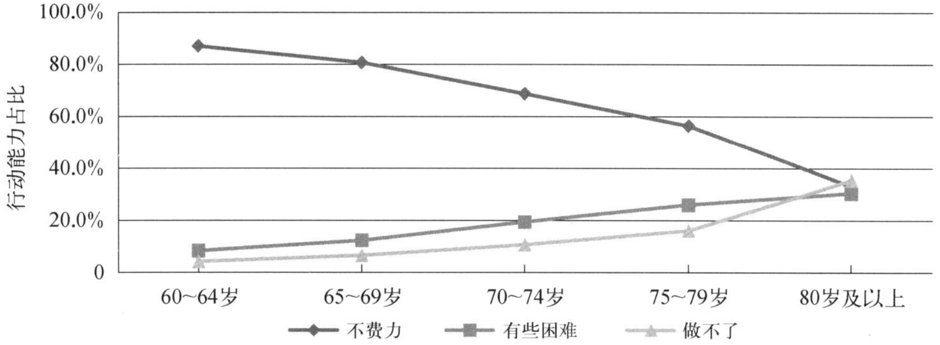

图 6-7　2010 年分年龄段老年人能否自己乘坐公交车

资料来源：根据吴玉韶等(2014)数据整理绘制

的使用造成不便和危险。城市环境的种种问题使得老年人不得不依赖别人完成部分活动,或外出活动发生事故的概率增加,最终只能足不出户或入住养老机构。

居住环境对老年人从事各种体力活动和延长独立生活时间具有不可忽视的影响。在我国,普通居住环境缺乏适老化设计和基本养老服务设施等问题普遍存在,突出表现为出行不便、公共服务设施缺乏、建成环境适老化程度低等问题。以住房内部垂直交通为例,调查显示,有更多 65 岁以上的老年人反映自己上下楼存在困难。高龄老人上下楼有困难的比例达 39.1%,比 65~69 岁老年人群多出近一倍,且完全无法自己上下楼梯的老年人比例也高达 25.8%(图 6-8)。住宅楼缺少适老化设计是造成这一结果的主要原因之一。既有住区的多层住宅楼未安装电梯,许多老年人因为上下楼不便而导致出行受限,甚至长期不曾下楼活动。同时,楼道空间狭窄不利于在紧急情况时老年人的疏散或救助,单元内公共区

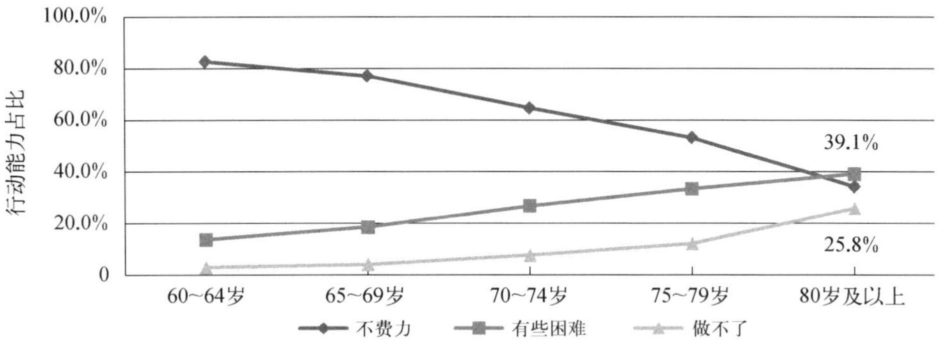

图 6－8　2010 年分年龄段老年人能否自己上下楼梯

资料来源：根据吴玉韶等（2014）数据整理绘制

域缺少扶手等能够让老人方便、安全使用的适老化细节设计，都是限制老年人活动的缺陷。

三、社 会 交 往

社会嵌入理论认为，人是不能孤立于社会的。人需要处于特定的社会环境和关系结构中，并通过社会和人际关系获得信息、情感、服务及社会支持等各种社会资源（Burgess，1960）。Green 和 Kreuter（1994）认为任何体力活动的发展都受到倾向性因素、促成因素、强化因素三类因素的影响。其中，促成因素主要来自物质环境，强化因素主要来自人际交往。

由于退休以后闲暇时间大幅增加，而社交网络却逐渐萎缩，老年人容易感到孤独、焦虑，迫切地需要从亲人、邻里和朋友那里寻求慰藉。社会交往是老年人满足心理需求、获得情感支持的重要途径。积极的社会交往有助于缓解压力，减少孤独感（loneliness）。而严重的孤独感被认为是老年人心理健康的首要威胁，后果包括老年认知障碍、抑郁症、睡眠障碍，甚至死亡率的提高（Caitlin et al.，2012）。拥有高质量社交关系的人往往自尊水平也更高（Denissen et al.，2008），高龄、空巢、失能等原因则可能导致老年人自尊受损，内心沮丧、自卑甚至悲观。

针对社会网络的研究发现，信任与互惠性规范以及积极的社会参与对老年人的心理健康和主观健康感有着显著的促进作用（Nieminen et al.，2010）；相互信赖、区域安全、高度的社会互惠性可以降低抑郁症的发病率（Phongsavan et al.，2006）。Mendoza 等（2009）的研究发现，社会网络的培育带来的相互支持在很大程度上减少了研究对象的慢性疾病发病率；针对孤独感和悲观等老年人常见的心理健康问题，研究认为针对社区护理人员进行心理健康干预的培训，对老年人的健康促进非常重要。

美国哈佛大学教授 Robert D. Putnam(1993)提出,社会资本①通过信任、规范以及网络促进合作行为。Lochner 等(2003)将社会资本指标分为集体效力、社区认同感、邻里凝聚力及社区能力 4 个方面。Homebres 等(2010)、Lindström(2008)利用社会资本测量指标在芬兰进行的调查结果表明,社会支持和信心、互惠关系水平高者拥有更高的自评健康和心理健康水平;社区认同度高的社区,老年人群更容易参加社区活动,从而有机会接触到更多的社会服务资源。日本学者近藤克则等(2010)通过对知多半岛 15 225 名 65 岁及以上老年人开展的定量研究发现,丰富的社会资本与良好的健康之间存在密切的联系,继而提出"生物—心理—社会"模式要比传统的"生物—医学"模式更适合作为促进老龄化社会健康发展的干预手段。余慧等(2008)对中国城市居民的研究发现,个人的信任水平并未显著影响心理健康水平,而集体层次的社区信任水平对个人心理健康具有较为显著的影响。朱伟珏(2015)针对上海社区的一项研究也验证了社会支持不仅影响老年人的心理健康、主观健康感,亦直接反映在老年人对公共服务设施的使用上。该研究同时提出,由于社会资本需要一个长期积累的过程,空间环境的规划设计应尽可能考虑持续性,帮助老年人在熟悉的社区中安度晚年。

安全、舒适以及美观的居住环境对居民的社会交往有促进作用。研究表明,居住环境中的绿色空间有助于减少居民的孤独感,且有证据表明,提高了社会支持水平(Maas et al.,2009)。无论人们是被动还是主动地使用,公园绿地都提高了社会互动的水平(Thompson et al.,2012;Thompson,2011)。另有研究发现,公共开放空间、社区中心、学校和商店是社区中社会交往发生频率最高的场所(Francis et al.,2012)。社区公共服务设施对居民间的互动具有重要影响,尤其是对那些长时间逗留在居住环境里的退休者、失业者和健康状况不佳的人(Hickman,2013)。此外,很多研究发现老年人的社会交往活动在一定程度上是伴随体力活动产生的,建成环境中的很多环境要素同时具有促进邻里交往与体力活动的积极影响(Yung et al.,2016)。

社会交往空间的规模、选址及其环境质量可以增加或抑制社会交往的数量和质量,从而影响健康结果。社区和居家环境是老年人日常生活的主要场景。老年人从中获得日常需要的满足,也与场所之间形成了情感纽带(Williams et al.,1992),而归属感和地方依恋则有利于提高老年人的身心健康和幸福感(Korpela et al.,2008)。良好的社区环境不仅有助于促进老年人参与社会活动,而且有利于

① 法国著名社会学家布迪厄(Bourdieu)较早在《资本的形式》中将个人拥有的资本划分为经济资本、文化资本和社会(关系)资本三大类,并提出社会资本与"群体中的成员身份有关,它从集体拥有的角度为每个成员提供支持"。

老年人产生更强烈的社区意识(Andersson,2011;Fadda et al. ,2010)。

在我国,社会交往的健康影响尚未得到充分研究,但从近年来社会学者针对老年人社会资本开展研究中可管窥一二。裴晓梅等(2014)利用 2010 年中国综合社会调查(Chinese General Social Survey,CGSS)数据所做的《社会资本与晚年健康》研究显示,教育背景、收入和居住地区等因素对中国老年人的健康具有显著影响。薛新东等(2012)基于 2008 年中国健康与养老追踪调查(CHARLS)数据开展的研究发现,个人社会资本指数每增加 10%,老年人的自评健康水平便提高 2.1%。该研究同时发现,社会资本对健康的影响存在性别、城乡和年龄差异。男性的平均社会资本指数高于女性,城市高于乡村,高龄老年人低于低龄老年人。多数老年女性负责承担家庭生活事务,如打扫卫生、一日三餐、照顾小孩等,在家庭事务上花费的时间高于男性,承担的精神压力也高于男性。一旦老年女性从家务劳动中解放出来,参加社会交往的健康收益很可能高于男性。同一项研究还发现,男性的自评健康主要与自身疾病和身体状况相关,而女性的自评健康同时取决于其他负面事件,如家庭成员遇到的问题等,社区和家庭成员提供的精神慰藉与交流对疏解其心理压力显得愈发重要。从老年宜居环境的建设角度看,通过建设社区老年人活动中心、老年学校等,提供适合老年人逗留、交往的场所,对于促进老年人的社会交往和社会参与十分必要。科学研究所揭示的老年人群健康差异有助于建成环境适老化改造决策向处于健康弱势的群体适当倾斜,提供重点支持。

根据 2015 年第四次全国城乡老年人生活状况 1∶1 000 抽样调查数据,全国 22 万份城乡老年人样本当中,有 36.7%的老年人感到孤独。从城市老年人社会交往的场所来看,城市老年人对活动场所的使用率(“偶尔去”和“经常去”)由高到低依次为广场 70.1%、公园 63.4%、健身场所 54.1%、老年人活动中心/站/室 42.8%、图书馆/文化站 29.0%(图 6-9)。值得注意的是,调查显示老年人选择前往上述场所开展社会交往均基于一个共同的前提,即“家附近”。可见,老年宜居环境建设不仅需要更加丰富多样的公共服务设施,同时需要高度关注设施布局的合理性与可达性。

值得注意的是,随着社会的进步,老年人在休闲时间使用互联网的比例也在提高。同样来自 2015 年第四次全国城乡老年人生活状况抽样调查的数据显示,有 9.2%的城乡老年人经常上网。其中城市老年人在网上从事的活动内容主要有看新闻 85.0%、聊天 21.2%、购物 12.5%、玩游戏 28.1%、炒股票 14.0%等(图 6-10)。互联网给老年人的生理和心理健康带来的影响尚无可靠的研究结论,但数字化时代的到来必将使老年人的交往方式发生重要改变。可以预计,这一改变将随着 20 世纪 60 年代以后出生的中国人步入老年阶段而愈发凸显。

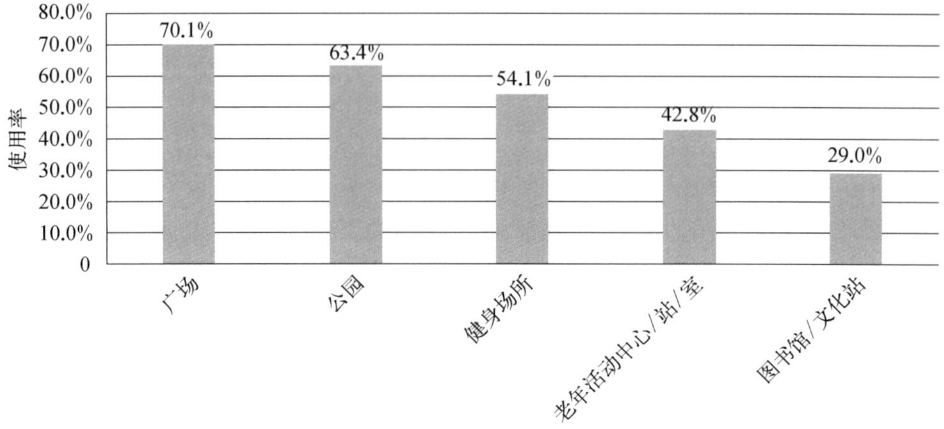

图 6－9　城市老年人活动场所使用情况

资料来源：党俊武，2018

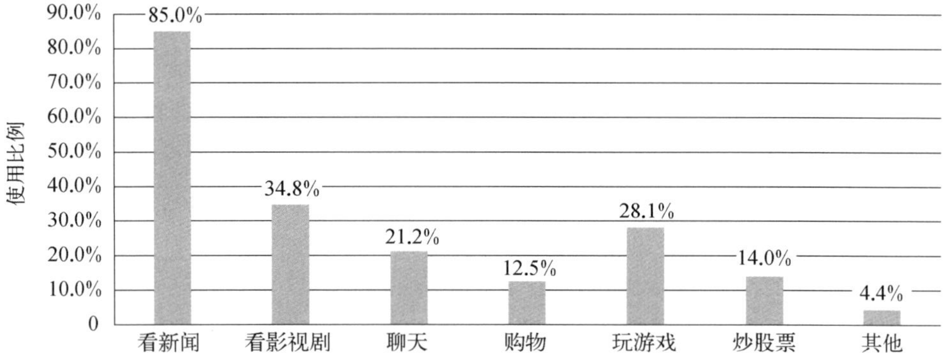

图 6－10　城市老年人使用互联网从事各项活动的情况

资料来源：党俊武，2018

第三节
建成环境老年宜居性的探索

影响老年人生活质量的环境因素错综复杂，如何为老年宜居环境建设提供科学的决策依据显得尤为重要。本节以上海市为例介绍三种探索性研究方法：其一，利用全球定位系统（GPS）活动轨迹数据，认识老年人日常生活活动的规律和行为特征，探索老年宜居环境的构成要素；其二，基于 2015 年第四次全国老年人生活状况调查横截面数据，认识居住形态特征对老年人主观居住满意度的影响，探索整体改善老年宜居水平的行动方向；其三，根据典型社区抽样调查数据，认识特定背景下老年人对居住环境的满意度，探索住区层面建成环境的注意要点。这三种方法对研究对象的尺度和规模均具有良好的适应性，适用于各个层面的城市研究。

一、老年人的空间行为与行为空间分析

居民的行为可以大致分为必要性活动、自发性活动和社会性活动（扬·盖尔，2002）三种类型。

老年人的必要性活动以生活事务为主，如起居、就餐、购物、理发等行为。社区层面的必要性活动可以通过兴趣点（point of interest，POI）、到兴趣点的出行距离、出行的方式以及出行的体验进行测度。自发性活动通常在老年人有活动的意愿，并且在时间、地点、气候等条件适合的情况下发生，如户外锻炼、休闲娱乐等。对自发性活动的目的地、发生频率和持续时间的观察，有助于揭示建成环境的安全性、舒适性和可达性等适老化水平。社会性活动是指老年人参与家庭以外的集体活动或与他人发生互动的活动，公园、广场、公共设施等是老年人参与社会活动的主要场所。通过观察社会性活动发生的场所和活动的规律，有助于理解空间类型、特征对老年人社会交往的影响（表 6－1）。

表 6－1　老年人的行为、活动与空间

行为类别	活动特征	活动内容	空间特征
必要性活动	必要性 随时性	起居、就餐、购物、就医等	安全性、便利性
自发性活动	自发性 随机性	散步、体育锻炼、休闲、娱乐等	安全性、健康性、便利性、舒适性
社会性活动	社会性 开放性	结交朋友、参加集会、社会参与等	安全性、便利性、舒适性

活动是一种常规发生的习惯行为，活动的模式可通过时间预算、活动发生地点及出行来定义（柴彦威，2014）。“如何描述和揭示城市中的生活方式——人们如何完成不同的日常事务、扮演不同的角色并具有自己独特的特征”是活动模式的核心问题（Chapin，1974）。老年人作为行为的主体，其行为认知、偏好和选择均受到空间的限制。换言之，老年人的空间行为是在空间制约下的选择结果。对于活动能力逐渐衰退的老年人而言，居住环境的制约往往直接决定了其活动的类型和范

围,因而需要格外给予支持。

对于老年人来说,日常生活的空间是一系列活动的组织,而不单是用地类型、交通组织和建筑布局结构。基于活动分析的视角,研究老年人如何利用、选择居住空间,以及对既有建成环境的行为反应具有重要研究意义,比如如何安排日常生活活动、多目的出行路线组织等。通过对行为与活动的观察,人们不仅可以更好地掌握老年人对居住环境的使用规律,还可以较为准确地揭示公共设施、活动场地等的服务效率,继而通过规划设计手段改善居住环境的老年宜居水平。

2014~2016年,本研究团队利用全球卫星定位系统(GPS)数据先后对几个不同社区的老年居民开展了时空行为研究。结合地理信息系统(GIS)的空间可视化手段,研究完成了对样本老年人日常生活活动轨迹的精确刻画。在此基础上进行分类叠加,较为准确地呈现了特定老年人群体的行为空间范围。对不同年龄阶段老年人的日常活动规律、出行路线及使用公共服务设施的情况进行对比,即可归纳出社区层面老年人日常活动的规律和空间行为特征。

研究将观察对象分为55~64岁、64~74岁、75岁以上共3组。图6-11反映了TJ社区老年人在连续4个月时间内的日常步行活动范围。其中,74岁以上的老年人出行范围缩小,这与身体机能衰退导致活动能力下降的假设相符,说明居住环境对于个体活动能力的弥补和支持非常重要。然而,比较55~64岁和65~74岁老年人的日常步行出行距离,后者并未出现活动范围缩小的趋势,相反地,其步行活动的强度和范围均有提高。这说明老年人的活动能力、意愿和范围与年龄因素并不存在线性关系,或健康和体力水平并不总是决定老年人出行距离的首要因素。

图6-11　TJ社区老年人活动范围

资料来源:于一凡,2018

就医是大部分老年人日常出行的重要内容。TJ社区周边医院资源比较丰富,包括大型综合医院、专科医院和社区医院。老年人就医行为分析结果表明,社区医院在所有医疗机构中被访问频率最高(图6-12)。这一结果一方面与“距离”相关,另一方面也与老年人的就医目的中有较高的随访比例相关。

老年人的日常活动组织与建成环境特征具有很强的对应关系。其中,必要性活动主要围绕着住宅发生,出行行为受距离影响最为明显。自发性活动以出行意

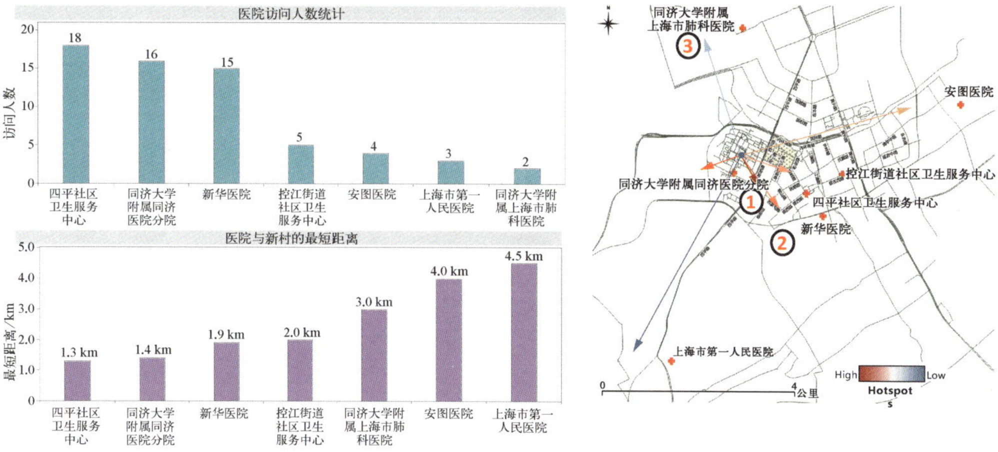

图 6－12　社区周边医疗设施的空间分布与老年人的就医行为分析

资料来源：于一凡. 同济大学老龄城市研究中心（Aging City Lab）团队，2018

愿和环境特征为前提，且两者之间互相影响。社会性活动的发生场所较为随机，很多情况下与必要性、自发性活动相伴。“离家近”是老年人选择出行目的地的主要依据。广场、绿地、公共服务设施等场所的访问频率较高。此外，邻近的商场、办公楼、校园等公共建筑和场地，以及街道绿地等也是老年人喜欢逗留的场所（图 6－13）。

图 6－13　在社区附近的高校运动场中散步的老年人（左）、
社区入口附近的座椅受到老年人的欢迎（右）

安全、舒适的出行环境对老年人健康行为的促进作用不容忽视。日常活动从必要性到自发性和社会性，活动发生的场所具有从住宅到社区，再扩展到周边城市环境的圈层式结构。基于老年人日常活动行为的规律和特征，老年宜居环境的空间要素可分为三大类 10 个方面的内容（图 6－14）。

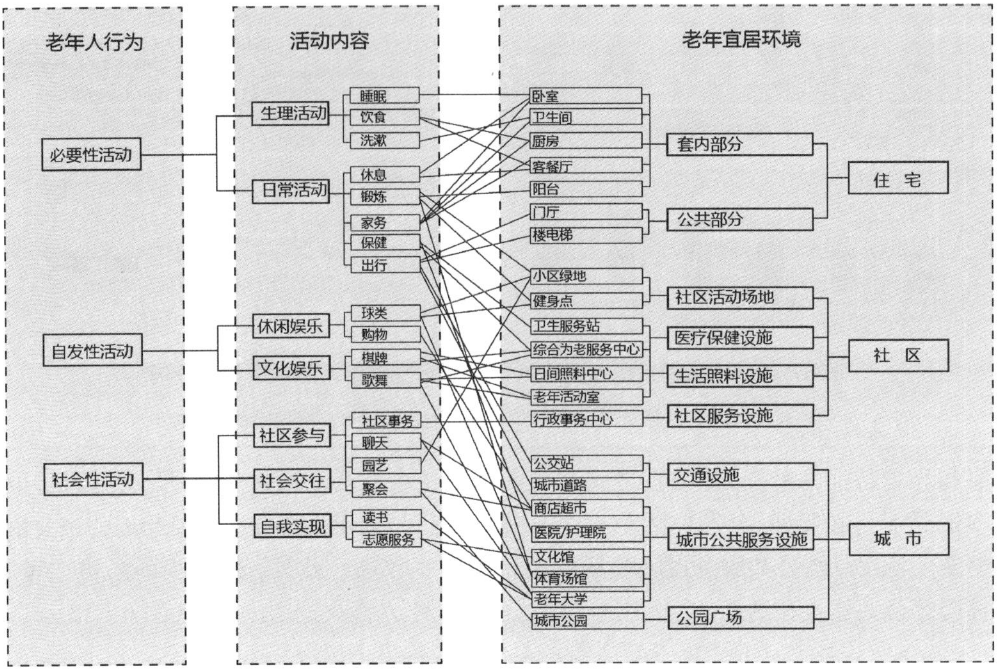

图 6－14　老年人的日常行为与居住空间环境的对应关系

二、居住形态与老年人的居住满意度评价

我国城市地区人口稠密，很多城市的居住环境密度很高，老年人主要居住在集合住宅内。随着 20 世纪 90 年代以来的快速城镇化的发展，城市中不同区位、不同类型的居住环境构成了不同居住条件的基底。本研究基于 2015 年第四次全国城乡老年人生活状况调查的上海市数据，探讨城市规划层面居住空间形态要素对老年人居住满意度的影响（Yu et al.，2018）。

调查在上海共涉及黄浦区、虹口区、杨浦区、普陀区、浦东新区、宝山区、奉贤区、闵行区、崇明区 9 个区。在剔除了位于乡村的样本以及关键变量存在缺失的样本以后，研究最终得到有效样本 113 个社区的 3 153 人（表 6－2）。研究以居住满意度为因变量，选取的核心自变量包括居住密度、住房类型和区位特征（于一凡，2010），选取的控制变量主要包括基本的人口学特征变量和房屋产权，用以描述样本变量及基本描述统计。研究以 Ordinal Logistic Regression 模型为基线模型，通过逐步回归的方法,依次对比居住密度、区位和住房类型变量,比较和识别不同社区空间形态要素对于老年人住房满意度影响的相对重要性。

表 6-2　样本老年人的年龄与性别分布

年龄样本	总量/人	性别	
		男性	女性
60~64 岁	986	485	501
占比		49.2%	50.8%
65~69 岁	756	365	391
占比		48.3%	51.7%
70~74 岁	443	226	217
占比		51.0%	49.0%
75~79 岁	341	160	181
占比		46.9%	53.1%
80~84 岁	373	183	190
占比		49.1%	50.9%
85 岁及以上	254	99	155
占比		39.0%	61.0%
小计	3 153	1 518	1 635
占比	100%	48.1%	51.9%

资料来源:根据 2015 年第四次全国城乡老年人生活状况调查上海市数据整理绘制

1. 居住密度

研究采用反映居住空间密集程度的容积率(floor area ratio)来测量居住密度。与反映用地结构关系的建筑密度相比较而言,容积率更适合反映居民对居住环境的感知,也更有利于反映人口密度特征。与其他中国城市一样,上海市绝大部分老年人居住在不同时期建成的集合住宅中,共享住宅区的住区环境、公共服务配套和周边城市设施。

2. 住房类型

根据竣工年代、结构特点和空间特征,上海的住房可以划分为传统里弄、单位公房、新建的商品房与保障房三种类型(于一凡,2010)(表 6-3)。其中,传统里弄住区由于建成时间久远,在建筑结构、居住舒适性等方面存在明显不足。绝大多数里弄街坊没有充足的户外活动空间,巷弄狭窄、生活拥挤。然而,由于里弄街坊多位于中心城区,周边拥有较为成熟的出行、医疗、购物等城市公共服务环境,其生活便利性对老年人的影响不可小觑。

单位公房住区主要建成于 20 世纪 50 年代至 90 年代,在住房长期供不应求的状态下多采用较为紧凑的布局形式。住区规划遵循日照、通风等基本卫生原则,根据住宅区规划设计规范配置公共基础设施和绿地。由于技术发展的限制,单位公房大多采用 3~6 层,不设置电梯。作为居民结构老化程度较高的住区类型,上下楼不便和缺乏活动场地成为老年人日常活动的主要障碍。

表 6-3　上海市典型居住形态

类　型	建造时间	建成环境特征	主要空间分布	空间形态示意
里弄	1900~1949 年	低层,无电梯,建筑密度高。人均居住面积狭小。建筑质量较差,部分里弄套内居住功能不全。普遍缺乏完整的社区公共服务设施配套和户外公共活动场地,不设公共绿地	内环以内	
单位公房	1949~1998 年	多层,无电梯,建筑密度较高。住房设计标准较低。设有公共服务配套和户外活动场地	内环线以内、内环与中环之间	
商品房和保障房	1998 年至今	以高层为主,配置电梯。建筑密度相对较低,建筑质量较好,套内功能完整。公共服务配套完善,户外环境优美,活动场地充分	全部	

注:表中三处住区平面示意图分别为:里弄——杨浦区顺成里、公房——虹口区水电新村、商品房和保障房——浦东新区金色丽园。

20 世纪 90 年代末住房体制改革以后居住建筑的建设标准大幅提升,无论是商品房还是保障性住房在空间功能和环境性能方面,整体上均优于里弄和公房住区。由于市区建设用地的稀缺性,新建住房大多采用高层,在居住密度提高的同时也大多拥有更高的绿地率和更多的开放空间。

3. 区位特征

研究以上海中心城区三条环线形成的空间圈层作为区位的分区依据。从外至内依次划分为外环以外区域、中环和外环之间、内环和中环之间以及内环以内 4 个主要分布区域。上述区域距离城市中心的距离由远及近,外围圈层的新建住宅区大体上建成年代较晚。其中外环以外的样本包括位于新城的住宅区。根据问卷的地址信息,113 个住宅区的空间分布与四个圈层的关系如图 6-15。样本变量及基本描述统计见表 6-4。

研究采用定序逻辑斯蒂回归(Ordinal Logistic Regression)模型,其形式如下列方程:

$$\ln\left(\frac{\hat{p}_1}{\hat{p}_2 + \hat{p}_3}\right) = a_1 - (b_1X_1 + b_2X_2 + \cdots + b_kX_k)$$

$$\ln\left(\frac{\hat{p}_1 + \hat{p}_2}{\hat{p}_3}\right) = a_2 - (b_1X_1 + b_2X_2 + \cdots + b_kX_k)$$

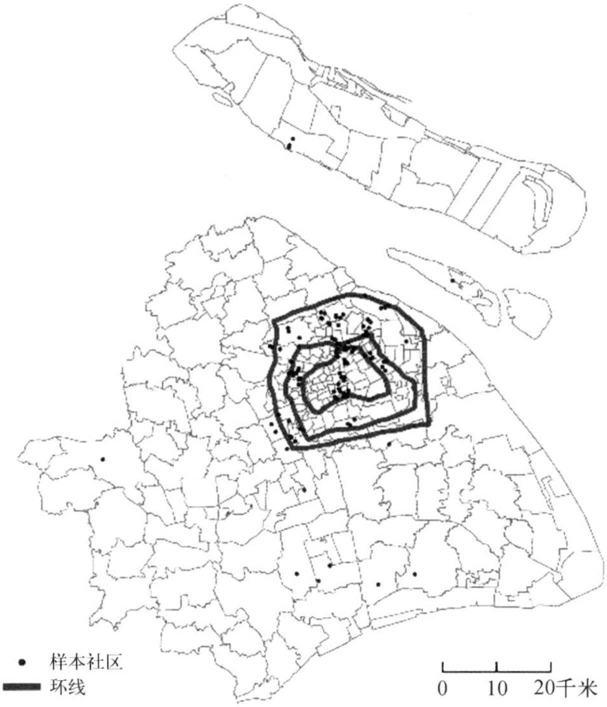

图 6－15 研究的住宅区空间分布与四个圈层的关系

资料来源：根据样本社区信息与上海市地理信息绘制

表 6－4 2015 年上海市老年人生活状况调研样本描述（*N*=3 153）

变 量	编码及取值范围	样本数/个	比例/%
性别	女(0)	1 635	51.9
	男(1)	1 518	48.1
婚姻状态	非在婚(0)	667	21.2
	在婚(1)	2 486	78.8
教育程度	大学专科及以上(1)	505	16.0
	高中/职高/中专(2)	697	22.1
	初中(3)	1 254	39.8
	小学及以下(4)	697	22.1
住房产权	租/借(1)	33	1.0
	使用权(2)	388	12.3
	非自有产权(3)	460	14.6
	自有产权(4)	2 272	72.1
住房类型	商品房(1)	901	28.6
	里弄(2)	286	9.1
	老公房(3)	1966	62.4

续 表

变　　量	编码及取值范围	样本数/个	比例/%
区位	外环以外(1)	518	16.4
	中外环之间(2)	1 045	33.1
	内中环之间(3)	765	24.3
	内环以内(4)	825	26.2
住房满意度	不满意(1)	576	18.3
	一般(2)	1 380	43.8
	满意(3)	1 197	38.0
		均值	标准差
年龄	[60, 102]	70.7	8.6
家庭年总收入	[8 540, 784 000]元	88 865.8	53 497.2
年总收入的对数	(9.05, 13.57)	11.3	0.5
居住密度	[0.7, 4.5]	1.7	0.5

其中，$\hat{p}_1+\hat{p}_2+\hat{p}_3=1$。模型中$\hat{p}_1$、$\hat{p}_2$、$\hat{p}_3$分别是因变量($Y$,即住房满意度)为“不满意”“一般”和“满意”的预测概率,X_i($i=1, 2, \cdots, k$)表示自变量和控制变量。

为了了解以容积率、区位和住房类型为代表的社区类型变量对老年人居住满意度的独立和综合影响,研究首先建立仅含有基本控制变量的基线模型。利用逐步回归的方法,依次加入容积率、区位和住房类型变量构建分析模型,进而将这三个变量同时引入到最终模型中,识别不同要素对老年人住房满意度影响的相对重要性。

研究发现,从基本控制变量对老年人居住满意度的影响来看,性别、年龄、婚姻等因素对人们的住房满意度没有显著影响。文化程度较高的老年人的总体居住满意度偏低,但并不具有统计显著性。收入因素对老年人的住房满意度有比较稳定的积极影响,受访者家庭年总收入的自然对数每增加一个单位,人们对住房“满意”的优势增加1.454倍。房屋产权对老年人的居住满意有显著影响,拥有产权(即便只是父母、子女或孙子女所有)比不拥有产权的受访者对自己的住房更加满意。

居住密度、区位和住房类型对上海老年人居住满意度都具有影响,根据对模型的拟合优度 Pseudo R^2 变化趋势的比较,影响的显著性由大到小依次为住房类型、区位和居住密度。且居住密度的影响受到区位分布和住房类型的影响。

高密度人居环境条件下的老年人对社区环境的感知和依赖具有一定的独特性。上海市人口密度约为3 810人/平方千米,本次抽样调查的113个社区平均容积率近1.07,具有典型的高密度人居环境特征。生活在集合住宅里的老年人,其养老需求的满足在很大程度上取决于社区环境和服务设施。尽管国际上通常认为居住密度与居住满意度之间存在负相关关系，但本项研究证实上海老年人总体上对居住密度不敏感。这一方面可能因为中国城市老年人已经对紧密的社会关系产生了适应；另一方面，可能由于我国公共服务长期不足、建设用地缺乏，导致公共服务总是优先满足较为集中的需求。此外，随着老年人的独居比例不断提高，传统文化中对家庭陪伴和照料的文化日渐式微，较为紧密的邻里关系便于老年人获得心理和照料的补偿，形成对居住密度的另一种形式的依赖。

本研究还发现，由于较早建成的里弄和公房大多房屋质量和功能性较差，因而尽管整体密度相对较低，但老年人对其的整体满意度更低（图6－16）。相对而言，新建居住建筑更符合现代生活方式，例如多采用大厅小卧的套型格局，居室阳光充足，楼宇配有电梯，户外社区环境美观与功能性有所提高，因而获得老年人的喜爱。然而，较早建成的住房多更接近中心城区，城市建成环境的成熟度高，比外围地区的城市功能混合程度更高，对养老服务可以提供一定程度的弥补和支持。研究结果表明尽管大部分位于城市中心城区及附近，居住在里弄和公房里的老年人对于居住的满意度仍然偏低。

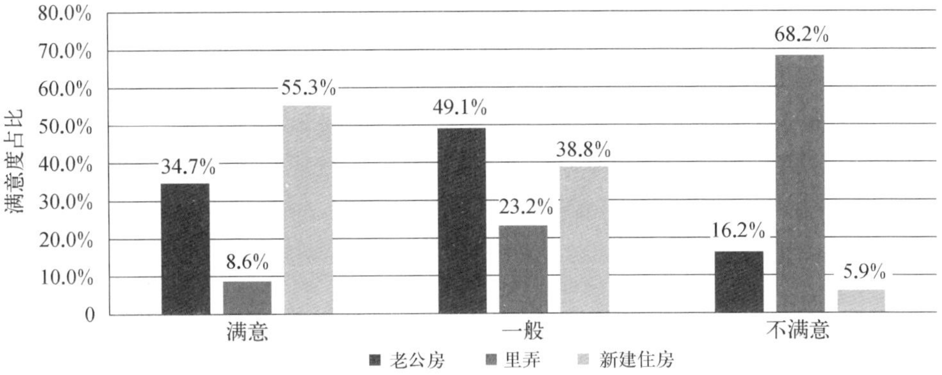

图6－16　各类住区居住满意度的分布统计

资料来源：根据调研数据整理绘制

面对居民人口年龄结构的变化，城市规划需要及时做出应对，为社区和居家养老提供有力的空间支持①。居住满意度作为衡量老年人生活质量的重要指标，对实现老年宜居环境的建设目标具有重要意义。以居住密度、区位和住房类型为解释变量开展的分析表明，城市居住空间的宏观特征对老年人的居住满意度存在影响，且变量之间具有一定的调节关系。结合既往从住区环境和住宅内部得到的研究发现，居住满意度的影响因素较为综合，并非单一层面、单一因素作用下的简单结果。

① 2017年2月，国务院在《“十三五”国家老龄事业发展和养老体系建设规划》中明确提出发展以居家为基础、社区为依托、机构为补充的养老服务体系，强调了社区居家养老的基础性作用。

三、社区居住环境的居住满意度调查

针对社区老年居民开展满意度调查，便于了解老年人对具体居住环境的使用体验与改善意愿，从而为推进环境适老化改造工作提供决策依据。针对不同社区开展居住满意度调查有利于认识社区居住环境宜居水平的差异。有计划地选取具有代表性的社区类型和居民样本，也有助于概括了解某地居住环境的总体宜居水平。

本研究选择位于上海市三个郊区新城的6个商品房和保障房社区，开展了居住环境老年宜居水平调研(表6-5)。调查员事先经过统一培训，能够对问卷的问题做出准确解释，并结合具体问题开展深度访谈。问卷发放的地点和抽样过程在当地街道和居委会的协助下完成。配额抽样的原则包括性别、年龄、健康状况以及入户调研比例。调研共计发放和回收448份问卷，其中有效问卷437份，合格问卷有效率为97.5%。

表6-5 案例社区的基本情况

区位	名称	住房类型	居住建筑高度	竣工时间	用地面积/公顷	总平面图
宝山区	B-1	保障性住房	小高层	2008年	5.6	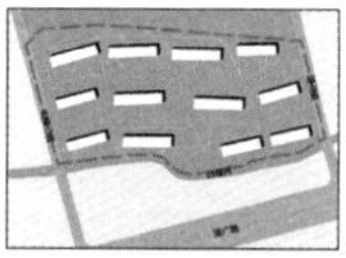
宝山区	B-2	商品房	多层 小高层	2007年	15.3	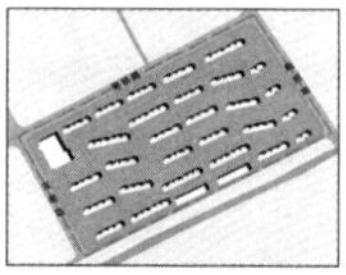
嘉定区	J-1	保障性住房	小高层 高层	2011年	16.8	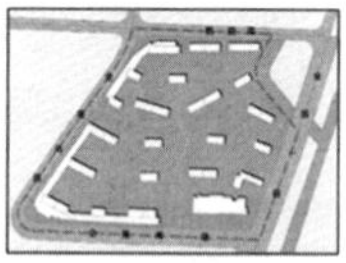
嘉定区	J-2	商品房	多层	2008年	9.0	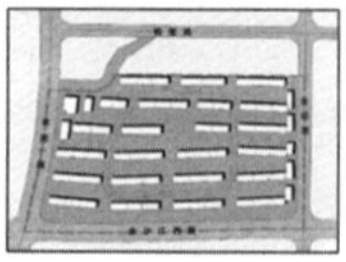
松江区	S-1	保障性住房	多层 小高层 高层	2009年	22.5	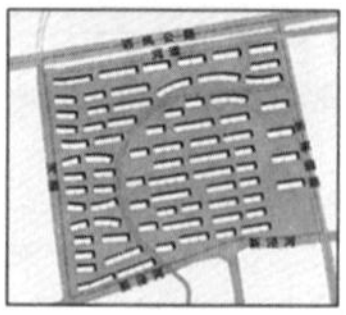

续　表

区　位	名　称	住房类型	居住建筑高度	竣工时间	用地面积/公顷	总 平 面 图
松江区	S－2	商品房	多层 小高层	2005 年	12.9	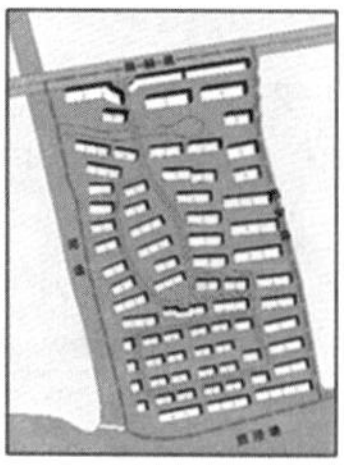

资料来源：根据各居委会提供资料和相关规划资料整理绘制

调研问卷包括五部分内容：① 老年人的个人基本信息；② 居家环境的老年宜居性；③ 社区居住环境的老年宜居性；④ 社区养老服务设施使用情况；⑤ 社区养老服务需求调查。以下重点就其中第三部分"社区居住环境"的调研结果做简要介绍。

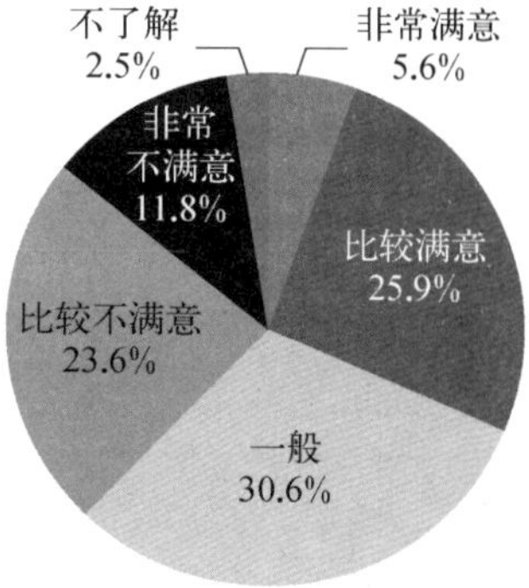

图 6－17　社区活动场地和健身设施满意度评价

资料来源：根据调研数据统计绘制

社区环境普遍存在活动场地不足、可达性较差等问题。31.5%的老年人对活动活动场地和健身设施表示满意，30.6%的老年人认为一般（图 6－17）。根据观察，作为新建住宅区，6 个社区都配备有户外健身器材，但调查发现 49.3%的老年人从不使用，32.6%的老人偶尔使用，经常使用健身器材的老年人只占样本总数的 18.1%。进一步的访谈得知，健身器材设施低效使用的原因一方面在于设置地点与形式存在不便，另一方面也由于维护、保养不及时，导致器材损坏，存在安全隐患。

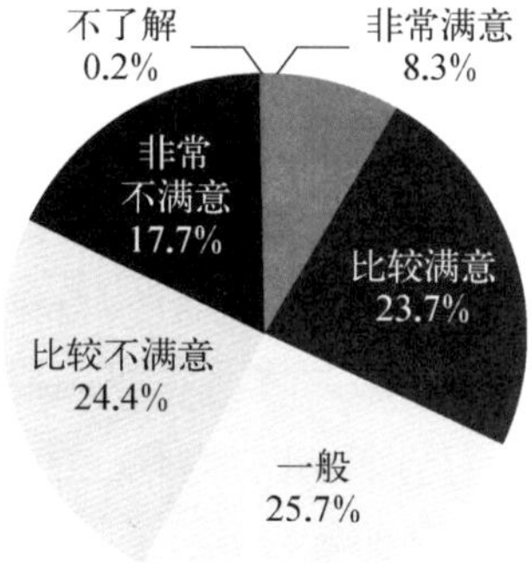

图 6－18　绿地清洁卫生满意度评价

资料来源：根据调研数据统计绘制

社区绿化环境的品质有待提高。以乔、灌、花为主的绿化栽植多用于观赏或作为隔离手段，难以支持进入式活动。部分住宅区的绿地存在安全隐患，如影响步行、易绊倒等。少数绿地被占用，作为堆放物品、晾晒衣物等的场地，不仅减少了绿地的可用面积，还造成环境的混乱。在对绿化环境的整洁满意度评价中，42.1%的老年人选择"不满意"，25.7%老年人选择"一般"，只有 31.0%左右的老人选择"满意"（图 6－18）。邻近河流水体的区域出于安保原因多采用栏杆或绿化加以隔离，不仅无法亲近水体，也由于疏于管理导致景观质量下降，难以作为休憩散步的场所。S－2社区的老人反映水体旁既无连续、舒适的步行散步道，也没有可供小憩的休息座椅。

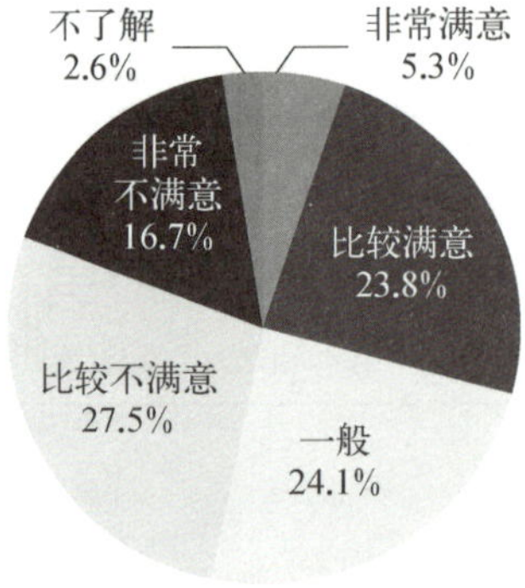

图6－19　道路交通满意度评价

资料来源：根据调研数据统计绘制

道路交通环境的安全性有待提高。调查发现，27.5%的老年人对于社区内道路交通环境比较不满意，24.1%的老年人评价一般，16.7%的老年人则表示非常不满意（图6－19）。安全性与舒适度差、活动空间被占用是老年人对道路交通环境满意度低的主要原因。如S－1社区存在步行系统连续性和舒适性不足的问题，而B－1社区因机动车辆地面停放导致路面拥挤，甚至占用社区广场，使本来面积不足的活动场地更加难以满足老年人的活动需求（图6－20）。另外，部分社区尽管设有地下停车场，但由于收费、管理和空间不足等原因，也存在大量机动车占用路面和广场的情况。

S－1社区不连续的步行路　　B－1社区车辆停放占用活动空间

图6－20　道路交通方面存在的主要问题

资料来源：余国辉拍摄，2012

户外环境设施不足。第一，户外环境的休憩座椅缺乏、舒适性不高。例如，以石材为主的座椅尽管更加牢固，但冬天使用的舒适性较差（图6－21）；多数座椅无靠背，老年人使用不便；另外，上海的酷暑和雨季均较长，休憩设施若不考虑遮阳避雨措施，在很长的时间里都难以正常使用。第二，老年人由于生理机能退化，在户外活动时存在就近使用卫生间的需要，而目前住宅区里很少对配置公共卫生间有充分的考虑。第三，老年人的视力水平下降，充足的人工照明是老年人晚间户外活动的重要保障。出于对夜间活动安全性的顾虑，不少老年人主动选择减少晚间活动的时间和频次。

图 6－21　无靠背的户外石凳

资料来源：余国辉拍摄，2012

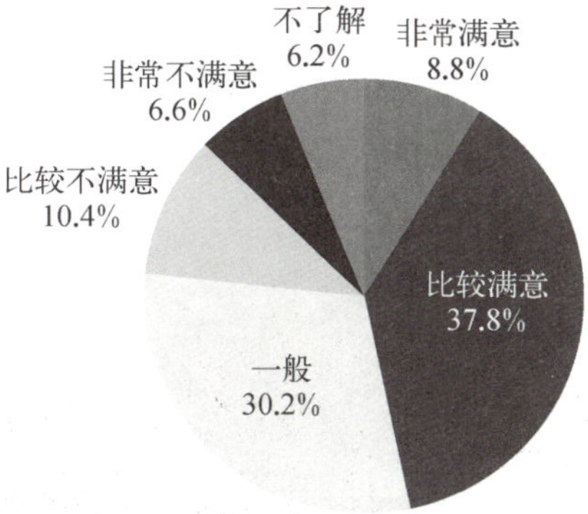

图 6－22　无障碍环境满意度评价

资料来源：根据调研数据统计绘制

无障碍设计在新建住宅区中得到了普遍的应用。目前存在的问题是，无障碍坡道、安全护手等的设置得到了一定的重视，但无障碍设施的系统性和连贯性仍存在不足，老年人不满意的比例达 17.0%（图 6－22）。如 S－1 社区，多层住宅出入口未设置无障碍坡道，只有小高层住宅设置了坡道和扶手。住区步行环境中，多处出现高差但未设置坡道（图 6－23）。

单元入口的台阶和杂物构成安全隐患　　步行系统缺乏连贯的无障碍设计

图 6－23　无障碍环境方面存在的问题

资料来源：余国辉摄，2012

住宅区物理环境的舒适性缺乏考虑。老年人对户外空间的声、光、风等物理环境较为敏感，不舒适的户外环境容易诱发疾病。调查所见，社区户外活动场地的布局、健身设施的布点，缺乏对物理环境舒适性的考虑。如 S－2 社区的中央活动广场，缺少遮阴和座椅等必要设施，在烈日暴晒下难以使用。广场上设置的高差缺乏标识、照明提示，容易导致跌倒事故（图 6－24）。

尽管上海是较早进入老龄化社会的城市，本次调研结果表明其居住空间环境的适老化基础仍较为薄弱，亟待加以改善。面对人口老龄化程度逐步加深、居民养老需求日益迫切和居住环境适老化水平滞后的多重挑战，有步骤、有计划地改善普通居住环境的老年宜居水平已成为中国城市亟待解决的问题。

健身活动场地周边缺乏遮阴和休息设施

S-2社区广场缺乏安全性和舒适性

图 6-24　环境舒适度方面存在的问题

资料来源：余国辉拍摄，2012

第七章
老年宜居环境的规划与设计

老年人的各项机能随着年龄的增长而逐步退化，活动空间不断缩小，对居住环境和社区服务的依赖日益增强。这与目前各地普遍存在的环境适老化基础薄弱、技术政策发展滞后等现状形成了鲜明的对比。当前，我国城乡人居环境普遍缺乏应对人口老龄化挑战的系统部署和相应举措，老年人出行、居住、休闲等各类活动空间的适老化水平均有待提高。本章结合国际经验和我国的现实基础，分别从城市、社区和住宅三个层次介绍老年宜居环境的规划要点和技术内容，探讨兼顾标准化和差异化建设的发展思路，旨在科学引导老年宜居环境的规划建设，为实施应用和监督管理提供决策依据。

第一节
我国老年宜居环境的建设基础

一、物质空间基础

为适应人口结构的变化，城市规划应有计划地引导道路交通、公共空间和居住环境等采取适老化举措，逐步提高建成环境的老年宜居水平，促进健康行为、人际交往和老年人的社会参与。由于长期以来缺乏重视，我国城乡居住环境对老年人的支持性建设欠账较多，在安全性、健康性、便利性和舒适性等方面的建设基础均显薄弱，亟待在空间环境和设施配置等方面为支持、辅助和服务老年人做出相应的安排。

城市的空间布局和建成环境需要为日益庞大的老年人群体提供友好的出行、居住和休闲娱乐空间，缓解目前因资源匮乏导致的供需矛盾。城市交通方面，尽管不少城市已针对老年人推行了公共交通的优待政策，但对站点覆盖、路线规划、交通工具的无障碍设计等方面仍存在明显不足。城市道路的尺度、界面，步行环境的连续性和老年友好程度等方面也有待改善。

一项针对北京市老年人出行情况的调查发现，老年人日常出行主要为了体育锻炼和购物，出行方式以步行为主，出行距离多为 1~2 千米，范围集中于家附近（夏晓敬等，2013）。可见，社区建成环境是老年人日常活动的主要场所。

根据 2015 年第四次全国城乡老年人生活状况抽样调查统计结果，老年人对社区环境适老化水平的评价不高。其中，对公共卫生间的满意度占样本总数的 23.6%，对健身场所的满意度为 40.1%，对环境绿化的满意度为 52.2%，对交通状况的满意度为 60.4%，对治安环境的满意度为 61.6%（党俊武，2018）（图 7－1）。有 16.1%的老年人在过去一年内发生过跌倒，发生跌倒的主要地点依次是道路、院子和居室（中国老龄科学研究中心，2016）。适老性不足的居住环境已成为威胁老年人安全的重要因素。

老年人对住房的满意度整体上偏低。其中，城镇老年人的满意度为 50.7%，农村老年人为 43.8%。从 2006 年到 2015 年的 10 年间，尽管我国整体居住环境质量不断提高，但老年人的住房满意度并无明显改善（图 7－2）。进一步分析表明，住房建成时间越早，基础生活设施[①]缺乏的情况越严重。其中，1949 年以前建成的房

① 住房基础生活设施包括自来水、煤气或天然气、暖气、卫生间、洗浴设施等。

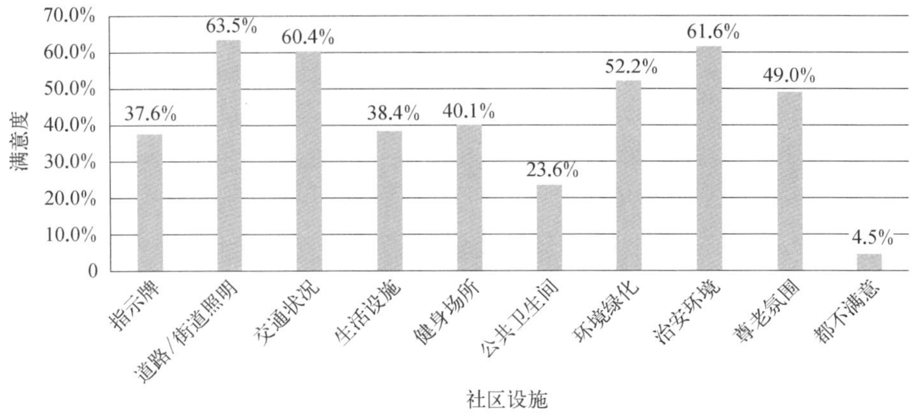

图 7－1　城乡老年人对环境设施的满意状况

资料来源：根据党俊武(2018)内容整理绘制

屋基础生活设施缺乏率为 26.0%，20 世纪 50 年代和 60 年代建成的房屋基础生活设施缺乏率为 33.3%。20 世纪 70 年代和 80 年代建成房屋的服务基础生活设施缺乏率为 19.3%(党俊武，2018)，老旧住宅的适老化改造迫在眉睫。尽管较晚建成的住房在基础生活设施配套标准方面普遍优于早期的住房，然而由于在适老化居住环境设计领域尚未形成基本共识与相应的法规基础，居住环境的老年宜居水平亦不尽人意(于一凡等，2017d)。其中，城市老年人对住房适老化改造呼声最为强烈的是安装呼叫/报警设施(37.6%)，其次为安装安全扶手(20.6%)，再次为改善室内照明环境(18.0%)(党俊武，2018)(图 7－3)。

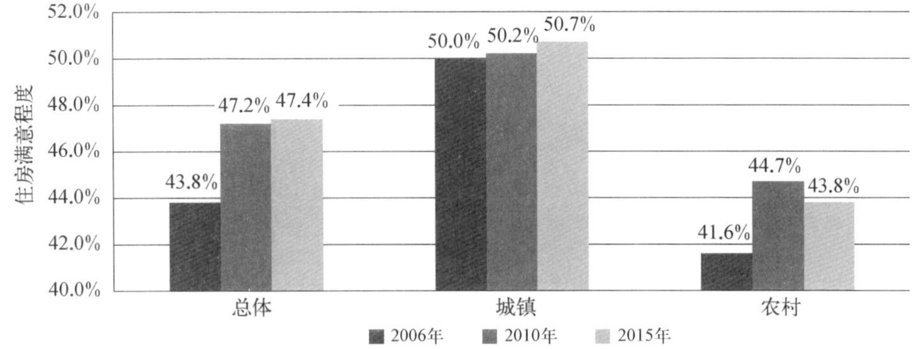

图 7－2　2006~2015 年中国老年人住房满意度的变化

资料来源：根据党俊武(2018)内容整理绘制

从居住满意度的分布情况来看，年龄越大、经济条件越差、身体健康状况越差的老人以及独居老人对当前居住条件的满意度越低。这也与老年人个体机能退化导致对环境的需求度提高的判断相符(图 7－4)。

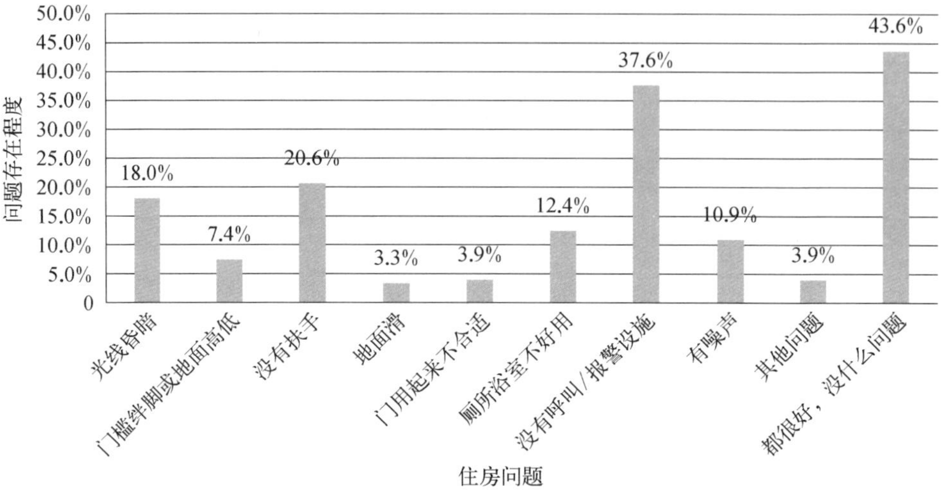

图7－3　城市老年人报告住房问题的情况

资料来源：根据党俊武（2018）内容整理绘制

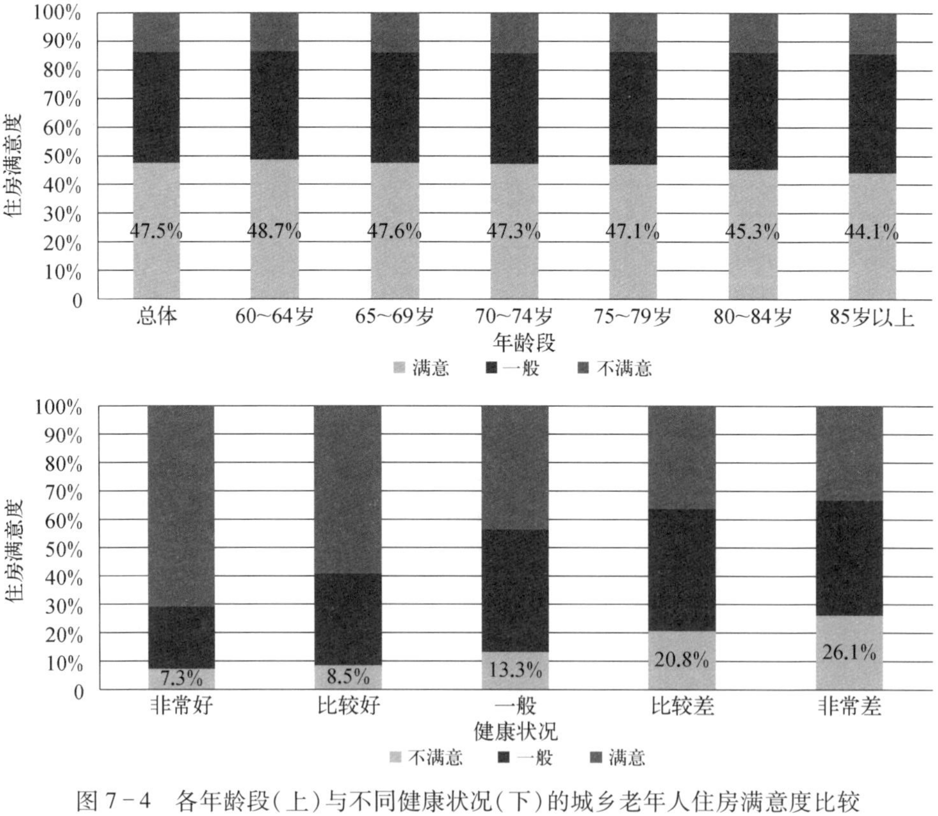

图7－4　各年龄段（上）与不同健康状况（下）的城乡老年人住房满意度比较

资料来源：根据党俊武（2018）内容整理绘制

部分较早进入老龄化社会的城市社区适老化改造起步较早。以上海为例，老年学校的比例从 1998 年的 56.1%增加到 2013 年的 73.7%；社区文化中心的配置比例从 2003 年的 50.4%增加到 2013 年 81.5%。在上海，社区健身苑和健身点基本普及；近年来社区日间照护中心、托老所等设施的配置比例逐年上升，为推进社区居家养老提供了有力的支撑。

二、政策法规基础

一套科学、完善的技术标准体系是开展老年宜居环境建设的重要前提和保障。技术标准是指重复性的技术事项在一定范围内的统一规定。它经协商一致并由公认机构审查批准，以科学技术和实践经验的综合成果为基础，以满足社会和个人的养老服务需求为核心，以促进最佳社会效益、经济效益、环境效益为目的。

《中华人民共和国老年人权益保障法》是我国保障老年人合法权益、发展老年事业的基本法。2012 年修订的《老年人权益保障法》针对城市养老服务设施和工程建设标准体系的建设提出了原则性要求。这一年是中国全面进入老龄化社会的第十二个年头①，全国 60 岁及以上的老年人口规模已逼近 2 亿，部分较早步入老龄化社会的地区在老年宜居环境方面面对的挑战已相当严峻。

建立和健全老年宜居环境领域相关法规与技术标准体系是我国老龄事业健康发展的重要基础。本节针对国家和地方层面相关法规、技术标准和政策文件进行梳理和分析，发现目前我国相关法规和技术标准体系的建设严重滞后于增长的需求和实践的探索，尚不足以为老年宜居环境健康发展提供引导和支撑。

1. 国家政策法规

《中华人民共和国老年人权益保障法》是为保障老年人合法权益，发展老年事业而制定的法律。2012 年，老年宜居环境建设内容首次出现在经修订颁布的《老年人权益保障法》中，针对城市建设中的公共服务设施、工程建设标准体系、城市环境无障碍建设、老年宜居社区建设四个方面，明确提出了老年宜居环境建设的责任主体和建设原则（表 7－1）。这一年比全国进入老龄化社会迟了 12 年。部分较早步入老龄化社会的中国城市在居住环境方面出现的适老化矛盾已相当尖锐，如老年人的住房困难、居住条件恶劣、出行困难、养老机构缺乏等。

---

① 根据 2000 年的第五次人口普查，我国 60 岁及以上人口达 1.3 亿人，占总人口 10.2%。根据联合国标准，中国进入了老龄化社会。

表 7-1　老年宜居环境的建设要求

老年宜居环境建设	责任主体	建　设　原　则
公共服务设施	各级政府	各级人民政府在制定城乡规划时，应当根据人口老龄化发展趋势、老年人口分布和老年人的特点，统筹考虑适合老年人的公共基础设施、生活服务设施、医疗卫生设施和文化体育设施建设
工程建设标准体系	国家	国家制定和完善涉及老年人的工程建设标准体系，在规划、设计、施工、监理、验收、运行、维护、管理等环节加强相关标准的实施与监督
无障碍施工建设	国家、各级政府、有关部门、相关人员	国家制定无障碍设施工程建设标准。新建、改建和扩建道路、公共交通设施、建筑物、居住区等，应当符合国家无障碍设施工程建设标准。各级人民政府和有关部门应当按照国家无障碍设施工程建设标准，优先推进与老年人日常生活密切相关的公共服务设施的改造。无障碍设施的所有人和管理人应当保障无障碍设施正常使用
老年宜居社区建设	国家	引导、支持老年宜居住宅的开发，推动和扶持老年人家庭无障碍设施的改造，为老年人创造无障碍居住环境

资料来源：根据《老年人权益保障法》(2012 年修订)整理绘制

2013 年以来，养老问题得到了国家和地方的普遍重视。《国务院关于加快发展养老服务业的若干意见》(国发〔2013〕35 号)、《住房城乡建设部等部门关于加强养老服务设施规划建设工作的通知》(建标〔2014〕23 号)等文件明确要求建立“以居家为基础、社区为依托、机构为支撑的，功能完善、规模适度、覆盖城乡的养老服务体系”。为此，住房和城乡建设部于 2013 年专门将“涉老设施规划建设标准关键技术和标准体系研究”列为标准研究课题，着手对我国养老服务设施相关的技术标准进行梳理、修订和补充，以期形成相对完整的技术标准体系，规范并指导各类养老服务设施和居住环境的规划建设。从具体行动上看，2010 年以来，北京、上海、广州、成都、杭州等多地先后编制了“城市养老设施专项规划”，民政、医疗卫生和规划管理部门积极联动，推进管理机制创新，关注社区平台上养老服务的有效整合。

事实上，我国与改善城市住宅区环境适老性能相关的措施较早出现于 20 世纪 80 年代，包含在以残疾人为主要服务对象的城市道路和公共建筑的无障碍化建设之中。随着老龄化问题逐步得到重视，1999 年后诞生了一批关于老年人居住建筑和养老机构的设计标准，机构型养老设施的建设水平得到明显改善，但仍缺少面向普通住区适老化建设的技术标准。从表 7-2 所列出的部门规章和技术标准体系中不难看出，现有国家和地方有关老年人居住环境的技术规范与建设标准主要关注养老院、敬老院和福利院等特殊老年建筑，对居家养老政策主导下大众性养老基地建设的技术准备不足。这不仅导致存在大量适老化改造需求的既有住区更新改造工作无法得到有效指导，也难以为新建居住环境的规划建设提供技术支持。

表 7－2　国家层面现行相关法律法规与技术标准

名　　称	施行年份	批准单位	实　施　对　象
中华人民共和国宪法	1982	全国人大	老年公民的基本社会权益
中华人民共和国老年人权益保障法	1996 年颁布 2012 年修订 2015 年修正 2018 年修正	全国人大常委会	公共服务设施、工程建设标准体系、城市环境无障碍建设、老年宜居社区建设
老年人社会福利机构基本规范（MZ 008—2001）	2001	民政部	为老年人提供养护、康复、托管等服务的社会福利服务机构
城市公共设施规划规范（GB 50442—2008）	2008	建设部	城市公共设施，老年人设施作为社会福利设施的一种参与用地规定
城镇老年综合福利机构设施建设指导意见（试行）	2009	民政部	城镇老年综合福利机构设施
敬老院设施建设指导意见（试行）	2009	民政部	敬老院
荣誉军人养老服务机构设施建设指导意见（试行）	2009	民政部	荣誉军人养老服务机构
社区老年人日间照料中心建设标准（建标 143—2010）	2011	住建部、发改委	居家养老服务设施
老年养护院建设标准（建标 144—2010）	2011	住建部、发改委	老年养护院
无障碍设计规范（GB 50763—2012）	2012	住建部	无障碍设施
养老机构基本标准（GB/T 29353—2012）	2013	民政部	全日制养老机构，不含社区日间照料或托老服务机构
养老机构医务室基本标准、养老机构护理站基本标准（试行）	2014	国家计生委办公厅	养老机构中的医疗设施
城市居住区规划设计标准（GB 50180—2018）	2018	住建部	城市居住区的规划设计
建筑设计防火规范（GB 50016—2014）	2018 年修订版	住建部	床位总数（可容纳老年人总数）大于或等于 20 床（人），为老年人提供集中照料服务的公共建筑，包括老年人全日照料设施和老年人日间照料设施； 其他专供老年人使用的、非集中照料的设施或场所，如老年大学、老年人活动中心等不属于老年人照料设施
老年人照料设施建筑设计标准（JGJ 450—2018）	2018	住建部	新建、改建和扩建的设计总床位数或老年人总数不少于 20 床（人）的老年人照料设施建筑设计
城乡养老设施规划标准①（征求意见稿）	2018	住建部	为城乡老年人提供生活照料、医疗保健、文化娱乐、学习教育等方面综合或专项服务的公共服务设施

注：GB 为国家强制性国家标准，GB/T 为国家非强制推荐标准，GBJ 为国家建筑类强制标准，JGJ 为建筑工程技术规范，JGJ/T 为推荐类建筑工程技术规范，JG/T 为建筑工程类推荐标准，MZ 为民政行业标准。

资料来源：根据现行相关规范标准内容整理绘制

① 原名：城镇老年人设施规划规范（GB 50437—2007）。

在我国，与老年人居住环境相关的技术标准主要包括居住区规划、养老设施规划、老年人建筑设计及无障碍设计四类内容（表7－3）。2018年发布的《城市居住区规划设计标准》（GB 50180—2018）面向居住区规划设计，从各级生活圈的用地、建筑、配套设施、道路、环境等方面，提出为老年人的生活和社会活动提供便利的设施和场所。老年人建筑设计与设施规划方面的规范面向供老年居民集中居住的建筑，在规划设计和建设标准上提出了较高的专业要求，对于一般住宅和普通住宅区具有参考价值。无障碍设计面向道路的无障碍设计和残疾人生活与工作的场所，经过十余年的推进，成为目前老人日常生活和出行环境的重要安全性保障。

表7－3　现行涉及老年居住环境的国家主要技术标准

类别	无障碍设计	老年人建筑设计	居住区规划	养老设施规划
规范内容	无障碍设计规范（GB 50763—2012）	老年人照料设施建筑设计标准（JGJ 450—2018）	城市居住区规划设计标准（GB 50180—2018）	城乡养老设施规划标准（征求意见稿）
批准部门	住建部	住建部	住建部	住建部
性质	国家标准	行业标准	国家标准	国家标准
施行时间	2012.09	2018.10	2018.12	2018.10 发布征求意见稿
适用对象	全国城市新建、改建和扩建的城市道路、城市广场、城市绿地、居住区、居住建筑、公共建筑及历史文物保护建筑等	新建、改建和扩建的设计总床位数或老年人总数不少于20床（人）的老年人照料设施建筑设计	城市居住区的规划设计	为城乡老年人提供生活照料、医疗保健、文化娱乐、学习教育等方面综合或专项服务的公共服务设施

资料来源：根据现行相关规范标准内容整理绘制

2015年修正的《老年人权益保障法》第60条规定："国家采取措施，推进宜居环境建设，为老年人提供安全、便利和舒适的环境。"第61条要求"各级人民政府在制定城乡规划时，应当根据人口老龄化发展趋势、老年人口分布和老年人的特点，统筹考虑适合老年人的公共基础设施、生活服务设施、医疗卫生设施和文化体育设施建设。"第64条规定："国家推动老年宜居社区建设，引导、支持老年宜居住宅的开发，推动和扶持老年人家庭无障碍设施的改造，为老年人创造无障碍居住环境。"上述规定奠定了老年宜居环境建设的法律地位，明确了老年宜居环境的建设目标，成为"十三五"期间中央和各地政府的重要工作内容。"十三五"国家老龄事业发展和养老体系建设规划提出了严格执行无障碍环境建设相关法律法规，完善涉老工程建设标准规范体系，在规划、设计、施工、监理、验收、运行、维护、管理等环节加强相关标准的实施与监督（国务院，2017）的建设目标。

2016年10月12日，由全国老龄办、国家发改委、国土资源部、住建部等25个部委共同制定的《关于推进老年宜居环境建设的指导意见》(全国老龄办发〔2016〕73号)(简称《指导意见》)发布,成为我国制定的第一个关于老年宜居环境建设的指导性文件。《指导意见》要求在经济社会发展中,综合考虑人口老龄化的影响,将老年宜居环境建设纳入国民经济和社会发展规划、城乡规划及相关专项规划。提出了适老居住环境、适老出行环境、适老健康支持环境、适老生活服务环境、敬老社会文化环境5大老年宜居环境建设板块,以及17个子项重点建设任务,并提出了安全性、可及性、整体性、便利性、包容性的要求。

《指导意见》所明确的老年宜居环境的四个建设目标,为我国城乡老年宜居环境的建设指明了方向。

1）老年宜居环境理念普遍树立,老年群体的特征和需求得到充分考虑,形成人人关注、全民参与老年宜居环境建设的良好社会氛围。

2）老年人保持健康、活力、独立的软硬件环境不断优化,适宜老年人的居住环境、安全保障、社区支持、家庭氛围、人文环境持续改善。

3）老年人融入社会、参与社会的障碍不断消除,老年人信息交流、尊重与包容、自我价值实现的有利环境逐渐形成。

4）各地普遍开展老年宜居环境建设工作,形成一批各具特色的老年友好城市、老年宜居社区。

2. 地方技术政策

2016年,结合住建部规划司委托同济大学开展的全国养老服务设施建设情况调查专题,本团队在全国不同老龄化发展阶段、不同地理区位、不同社会经济发展水平的区域选择了12个具有代表性的省、直辖市①,从1998年以来各地发布的相关技术文件中筛选得到了66份相关技术政策和法规样本。样本包括地方政府发布的具有法律效力的技术文件,如地方标准、规范和技术法规;也包括政府发布的技术文件,虽然不具有法律效力,但在具体的规划建设与管理工作中发挥着指导作用。

纵观这66份样本,法定文件的占比明显偏低,仅为22.7%,而政府文件则占总数的77.3%。这一现象背后可能存在两个原因:一是部分省市尚未意识到针对多样化的养老服务需求应及时做出土地、规划和建设等方面的部署;二是关于如何优化配置养老服务设施尚无成熟经验,处于摸索阶段的技术引导措施有待实践的充分检验。

从文件发布数量看,2014年以后各地颁布的相关法规数量大幅增加。仅2016年便新增21份技术文件(图7－5)。从样本总体情况来看,2014～2016年发布文件数量占总数的78.9%,说明各地对养老服务设施的技术规定起步较晚,而随着人

① 包括65岁及以上老年人口比例高于12%的江苏、上海(东部),四川(西部);65岁及以上老年人口比例在10%～12%的北京、天津、河北、安徽、浙江(中东部);65岁及以上老年人口比例在8%～10%的河南、福建(中东部),甘肃(西部);65岁及以上老年人口比例低于8%的青海(西部)。

口老龄化的发展，相关内容在规划和建设中正在引起各级政府的重视。值得关注的是，2013 年《国务院关于加快发展养老服务业的若干意见》（国发〔2013〕35 号）对养老服务业的激活作用直接表现为各地养老服务设施建设的蓬勃发展，促使各地方政府不得不在技术规范和管理方面做出应对。国家层面的政策导向对地方政策与技术标准的推动作用不可小觑。

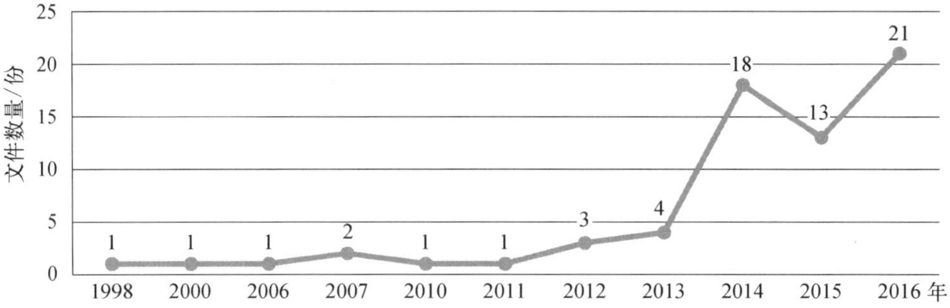

图 7－5　技术文件颁布的时间与数量分布

在各地目前颁布的技术文件中，绝大部分系针对养老机构的规定，其中尤以新建机构的技术规定为主。然而，由于土地增量受到严格限制，未来城市公共服务设施的完善与环境品质的提升将更多地依托城市更新改造，人口结构老龄化产生的大量养老服务需求则更多地需要通过普通建成环境的优化得以满足，出台相关规划和技术标准势在必行。

从最新出台的文件来看，由于空间资源紧缺，北京、上海等大城市已着手安排利用既有资源进行适老化改造。譬如，北京市在《关于贯彻落实〈北京市居家养老服务条例〉的实施意见》（京政办发〔2016〕48 号）中提出，对住宅建筑、生活服务设施、公共活动场地等进行适老化设计和改造试点，鼓励社会力量按照标准规范开展适老化社区建设，同时引导和支持家庭对老年人居家设施进行改造。上海市在《上海市老龄事业发展“十三五”规划》、《老年友好城市建设导则》（DB31/T 883—2015）、《关于推进老年宜居社区建设试点的指导意见》（沪老龄办发〔2014〕10 号）中也提出了适老化环境改造的相关指导要求。

3. 问题总结与建议

上述研究表明，目前我国老年宜居环境的相关法规和技术标准体系建设滞后于实践的探索，难以满足日益增长的大量城乡养老需求。从国家到地方，建立健全老年宜居环境的法规与技术标准体系是值得高度重视的基础工作。

（1）强化体系化建设

科学、合理的技术标准体系是全面推进老年宜居环境建设实践的重要基础。

国家有关部门应率先开展基本技术体系构建的工作，明确与我国主要养老模式匹配的专业术语内涵，指导养老服务设施规划与老年宜居环境建设工作的有序开展。以现有相关技术标准为基础，结合我国国情和国际先进经验，及时补充、完善缺失内容，构建兼顾城市和乡村的技术标准框架体系。各地技术标准体系的建设应在国家政策的指导下，充分结合地方的实际问题和需求，强化技术标准的系统性和规范性。

（2）关注系统间的协调与衔接

现阶段，不同部门和地区对于养老服务设施的名称、类型划分缺少明确和统一的规定，难以与主要养老模式匹配，存在概念和内容交叉、混淆，不利于养老服务业的健康发展，亟待从国家层面上予以引导。

规划与建设部门在开展相关技术标准体系建设时，应确保与其他部门的相关标准衔接，保持不同部门发布的标准在技术内容方面的一致性。迄今，国家发改委、民政部、国家卫健委、国家老龄委、住建部等部门均着手制定或修订了相关核心标准，如《养老机构等级划分与评定》（征求意见稿）、《老年人能力评估》（MZ/T 39—2013）、《城市居住区规划设计标准》（GB 50180—2018）、《养老机构基本规范》（GB/T 9353—2012）、《老年人照料设施建筑设计标准》（JGJ 50—2018）等，为规划和建设标准体系的完善提供了依据。根据《国务院关于印发深化标准化工作改革方案的通知》（国发〔2015〕13 号），市场自主制定的团体标准将得到迅速发展，来自协会、学会、商会、联合会的标准将成为推动技术进步的重要力量，愈发需要有关部门对相关术语、分类、关键指标等内容进行协调，整合相关标准对同一内容的要求，以便后续建设和管理工作的有序开展。

（3）完善技术体系

现行相关技术标准多面向新建养老设施，缺乏针对改建、扩建养老机构的技术规定。随着人口结构老龄化程度的加深，对养老服务设施的大量需求显然无法仅依靠新建设施提供，亟待完善针对改建、扩建养老服务设施的规划引导和技术标准。

此外，既有技术标准多针对专业化机构养老服务设施，对社区居家养老服务设施缺少系统规定。作为我国未来的主要养老服务输出的平台，社区居家养老设施应基于现行的《城市居住区规划设计标准》（GB 50180—2018）、《城市用地分类与规划建设用地标准》（GB 50137—2011）、《城市公共设施规划规范》（GB 50442—2008）等国家规范和标准，尽快形成专项标准。

（4）提高开放性和适应性

人口老龄化的形势是不断发展的，不同时代的老年人对养老服务的需求也随着经济、社会的发展而不断发生变化，老年宜居环境的建设在不同的阶段、不同的基础条件背景下也必然面临发展的挑战。这就要求养老服务技术标准体系具有一定的开放性和较强的适应性,要求规划建设部门既具有科学研究的前瞻视野,又重视实施评估与反馈信息的收集,根据不同发展阶段和养老需求结构的变化,不断完善老年宜居环境的技术体系。

第二节 老年宜居环境的规划与设计

不同尺度建成环境的空间要素,以及要素之间的关联机制不尽相同,其对应的规划与管理手段也有所不同。空间层次是整体把握规划设计对象并加以条理化的重要工具。老年宜居环境的规划设计对象可分为城市—社区—住宅三个层次,以下分别结合各个层次的空间要素对规划设计的要点加以梳理。全生命周期理论(life cycle)的认识是老年宜居环境建设的重要基础,除专业化养老服务设施以外,规划设计应遵守代际和谐共享的原则,在为老年居民提供支持和便利的同时,避免为其他年龄阶段居民带来障碍或不便。

一、老年友好城市

建设老年友好城市是老龄化国家和地区的共同选择。较早进入老龄化社会的发达国家,如英国、美国、日本、澳大利亚等,均围绕世界卫生组织《全球老年友好城市建设指南》提出的8个方面内容构建了适合自身发展条件的老年友好城市建设框架(世界卫生组织,2007)。

1)住房:老年友好城市应为老年人生活的社区和住房提供必要支持,包括充足、可支付的房屋资源和配套服务,合理的功能与坚固的建筑结构等。住房的布局采用适宜的密度以保证老年人的日常生活质量,社区空间结构有助于促进老年人积极参与社会交往。

2)交通:城市交通方便快捷,各种服务价格合理,线路标记清楚,交通工具便利。公共交通站点位布局合理,环境安全整洁,信息及时。城市道路系统合理,设施齐全,安全舒适,无论是驾车还是行走都感到方便和安全。

3)户外空间与建筑:居住环境的规模适宜,不过度拥挤。环境整洁,绿地充足且便于使用。户外环境安全、舒适,为老年人提供充足的休息设施和可及性高的服务。步行空间安全、无障碍。无障碍坡道充足、完善,环境设施舒适、安全。

4）社区支持与卫生健康服务：提供充分的卫生保健和养老服务，促进、维护和帮助老年人恢复健康。医疗卫生和养老服务设施布局合理，功能完善，可达性高。为自理能力减弱的老年人提供必要的支持，为居家养老的老年人提供健康和照料服务。关注为老年人提供的医疗保健和社会服务。社区制订应急预案，支持和鼓励所有年龄层次的居民开展志愿服务。

5）交流信息：系统、有效的公共信息传播是老年友好城市的重要内容，一个健全、有效的交流体系应涉及社区所有年龄阶段的居民。应避免老年人因缺乏信息交流而被边缘化，同时也要避免信息过于杂乱造成的混乱和阻碍。促进老年人积极参与社区活动，帮助他们在活动中及时得到有效的信息服务，鼓励社会组织为老年人提供信息服务。书面信息交流的界面友好，适应老年人的操作和阅读特点。

6）公众参与及就业：努力消除对老年人的歧视，为老年人提供继续工作的机会，包括有偿和无偿的工作。针对老年人开展职业培训并为他们提供就业的机会，帮助老年人体现自身的价值。

7）尊老与社会包容：尊老、敬老文化通过社会性因素得以呈现。老年人的感受一方面来自所获得的支持与服务，另一方面也来自日常生活体验，需要社会予以包容和支持。老年友好城市应通过代际互动和公众教育帮助大众建立尊重长者的意识，同时鼓励老年人积极参与社区互助、志愿者服务。

8）社会参与：维持老年人的社会参与是其获得社会支持、保持良好状态的关键。社会参与包括正式与非正式社会活动，既取决于活动的组织，也取决于活动的场所和支持设备。适应老年人的特点，社会活动应具有广泛性、多样性和可负担性。社区公共服务设施和公共空间应成为老年人融入社会的主要场所，促进不同背景、年龄和文化的人群之间的交流。

在上述 8 个方面中，住房、交通和户外空间与建筑 3 个主题直接反映了建成环境的适老化内容，其余 5 个主题均与养老服务需求密切相关，涉及各项公共服务设施的配置与布局。因此，本书提取住房、交通、建成环境、公共服务设施作为城市规划服务于老年宜居环境规划建设的 4 个主要方面。

为了进一步验证上述 4 个方面的概括性，本书选取 6 份具有代表性的老年友好城市指标体系进行比较分析（表 7－4）。它们分别是：美国纽约市的《老年友好的纽约》（*Age-friendly NYC*），美国波特兰市的《向老年友好的波特兰前进》（*Toward an Age-friendly Portland*），加拿大埃德蒙顿市的《老年友好的埃德蒙顿》（*Age-friendly Edmonton*），加拿大卡尔加里市的《长者的老年友好策略与实施规划》（*Seniors Age-friendly Strategy and Implementation Plan*），澳大利亚地方政府协会的《老年友好的建成环境》（*Age-friendly Built Environment*），以及世界卫生组织日本神户中心提出的《城市老年友好性的测度》(*Measuring the Age-friendliness of Cities*)。分析结果表明,上述老年友好城市指标体系均高度重视改善物质空间环境的老年宜居性,住房、交通、建成环境、公共服务设施4个方面是构成各个体系物质环境的核心内容。

表7-4 六份国际老年友好城市指标体系要点分析

国家	颁布机构	物质空间环境	社会环境
美国	纽约老龄事务部	• 住房 • 公共空间与交通	• 社区和公民参与 • 健康与社会服务
	波特兰州立大学	• 社区环境 • 住房 • 交通	—
加拿大	埃德蒙顿老年人协调委员会	• 健康服务 • 交通 • 住房 • 室外空间和建筑	• 社区支持服务 • 沟通与信息 • 社会和娱乐参与 • 尊重和社会包容 • 公民参与、志愿服务
	卡尔加里市议会	• 社区支持与健康 • 住房 • 预防和应对虐待老年人 • 交通和流动性	• 获取信息和服务 • 参与和包容
澳大利亚	澳大利亚地方政府协会	• 建成环境 • 创造安全的人行环境 • 年龄友好社区规划与设计 • 改善老年人出行的选择 • 娱乐设施、公园 • 住房选择	—
日本	WHO神户中心	• 居住区步行方便程度 • 方便实用的公共场所与建筑物 • 公共车辆与车站方便使用 • 住房可支付程度	• 对老年人的积极社会态度 • 参与志愿者活动 • 从事有偿工作 • 参与社会文化活动 • 参与地方决策 • 信息的可获取性 • 卫生和社会服务的可获取性 • 经济保障

资料来源:根据相关文献资料整理绘制

综合比较上述指标体系的具体条款后,我们进一步发现:① 住房方面位列前三位的指标分别是住房的可支付性、住宅类型的多样性和促进居家养老。此外,住房的安全性、无障碍设计等技术性内容也均有提及。② 交通方面的核心指标根据重要性由高到低依次为:友好的步行环境、公共交通的便捷性和交通设施的可达性。此外,对老年司机给予支持、公共空间的舒适性、交通方式的多样化、公共交通的可支付性等也有涉及。③ 各个体系在建成环境方面的指标构成高度一致，主要包括公共开放空间、环境设施和设备、环境无障碍设施、促进交往的场所等。④ 在服务设施方面，医疗护理设施的首位度凸显，其次是健身活动设施、文化活动设施、教育和商业设施。

我国老年友好城市的建设同样是在《全球老年友好城市建设指南》框架下开展的。上海市是参与起草《全球老年友好城市建设指南》的唯一中国城市，并于2015 年制定了上海市地方标准《老年友好城市建设导则》（DB 31/T883—2015）。在物质环境的建设方面，该导则提出建设老年友好城市的宗旨是在城市建设、规划和发展中，通过政策、管理和引导，以积极的姿态，发掘老年人和城市的潜能。在社会环境层面则强调通过社会服务、场所和设施支持，社区、企业、社会组织以及家庭和个人的参与，为老年人提供适宜的公共社会资源和人文环境。营造全社会尊重包容老年人的氛围，促进老年人全面融入社会，让老年人有更好的自主生活和社会参与机会，享有健康和尊严的老年生活。以《全球老年友好城市建设指南》为基础，上海《老年友好城市建设导则》（DB31/T883—2015）的框架就以下 8 个方面提出了发展要求。

1）户外环境和设施：为老年人提供安全、便利和舒适的户外空间和公共环境，以保持其健康活力。

2）公共交通和出行：提供运行安全、便利快捷、环境适宜、服务周到和信息明确的公共交通与出行服务，为老年人提供安全的出行保障。

3）住房建设和安全：关注老年人居住空间环境的安全与舒适。

4）社会保障和援助：保障老年人享有社会基本福利，获得基本的社会生活保障。

5）社会服务和健康：提倡社会为老年人提供社会公共服务、社区健康和生活支持服务，促使其获得独立自尊的生活并保持健康。

6）文化教育和体育：开展丰富多样的文化娱乐、教育和体育活动，鼓励老年人积极参与社会活动。

7）社会参与：为老年人营造继续为社会奉献的机会，促使老年人融入社会。

8）社会尊重：获得社会的认同和尊重，提升老年人的幸福感，积极保护老年人的合法权益。

结合上海的实际情况，该导则还提出了一系列具体技术措施以明确近期老年宜居环境的建设重点，例如：为方便高龄和行动有困难的老年人通行，楼梯、走廊两侧和休息厅的墙上应设安全扶手；公共厕所宜配有方便老年人的坐式便器，并安装扶手，宜配呼救电铃或同类功能的设备，以备意外发生时求救；人行横道信号灯宜设置倒计时显示器，符合条件的路口安装听觉信号装置，方便老年人有效把握过街时间，提高过街安全性；宜建立老年人才数据库和老年人技术特长档案，组织有专业特长的老年人参与社会服务；等等。

同一时期,浙江省老龄办、建设厅联合发布《关于进一步深化"老年友好城市"建设工作的意见》,提出应着手从生活环境和设施、社会保障和援助、社会服务和健康、文化教育和体育、社会参与和优待5个方面着手推进老年友好城市的建设,并在《浙江省老年友好城市测评体系(2014—2016年)》中提出了具体建设目标。

1) 生活环境和设施:为老年人提供安全、便利和舒适的公共环境、公共交通和社区居住环境。

2) 社会保障和援助:为老年人提供制度完善、层次多样的养老保障、医疗保障、护理保障和社会救助、法律援助服务。

3) 社会服务和健康:为老年人提供社会公共服务、社区健康和生活支持服务。

4) 文化教育和体育:为老年人提供积极参与社会活动的各项服务,开展丰富多样的文化娱乐、教育和体育活动。

5) 社会参与和优待:为老年人提供适合其体能和兴趣、继续为社会奉献的机会和平台;大力弘扬敬老养老助老美德,积极保护老年人合法权益,认真落实优待老年人各项规定。

从规划设计角度来看,不同城市应根据自身特点与实际情况,采取相应措施建设适合自身发展阶段与特点的老年友好城市。应关注目标导向和技术整合促进环境品质的提升,避免盲目采取强制性规定。不仅需要通过老年友好的规划设计手段满足老年人的日常生活需求,也需要采用相应的法规政策促进具体行动,并引导全社会形成对老年人友好的包容氛围,鼓励其继续融入社会。

表7-5 上海、浙江老年友好城市主要指标对比

地区	上海	浙江
物质空间环境	• 安全舒适的社区居住环境 • 公共交通和出行服务帮助老年人获得安全的出行保障 • 提供安全、便利和舒适的户外空间和公共环境	• 提供安全、便利和舒适的公共环境、公共交通和社区居住环境
社会环境	• 为老年人提供社会公共服务和社区健康和生活支持服务 • 开展丰富多样的文化娱乐、教育和体育等社会活动 • 为老年人营造继续为社会奉献的机会 • 获得社会的认同和社会的尊重,积极保护老年人的合法权益	• 提供制度完善、层次多样的养老保障、医疗保障、护理保障和社会救助、法律援助服务 • 提供社会公共服务、社区健康和生活支持服务 • 提供积极参与社会活动的各项服务,开展丰富多样的文化娱乐、教育和体育活动 • 提供适合其体能和兴趣、继续为社会奉献的机会和平台 • 弘扬敬老养老助老美德,积极保护老年人合法权益

资料来源:根据相关文献资料整理绘制

【中国老年友好城市试点单位】

2009 年 9 月 15 日，中国老龄工作委员会在辽宁省营口市举行会议，讨论“老年宜居社区”和“老年友好城市”建设的试点工作，决定在东部沿海地区、东北老工业基地的 6 个省份 9 个城市和城区进行试点，分别是：黑龙江省齐齐哈尔市、齐齐哈尔市建华区、辽宁省营口市鲅鱼圈区、山东省青岛市、江苏省南京市玄武区、上海市黄浦区、上海市杨浦区、上海市长宁区和浙江省湖州市。2010 年以后，新增加上海市浦东新区、南京市鼓楼区、苏州市金阊区、山东省新泰市、云南玉溪市，至 2012 年底共有 14 个国家“老年友好城市”试点单位。其中齐齐哈尔于 2011 年 11 月 27 日成为世界卫生组织老年友好城市全球网络唯一的中国城市成员（全国老龄工作委员会，2009）。

二、老年宜居社区

老年宜居社区是老年人能积极参与、可从中获得价值，并且配备能满足老年人需求的基础设施和服务的社区（Fitzgerald et al.，2014；Alley et al.，2007）。老年宜居社区是城市人居环境与个人居住环境的中间层次，是社会福祉与个人生活结合的重要空间单元。老年宜居社区既可以是老年宜居水平较高的普通住宅区，也可以是设有年龄限制、针对老年人群体提供生活照料与服务的专门化住宅区。结合我国社区居家养老的战略方向，本节重点讨论普通住宅区的老年宜居要点，这些内容同样适用于专门化的老年人住区。

老年居民对居住环境的要求在很大程度上与其他年龄阶段的居民相同。根据 2018 年颁布的《城市居住区规划设计标准》（GB 50180—2018），城市住宅区的居住环境规划设计应满足的 8 项基本要求为：① 尊重气候及地形地貌等自然条件，塑造舒适宜人的居住环境；② 统筹庭院、街道、公园及小广场等公共空间，形成连续、完整的公共空间；③ 与城市整体风貌、周边环境及住宅建筑的使用功能相协调，并应体现地域特征、民族特色和时代风貌；④ 绿地环境的规划设计遵循适用、美观、经济、安全的原则；⑤ 公共绿地活动场地的铺装、居住街坊附属道路及附属绿地的活动场地，在符合有关功能性要求的前提下应满足透水性要求；⑥ 居住街坊内附属道路、老年人及儿童活动场地、住宅建筑出入口等公共区域应设置夜间照明，并注意不应对居民产生光污染；⑦ 空间布局应结合当地主导风向、周边环境、温度湿度等微气候条件，采取有效措施降低不利因素对居民生活的干扰；⑧ 对既有居住环境进行的改造与更新，应包括无障碍设施建设、绿色节能改造、配套设施完善、市政管网更新、机动车停车优化、居住环境品质提升等。上述居住环境规划设计要求对包括老年人在内的全体居民同样适用,是塑造宜居适度的居住环境的基础。

老年人在居住环境中逗留的时间长,对邻里交往和公共服务的依赖程度较高。如前面章节所述,居住环境对老年人的身心健康和日常生活活动的影响超过其他年龄阶段的居民群体。居住环境的规划设计采取相应措施以适应老年人的身体和心理特征显得尤为重要。居住环境的老年宜居举措涉及居住环境的各个方面,以提高日常生活的安全性、健康性、便利性、舒适性为目的,在空间基本功能基础上侧重活动功能的弥补性与支持性,具体表现为环境的无障碍设计、物理环境的舒适性、交往空间的尺度与形式等。这些举措具有全龄友好的特点,与其他年龄阶段居民的需求并不矛盾;相反,儿童、孕妇、残疾人及其他长期或阶段性活动能力减弱的群体均是潜在的惠及群体。

响应世界卫生组织(WHO)和美国退休人员协会(AARP)建设"老年友好城市与社区全球网络"(Global Network of Age-friendly Cities and Communities)的倡议,近年来很多国家和地区开展了老年宜居社区的实践。其中,英国住房建设部和地方政府(Department for Community and Local Government,DCLG)与英国国际长寿中心(International Longevity Centre,ILC - UK)提出的"终生社区(Lifetime Neighborhoods)"旨在满足人们不同生命阶段的居住要求,对构建普通社区的老年宜居体系具有重要参考价值(于一凡等,2017d)。终生社区从人们生活的社区、邻里出发,强调通过提高日常生活环境的老年宜居性,帮助老年人获得更高的生活质量。符合"终生社区"概念的社区,一般具有以下特点:

1)环境具有可达性,兼具艺术美感和使用安全性;

2)社区能提供充足的服务、设施和开放空间;

3)良好的社会和公民组织,包括义工和非正式的网络;

4)良好的决策机制;

5)具有良好的社区认同感和地域感。

为了促进终生社区的实践,英国政府在城市规划、管理和社区发展等方面采取了一系列措施,号召居民个体、志愿社团和社会企业部门、公共部门和私人部门等多方协作与共同支持(图 7-6)。

终生社区规划建设框架包括 8 个方面的内容:居住环境的适应性、合适住宅的选择性、服务设施的可达性、可识别性、社交性、综合性、广泛使用性、信息技术,其核心结构体现了对世界卫生组织《全球老年友好城市建设指南》的传承(表 7-6)。

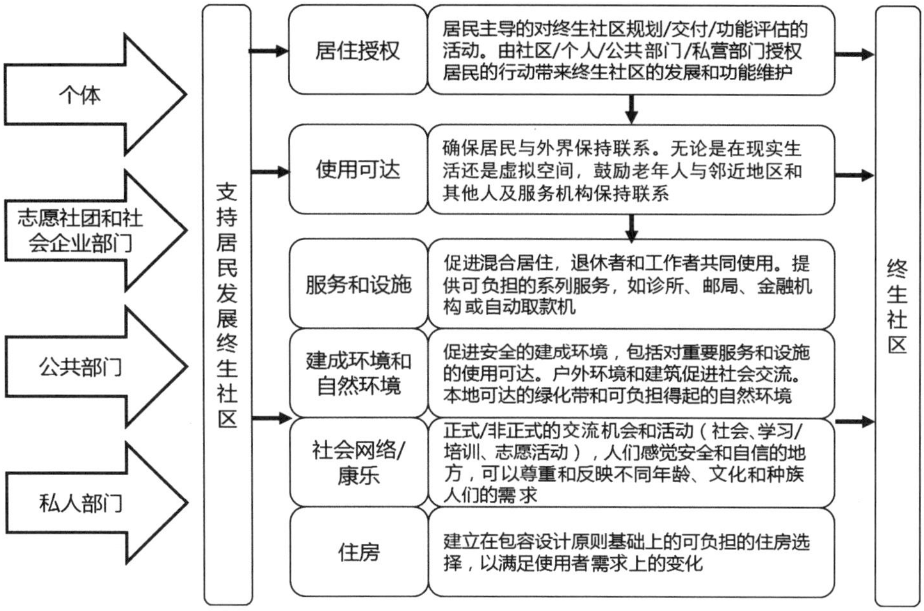

图 7－6　终生社区的社会协作模式

资料来源：于一凡等，2017d

表 7－6　终生社区规划原则

规划原则	内　　容
居住环境的适应性	住宅可达性——自动门、扶手、坡道、照明、铺装等； 户外环境设计——座椅的布置、坡度的设计、厕所等设施的考虑
合适住宅的选择性	房屋市场应提供给老年人不同种类的高质量住宅选择，包括疗养院等公共老年住宅及宜人的自有住宅
服务设施的可达性	由于老年人行动不便，应充分考虑如公共交通、绿地、商店、银行等社区设施的服务半径
可识别性	强化标识性，利用标志性建筑物营造有特色的区域
社交性	社区内应提供给老人正式或非正式的交流场地，如绿地、酒吧、活动中心等； 规划设计应考虑到潜在的社交场地的布置
综合性	规划设计应与各相关组织协作，确保各项服务的开展，发掘潜在的组织提供新的服务，不断完善服务设施，营造一个综合性的社区
广泛使用性	社区应适合不同年龄段群体的使用
信息技术	广泛应用高科技来方便居民的生活，如报警系统、监控系统等

资料来源：根据 DCLG（2007）内容整理编译

社区空间环境的适老化建设应兼顾居住环境的整体结构和细节设置，帮助老年人在社区环境中实现自主和自理。住宅区的整体规划布局应符合《城市居住区规划设计标准》（GB 50180—2018）的相关规定，层次清晰、系统完善、具有良好的识别性。

老年人的日常生活以步行为主，出行活动具有明显的圈层性特征。基于对老年人日常生活活动范围的认识，社区老年宜居环境可依照社区生活圈配置活动场地和服务设施。其中，以住宅单元出入口和宅间绿地为中心，老年人经常前往和频繁逗留的区域多位于5分钟步行距离的范围内；而获得基本公共服务、开展集体活动等区域则应在10分钟步行距离以内。环境设计需根据老年人的生理、心理特点提高安全等级，建设完善的无障碍设计体系。结合不同圈层的活动特点合理设置不同规模、尺度的公共空间与过渡交往空间。强化步行系统和绿化环境的连续性、安全性和舒适性，减少人车之间的交叉与干扰，妥善处理停车问题。关注色彩、照明、高差等环境设计细节，结合绿化种植的搭配、环境的通风，以及设施设备的设计，在细微之处体现人文关怀（表7－7）。

表7－7　老年宜居社区户外环境构成要素体系

类　别	适老环境要素	技　术　措　施
活动场地	公共活动场地	居住区公园、小游园和集中绿地中的活动场地不应小于总面积的10%
	老年人户外健身场地	用地面积不宜小于150平方米，服务半径不宜大于300米
	老年人健身设施	包括室外健身器械、门球场、健身路径、慢跑道、按摩步道等
道路交通环境	道路系统	鼓励采用人车分行的模式，出入口采取快慢分离
	静态交通设施	机动车停车率应不少于0.5，地面停车比例不得超过30%
	步行环境	步道宽度不宜小于1.5米，宜到达2.0米。坡度控制在2.5%以下，不应大于5.0%
绿化水体环境	绿地系统	新建住区的绿地率不应低于35%，各级生活圈形成绿地体系
	宅间绿地	兼顾功能性和观赏性的原则，可与活动场地结合
	水体环境	可接近水体深度不宜超过0.6米，以小于0.3米为宜，水体边缘应使用防滑材料及相应的护手栏杆
	道路绿地	以隔离防护目的为主，高度适宜，不遮挡视线，避免形成有危险的视线盲区
	植物配置	体现“二化一性”的原则，即“美化、生态化及健康性”
环境设施	标识系统	具备清晰的方向性与可识别性，标牌置于老年人容易看到的位置，结合社区空间布局形成便于记忆识别的公共空间与住宅楼标识
	遮蔽设施	利用风雨廊、亭、膜结构等遮蔽设施提升场地的气候适应性
	休憩设施	步行道每隔100米应设置长椅或其他休憩设施，活动场地建议选择向心型休憩设施布局，便于老年人开展交流
	公共厕所	5分钟步行距离内应设置一处公共厕所，可结合公共活动场地设置，也可结合公共服务设施设置
	照明设施	体现安全性第一，兼顾舒适、温和的原则；夜晚有充足照明
	饮水设施	有条件的住区在集中活动场地周边应设饮水设施

续　表

类　别	适老环境要素	技　术　措　施
无障碍设施	残疾人坡道	活动场地、步行道、室内外出入口等有高差的位置应设置坡道，或在台阶旁设无障碍坡道
	场地与道路地面	尽可能保持平整，选择防滑、不反光地面铺装；可采用材质、色彩等进行场地区分
	栏杆扶手	在有高差场地、活动设施、水体处至少设一侧扶手，高度符合步行或轮椅老年人的使用习惯
物理环境	声环境	住区室外环境的噪声应符合白天≤55 dB(A)、黑夜≤45 dB(A)的标准
	光环境	活动场地应达到至少 1/3 的面积在标准建筑日照阴影线范围之外
	风环境	应遵循有利于夏季自然通风、遮挡冬季寒风的原则

社区公共服务设施的适老化举措主要体现为提高公共服务设施的包容性和完善养老服务设施的配置，结合社区老龄化现状和发展趋势调整设施的类型、项目和服务半径，既有社区优先考虑利用原有公共服务设施基础改造或补充养老服务设施，同时注意与周边城市环境的医疗、文体设施等既有条件的结合，促进养老服务社会支撑网络的完善。

首先，住宅区的医疗卫生、文化教育、体育活动、商业服务及社区管理设施等基本公共服务设施均应采取无障碍设计等基本适老化措施，从硬件条件和软件服务上充分体现全龄友好的包容性。

其次，根据国家和地方相关要求，完善社区老年人日间照料中心和老年人活动中心等专门为老年人提供服务的社区养老服务设施。

第三，根据特定社区老年人的规模和密度，确定为老年人提供服务的公共设施的配置水平和空间布局。社区居家养老服务设施内容参见本书第五章。

第四，结合周边城市环境的养老、医疗、文体设施等条件，综合考虑住宅区内的养老设施配置和布局。在满足住宅区内部居民需求的前提下，为更大范围内的老年人提供服务。部分设施可根据实际情况在地区范围内综合设置，便于住宅区最大程度享有周边环境设施的支持，适应低碳、节约型社会发展理念。

三、适老化住宅

中国城市的老年人主要居住在集合住宅里，包括历史遗留的民居、新中国成立初期到住房体制改革前期建成的公共住房，以及新建成的商品房和保障房。较早建成的住宅建设标准普遍较低，部分老旧居住建筑存在安全隐患和使用不便等问题。21世纪以来的新建住房在建设标准和设计水平方面都有较大改善，但对家庭结构和成员年龄的变化缺少适应性,不利于定居意识的培育,也间接影响到社区感的形成。

随着身体机能的逐渐衰退,老年人对环境障碍愈加敏感,对居住环境产生新的需求(表7-8)。现阶段,人们对住宅适老化的认识多聚焦于个体功能层面,关注无障碍通道、安全扶手、地面防滑等提高空间安全性能的技术手段。密集应用这些技术手段的建筑多为专为老年人服务的专业养老机构设施和专门化老年住宅,而普通居住建筑的适老化措施和部品则相对缺乏。面向居民结构的老龄化发展趋势,提高普通住宅的老年宜居水平已迫在眉睫。

表7-8 老年人身体机能的变化特征与住宅环境的适应性举措

身体机能变化特征	居住需求	住宅适老化举措
睡眠时间和质量下降	安静的休息空间,老年夫妇分房、分床休息	• 老年人的卧室要尽量位于相对独立的位置,避免受到干扰 • 足够的卧室数量,合适的卧室尺寸
肢体僵硬、萎缩	降低家具高度	• 降低厨、卫台面高度,采用机械吊柜
弯腰、下蹲动作不便	采用站姿、坐姿可完成	• 适当抬高墙面插座高度,减少低柜储物 • 采用便于观察和操作的衣帽间与鞋柜
动作缓慢	设施操作简便,预防跌倒,紧急情况下可尽快撤离	• 增设安全扶手,消除地面高差,厨卫地面防滑 • 多种感应报警系统,开放式消防通道,设置紧急避难层或避难空间
体能下降	避免重物,轻便操作	• 细化收纳空间,减少重物搬运 • 采用机械晾衣架
肢体协调能力减弱	操作便利	• 考虑周详的细部功能设计,如使用杆式门把手、按压式照明开关等
体温调节能力差	避免环境忽冷忽热	• 起居利用有利朝向,获得良好采光通风,老年人的卧室尽量朝阳,朝西时要有必要的遮阳措施 • 必要的供暖和制冷设备
行动困难 出行减少	室内活动时间增加 使用轮椅等辅助工具	• 卧室或起居室宜有开阔的视野 • 联系紧密的活动空间尽可能紧凑布局,如包括老年人卧室套内卫生间、餐厅融入厨房或靠近厨房、洗衣机放置在阳台靠近晾衣位置 • 家具靠墙摆设,保证各个功能空间,以及彼此之间通道的充足尺寸
记忆力衰退	物品、事项需要提示	• 空间流线组织简单 • 充分的储物空间,分类收纳 • 多种感官的人与住宅的交互系统 • 设备操作简单安全
视力下降	需要充足、明亮的光线 整体柔和色彩与鲜明标志对比	• 充足的自然采光和柔和的人工照明 • 局部安装夜间感应照明 • 室内色彩以淡雅柔和为主,通行空间采用醒目鲜明的色彩标志区分
心理孤独、精神不佳	温暖和谐的居住环境	• 室内色调以中等明度暖色为主 • 装修材料选择强烈反光或产生刺眼光照的天然柔和材料 • 阳台或客厅摆设绿化

续　表

身体机能变化特征	居住需求	住宅适老化举措
听觉、嗅觉下降	水电燃气集中的区域设安全报警呼叫设备	• 选择安全电热源 • 厨房炊具、热水器、卫生间浴缸等家具选择有安全监控的应急设备

普通住宅的适老化设计是指充分利用住宅的功能空间、设施设备和相关部品，为老年居民提供具有支持性的居家环境。由于普通住宅的服务对象是全体家庭成员，为改善老年人生活质量而采取的适老化举措应注意避免明显降低其他家庭成员的居住体验，避免普通居住环境过度设施化。

与“终生社区”同时提出的“终生住宅”是英国政府于20世纪90年代针对住宅老年宜居性能提升而提出的设计理念。英国住房建设部和地方政府（DCLG）通过发布“终生住宅设计导则”（Lifetime Homes Design Guide）和“终生住宅标准”（Lifetime Homes Standard）指导全国范围内居住环境的包容性设计，旨在支持使用者的弹性使用需求，改善以老人为代表的各年龄段使用者的生活质量。为了促使“终生住宅”从设计理念走向设计实践，DCLG资助成立了建筑及建成环境委员会，用于开展终生住宅原则实践过程中的技术咨询与推广。此外，英国还在全国性的年度住房建设奖项中增设了专门设计奖项，用以鼓励成功的实践和探索。

基于英国住房的结构性特征，终生住宅高度关注完善住宅的服务能力，鼓励采用满足老年人个性化需求和喜好的响应性设计。例如，为服务人员和老年居民提供使用信息和咨询，协助管理部门和供应商评价住房服务水平，提高空间使用的灵活性和提供必要的改动，提供安全监测服务和使用支持服务等。2010年，英国在修订完成的《终生住宅设计标准》[Lifetime Home（LTH） Revised Criteria July，2010]中提出了16条设计标准，用于指导普通住宅的全龄友好建设。该标准在2013年以后成为英国新建住宅项目的强制性标准（表7－9、图7－7）。

表7－9　英国终生住宅设计标准

序号	项目	原则
1	带有轮椅专用车位的停车场	停车场应最大限度满足更多人（包括行动不便者和儿童）的使用
2	与住宅联系方便的停车场	能使更多的人（包括行动不便者、抱小孩的人、购物者）在住宅和停车场间方便地通行
3	平缓的坡道	尽可能使更多人能够方便通往住宅
4	住宅入口和高差处的良好照明	入口能方便更多人使用
5	方便使用的台阶和轮椅可用的电梯	方便更多的人通往住宅各楼层
6	允许轮椅宽度通过的门厅和走廊	方便通行的门厅和走廊

续 表

序号	项　　目	原　　则
7	预留餐厅、起居室中轮椅的回转空间	方便更多人在居室中活动
8	在底层的起居室	提供尽量不使用楼梯的起居会客空间
9	在底层预留的卧室	在住宅底层设置临时性的卧室，方便家庭成员在不能使用楼梯时居住
10	允许轮椅使用的底层卫生间	在住宅底层设置卫生间和预设淋浴设施（针对复式住宅）
11	确保卫生间的墙体能够安装扶手	确保卫生间内能安装扶手，帮助使用者独立地使用卫生间和淋浴设施
12	楼层之间预留电梯空间	方便使用者到达其他楼层（针对复式住宅）
13	主卧与卫生间之间预留天花板起重器械空间	通过居室与卫生间便捷的联系，帮助更多的人能独立生活
14	便于使用的卫生间	提供容易使用的卫生间，能适应潜在的不同使用需求
15	起居室中适合轮椅尺度的窗户开启	使人们在采取坐姿的情况下也能获得合理的视线，且至少每个房间中有一个窗户可以通风
16	适合轮椅尺度的设施操控开关	设置常规使用和紧急使用的设施控制开关，让更多的人能方便使用，包括行动受限的人

资料来源：根据 DCLG（2010）整理编译

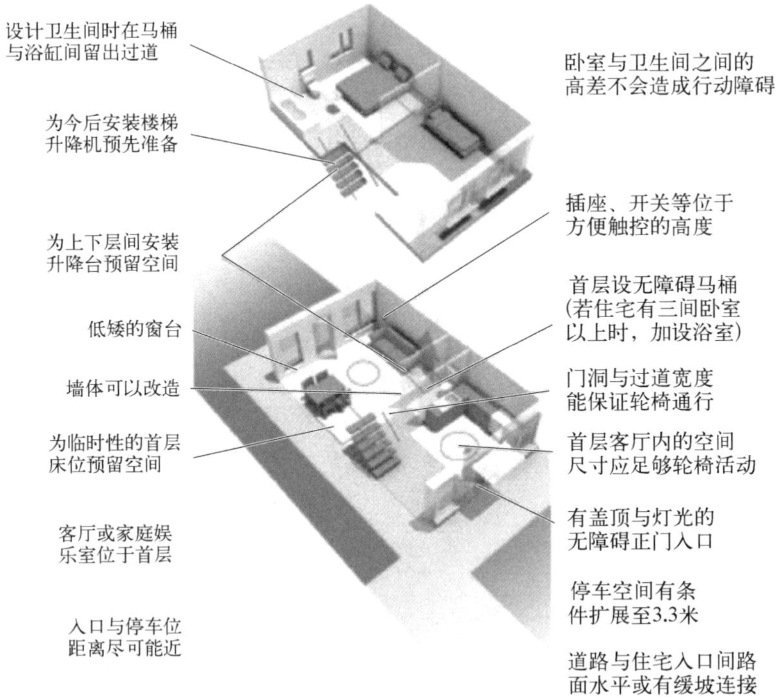

图 7－7　终生住宅设计图示

资料来源：根据 DCLG（2008）内容翻译绘制

日本于1986年发布《长寿社会对策大纲》，将“适应终生生活设计”作为居住环境体系的基本原则。根据1994年《关于建筑无障碍化特定建筑物的有关规定》，1995年日本制订了《应对长寿社会的住宅设计指南》（对応長寿社会の住宅設計指針）。其核心原则是：当居住者出现身体机能下降或发生残疾等情况时，原住宅经适当改造仍适合继续居住生活，即需要在住宅设计建造初期尽可能满足居民的终生需求，针对年龄和身体机能的变化，采取必要的潜伏性设计。由此形成与老龄化社会相适应的住宅体系，即长寿住宅。长寿住宅面向的使用群体是包括老年人在内的所有人，使用的住宅类型包括集合住宅或独立式普通住宅，以及为老年人或残疾人士专门设计的特殊住宅。《应对长寿社会的住宅设计指南》分为基本标准和推荐标准，基本标准是一般设计中必须设置的项目，推荐标准则是可以进一步提高安全性与舒适性以及满足日常居家护理需求的项目（张萍等，2013）。

此后，日本又通过推行《老年住宅设计指南》和《老年住宅设计手册》，提出了提高居住环境老年宜居性能的系统措施。前者侧重住房规划、空间组织、通行能力、特殊设施等内容，后者着重对构成住宅的空间要素提出技术要求（表7－10）。

表7－10　日本适老化住宅设计要点

空　间	项　目	基　本　要　求
住宅空间	房间布局	• 卫生间与老年人卧室设在同一层
	高差	• 老年人经常活动的室内地面应无高差（入口、厨房、浴室、阳台等处的特殊情况除外）
	扶手	• 在台阶、厕所、浴室、玄关、更衣室均应设有扶手
	通道/出入口宽度	• 室内通道有效宽度为780毫米 • 套内出入口（阳台、住宅大门除外）宽度至少为750毫米
	楼梯坡度及形状	• 坡度小于22/21；550毫米≤T+2R≤650毫米；踏面尺寸大于195毫米
	各房间面积	• 厕所：内部长边（包括可通过轻微改造确保的部分长度）至少为1 300毫米；墙壁（包括门的开启部分或可以通过微小改动可以保证的部分）应距离坐便器前面或侧面500毫米以上 • 浴室：独栋住宅的浴室内部短边大于1 300毫米，公寓的大于1 200毫米；独栋住宅内主卧浴室大于2平方米，其他房间浴室大于8平方米 • 特定卧室：老年人卧室面积应大于9平方米
	墙地面装修	• 地板与墙壁的表面应考虑防滑等安全处理
	门窗隔扇	• 安装位置合适、安全，把手、门锁的形状、位置应易于使用
	设备	• 厕所应设坐式马桶 • 浴缸边缘高度不影响老年人使用 • 水、电燃气设备应有安全装置，便于老年人操作 • 照明设备安装在方便接触的地方，并保证照明充足 • 厨房安装燃气泄漏及火灾报警器 • 厕所与浴室内尽可能安装救助报警装置

续　表

空　间	项　目	基　本　要　求
住宅空间	热工环境	• 尽量使每个房间保持相同的温度 • 可使用空调等设备减少厕所、浴室、更衣室的温度差
	收纳	• 使用频率高的收纳空间应位于合适的位置，并便于老年人以舒适的姿势进出使用
	其他	• 住宅出入口尽量设置可供休息的长椅或相应空间
公共及户外空间	宽度	• 考虑老年人的步行与轮椅通过要求，适宜的通道形状和尺寸
	地面铺装	• 台阶或楼梯的坡度、形状不影响通行安全
	照明设备	• 室外照明设备应保证足够亮度

资料来源：根据《高齢者が居住する住宅の設計に係る指針(国土交通省告示第1301号)》编译整理绘制

不难看出，安全性和舒适性是英国与日本住宅适老化建设共同关注的要点。区别在于，英国在终生住宅的建设中高度重视空间和服务的协作，关注响应机制的培育；而日本的长寿住宅则更强调技术应用和设计指南，通过简明的技术规范迅速提升住宅的适老性能。对于既有空间建设和规范基础薄弱的中国城市而言，均应引起高度重视。

总体上，我国城市住宅适老化举措的技术要点主要包括住宅建筑、套内功能空间和设施设备三个方面，共同的原则是保证和改善老年人日常生活活动的安全性、健康性、便利性与舒适性。住宅建筑的适老化举措主要涉及单元出入口、门厅、垂直交通、公共走廊、外墙与门窗、屋顶等。套内功能空间的适老化举措涉及起居室、卧室、厨房、卫生间、玄关、阳台等。设施设备的适老化技术要点主要包括在给排水设施、燃气与热水供应、供热与通风系统、消防与急救设施、照明与电气设备、电梯等(表7－11)。

表7－11　适老化住宅的设计与技术要求

空间部分	设计对象	设计与技术措施
建筑公共部分	单元出入口	• 有效门宽不应小于1.10米，门扇向外开启 • 出入口设置无障碍坡道，坡道近端设有1.50米×1.50米的轮椅回转面积 • 雨棚出挑长度应覆盖入口平台、信报箱，宜超过首级踏步0.50米以上 • 设置休息座椅、宣传通知栏 • 与视线等高处设置明显的单元门牌号 • 门禁上部宜设置夜间照明
	门厅	• 宜选用推拉门、自动门 • 无台阶地面，存在高差时应设斜坡 • 设充足灵敏的声控照明 • 有效空间应足够轮椅、担架回旋 • 有条件可设休息等候的座位

续　表

空间部分	设计对象	设计与技术措施
建筑公共部分	垂直交通	• 双侧设置扶手 • 扶手采用导热系数小的材料、易于抓握的形状 • 楼梯地面防滑,在踏步临空一侧设置 50 毫米高侧面档台 • 楼梯休息平台宜设座椅 • 踏面尽端设置浅色提示条 • 充足的楼梯照明 • 4 层以上应设置电梯
	公共走廊	• 净宽度不宜小于 1.20 米 • 配电箱、仪表箱、消防栓等突出墙面的物品尽量统一安排在不妨碍轮椅或拐杖通行的位置,凸出墙面不宜大于 200 毫米 • 侧墙设置 850~900 毫米高的连续助力扶手 • 有地面高差的设置坡度不大于 1∶20 的坡面 • 采用防滑地面材料
	外墙与门窗	• 外墙采用防潮、无明显温度变化的材质 • 普通室内门有效通行净宽不小于 0.80 米 • 门窗易于开启,开启扇不妨碍走廊通行,宜用非玻璃推拉门 • 开窗位置有利于通风对流及多侧自然采光
	屋顶	• 有良好的防水隔热层,表面平整 • 可上人屋顶平台的女儿墙护栏高度不应小于 1.10 米
套内功能空间	起居室	• 面积不宜小于 14 平方米 • 有良好朝向、自然采光与通风 • 坐姿情况下能看到窗户外的绿化景观
	卧室	• 面积不宜小于 12 平方米 • 入口宽敞、没有地面高差 • 较大的进深,以满足老年夫妇分床休息和室内活动需要 • 床头设置远程呼救系统 • 空调避免直接吹向床铺
	厨房	• 面积不宜小于 6 平方米,短边长不宜小于 2.10 米 • 操作台采用 L 形、U 形,形成连续操作台面 • 适合站姿操作的洗池台面高度宜 800~850 毫米,适合坐姿的操作台面高度宜 650~700 毫米,坐姿台面下部应有容腿空间 • 吊柜距地面高度宜方便老年人取放物品,建议为 1 300~1 350 毫米
	卫生间	• 入口不宜有地面高差 • 地面采用防水防滑铺装材料 • 淋浴器及浴盆旁宜预留放置坐凳的空间 • 坐便器高度与轮椅坐面高度相近,单侧或双侧设置拉手 • 洗手池宜浅而宽,适合站姿的台面高度宜 800~850 毫米,适合坐姿的台面高度宜 650~700 毫米,坐姿台面下设置容腿空间 • 通道宜满足轮椅回转需要
	玄关	• 为满足特殊情况下担架进出,入户门洞净宽宜在 1.00 米以上 • 门内设有 1.50 米×1.50 米轮椅回转空间 • 地面做防滑处理
	门窗	• 卧室窗地比不宜小于 1/6 • 窗台适当降低,满足长时间坐姿、卧床的视线需要

续　表

空间部分	设计对象	设计与技术措施
套内功能空间	阳台	• 阳台净深度不宜小于 1.50 米 • 扶手栏杆高度不应小于 1.10 米 • 阳台与室内之间不宜出现门槛和高差 • 设置夜间照明 • 晾晒衣物采用升降架
设施设备	给排水设施	• 采用节水低噪声的给排水材料和洁具
	燃气与热水供应	• 安全、不间断的集中燃气 • 保证集中或单独的生活热水供应条件
	供热与通风	• 寒冷地区应有采暖设备,避免使用燃气式取暖设备 • 炎热地区应有制冷降温设备 • 可设置机械通风设备在特殊情况下补充自然通风
	消防与急救	• 厨房灶具设备应设防泄漏、自动断火和泄漏报警功能装置 • 卧室床头、卫生间厕位旁设紧急呼救按钮
	照明与电气	• 室内有充足、柔和的灯光照明,各房间无明显亮度差 • 厨房、卫生间操作台等位置宜设照明 • 往卫生间方向的通道墙面离地 0.40 米高处宜设夜间照明引导 • 室内设安全电源插座,离地高度宜为 0.60~0.80 米 • 电源开关为防漏电按键式,安装高度离地 1.00~1.10 米
	电梯	• 轿厢最小尺寸 1.40 米×1.30 米,满足轮椅及担架方便进出 • 轿厢内周边离地面 0.90 米、0.65 米高处设扶手 • 轿厢门正对电梯内壁悬挂倾斜镜面 • 电梯门采用慢速开闭门,并安装监控

第三节
老年宜居环境的设计策略

人们对环境使用者的认识从粗放的人群到需求差异的个性群体的过程中,技术对策也从专门化走向通用化。无障碍设计(barrier-free design)、通用设计(universal design)、包容性设计(inclusive design)均为目前世界范围内广泛应用的技术体系。其中,无障碍设计出现时间最早,应用比较广泛,很多国家专门立法并通过技术规程实施无障碍设计。相比较而言,通用设计、包容性设计起步较晚,影响不及无障碍设计广泛,但在理念上具有更加重要的进步意义。与无障碍设施的技术应用思路不同,通用设计和包容性设计大多以设计思想影响设计实践,而较少以法定形式约束建设行为。这与通用设计、包容性设计强调服务于全体使用者的目标相吻合，体现了人们对人居环境认识的不断加深、对环境服务对象的精细化认识，以及居住环境从“支援型”走向“促进型”的发展。

一、无障碍设计

无障碍设计的出现是空间和产品设计领域的重要事件，标志着设计服务的对象从笼统的使用者细化为存在不同需要的群体。在此之前，空间和产品设计的标准均以“正常”人体的结构、功能和能力为依据(Imrie，2004)，对处于能力水平分布曲线(distribution of ability levels)(图7－8)左端、存在不同程度能力缺失的使用者所提供的环境是无差别的。也就是说，人们无论处在生命周期的哪一个阶段、无论自身能力水平如何，都不得不面对同样的空间、产品和操作界面，而其中部分内容对少数特殊人群来说构成了障碍，即出现人与环境失调(P－E misfit)的矛盾。

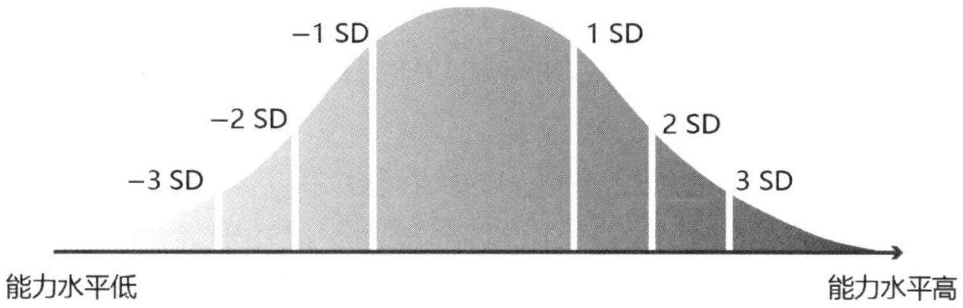

图7－8　能力水平分布曲线

无障碍设计是面向特殊群体提出的特殊设计手段。强调在科技高度发展的现代社会中，一切有关人类衣食住行的公共空间环境以及各类建筑设施、设备的规划设计，都必须充分考虑到具有不同程度生理伤残缺陷者和正常活动能力衰退者(如残疾人、老年人)的使用需求，配备能够响应、满足这些需求的服务功能与装置，通过现代技术建设和改造环境，从而创造一个“平等参与”的城市环境。无障碍环境既是让残疾人参与社会生活的基本条件，也是方便老幼妇孺和其他社会人员生活的重要措施。

国际上对于物质环境无障碍的研究可以追溯到20世纪30年代初的欧洲。当时北欧的瑞典、丹麦等国已经开始为残疾人提供专门辅助设施。1961年，美国制定了世界上第一个无障碍标准《便于肢体残疾人进入和使用的建筑设施的美国标准》，1968年正式颁布了《建筑障碍法》，针对公共建筑的无障碍设计提出了要求并得到广泛应用。1973年，美国住宅与城市发展部(Department of Housing and Urban Development，HUD)在“建筑最低标准”中针对住宅的无障碍设计提出了要求，1988

年修订的《公平住宅补充法案》中要求普通住宅必须考虑无障碍设施，后扩展为通用设计。

日本的无障碍设计同样是从照顾残疾人开始的。根据 1949 年颁布的《身体残疾人福利法》，兴建专门的福利设施为残疾人提供照料和康复训练。20 世纪 70 年代，日本实施“福利城市政策”，建议 20 万以上人口的城市进行无障碍改造。1982 年发布《无障碍化建筑设计标准》，提出公共建筑无障碍设计的指导原则。1986 年，日本内阁会议出台《长寿社会对策大纲》，提出“社区老年人住宅计划”，开始在普通住宅中推行无障碍措施。2005 年，日本政府将《爱心建筑法》(1994)①和《交通无障碍法》(2000)进行合并，修订为《关于促进高龄者、残疾者等的移动无障碍化的法律》，服务对象得到了进一步扩展(贾巍杨等，2014)。

由于在立法、实施和推广的过程中发动居民、残疾人、老年人和互助组织大量参与，日本的无障碍设计在社会公众中有较高的知晓度和认可度。相关学术机构在推动研究和应用方面也发挥了积极的作用。高桥仪平(2003)在《无障碍建筑设计手册(为老年人和残疾人设计建筑)》中列举了公共建筑和住宅空间的无障碍设施设计；Izumi Miyoshi 与 Kimihiko Kanaya(1999)在《老年人无障碍设计元素的标准化》中总结了适合老年人居住环境的无障碍设计内容；财团法人、高龄者住宅财团等(2011)编著的《老年住宅设计手册》分析了独户住宅的无障碍设计要点。上述技术手册大多采用简单明了的标准化、图示化方式，成功促进了无障碍设计理念和技术的应用。另外，值得一提的是，日本政府采用补助金、减免税、低利融资等办法促进无障碍建设，而不是简单通过法规强制推行。譬如 1996 年由国家建设省主导建立的住宅金融公库，负责向符合“节能和适合老年人居住”两个条件的建设项目发放低息贷款，特定设施的扩建也可免征企业所得税(贾巍杨等，2014)。

我国的无障碍设计起步较晚。1989 年，原建设部、民政部、中国残疾人福利基金会联合发布了行业标准《方便残疾人使用的城市道路和建筑物设计规范》(JGJ 50—88)，适用于城市道路和建筑物的新建、扩建和改建。2011 年，住建部等 14 部委联合制订《关于印发〈无障碍建设“十二五”实施方案〉的通知》(残联发〔2011〕27 号)，明确提出全面推进无障碍建设的要求。2012 年，国务院颁布《无障碍环境建设条例》(国务院令第 622 号)，要求“城镇新建、改建、扩建道路、公共建筑、公共交通设施、居住建筑、居住区，应当符合无障碍设施工程建设标准。乡、村庄的建设和发展，应当逐步达到无障碍设施工程建设标准”，从法律层面保障包括老年人在内的全体社会成员平等参与社会生活，共享社会发展成果。同年，国家标准《无障

① 1994 年，日本建设省颁布了《创建福利生活大纲》和《关于无障碍化特定建筑物的有关规定》，通称《爱心建筑法》。

碍设计规范》(GB 50763—2012)发布,提出以“提高人民的社会生活质量,确保有需求的人能够安全地、方便地使用各种设施”,涉及城市道路、城市广场、城市绿地、居住区、居住建筑、公共建筑及历史文物保护建筑等。2013 年,《家庭无障碍建设指南》颁布,用于指导居家生活环境的无障碍建设,连同此后发布的《住房城乡建设部等部门关于加强老年人家庭及居住区公共设施无障碍改造工作的通知》(建标〔2014〕100 号),《住房城乡建设部等部门关于加强村镇无障碍环境建设的指导意见》(建标〔2015〕25 号)等,全面推动了我国无障碍环境的建设。这一过程中,无障碍设计对城市环境建设的影响是显而易见的:《住宅设计规范》(GB 50096—2011)、《城市居住区规划设计规范》(GB 50180—2018)、《民用建筑设计通则》(GB 50352—2005)、《老年人照料设施建筑设计标准》(JGJ 450—2018)等都明确提出了无障碍设计的原则和要求。目前,我国无障碍设计的服务对象主要是残疾人、老年人,应用的场所以道路交通、医疗和专门服务设施为主,实施范围主要面向城镇建设用地,有待向更广泛的人群、空间和乡村地区普及。“十一五”期间,全国 100 个城市开展了“创建全国无障碍建设城市”工作。“十二五”期间,各地进一步推动相关工作,初步形成了城市无障碍化基本格局。各地主要从城市公园绿地、公共建筑等的无障碍化建设着手,而后拓展到居住环境和建筑。

目前,全球有一百多个国家和地区制定了无障碍设计的相关法规与技术标准,无障碍设施被视为城市文明进步的标志。无障碍设计发展至今,使用对象已从肢体残疾者转向心智残疾、功能退化的老年人,以及存在短期行动障碍或能力欠缺的儿童、孕妇等,服务对象逐渐扩大,但仍以特定人群为主。无障碍设计具有 4 个明显的特征:

1)叠加于一般设计上的、专门为存在能力局限的人群提供的特殊设计;

2)通过具体规章和技术准则强制执行;

3)具有较为成熟的技术体系和部品;

4)具有一定程度的设施化特征。

随着社会文明程度的提高,让特殊人士能体面、平等地参与社会生活的呼声越来越高。全球老龄化趋势正在改变环境使用者的年龄结构,以精英、壮年为首要服务对象的思路正在被老年人为代表的群体所取代,越来越多的研究旨在发现建成环境对老年人支持的“靶点”,揭示如何有效提供支持,无障碍设计在解决老年问题领域中也发挥着越来越重要的作用。另一方面,随着生产力、规划设计水平和产品水平的提高,使得在家庭或公共空间通过设计和附加设备手段改善老年人的体验成为可能。作为明文法规体系,无障碍设计已经发挥和正在发挥的影响意义深远。其中,最具代表性的通用设计和包容性设计亦是以无障碍设计理念为基础,在实践和发展过程中拓展而来的(图 7-9)。

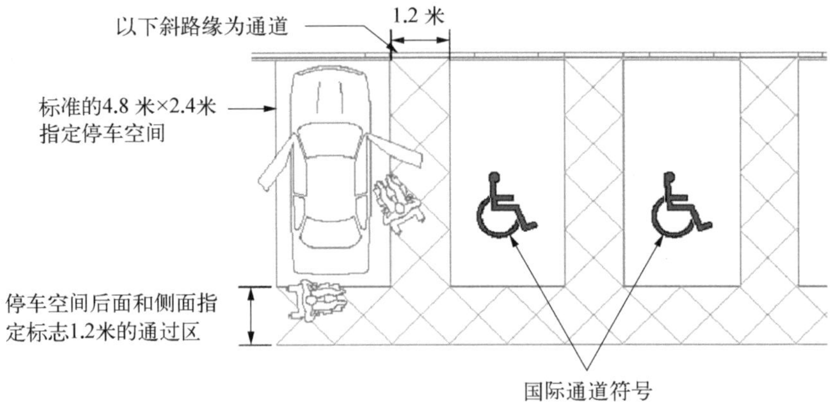

图 7－9　有轮椅专用车位的停车场

资料来源：根据 DCLG(2010)编译绘制

二、通 用 设 计

区别于无障碍设计重点服务特殊对象的特殊设计立场，通用设计的出发点是面向尽可能多的用户。既往的实践在一定程度上引起了人们的顾虑，认为特殊和一般之间存在某些调和困难，在建成环境中常常表现为一种附加的、额外的设施，有时会令普通使用者感到复杂，建设者也需要投入更多精力和财力。在实施无障碍设计的过程中，也出现了一些无障碍设施在设计意图与实际使用绩效之间存在落差的问题。譬如，公共建筑、残疾人专用卫生间通常仅为残疾人预留而不向普通使用者提供服务。

通用设计的主旨是使尽可能多的人用少量(甚至不用)额外支出，即可便利地享受到满足不同需求的各种产品、公共设施及生活环境。通用设计强调“从特殊到一般”的设计思路，将无障碍设计的专用对象扩大到所有人，并且尝试解决无障碍设计思路没有顾及的问题。通用设计的出发点是：好的设计不应把某部分人群的使用权利排除在外，而应该尽可能兼顾所有使用人群。近年来，从无障碍设计到通用设计的拓展在各国都有一定的体现，较为突出的是美国、日本、澳大利亚等。

通用住宅的发展过程与整个住宅领域的发展紧密相关。1956 年，美国 65 岁以上人口比例达到 8%，此时修订住宅法鼓励建设为老年人服务的专门住宅；1990 年，在该比例达到 13%时美国制定了《集合住宅服务法》，要求普通社区和住宅提供为老年人服务的相应功能，鼓励老年人居家养老。美国退休人士协会(AARP)提出，适合居家养老的社区应该具有良好的社区结构、合理的住房类型、便捷的生活服务、安全的步行条件、多样的交往空间、健康的居住环境、灵活的服务系统、支持性服务和持续照料体系9项特征。北卡罗来纳州立大学梅斯(Mace,1988)提出的通用设计(Universal Design),旨在通过尽可能面向所有使用者的创造性设计活动,有效地延长老年人独立生活的时间,改善老年人参与社区活动的条件。通用设计的诞生不仅是人口老龄化的产物,也标志着伴随社会进步,老年人、残疾人等弱势群体日益受到关注。同时,生产力水平的提高使人们对居住环境有了更有效的介入手段,目标是使环境适合所有的人。通用设计强调设计过程不仅要考虑到正常、健康成年人的需求和能力,也要考虑到那些因残疾、年龄或特殊情况下存在行动不便的人士的需求和能力。

梅斯对通用设计的定义是"对于产品的设计和环境的考虑是尽最大可能面向所有的使用者的一种创造设计活动,这种设计不需要额外附加适应措施或专门设计手段"(Mace et al.,1991)。他领导下的通用设计中心(Center for Universal Design,CUD)①是一个全国性的研究、信息和技术支持中心,旨在提升和发展住房、建筑、外部环境、城市环境和相关产品的通用设计。该中心的工作证明所有的环境和产品都能尽最大的可能被所有人使用,无论他们的年龄、能力或者所处环境如何。1997年,通用设计中心(CUD)提出了"通用设计"的七项原则(表7-12)。

表7-12　通用设计七项原则

设计原则	说　明	指导细则
使用的公平性 (equitable use)	适合不同能力的使用者	1. 尽可能为所有的使用者提供相同或类似的使用方式; 2. 避免隔离或歧视任何使用者; 3. 所有使用者应拥有同等的隐私权与安全保障; 4. 设计能引起所有使用者的兴趣
使用的灵活性 (flexibility in use)	设计成果尽可能适应不同个体的意愿与能力	1. 提供多种使用方式供使用者选择; 2. 同时考虑左利手和右利手的使用者; 3. 帮助实现动作的精准性; 4. 适应不同使用者的节奏
使用的简易性 (simple and intuitive use)	不论使用者经验、知识水平、语言能力或使用时的注意力集中度如何,都可清楚理解设计的使用方式	1. 去掉不必要的复杂细节; 2. 与使用者的期望和直觉保持一致; 3. 适应不同读写和语言能力的使用者; 4. 根据信息重要程度进行编排; 5. 在任务执行期间和完成之时提供有效的提示和反馈
信息的可感知性 (perceptible information)	不论环境条件和使用者的感知水平如何,设计都能有效地将必要信息传达到有需求的使用者	1. 利用不同的表达模式(图像的、语言的、触觉的)传递重要信息; 2. 强化重要信息的可识读性; 3. 以可描述的方式区分不同的元素(如便于给出指示); 4. 与感知能力障碍者所使用的技术装备兼容

① CUD是北卡罗来纳州立大学NCSU设计学院的一部分。CUD研究面对多样化对象的设计方法和设计工具;与建造者和制作者合作开发新的设计解决方案;发表出版物和教学材料,并为残疾人或者家庭提供信息、推荐和技术帮助。

续　表

设计原则	说　明	指　导　细　则
容错能力（tolerance for error）	设计可以将由于偶然动作或失误而产生的危害与不良结果最小化	1. 对不同元素进行精心安排，以降低危害和错误：最常用的元素应该是最容易触及的；存在潜在危害性的元素可采用消除、单独设置或覆盖保护罩等处理方式； 2. 提供危害和错误的警示信息； 3. 操作失败时确保安全； 4. 在执行需要高度警觉的任务中不出现分散注意力的无意识行为
操作省力（low physical effort）	使用者可以在最小体力支出的情况下有效并舒适地使用设计成果	1. 允许使用者保持一种省力的肢体位置； 2. 使用合适的操作力（手、足、肘等部位的操作）； 3. 减少重复动作的次数； 4. 减少持续性体力负荷
适宜的操作空间和尺度（size and space for approach and use）	不论使用者的身材尺寸、姿势和动作如何，设计都为其能够方便接触与使用提供合适的尺度及空间	1. 为坐姿和站姿的使用者提供观察重要元素的清晰视线； 2. 坐姿或站姿的使用者都能舒适地触及所有元素； 3. 兼容各种手部抓握尺寸； 4. 为辅助设备和个人助力装置提供充足的空间

资料来源：根据 NCSU（2017）内容编译绘制

上述七项原则着重强调使用便利，但在设计实践中，设计师还需考虑如经济性、工程性、文化、环境、性别等诸多因素。通用设计同时鼓励将一些满足不同使用者需求的设计特征尽量整合进设计中，而非每个项目都必须逐条满足上述指导细则。通用设计将不同能力水平的全人群作为服务对象，着眼于减少不能被满足的需求，而不是扩大满足的人群。这两者之间的差别在于场景针对性解决方案。通用设计提出，既不必将所有的空间都设置为功能上无障碍的空间，也不应向麦当劳（McDonald）一样用一种尺度满足每个人的需要（one-size-fits-all）。通用设计提倡结合场所的潜在使用需求，考虑适合所有人的形状、尺度和操作方式，空间对人群的友好蕴含于建成环境自身而不是醒目的补偿性设施（图 7－10）。

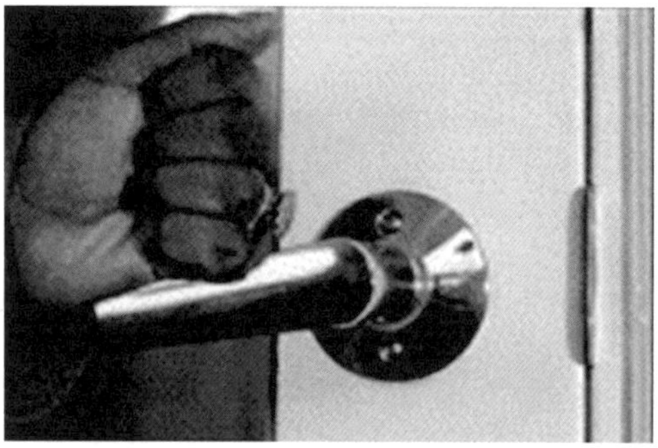

图 7－10　压杆式门把手

资料来源：https：//projects. ncsu. edu/ncsu/design/cud/pubs_p/docs/poster. pdf

综上,通用设计与无障碍设计的理念并不完全相同,主要表现为以下 4 个特点:

1）服务于不同能力水平的全体人群,并尽可能减少人群之间的隔离;

2）基于使用需求和绩效采取措施;

3）以设计原则和技术指南影响设计的表现;

4）融入环境的隐形设计。

需要指出的是,通用设计只是诸多设计方法和思路中的一种,并非解决使用者需求差异的“万金油”。通用设计本身也并非永久不变,它将随着时间的推移、环境的改变被赋予更多新的内容。

三、包容性设计

包容性设计(inclusive design)是 1984 年由欧洲建筑师 Richard Hatch 提出的,可以理解为“公众有能力参与并能控制环境”,使用者不论年龄、能力如何都可以被吸引和使用产品与环境的设计方法,或者指通过与使用者共同努力来消除社会、技术、政治和经济发展过程中所产生的各种障碍的一种设计方法。包容性设计是一种全面、综合性的设计,在被不同年龄和能力的使用者接受的背景下,涵盖产品的各个方面,贯穿于产品从构思到最终生产的整个生命周期。它并非一种新的设计风格,而是一种为大众而设计的态度(张文英等,2012)。

由 Benktzon(1993)提出的用户金字塔模型(图 7－11)反映了用户综合能力的缺失程度,越往金字塔顶端,用户的能力缺失越严重。基于这个模型,无障碍设计可视作自上而下的设计方法和过程,以满足极端服务对象(金字塔顶端)的需求为首要任务,再拓展至主流服务群体。通用设计则是一种自下而上的设计过程,以关注占绝对主流的正常能力群体为前提(金字塔底),力求提升设计对于特殊用户群体的通用性。无障碍设计的目标群体最明晰,但对如何与普通使用者共享关注较少;通用设计则注重权衡特殊群体与普通群体之间的关系,力求双方做出最小的让步、获得最大的利益。

英国剑桥大学 John Clarkson 和 Simeon Keates(2003)提出的包容性设计立方体(Inclusive Design Cube)模型(图 7－12)则主张根据用户能力的差异,将用户群体立方体自内而外划分为: ① 可以使用此设计的群体(included population);② 考虑到可使用设计的群体潜在的变化和多样性而具有一定延伸性的群体(negotiable max population);③ 能够最大化受益于此设计的用户群体(ideal population);④ 全体(whole population)。区别于通用设计面向全体的愿景,包容性设计立方体模型力求说明,包容性设计并不是要求设计能够被全体(whole population)使用,而是试图充分认识到用户群体的多样性,将其拓展至一个相对的理想化群体,旨在设计的过程和结果中减少对用户产生无意识的排除(design exclusion)。

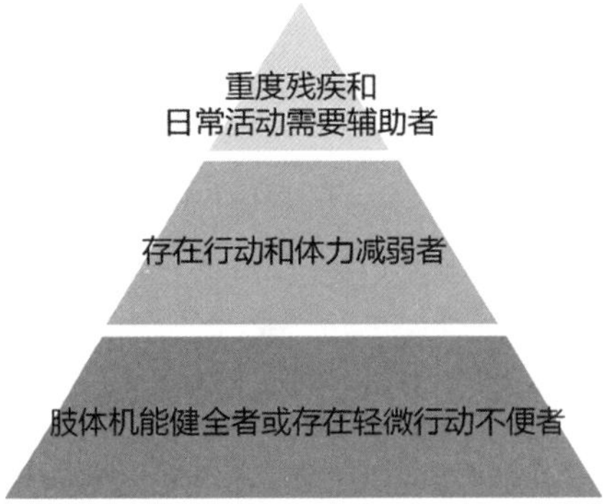

图 7 - 11　用户金字塔模型

资料来源:根据 Clarkson 等(2015)编译绘制

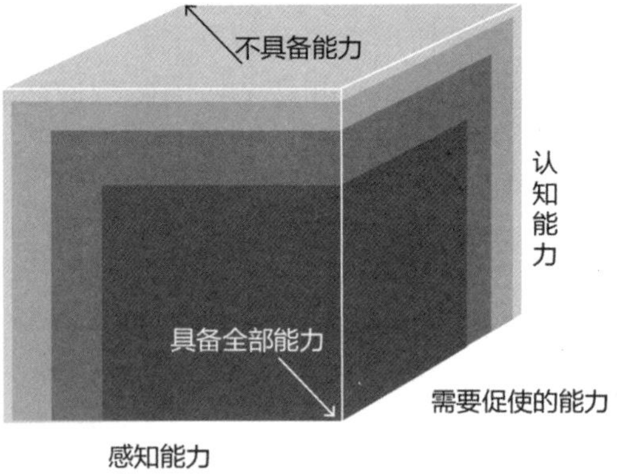

图 7 - 12　包容性设计立方体模型

资料来源:根据 Clarkson 等(2015)编译绘制

包容性设计的 4 个特点分别是:

1）受益群体最大化原则,尽量减小设计过程与结果对特定群体产生无意识的排除;

2）考虑需求的动态性和多样性,采取具有一定延展性的措施;

3）以技术咨询和指导的形式影响空间和产品的价值取向;

4）强调用户参与部门协作。

英国是包容性设计的发源地,包容性设计的出现和发展反映了欧洲国家对于公民权利、社会公平和持续发展的追求(张文英,2012)。包容性设计既是一种设计理念,也是城市建设与管理的理性态度。在老年宜居环境建设的过程中,应积极通过包容性设计将老年人群体和其他年龄阶段的人群组织起来,帮助他们充分参与到自己家园的建设过程中来。

第八章
既有居住环境的适老化改造

适老化改造是老年宜居环境建设的核心内容之一，也是实现社区、居家养老发展战略的重要手段。与较早进入老龄化社会的发达国家比较，我国老年宜居环境建设的起步晚、基础差，无论是在相关法规的完善、技术体系的建设、专业化组织的发展，还是保障机制的构建等方面均未形成成熟经验。本章在明确适老化改造目标、原则和工作方法的基础上，探讨社区嵌入养老服务设施的途径与存量建筑再利用的可行性，分析社区活动场地、出行环境、绿化环境、物理环境等的适老化改造手段，并结合我国居住建筑普遍存在的问题，介绍住宅公共部分和套内部分的适老化改造要点。

第一节
适老化改造的原则与工作方法

一、适老化改造的目标与原则

既有居住环境的适老化改造是指通过调整服务资源的配置与空间要素的布局改善建成环境老年宜居水平的实践活动。适老化改造是老年宜居环境建设的重要内容,针对老年人群体的生理与心理特征,强调居住的安全性、生活的便利性、环境的健康性和舒适性,旨在提高老年人日常生活的质量,延长老年人独立生活的时间,实现健康、积极老龄化的发展目标。适老化改造同时也是城市更新的有机部分,致力于提高全体居民的福祉与发展的需要,关注改造策略的包容性与综合性。就城市居住环境而言,适老化改造的对象包括养老服务设施、社区建成环境和既有住宅。基于我国基层社会管理的特点,适老化改造通常以社区为实施改造的基层单元。

与新建居住环境不同,既有居住环境为老年人所熟悉,无论在空间环境方面还是社会环境方面都因长期居住而具有较高的居民认同感。然而,伴随着年岁增长,老年人对环境的使用方式和参与方式同既有居住环境之间出现了新的矛盾。居住环境中存在的与老年人能力不匹配的障碍越多,老年人对环境的满意度越低,进而导致其消极心理和挫败感。

事实证明,在日常居住环境中实施必要的适老化改造可以大幅提升老年人的生活质量。例如,对于存在跌倒高危风险的老年人,环境的无障碍水平是影响其安全性的首要因素(Clemson et al.,2008)。及时采取预防跌倒的适老化改造不仅有助于降低跌倒风险,也有利于改善老年人自我感知的环境安全性(Petersson et al.,2008),从而促进老年人从事更多体力活动。

从目前的经验来看,既有居住环境的适老化改造行动主要针对老年人行动、日常活动能力、感官功能等方面能力衰退的弥补(马晓雯等,2016)。身体肌肉、骨骼、关节及神经系统的老化造成老年人肢体协调能力、活动敏捷性降低,感官功能的衰退可能造成视觉、听觉、嗅觉、触觉、记忆等方面的退化,居住环境中的某些要素可能给老年人的行动造成障碍甚至威胁。另外,老年人对外界条件改变或危险信号的反应变得迟钝,无法及时采取保护性措施,或因误判而威胁自身安全。譬如过强或过暗的照明条件容易造成老年人对地面高差判断失误而跌倒,或在行动过程中发生危险等。由于活动能力衰退，部分老年人在原有环境中完成日常生活活动时出现困难，需要借助轮椅、拐杖、助行器等辅助用具，对地面高差、门洞尺寸等环境细节更为敏感。与其他年龄阶段的居民比较而言，老年人对居家和社区建成环境提出了更高的要求，需要居住环境对老年人肢体能力与感官功能的退化做出功能性的弥补支持。

研究表明，老年人日常生活活动受限程度越高，对居住环境适老化改造的需求越高；而当日常生活活动严重受限或当老年人完全不能自理时，适老化改造的需求反而降低(Stineman et al.，2011)。从日本介护保险的适老化改造申请情况中发现，申请者主要是护理程度较轻的老年人(司马蕾，2014)。这说明居住环境的改造与老年人的自理程度密切相关，实施改造应与护理服务之间形成相互补充的促进关系。

通过适老化改造满足老年人对居住环境的特殊需要，既体现了对老年人居住权利的尊重，也是城市发展进入转型期对节约资源和能源、建成环境建设精细化发展的需要。不仅如此，通过居住环境的适老化改造提高老年人独立生活的能力，也有助于减少老年人的护理成本，节约人力资源支出。实施长期照护保险的发达国家在实践中发现，为老年人提供居家环境的适老化改造可以显著地降低保险支付金额，对于降低医疗卫生和养老保险费用开支均有重要意义(詹姆斯·亨德森，2008)。

我国的城市住房建设自20世纪80年代后期进入大规模建设时期，住房数量的严重短缺使近30年来的住房建设难以针对人群的差异化需求进行精细化的设计和配套，商品房的建设迄今尚未形成基于生命周期的包容性设计共识。随着人口老龄化程度的加深和人们对生活质量要求的日益提高，老年宜居环境建设在硬件和软件方面的不足正在引起社会的广泛重视，部分城市的先行、先试为全面开展居住环境适老化改造揭开了序幕。2016年9月，北京市民政局发布《北京市支持居家养老服务发展十条政策》，提出为5 000户特殊困难老人家庭实行适老化改造，包括建成600至1 000个面向老人的“幸福彩虹”社区特供店等具体措施。同期，上海市发布的《上海市老龄事业发展“十三五”规划》提出在社区层面完善社区为老服务设施均衡布局，推进与老年人生活相关的公共设施和家庭无障碍改造。此外，上海、南通、苏州、青岛等首批15个城市开展长期照护保险试点，意味着养老支付体系的顶层设计正在启动，更多配套政策将为适老化改造提供更全面的支持。

与老年宜居的理想环境相比，既有居住环境面对诸多约束和限制，需要对既有空间存在的问题和改造潜力建立充分的认识，从而采取具有可行性的调整和增减措施。这项工作不仅内容庞杂、程序复杂，实施效果也较难把握。周春发等(2008)通过分析近年来我国老年人的居住状况，指出住宅设计不尽合理、社区养老设施与服务不完善等几个方面的问题普遍存在。周燕珉等(2016)基于对北京市的调研发现，计划经济时代建成的福利性住房总体上存在结构形式限制、套内功能不合理、居室面积小、通行宽度不足等突出问题，难以满足老年人的需求，且实施改造的难度较大。于一凡等（2015b）自2010年以来持续对上海市典型住区开展的环境适老化调研表明，社区居住环境的适老化矛盾主要表现在空间拥挤、人车冲突、绿地配置水平低、缺乏必要的养老服务设施、公共活动场地和无障碍设计等方面；住宅内部的问题则表现为居住面积狭小、功能不全和生活不便等（于一凡等，2014）。许天添（2013）对上海的调研发现，多层职工住宅使用权房屋人均居住面积较低，小区居住环境较差，养老服务设施缺乏，但小区周边的生活配套设施比较成熟；产权房屋人均居住面积较高，小区规模较大，居住环境相对较好，多建有老年活动室等，周边生活配套设施一般可以满足生活需要。总体上，较早建成的居住环境受到技术、材料和规划设计理念等方面的局限，改造的需求往往愈显急迫。然而值得注意的是，较早形成的老旧社区里社会资本的沉淀和积累往往高于新建社区，有助于邻里之间形成守望相助的社区氛围。同时，老旧住宅区多位于城市成熟地段，周边城市环境的公共服务和设施所提供的支持较为优越，常常拥有就近就医、购物、出行等方面的便利，又为这些小区提供了较为丰富的公共服务支撑。因此，对既有居住环境实施适老化改造之前应开展相应的预评估，客观评价其存在问题和潜力，因地制宜采取措施。此外，广义的适老化改造不仅局限于物质空间，也存在于社区服务的组织、服务和管理水平的提升、改造资金的筹措，以及老年人及其家庭的积极参与等多个方面。

现阶段，由于我国城市物质空间环境的适老化矛盾突出，部分地区开展的适老化改造试点主要针对物质环境的改造，如群众呼声很高的多层住宅加建电梯、厨卫地面防滑处理与增设安全扶手等。由于公共资金短缺，适老化改造往往无法实现"一步到位"的全方位改造，对改造需求的把握因而显得尤其重要。不同类型居住形态所产生的适老化改造需求既有共性也有差异，而家庭结构、自理水平、年龄阶段等条件的不同亦会导致适老化改造需求的分化，这就决定了适老化改造的"需求导向"工作方法。

【上海市适老化改造的"一户一本"方案】

上海市自2012年以来陆续开展适老化改造政府实事项目。根据公共财政的支持力度，首先针对低保困难老年人家庭实施改造。2012年，上海长寿敬老志愿者指导中心针对120户受助家庭开展的适老化改造项目中，在户均2万元左右的改造预算范围内，结合受助对象填写的申请表和对房屋情况开展的调研确定具体改造方案，最终形成了"一户一本"的120套改造和预算方案（大城养老编委会，2017）。

作为初期的尝试，现阶段适老化改造工作由于缺少资金和政策支持、医疗和养老服务专业的配合、标准化评估的工具，以及完整的技术规程和可靠的推进机制，改造项目往往存在较大的随意性和盲目性。具体表现为：① 对改造目标的理解较为局限。技术措施多从群众呼声较高的突出矛盾着手，缺少对老年人日常活动与建成环境要素之间关系的深入认识。② 措施较为单一。目前开展的适老化改造行动主要针对老年人身体机能的支持，缺乏促进老年人身心健康、社会交往等方面的探索与实践。③ 缺少完整的技术规程。针对社区建成环境、公共设施和居住建筑的适老化改造技术尚未形成体系，既有改造技术、设施和设备对适老化改造的全面推开难以提供系统支持。④ 缺乏可靠的推进机制。既有居住环境的问题比较复杂，改造工作牵涉诸多因素，缺少政策支持和机制保障导致项目在实施过程中面对重重矛盾，有的甚至遭遇社区抵制，亟待建立社会共识、获得政策支持。

适老化改造的行动是围绕着老年宜居环境建设的总体目标开展的，其基本原则如下：

1）需求导向原则：适老化改造既要满足老年人当前的需求，又要为社会、家庭的发展提供适应性的空间；既要考虑老年人对健康、安全方面的需求，也需要考虑社交、尊重、认知的需求。改造行动不仅要关注老年家庭和老年社区的硬件更新需求，还应促进老年人的积极参与，推动老年人的社会交往和社区融合。

2）公平正义原则：现阶段，政府主导的适老化改造属于公共物品范畴，需要通过制定公共政策实现资源配置的优化，并指导有关机构、团体与个人的行动。公共财政支持的适老化改造应强调行动的计划性和资源分配的公平性。针对群体和个体的实际情况，适当向最弱势的老年人倾斜。

3）包容性原则：以为全体居民提供安全、健康、便利和舒适的居住环境为目标，关注身体机能存在局限的人群的活动安全和使用便利。改造后的环境既为老年人、残疾人提供支持，也适用于其他居民，有助于促进社区参与及社会和谐。

【上海市曹杨新村适老化改造】

上海市曹杨新村始建于1950年，是全国第一个工人新村。后不断扩张，不同小区的规划特点和房屋质量并不完全相同，但总体上以多层住房为主，公共设施匮乏。根据2012年曹杨新村街道的统计，户籍老年人口共有25 755人，占户籍人口总数的29%。随着年龄不断增大、配偶离世，高龄独居老人比例不断攀升，社区对养老服务的需求日益强烈。2014年，曹杨新村被确立为上海市老年宜居社区试点社区。随后相关政府、民间和学术机构开展了多次对基础情况的摸排，形成了适老化改造的需求清单：住房层面主要有公共部分的照明、多层加装电梯、增设墙面安全扶手和休息座椅等；套内主要有卧室、卫生间、厨房的紧急呼叫系统,卫生间安全扶手、地面防滑和改善沐浴与盥洗条件,厨卫灶具设备改进与安全报警等。户外环境层面主要涉及绿化环境改善,社区排水和垃圾处理系统改善,公共空间防寒保暖等。公共服务设施方面,增设助餐点、老年活动室,完善小区健身活动场所等居民呼声较为强烈。适老化改造的实施包括构建社区信息网络化平台、举办久龄为老服务设施和久龄互助服务站等具体事项,旨在依托区、街道两级信息化服务平台和实体运作机构,实现硬件改造和软件提升。由同济大学课题组担任设计团队,从整体布局调整、设施完善、功能提升等方面推进"家—小区—社区"三级改造、十余个改造项目。

住宅改造项目从安全性、无障碍设计、整洁三个方面重点针对低保困难老人实施了内部环境的改造,安装了沐浴座椅、升降式晾衣架。2012~2013 年,曹杨新村完成 48 户受助家庭的改造。楼宇公共部分增设了共计 500 米长的走廊安全扶手、300 套久龄爱心折叠椅,用以方便行动不便的老年人在上下楼途中歇脚。户外空间和公共设施方面,增加了小区健身园地、休息座椅,为老年人开辟更多可供锻炼、交往的场所。在公共通道设置防滑地板、引导标志,确保老年人出行安全。2013 年,曹杨新村综合助餐点完成改造,为 470 多位高龄长者提供助餐服务,并配置了 6 辆送餐车每天向行动不便的老年人配送餐食(贾胜男,2014)。

二、适老化改造的工作流程

面对大量存在的改造需求,既有居住环境的适老化改造项目需要考虑如何以较少的改造成本获得较高的效益。为了确保改造的实施效果,适老化改造项目还必须综合考虑投资方、建设方、设计师以及改造完成后的运营主体等对项目的影响。这就要求改造项目从任务拟订到方案实施形成一套完整的工作流程,减少因决策偏差或信息缺失造成改造资源的浪费。

20 世纪 60 年代末,美国 CRS 建筑设计事务所的主要合伙人威廉 · M · 培尼亚和史蒂文 · A · 帕歇尔在《问题探查:建筑项目策划指导手册》(*Problem Seeking: An Architectural Programming Primer*)中提出了项目策划的设想,并在此后不断加以补充完善,形成了以功能、形式、经济、时间对应目标、事实、构思、需求及问题等构成的项目决策信息矩阵(表 8-1)①。该方法适用于研究具体条件下实现特定设计目标所必须满足的需求,具体包括 5 个具有承接关系的分析步骤:① 确立目标;② 收集和分

① 建筑策划在美国使用 Architecture Programming 一词,在英国称之为 Architecture Briefing,在日本被称为"建筑计画"。

析事实;③ 提出并检验概念;④ 发现需求;⑤ 说明问题(培尼亚等,2002)。

表 8-1　项目决策信息系统矩阵

	目　标	事　实	构　思	需　求	问　题
功能 人 行为活动 空间关系	• 任务 • 规模上限 • 个体特征 • 互动/私密 • 价值 • 活动 • 安全 • 分隔 • 邂逅 • 交通/停车 • 效率 • 优先	• 统计数据 • 面积参数 • 人员数量预测 • 用户特点 • 社区特点 • 组织结构 • 潜在损失的价值 • 运动时序研究 • 交通分析 • 行为模式 • 空间满足 • 类型/密度 • 物理限制条件	• 服务分类 • 人员组团 • 活动组团 • 优先 • 等级 • 安全控制 • 连续的流线 • 不连续的流线 • 混合的流线 • 功能关系 • 交流	• 面积 • 机构 • 空间类型 • 时间 • 位置 • 停车 • 户外空间 • 功能转换	• 影响建筑设计的主要功能因素
形式 场地 物理和 心理环境 空间和 建造质量	• 对场地因素的成见 • 环境的响应 • 土地利用效率 • 社区关系 • 社区进步 • 物理舒适性 • 生命安全 • 社会和心理健康 • 个体 • 解决方案 • 项目意向 • 客户期望	• 场地分析 • 土壤分析 • 容积率 • 气候分析 • 规范 • 周围环境 • 心理暗示 • 参考点/起点费用 • 空间绩效 • 设备费用 • 单元面积	• 增加 • 特殊地基 • 密度 • 环境控制 • 安全 • 邻里 • 居家办公/办公概念 • 定位 • 可达性 • 特性 • 质量控制	• 场地开发成本 • 环境因素对成本的影响 • 建筑物成本 • 建筑物总体的效率因素	• 影响建筑设计的主要形式因素
经济 最初预算 运行成本 生命周期 成本	• 资金范围 • 投资效率 • 最大收益 • 投资回报 • 运行费用最小化 • 维修和运行支出 • 全寿命成本 • 可持续发展	• 成本参数 • 最高预算 • 耗时 • 市场分析 • 能源消耗 • 活动和气候要素 • 经济数据 • LEED 等级	• 成本控制 • 有效分配 • 多功能性 • 商品销售 • 能源节约 • 降低成本 • 循环再生	• 预算估计分析 • 预算平衡 • 现金流分析 • 能源预算 • 运行费用 • 绿色建筑等级 • 生命周期成本	• 初步预算及其对建筑物构造和形式的影响
时间 过去 现在 将来	• 历史遗存 • 静态和动态活动 • 变化 • 生长 • 已知数据 • 可用资金	• 重要性 • 空间参数 • 活动 • 预测 • 持续时间 • 增加的因素	• 适应性 • 包容性 • 弹性 • 扩展性 • 连续/同期计划 • 项目分期	• 增加 • 周期 • 时间/成本进度表	• 长期的性能保障

资料来源：根据涂慧君(2017)、培尼亚等(2010)整理绘制

既有居住环境的适老化改造涉及主体众多,不仅限于设计师和建设者,还包括政府与投资者、当前和未来的使用者、项目周边可能受到影响的居民和单位,以及

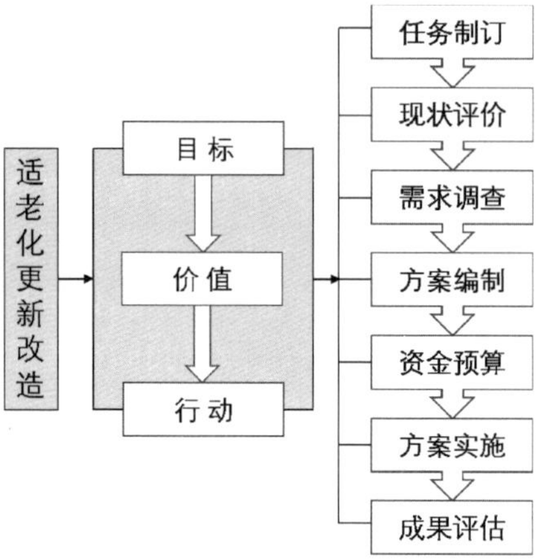

图 8－1　既有居住环境适老化改造的工作流程

项目完成后的维护管理者与经营者等。改造项目启动之前需要对各主体的意愿、居住环境的客观适老化水平、主观满意度等开展充分的研究，遵照适老化改造的设计目标和基本原则，综合现实条件，制订具体改造和预算方案。具体工作程序包括任务制订、现状评价、需求调查、改造方案制订，预算编制和方案实施。此外，为了了解适老化改造的效果，项目实施后的评估也是不可缺少的环节(图 8－1)。

2015 年，同济大学针对上海市杨浦区同济新村开展的适老化改造策略研究系统地开展了组建策划团队、研究确定策划流程、实地调查和信息收集与筛选等工作(图 8－2)，示范性地构建了适老化改造工作的主要程序(刘敏等，2015)。

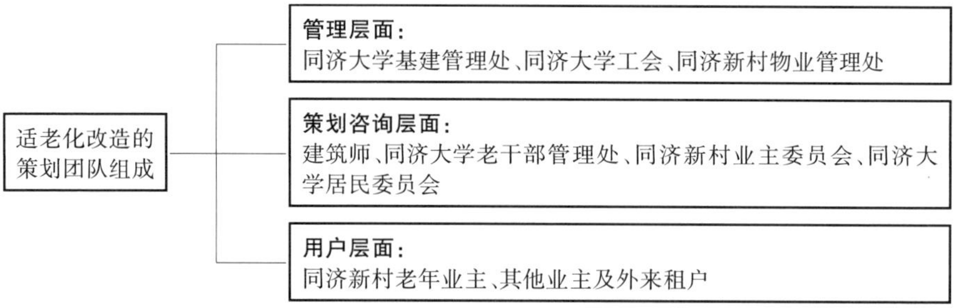

策划团队框架图

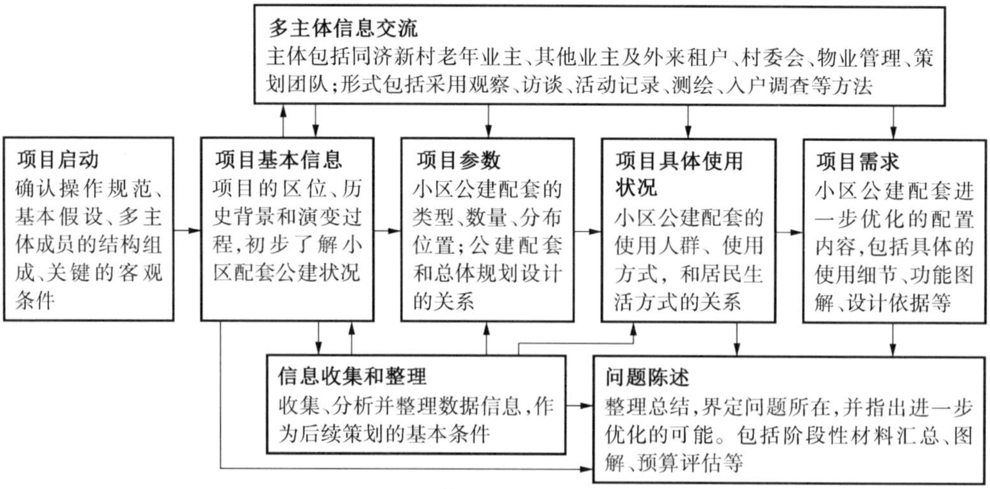

策划流程图

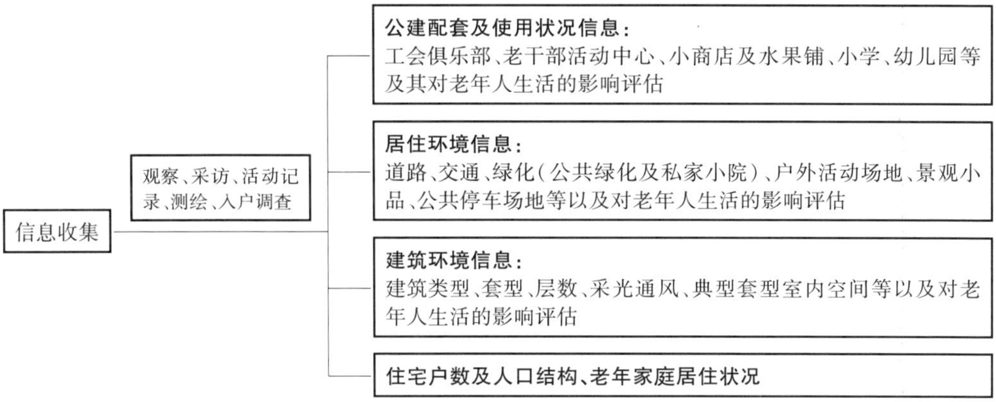

信息收集框架图

图 8－2　上海市同济新村适老化改造工作程序

资料来源：刘敏等，2015

表 8－2　同济新村适老化改造决策信息矩阵

	目　标	事　实	构　思	需　求	问　题
配套公建 使用者 行为 相互关系	• 应符合老年人的行为模式和需求，在布点、功能、服务半径等方面进行完善	• 缺乏社区医疗服务点、社区食堂，现有老人活动用房在面积、功能和内容上不足	• 对现有配套公共建筑进行整合，调整、增加、改善相应环境	• 数量、面积、功能、建筑类型以及服务半径等实际需求	• 配套公共建筑数量、功能、服务半径、面积、便利程度等问题
居住环境 基地 环境 质量	• 通过整合并改造形成良好的适老性公共活动场地和绿化层次；丰富的小区环境；道路通畅，人车适当分流	• 总体居住环境较好，小区绿化率高，植物种类丰富，有一定的活动场地，但绿化配置比较粗放、管理一般；道路见缝插车，影响活动，公共活动场地缺乏无障碍设施	• 适合老人活动的公共活动场地，公共绿地的多层次绿化，适合各种人群活动的无障碍环境，停车位的统一整合和规划，让出道路空间方便出行	• 适老化功能需求：增加公共活动场地的休息座椅，形成环形健身步道，防滑路面和无障碍环境改造； • 适老化心理需求：创造多年龄结构适度混合的活动场地和环境	• 基于目标、现状、构思和需求的环境改造和整治的问题
建筑套内 环境 功能 适老细部 设计	• 套内环境的调整与综合改造，达到小户型套内空间的居住舒适和功能合理	• 厨卫设施、储藏设施、居室布局、室内交通空间、室内外过渡空间（门前院落）等方面存在不足	• 复合空间/多功能空间，适老化细部改造，适度节约改造成本	• 满足现阶段需求和变化的需求，满足舒适、健康、环保、经济的需求	• 厨卫设施重新布局，采用整体式厨房；取消老式卫生间浴缸改为淋浴房；居室按成套家具集约设置，留出合理的活动空间；

续　表

	目　标	现　状	构　思	需　求	问题陈述
建筑套内 环境 功能 适老细部 设计					• 加强细部设计：防滑、抓握扶手、增设智能呼叫系统
时间 过去 现在 未来	• 生活方式的变化、功能的变化、灵活性空间目标	• 空间参数、活动、生理及心理需求的要素	• 适应性、兼容性、可变性，一定时期后的改建、扩建可能性	• 方便、舒适、卫生、安全	• 提出随着时间变化后的家庭年龄结构应对适老化改造的问题

资料来源：刘敏等，2015

根据信息矩阵的分析结果（表 8－2），同济新村的适老化改造着重从住区的养老服务设施、居住环境设施和住宅套内功能与性能提出改造策略。针对养老服务设施，项目组提出了增加社区医疗和助餐服务、丰富活动空间和服务空间的设置内容和设置等级，利用既有公共设施功能促进为老服务功能，以及完善无障碍设施、建设智能化社区等设计任务。针对环境设施，提出改善步行空间的安全性和舒适性、美化环境、优化植物配置和活动场地的无障碍改造等设计任务。针对住宅建筑套内功能与空间，提出了设置紧急求救报警装置、改善室内空间组织、调整家具尺寸和照明、浴室防滑和厨房动线调整等设计内容（图 8－3）。

研究适老化改造决策过程有助于促进实践的科学合理性。构建基于改造对象

改造后前广场

改造后无障碍绿化活动场地

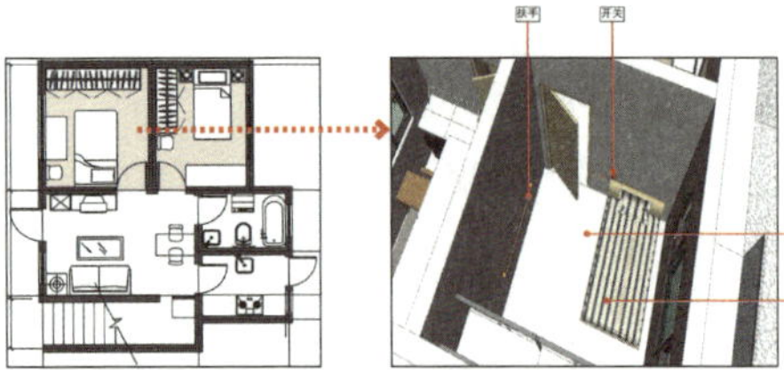

改造后的卧室

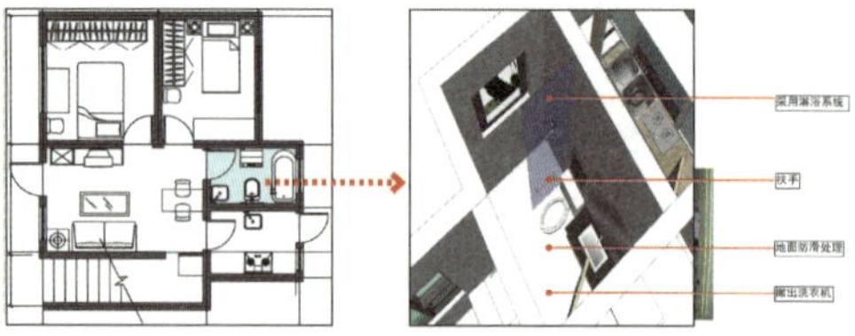

改造后的卫生间

图 8－3　适老化改造部分设计内容

资料来源：刘敏等，2015

信息收集与处理、决策主体信息的交互分析网络的决策模型，适用于既有居住环境的复杂状况，有助于避免传统更新改造“一刀切”的弊端，弥补了多方利益参与不到位、过程缺乏科学依据的不足。

三、适老化改造的需求调查

对既有居住环境适老化水平的判断来自对建成环境的客观评价和使用者的主观满意度两个方面。适老化改造项目的前期调研因而可以概括为两部分内容：一是利用专业知识对居住环境的设计、设施和设备等进行分析评价，如社区人均养老服务设施面积、场地无障碍设施、居住建筑空间和性能的适老化水平等。二是通过问卷和访谈，了解老年人对居住环境的主观评价和改造意愿，继而根据老年人实际反映的情况确定改造计划。鉴于老年居民群体内部存在差异性和多样性，对适老化改造的需求各有侧重，采用问卷和访谈的方式更有利于准确把握需求的结构特征，提高改造项目的针对性与适用性。然而，“一户一本”的改造模式很难适应大规模适老化改造的需求和有限的改造资金，因此综合运用上述两类技术手段开展面上调查显得十分必要。

具体调查工作包括两个步骤：首先，基于专业知识对需要开展适老化改造的建成环境进行分类，对具体待改造社区的老年人群体进行分组；其次，针对各类社区或各组调查对象开展抽样调查，通过系统的对比分析，发现适老化改造需求的结构性矛盾和焦点问题。针对特定地区或特定类型的居住环境，形成适应性和成熟度较高的改造技术规程，进而推动相应适老化改造部品与设备的产业化发展。本节结合上海案例，介绍基于典型居住形态的适老化改造需求调查（于一凡等，2017c），分析不同类型社区关于居住环境的适老化改造需求的结构性特征和现阶段的主要矛盾，其中社区公共服务设施等相关内容见第五章。

按照建成的年代和居住空间形态，上海的集合住宅大致可以分为三种类型：① 传统里弄；② 计划经济时期建成的单位公房；③ 住房市场化改革以后新建的商品房和保障房（图 8－4）（于一凡，2010）。调研工作于 2010~2013 年分三次完成，由调研员与受访老人逐一交谈并协助填写问卷，共计获得 1 872 份有效问卷和访谈笔录。调研内容包括对套内居住环境与社区居住环境的适老化评价与改造意愿，以及针对社区公共服务设施的满意度评价。

从整体改造意愿来看，受访老年人的基本人口学特征揭示了影响老年人对居住环境适老化改造意愿的影响因素。相关性分析显示，老年人的年龄、教育程度和月收入与改造意愿呈显著相关（表 8－3）。中低龄老年人由于绝大多数生活完全能自理，其活动范围较广、对居住环境的利用率较高，对适老化改造的需求也相对

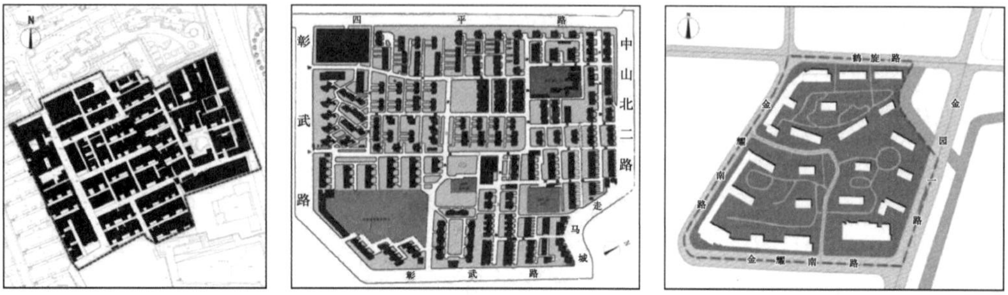

静安区张园　　杨浦区同济新村　　嘉定区新江桥城

图 8－4　上海里弄（左）、单位公房（中）和新建住房（右）的典型空间形态

资料来源：于一凡等，2017c

较大，其中 60~69 岁老年人认为很有必要或有必要进行改造的比例高达 79.6%（图 8－5）。从老年人的社会属性方面看，教育程度和收入水平具有较强的正相关性，教育程度和收入水平较高的老年人更关注居住空间的适老化水平，改造意愿相对较强。收入在 3 000 元以上、硕士学历以上的老年人认为很有必要进行适老化改造的比例分别为 46.0%、50.0%（图 8－6、图 8－7）。就具体改造需求而言，老年人对社区和居住建筑空间的改造意愿与内容虽存在差异，但总体上仍呈现出较强的共性。

表 8－3　老年人改造意愿与其年龄、教育程度、月收入相关性分析

相关性

		年龄段	是否需要改造
年龄段	Pearson 相关性	1	0.099*
	显著性（双侧）		0.047
	N	401	401
是否需要改造	Pearson 相关性	0.099*	1
	显著性（双侧）	0.047	
	N	401	401

* 在 0.05 水平（双侧）上显著相关。

相关性

		是否需要改造	教育程度
是否需要改造	Pearson 相关性	1	−0.105*
	显著性（双侧）		0.035
	N	401	401
教育程度	Pearson 相关性	−0.105*	1
	显著性（双侧）	0.035	
	N	401	401

* 在 0.05 水平（双侧）上显著相关。

相关性

		是否需要改造	月收入
是否需要改造	Pearson 相关性	1	-0.110*
	显著性(双侧)		0.028
	N	401	401
月收入	Pearson 相关性	-0.110*	1
	显著性(双侧)	0.028	
	N	401	401

* 在 0.05 水平(双侧)上显著相关。

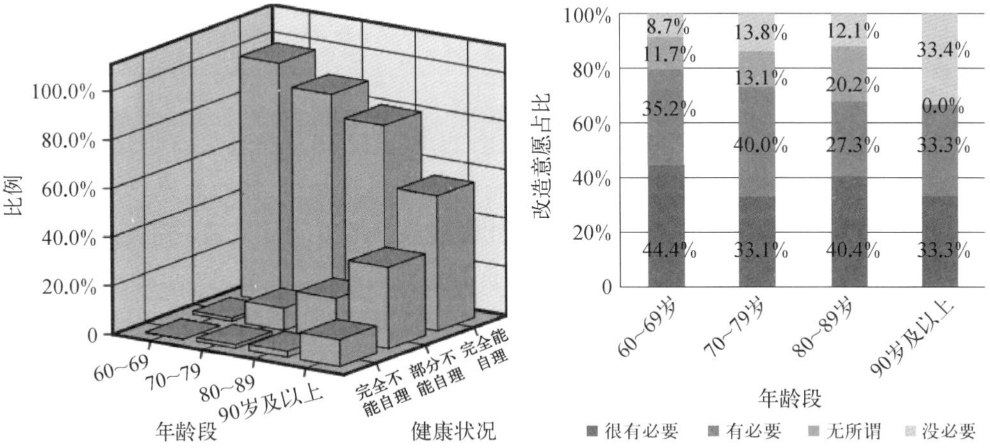

图 8-5　不同年龄段的老年人健康程度分布情况(左)与改造意愿分布情况(右)

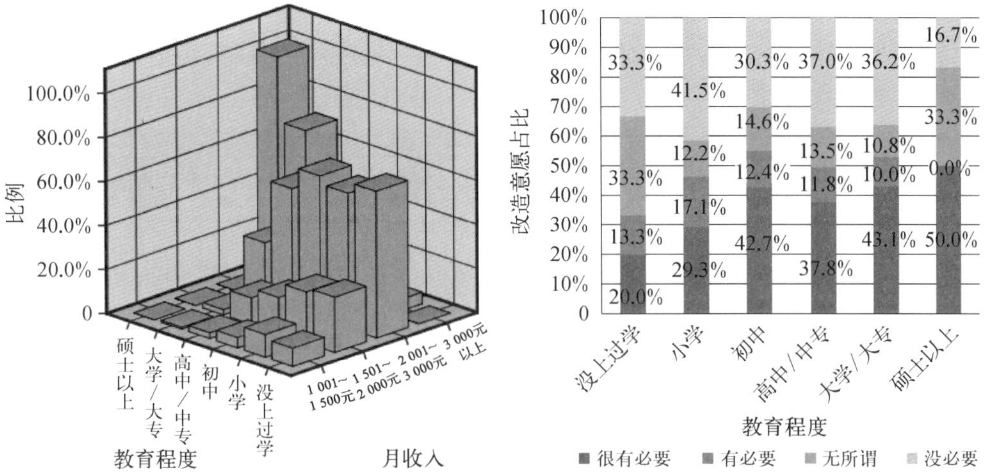

图 8-6　不同教育程度的老年人月收入分布情况(左)及改造意愿分布情况(右)

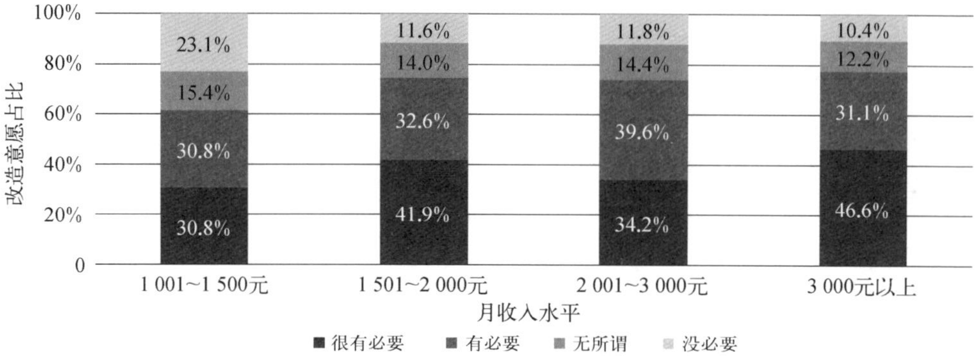

图 8－7　不同收入水平的老年人改造意愿分布情况

资料来源：根据调研数据整理绘制

1. 社区建成环境的适老化改造意愿

社区建成环境是老年人接触社区、社会的重要场所，主要包括场地与设施的布置、道路与交通的组织，以及户外物理环境的舒适度等内容（于一凡等，2015b）。

在各类既有住区中居住的老年人对社区建成环境适老化改造的意愿具有相对显著的共性。问题的焦点集中体现在以下四个方面：① 公共空间总量不足，功能性和舒适性欠佳；② 缺乏适合老年人活动与交往习惯的中小型活动场所；③ 缺少公共厕所、遮阴避雨设施、休息座椅、靠扶设施等辅助设施；④ 环境无障碍体系欠缺或不健全，步行空间的安全性与舒适度不高（图 8－8）。调研中老年人主动填写的“其他”选项则更多地反映出基于不同现状条件而提出的针对性意见：例如里弄

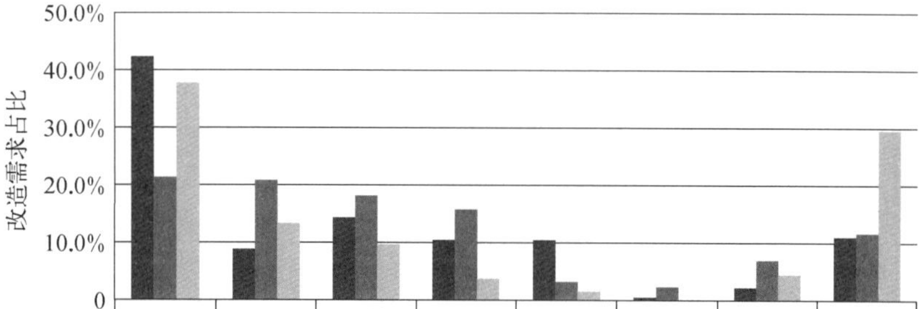

	缺乏活动场地	缺公共厕所	活动场地缺少休息座椅	缺乏遮阴避雨的活动场地	可用活动场地距离太远	台阶过多走路不便	夜间照明不足	其他
■ 里弄住区	42.3%	8.8%	14.3%	10.4%	10.4%	0.5%	2.2%	11.1%
■ 公房住区	21.3%	20.8%	18.1%	15.7%	3.2%	2.3%	7.0%	11.6%
■ 新建商品房与保障性住房	37.8%	13.3%	9.6%	3.7%	1.5%	0.1%	4.4%	29.6%

图 8－8　外部居住环境适老化改造需求

资料来源：于一凡等，2017c

住区主要为人车矛盾和邻近活动场地可达性差;单位公房住区依次为环境卫生状况差、设施陈旧、绿化缺乏;新建商品房与保障性住房依次为停车占用活动场地、活动场地不适用、物业管理不力等。

其中,里弄住区建成环境的适老化矛盾最为突出。譬如静安区张园,在 3.97 公顷的街坊范围内仅有 278 平方米的狭窄弄堂绿地,无法为居民的户外活动提供基本的空间保障。近年来机动车停车占用弄堂空间的情况日益严重,老年人在弄堂里活动的条件进一步恶化,只好选择到在弄堂外的商场或办公楼下的场地活动,或减少出门次数(图 8－9)。较晚建成的住宅区居住环境有所改善,然而公共活动场地功能性不足和环境无障碍、辅助设施缺乏等问题仍普遍存在(图 8－10)。

里弄住区缺乏户外活动场地　　交往活动空间被停车挤占　　聚集在商务楼宇下活动的老人

图 8－9　里弄住区活动空间的使用矛盾突出

资料来源:同济大学调研组,2013

住区道路人车矛盾　　缺乏适宜的休憩场所

图 8－10　公房住区建成环境存在的普遍问题

资料来源:同济大学调研组,2013

调研中发现,部分住宅区为老年人提供的底层架空活动空间很受老年居民的欢迎,而某新建住宅区宽阔的社区广场却在烈日暴晒下无人问津(图 8－11)。此外,不少老年人还认为户外活动场地宜设置在独立、安静的位置,不希望与少儿活动场地混杂。上述调研一方面反映出既往住区规划设计工作中"适老"意识的缺失,另一方面也提示规划设计人员需要慎重对待促进"代际互动"的设计手段。

住宅底层架空作为全天候健身和活动场地

缺乏遮阴避雨和无障碍设计的
活动场地难以支持老年人的活动

图 8－11　不同类型的住区活动空间使用情况对比

物理环境的舒适度是影响老年人户外活动参与度的重要因素，具体包括风环境、光环境、声环境等。上海属冬冷夏热气候，老年人对冬季是否可以获得较长时间的连续日照、夏季是否可以获得良好的通风格外重视。然而，由于缺乏相关技术规定和实施导则的指导，部分户外活动场地风环境恶劣或位于常年阴影区，导致户外活动场地的品质和利用率降低。研究表明，老年人对风环境和温度变化的敏感性和生理调节机能随着年龄的增长而降低，场地物理环境对老年人健康的影响不容忽视（Bu et al.，2015）。

2. 既有住宅的适老化改造意愿

既有住宅的适老化改造涉及居住单元的功能结构、空间配置和相关设施设备等硬件条件，以及相应生活活动组织与空间的关系。

调查显示，不同类型的住区中老年人对住宅的适老化改造意愿存在较为明显的差异。现有居住条件、家庭结构特征和老年人的自理能力是造成差异的主要原因（图 8－12）。

从里弄住宅存在的问题来看，建设标准低、设备简陋、结构和设施老化等是普遍反映的问题。居住拥挤现象依旧十分突出：受访老年人 2011 年的人均居住面积为 10.7 平方米，远低于同期上海城镇居民人均水平[①]。问卷统计数据显示，老年人最关心的是住宅成套率改造和扩大居住空间的可能性。改造意愿最集中的是完善套内卫浴设备、开辟独立厨房，分别达有效问卷总数的 71.3%和 44.7%。随后才是更具年龄结构特征的安全性改造需求，如楼梯过于陡峭狭窄，通道缺乏采光等（图 8－13）。

① 根据上海市统计局、国家统计局上海调查总队 2012 年发布的《上海市国民经济和社会发展统计公报》，2011 年上海城镇居民人均住房面积为 34 平方米。

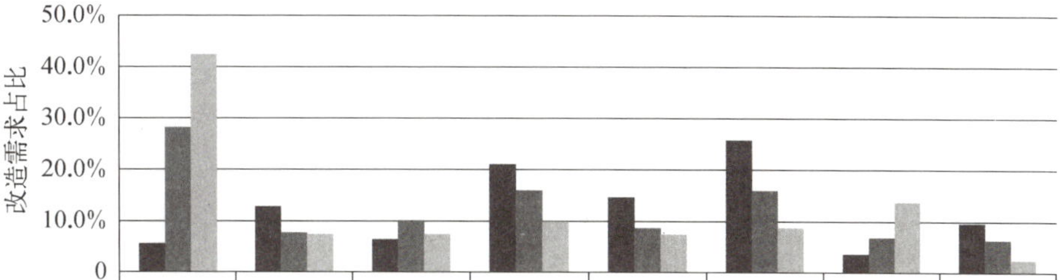

	安装电梯和增加轮椅坡道	卧室	客厅	厨房	浴室	卫生间	阳台	楼梯和走廊
■ 里弄住房改造	5.7%	12.9%	6.5%	21.1%	14.7%	25.8%	3.6%	9.7%
■ 公房改造	28.2%	7.8%	10.2%	16.0%	8.7%	16.0%	6.8%	6.3%
■ 商品房改造	42.5%	7.5%	7.5%	10.0%	7.5%	8.8%	13.8%	2.4%

图 8-12　内部居住环境适老化改造需求

资料来源：于一凡等，2017c

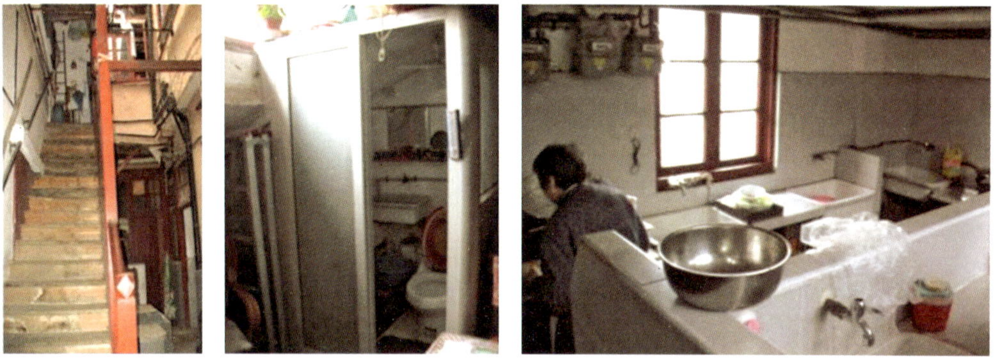

图 8-13　里弄住宅的陡峭楼梯、狭窄卫生间、公用厨房

资料来源：同济大学调研组，2013

相比之下，单位公房的户内功能相对比较完整，但由于多采用梯间式多层建筑的形式，“上下楼难”成为行动不便的老年人外出的主要障碍（图 8-14）。45.1%的受访老年人将增设电梯排在了适老化改造需求的首位。单位公房内居住的受访老年人同样认为卫浴和厨房急需改造，分别占 55.0%和 25.2%，但关注的焦点是扩大空间、地面防滑、助力扶手等安全措施。其中，独居老年人对户内安全性改造和安装紧急呼救设备的需求较为急迫。

商品房和保障性住房的建设标准明显改善。其中，居住在多层住宅内的老年人认为住房需要进行适老化改造的意愿（47.4%）高于住在高层、小高层住宅的老人（23.3%），是否设有电梯和单元入口无障碍坡道是集中反映的问题。卫浴空间

图 8－14　多层住房的楼梯和单元入口台阶是老年人出行的主要障碍

资料来源：同济大学调研组，2013

的地面防滑和安全助力设施也是老年人较为集中的改造需求。此外，超过 1/3 的老年人对卧室、阳台空间的适用性与舒适性提出了改造要求。

较早建成的住房建筑质量普遍较差，大多存在保温隔热性能和采光通风效果差等问题。针对老年人对季节与温度变化的适应方式的调查显示，尽管绝大部分老年人在居室里都安装有空调，但出于电费支出考虑和生活习惯，无论冬季还是夏季，老年人均倾向于优先选择不消耗能源的自然调节手段（Jiao et al.，2015）。譬如，在冬季，老年人抵御寒冷的做法首选晒太阳，其次为加衣服和关门窗，再次为使用空调；在夏季，老年人首选使用风扇，其次为开门窗纳凉，再次为使用空调（图 8－15）。老年

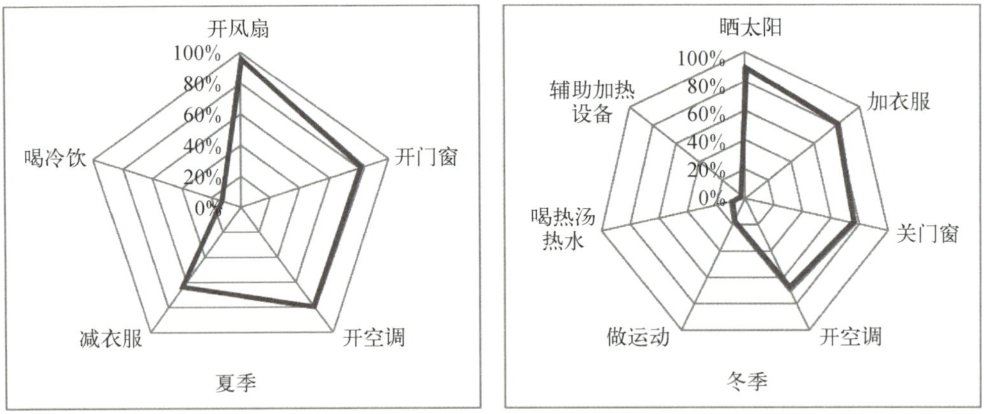

图 8－15　上海老年人调节温度舒适性的行为习惯

资料来源：于一凡等，2017c

人停留在室内的时间较长，为老年人创造良好的日照和通风条件，对于提高其居住生活的舒适性显得格外重要。

历时三年的调研表明，尽管上海市早在 20 世纪 90 年代末即已步入老龄化社会，然而无论是较早建成的里弄、单位公房，还是近年来新建的商品房与保障房，居住空间环境与设施的适老化基础均十分薄弱，适老化改造需求普遍存在。不同居住条件和群体特征的老年人对居住环境适老性能的要求不尽相同，适老化改造工作应兼顾不同对象的共性与差异性需求，分清轻重缓急，因地制宜地采取针对性举措，提高改造实效。

第二节
适老化改造的规划与设计要点

一、养老服务设施的嵌入与改造①

1. 社区养老服务设施的嵌入

（1）社区养老服务设施嵌入住宅用地

结合养老服务设施的整体部署和服务需求的规模，可将社区养老服务设施嵌入住宅用地。适合嵌入住宅用地的养老服务设施既包括小微机构养老服务设施，也包括社区老年人日间照料中心和老年人活动中心等社区居家养老服务设施，嵌入的途径包括小规模嵌入式和多功能复合式两种。

小规模嵌入式指将老年公寓、老年人日间照料中心等小规模社区养老服务设施嵌入既有居住环境，补充和完善养老服务设施的配置，适用于养老需求集中、养老服务设施匮乏的老旧住区。如新加坡为促进居家养老，自 1998 年起陆续建成的 3 400 个单位“乐龄公寓”养老设施。乐龄公寓由新加坡建屋发展局投资建设，结合乐龄服务中心配套插建在成熟社区内，以满足普通社区内老年人的需求。公寓大楼的底层一般不安排住户，而是用作老年人活动场所，鼓励老年人进行户外活动。与乐龄公寓同时推进的项目还有乐龄活动中心、老年人托管中心、邻里联系中心等。

多功能复合式指在住宅用地中，将不同类型的养老服务设施与普通住宅统一

① 本节内容基于 2016 年上海市浦东新区城市规划设计研究院与同济大学联合科研项目“浦东新区养老模式研究”，课题组主要成员为吴庆东、于一凡、张龄、贾淑颖等。

规划建设,采用组团式布局,形成功能混合的住宅区。该模式需要借助一定规模的动拆迁或可供整体改造的存量用地,可以引入具有一定规模的养老服务设施。如东京大田区南千束混合型社区,通过整体规划将老年人介护设施、高龄者租赁住宅与普通商品住宅、租赁住宅混合建设,形成了混合型社区。社区内配有为老年人服务的居住设施和医疗介护设施,使老年人能够留在熟悉的社区安心地度过晚年。

养老服务设施嵌入住宅用地须遵守以下原则:① 考虑医养结合,养老设施与医疗卫生设施综合设置或尽可能邻近设置;② 养老服务设施宜邻近各级社区中心设置,并确保与其他公共服务设施之间联系的便捷与安全,实现部分资源的共享(如建筑空间、文体设备、人力资源和公共绿地的共享);③ 既有居住环境中嵌入养老服务设施,在满足安全、卫生等基本要求条件下,应允许,可适当低于同类新建设施的技术标准。

(2) 社区养老服务设施嵌入公共服务设施用地

通过整合行政资源、医疗资源、社区资源,将社区养老服务设施嵌入公共服务设施用地,形成社区服务综合体。这一模式有助于避免养老服务项目的重复设置,促进社区公共服务设施之间的资源共享。

基于社区综合服务中心的社区养老服务设施应兼顾日常购物、就医、休闲娱乐、照顾护理等一站式生活服务。引导老年人活动中心、老年人日间照料中心、养老公寓等养老服务设施与社区卫生服务中心、文化体育设施、社区商业等公共设施进行综合空间规划,促进不同功能空间和服务资源的整合利用(图 8－16)。

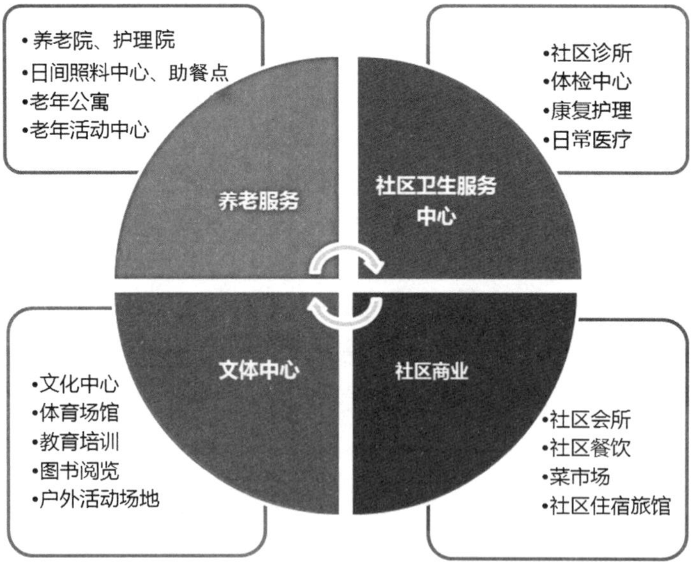

图 8－16 社区综合服务中心主要功能构成

社区公共服务设施的复合功能空间建设模式可采用平面或纵向空间的复合设置模式。其中,平面空间组织模式可以院落式空间展开,围绕共享的社区公共活动空间布置养老服务设施、社区卫生服务中心、文体中心、社区商业、幼儿园等公共服务设施。养老服务设施根据设施类型和服务对象进行适当分区,提供介护和介助服务的设施可以与社区卫生服务中心联合设置,促进与社区医疗资源的共用共享(图 8-17)。

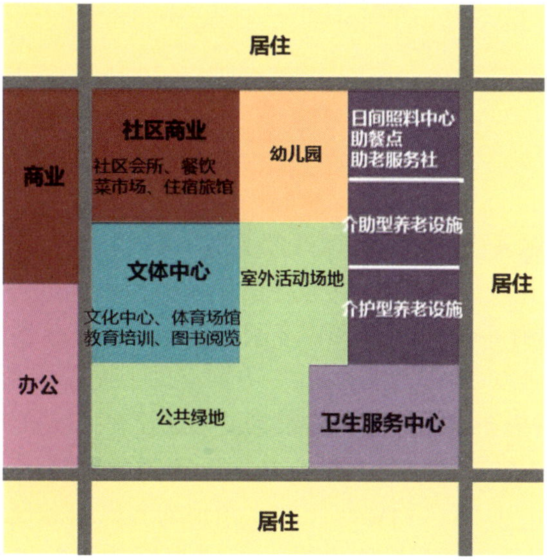

图 8-17　社区公共服务设施用地复合功能空间模式平面布局示意

利用公共服务设施的纵向空间组织复合功能,可将公共建筑底层区作为社区医疗保健设施,低层区作为介助、介护养老服务设施,配合设置独立出入口和无障碍垂直交通系统。与社区商业、文体设施联合设置时,可将零售商业、餐饮等设置于底层,低层区设置老年人日间照料中心、社区老年人活动中心等。在条件允许的情况下,社区文化馆、图书室、教育培训中心、老年学校、社区管理用房等可设置于较高楼层。零售餐饮、文化教育、体育健身等设施均可同时为老年人提供服务,有助于统一管理、提高设施的服务效率(图 8-18)。

养老服务设施嵌入社区公共服务设施用地形成社区综合服务中心的做法,宜结合既有住区公共服务设施体系的更新与完善展开。其规划布局应关注以下几个方面:① 社区服务综合体的使用对象不仅限于老年人,而是面向社区不同年龄段人群的使用需求,提供综合服务的场所,应关注功能和空间设计的包容性;② 根据养老服务设施的特点,在社区综合服务中心里适当设置独立服务区和出入口,保证日常活动、餐饮、后勤办公、公共活动等空间的合理流线;③ 满

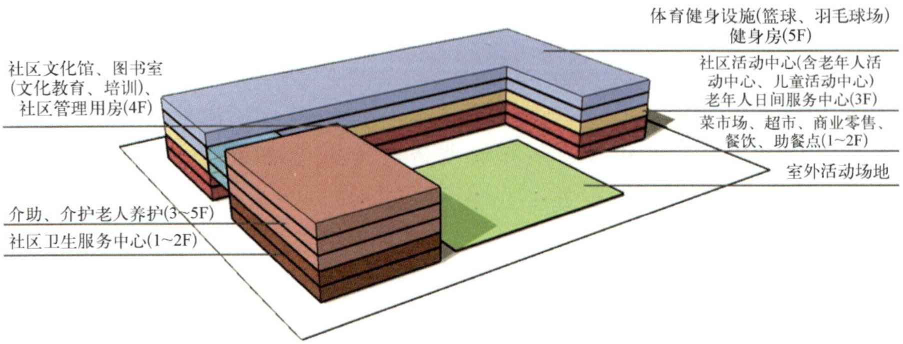

图 8－18　复合功能空间模式竖向组织示意

足各项公共服务的动静分区，在避免相互干扰的同时促进空间和服务资源的共享。

（3）社区养老服务设施嵌入社区医疗卫生用地

以“医养结合”为发展目标，在既有居住环境中积极推进医疗资源和养老资源的整合，探索结合医疗卫生资源发展养老服务功能。在社区医疗卫生用地内嵌入养老服务设施应以康复、护理功能为主，一方面有助于提高社区医疗服务资源的使用效率；另一方面可根据入住老人的健康状况在医疗和托养机构之间转诊，解决社区居家养老的老年人的后顾之忧。结合社区医疗卫生用地嵌入养老服务的模式应注意的要点包括：① 嵌入社区医疗卫生用地的养老服务设施宜设置独立出入口，条件允许的情况下应相对独立设置。② 根据用地条件和社区需求设立康复中心和护理院。前者适用于健康状况不佳但情况稳定、需要长期疗养康复的老人；后者适用于失能失智等需要 24 小时介护服务的老年人群。③ 兼顾社区健康老人的需要，可在设施底层适当设置社区老年活动中心和老年人日间照料中心（图 8－19）。

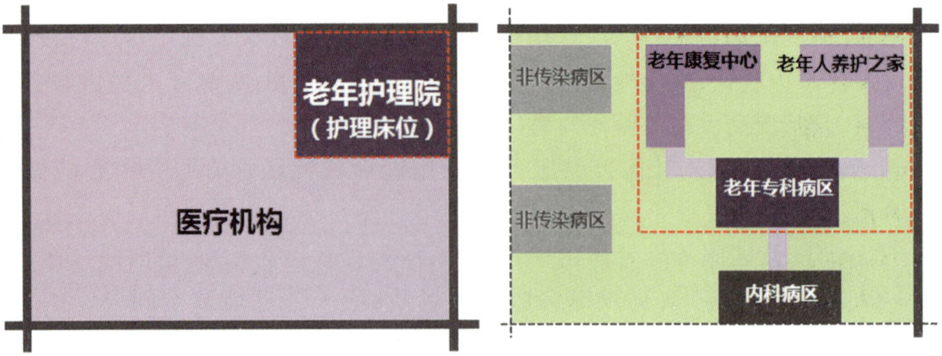

图 8－19　医疗机构中老年医疗服务单元布局示意

目前，各大城市已建成的公立医院床位使用率均很高。在社区医疗卫生用地中嵌入以老年康复、护理为主的养老服务设施，既有助于减少对城市医疗资源的占用，也有利于家人就近提供照料。从长远来看，社区级医疗机构提供医养结合的养老服务将极大缓解养老服务需求与供给之间的不足，有利于促进养老服务业的健康发展。针对中小城市中存在资源闲置的医疗机构，如计划经济下的厂办医院、校办医院、疗养院和综合服务能力欠缺的一、二级医院，应加强老年疾病的诊治和护理功能，增加老年护理型床位，实现医疗资源的有效利用。已建的大型医疗机构周边的未开发地块或待改造地块宜优先考虑作为嵌入养老服务设施的选址，通过养老机构与医疗机构合作提供服务的方式，方便、快捷地为社区养老设施提供优质医疗资源。

（4）社区养老服务设施嵌入商办用地

借鉴城市综合体的开发模式，将养老服务设施与商业办公设施联合设置，同时引入医疗健康、大众居住、教育培训、娱乐休闲、生活护理等其他城市服务功能，形成多元化、有活力的城市社区。该模式注重竖向空间的复合利用效率，适用于居住人口密集、居住用地分散、土地开发强度高的大城市中心区。

在城市综合体中嵌入养老服务设施便于兼顾养老和大众生活服务，通过水平或竖向功能分区实现复合设置。养老设施包括健康护理中心、医疗中心、老年人介助/介护设施和日间照料中心等。类似的服务设施还包括面向其他特殊人群护理需求设置的护理设施，如孕婴护理中心等。面向大众的服务区根据实际需求和开发目标安排具体内容，包括零售商业、餐饮、休闲娱乐、教育培训、酒店、办公以及地下停车等功能（图 8－20）。

进行空间布局时，应注意综合体内各功能区之间的相对独立性，在动线设计上

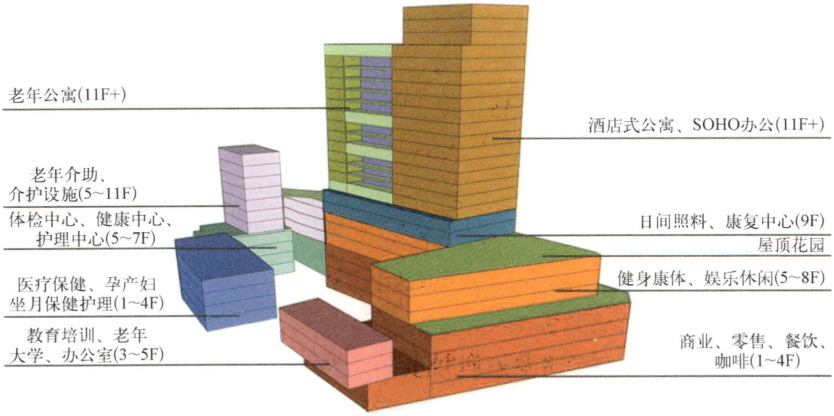

图 8－20　城市综合体功能示意

应达到负荷小、效率高的要求。为满足设施独立运营和管理的需要，应确保养老服务设施设有独立出入口及专用电梯。选址过程中，养老服务设施宜尽量优先考虑嵌入靠近医疗卫生资源，且满足消防、采光、通风等要求的综合体建筑。内部设施配置要满足《老年人照料设施建筑设计标准》(JGJ 450—2018)的要求，同时适度强化降噪措施，为老年人提供宁静的休养空间。产生医疗废弃物或设置临终照料服务的设施应遵守相关管理部门的卫生要求，并通过设置独立的出入口减少对其他服务空间的影响。

2. 存量建筑的利用与改造

在高密度人居环境条件下，城市更新与改造面临的用地矛盾非常突出。就近利用存量建筑资源改造为养老服务设施既可缓解空间紧张的矛盾，又有利于节约成本、缓解资金压力，同时便于提高设施的可达性与服务效率，可谓一举多得。

存量建筑指现状闲置或利用率低下的建成建筑，或尚未完成的"烂尾"建筑。存量建筑闲置的原因通常包括：① 规划配置标准较高，但实际需求不足，局部供过于求或建筑面积过剩的公共建筑；② 由于生产或者经营方式转变导致闲置的产业或公共建筑，包括闲置的商业建筑、工业仓储厂房，以及文化教育设施等；③ 因经营不善而关停的商业项目遗留的商业办公楼、酒店等。根据产权主体分类，存量建筑包括产权主体为政府的社区级公共服务设施、基础教育设施、公共服务设施等公共建筑，以及产权主体为企业的工业厂房、酒店建筑等。根据开发主体与权属主体间的关系分类，包括自有存量建筑以及他有存量建筑。利用存量建筑兴办养老服务设施，可通过鼓励政策引导自有者主动转型，也可通过租赁实施改造。

在自有建筑基础上改造利用，应在土地或房屋产权期内进行，其优势在于使用期限稳定，前期投资节约，政府应给予相应政策扶持及专业指导。利用他有建筑实施改造涉及房屋租赁，优势在于减少前期固定资产投入。然而由于运营方无固定资产可供抵押，需关注设施运营是否有持续现金流的保障。他有建筑的权属可进一步分为政府所有和企业所有。属于政府所有的建筑，如社区级公共服务建筑(包括社区办公用房、社区商业、社区文化建筑等)以及基础教育设施，建筑租期相对稳定，主要分布于居住社区周边，与服务对象较为接近，鼓励优先使用。属于企业所有的建筑，如工业厂房、商业办公建筑、酒店等，应在建筑空间适用性评价的基础上做出安排，节约改造成本。

改造后的养老服务设施需要满足对环境、日照、空间的使用要求，综合考虑当地老年人口的分布特点、交通方便、安全卫生等条件。较早开发的大型商品房项目应优先利用闲置或使用率较低的公共物业；单位社区可优先利用街道工业厂房、闲置幼托用房等。此外，应鼓励充分利用现有医疗资源，对医院附近的存量用房进行重点挖潜。

需要注意的是，选择存量建筑时需要对周边环境、建筑质量进行慎重评估，保证建筑周边无污染源、噪声源、危险品生产及储运地，建筑规模适宜，结构及质量良好，经过适当改造可以满足养老建筑的规范要求（图 8－21）。

编号：JD-A-JNL-04

单位名称：[redacted]

地址：[redacted]

所处街道	客房数	床位数	建筑质量	经营状况	土地权属	稳定性评估	双评估意见	其他
JNL			较好		国有	不稳定	建议改建	占地3240㎡，建面1500平方米，用地独立、受干扰小、改造可行性高，可按40㎡/床控制。

图 8－21　上海市 J 区养老服务设施嵌入社区的存量资源梳理

资料来源：上海市 J 区规划和国土资源管理局，2017

【上海万科城市花园“智汇坊”】①

上海万科城市花园“智汇坊”于 2014 年完成改建并投入使用，是商品房社区利用自身物业为居民提供社区嵌入式养老服务设施的较早尝试。建筑主体为 1 层，局部 2 层，总建筑面积约 1 200 平方米，原为社区会所。建成的“智汇坊”为居民提供老年人日间照料服务、短期托付护理服务，同时具备餐饮、老年人的机能康复及文化娱乐活动等功能（图 8－22、图 8－23）。

图 8－22　“智汇坊”托养部分起居厅（左）与日托部分活动空间（右）

① 该案例由同济大学建筑与城市规划学院司马蕾提供。

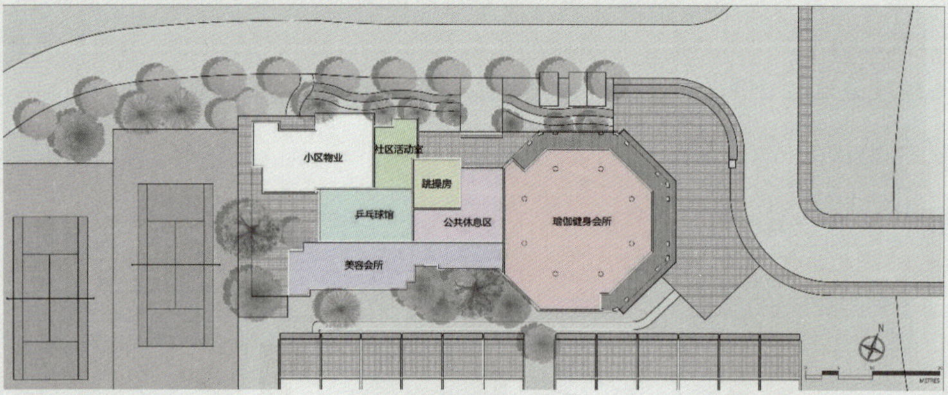

原万科城市花园会所功能

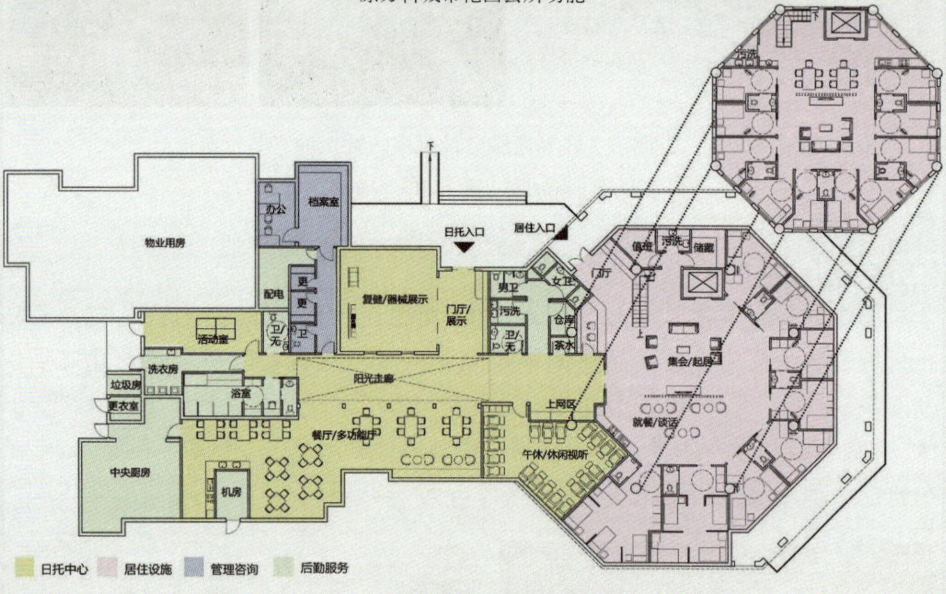

改造后的“智汇坊”平面

图 8－23　上海万科城市花园“智汇坊”改造前后对比

二、社区建成环境的适老化改造

社区建成环境的适老化改造既表现为老年人对居住环境安全性、健康性、便利性和舒适性等方面更高的要求，也表现在老年人对退休以后社会生活的适应性方面。按照长期以来形成的工作思路，我国公共财政和技术政策针对老年人居住环境的投入主要向老年人集中生活的养老机构倾斜，对普通社区环境缺少关注。与此同时，住房规划建设过程中适老化意识的缺失也是造成我国既有居住环境的总体适老化水平较低的重要原因。社区建成环境中普遍存在人车冲突、设施不足、环境无障碍设施缺乏等问题。

社区建成环境适老化改造的核心目标是针对老年人群体的生理与心理特征，提升居住环境的安全性、健康性、便利性和舒适性，帮助老年人在身体机能衰退的过程中从居住环境中获得必要的服务与支持，从而改善老年人的社区生活质量。结合本书第七章对老年宜居社区空间环境要素的分析，社区层面适老化改造的重点内容可分为活动场地、出行环境、绿化环境和物理环境四方面内容。

1. 活动场地

活动场地是老年人在户外从事健身、休闲活动和社会交往的主要场所，通常位于社区公园、集中绿地、广场等较开阔的环境中。既有居住环境中活动场地的适老化改造主要包括完善活动场地的空间布局和改善活动场地的适老化性能两个方面。

居住环境内的活动场地宜采用点、线、面结合的布局方式，形成由不同层次、不同规模和不同内容的场地以便构成的户外活动场地系统（图 8－24）。根据既有住

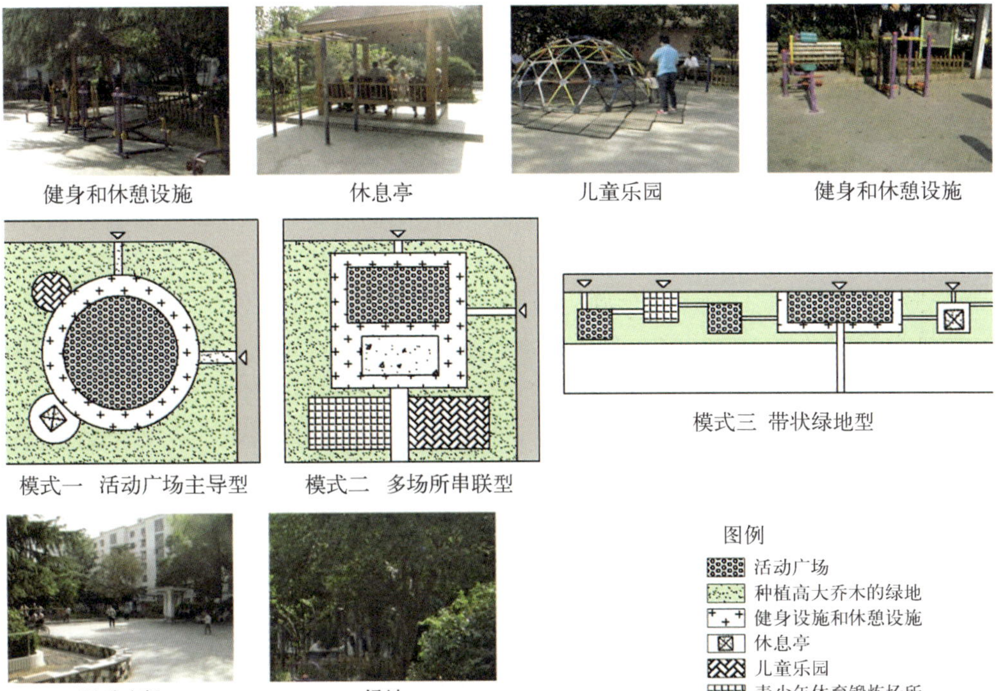

图 8－24　户外活动场地和交流空间设计模式

资料来源：转引自陈金平（2013）

宅区的自身条件和周边城市环境，在步行15分钟生活圈范围内结合社区公园设置活动内容丰富、规模较大的活动场地，支持老年人集体活动的开展和自然人文景观的体验。步行10分钟生活圈范围内宜结合社区邻里中心和绿地设置活动场地，满足健身、交往和休憩需要。步行5分钟生活圈范围内应结合具体情况设置灵活的小型活动场地，配置简单的健身、休息设施。居住街坊内设置的集中绿地应保证在标准的建筑日照阴影线之外的绿地面积不少于1/3，并设置供老年人在家门口从事简单日常户外活动的场地。老年人活动场地应与青少年活动场地保持一定距离，可适当与幼儿活动设施毗邻或综合设置。对于难以在住宅区内部开辟活动场地的旧区街坊，可利用与住区毗邻的较低等级生活道路设置口袋公园、街头活动场地，及结合公共服务设施的场地设置健身器材和方便老年人使用的休息座椅。此外，利用宅间绿地、建筑入口等空间开辟小型休憩、交往空间也是行之有效的适老化举措。

活动场地适老化性能的改造要点是关注场地的安全、舒适与美观，促进老年居民的参与和使用。主要技术措施包括无障碍体系的完善、设施设备的补充，符合老年人使用偏好的场地布局和物理环境等。首先，为保证老年人活动的安全，场地应尽量减少或消除地面高差。设有踏步和台阶的场地应在起点附近设置无障碍坡道和安全扶手。场地内设有踏步和台阶的位置应通过改变材质或颜色加以提示，避免老人在行走中踏空或绊倒。夜间照明应重点提示步行空间和场地存在地面高差的区域。活动场地的入口与外部道路的衔接宜平顺，便于识别。

场地布局应满足老年人驻足、休息、观望和交往的需要。活动空间宜开放，具有良好的视野，兼顾老年人冬季晒太阳和夏季遮阳的需要。场地动线设置合理，合理进行功能分区，减少穿越和干扰。场地应配备有满足使用需要的休憩设施，如休息座椅和健身设施。设施的形式、色彩和材质宜考虑老年人的生理特点，便于起坐时提供助力。提供与座椅并列的轮椅容留空间，便于轮椅使用者与他人平等交流（图8－25）。健身设施宜成组设置，并与绿地和休息座椅毗邻，便于老年人在活动过程中休息和交谈。没有条件集中设置健身器材的，可以结合步行空间采取分散、连续设置的方式。此外，结合老年人的生理特点，较高等级的户外活动场地应配置公共厕所，或利用毗邻公共服务设施提供公共卫生间。

图8－25　结合步行空间设轮椅停留空间

资料来源：拉特利奇，1990

2. 出行环境

出行环境不同于固定的活动空间，是联系各活动场地的通行空间。社区层面出行环境的适老化主要考虑老年人采用步行方式出行的安全、便捷与舒适性要求。适老化改造可以从无障碍交通体系、人车流线组织、标识设施体系三个方面着手。

建立无障碍道路交通环境，保障老年人出行活动顺畅、安全，是出行环境改造的首要目的。住区受损的路面或容易导致跌倒的地面铺装应更换为平整、防滑、防积水、无反光的材质。步行道或景观场地中的游憩步道不宜采取过于复杂的地形变化，有高差的地面坡度不宜大于 1/12，且连续坡道不宜过长。场地踏步旁应设有供轮椅及行动不便者使用的无障碍坡道，坡度不宜大于 1/8，长缓坡处宜增设扶手。暂时有改造困难的，可采用简易临时坡道。一般道路路缘石的高度在 8～15 厘米。垂直高差对于行动不便及使用轮椅的老年人是行走中的障碍，需要对路缘石做无障碍化处理，如采用牛腿式人行道出入口，注意控制坡度不宜过大（图 8－26）。

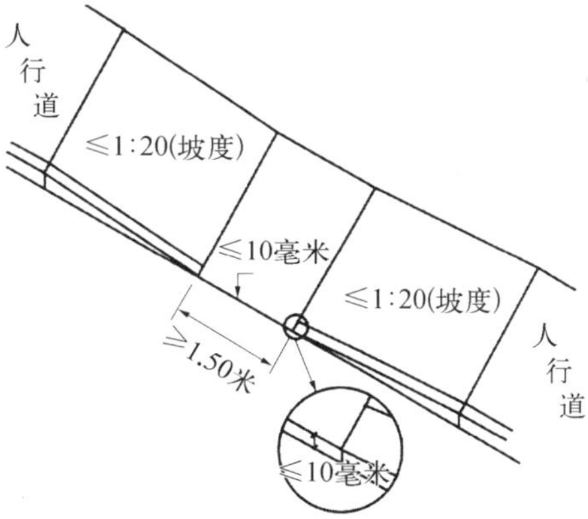

图 8－26　牛腿式人行道出入口示意

资料来源：住房和城乡建设部，2012

人车流线组织包括采用人车分流设计，以及适宜老年人使用的步行路线设计。从老年人的行动安全考虑，住区道路交通体系应设有等级分明的行车、行人道路，鼓励有条件的住区实行人车分离或局部人车分离，避免车辆通行对老年人的干扰与威胁。对于居民老龄化程度较高的住区，宜对步行通道与机动车流线进行梳理，通过合理引导及加强管理，减轻机动车通行、停放对老年人活动的干扰。根据住区空间特征，合理组织集中停车，减少停车对道路空间的占用。步行环境设计应注意系统性和连续性。通道设计方面，注意与公共服务设施、活动场地的衔接。为了适应老年居民散步和健走的需求，步行体系宜采用环路形式。

环境标识与设施应提高可识别性，适应老年人视力和记忆力的减退、方向辨别力差的特征，道路的转折点和终点应考虑设置标志物，增强导向性。步行空间沿线和建筑物出入口、户外活动场地出入口、道路有高差变化地段等处设置重点照明区域，保证老年人行动安全。

3. 绿化环境

社区环境中的绿地景观具有休闲、观赏、社交等功能，有助于促进老年人的身心健康和社会交往。在既有居住环境中实施绿化环境的适老化改造，包括提高绿地率、优化绿地布局和改善绿化景观设计三个方面。

针对既有社区中普遍存在的绿地不足问题，社区适老化改造可结合城市更新或社区改造项目，挖掘社区建成环境中可作为绿地的空间，扩大绿地的规模。根据中共中央、国务院发布的《中共中央、国务院关于进一步加强城市规划建设管理工作的若干意见》（中发〔2016〕6 号）提出的“合理规划建设广场、公园、步行道等公共活动空间，方便居民文体活动，促进居民交流。强化绿地服务居民日常活动的功能，使市民在居家附近能够见到绿地、亲近绿地”的精神，《城市居住区规划设计标准》（GB 50180—2018）提高了居住区公共绿地的配建指标：15 分钟生活圈按 2 平方米/人设置公共绿地，10 分钟生活圈按 1 平方米/人设置公共绿地，5 分钟生活圈按 1 平方米/人设置公共绿地，居住街坊内按不低于 0. 5 平方米/人（旧区改造不应低于 0. 35 平方米/人）的标准设置集中绿地，且上一级生活圈的公共绿地配置不包含下一级生活圈的配置指标。

公共绿地宜形成集中与分散相结合的体系，创造规模适宜、层次丰富的公共活动空间。公共绿地内应设置休闲娱乐、体育活动等设施，满足老年居民日常健身、休闲和交往的需要。规模较大的社区公园绿地应结合活动场地布局，宜植入游憩、休闲、交往多种功能空间；规模较小的集中绿地配合设置小型的凉亭、座椅等休息设施。社区建成环境中的绿化环境营造，应有助于鼓励社区居民积极参与，通过利用建筑外墙、屋顶、阳台，以及房前屋后的延伸空间，采用多种方式丰富景观层次、增加环境绿量，提高社区绿化的多样性。

绿化景观设计应关注安全性、适用性、美观性，注意选择适宜的植被种类。绿地植物布置应疏密有致、高低错落。老年人活动场地周围用于隔离的绿化高度应控制在 60 厘米以内，保证空间感的连续性与视线的通透性，以便保证安全、预防意外。对于空间局促的人行道，尽量采用占地较少的乔木、花池。冬季寒冷的地区可参考英国建筑师拉尔夫·厄斯金提出的“风屏蔽”设计对策（冷红等，2003），在活动空间北侧布置乔灌木，利用植物群落的组织改善户外风环境。南方地区宜在活动场地东西侧种植树冠直径较大的高大树木，为老年人提供遮阴乘凉的场所（图 8－27）。当景观绿化中有水体时，应在水体周围设围栏等防护设施，高度与形式应满足坐轮椅老人的观赏需要。除完整绿地外，还可在活动场地及居住单元入口适当增设结合座椅设计的花池、树池，并通过不同植物景观要素的搭配提高社区绿地、广场及不同居住街坊的辨识度。利用社区内小面积绿地发展园艺活动，提高老年人的社区参与积极性。实践证明，由老年人主动营造、经营、维护的社区花（菜）园，老年人的知识经验与劳动能力在活动中能够得到体现，并可以起到放松身心、体力锻炼、传递知识、促进交流等多重作用。

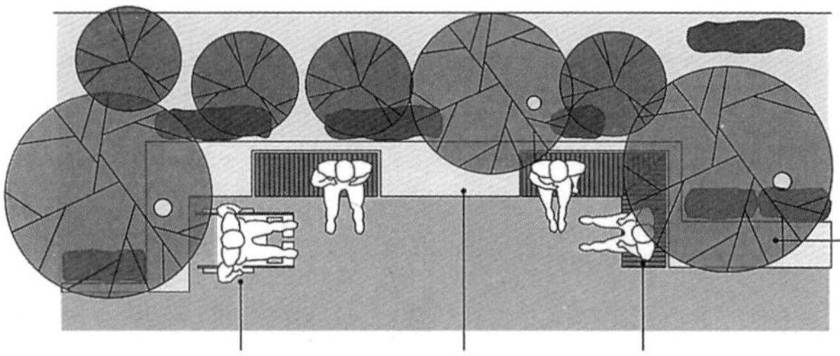

图 8－27　社区绿化空间与休憩空间适当结合
有利于促进老年人的社会交往

社区绿地的植被选择应尽量采用本土物种。在增加绿量的同时注意塑造连续性和观赏性,结合四季景观变化提供丰富的多样性和层次感。在社区适老化改造实践中,应对社区现有植被进行梳理,减少或移除有毒、有刺或有飞絮易引起过敏的植物,适当配置具有疗愈作用的植物营造康复花园。在康复花园中利用植物栽培和园艺操作活动,如栽培活动、植物陪伴、感受植物、采收成果等,在帮助老年人保健养生的同时,鼓励老年人参与社会交往。

【上海市鞍山四村百草园】①

杨浦区四平路街道鞍山四村是建于 20 世纪 60 年代的工人新村,居住空间较为拥挤,缺少充足的公共活动空间,社区居住环境的维护状态差。“百草园”是同济大学与杨浦区四平路街道联合开展的社区营造项目之一,采用街道出资、同济大学景观学系设计、社会公益组织提供运营管理支持的形式完成。设计师和社会公益组织紧密合作,将面积仅有 200 平方米的“百草园”项目拆分为促进居民参与的几个步骤,包括整形(做地形)、厚土栽培、铺草坪、栽植、撒种、铺路、覆盖等过程,并结合每个步骤设置了自然教育课程,邀请居民参与观察、劳作和维护,鼓励大家把自家植物带到花园共同分享,组成了浇水施肥组、捡拾垃圾组、整理花园组等兴趣小组,成员主要是老年人和儿童。“百草园”建成后由 40 位老年居民组成社区花友会进行管理维护。“百草园”的实践不仅将原先荒废的社区绿地变成了学习的园地,还成功地将社区居民从环境的使用者转变为积极的参与者和维护者(图 8－28、图 8－29)。

① 该案例由同济大学建筑与城市规划学院刘悦来提供。

图 8－28　上海市鞍山四村百草园营造前与营造后

图 8－29　社区居民参与劳动和维护

4. 物理环境

物理环境的舒适度是影响老年人户外活动参与度的重要因素，具体包括声环境、光环境、风环境、热环境等。研究表明，老年人对物理环境的敏感性和生理调节机能随着年龄的增长而发生变化，场地物理环境对老年人健康的影响不容忽视（于一凡等，2017c）。舒适安全的物理环境涉及空间布局、交通组织、绿化景观、环境设施等多重要素的共同作用。

噪声和光污染会对人的听觉系统、视觉系统和身体健康产生不良影响，降低老年人的居住舒适度。邻近交通干线或其他已知固定设备产生的超标噪声、公共活动场所某些时段产生的噪声、建筑玻璃幕墙日间产生的强反射光或夜景照明对住宅产生的强光，均可能影响老年人日常休息、产生健康危害。既有居住环境的适老化改造应针对上述问题采取相应措施，加强防护或隔离，如采取设置土坡绿化、种植大型乔木等隔离措施，降低噪声和光污染对居民产生的不利影响。

研究表明，除极端高温天气外，良好的日照条件对老年人从事户外活动具有积极的促进作用（安玉松等，2015）。户外活动场地宜阳光充足，避开高层建筑的常年阴影区。夏季炎热的地区应考虑通过植物或雨篷为主要的休息区提供遮阳。休息座椅应结合绿地布置在避风处。住宅楼距离过近或植被过于密集，造成阴影遮挡或场地道路采光效果较差时，应及时对场地及道路周边的遮光植被进行修剪（图 8－30、图 8－31）。

图 8－30　老年人在树荫下做运动

资料来源：胡玉婷拍摄，2018

图 8－31　舒适的户外活动场地是居民们喜爱逗留的场所

资料来源：胡玉婷拍摄，2018

热环境主要是通过改善社区局部的温度与湿度来营造舒适的微气候。适当增加绿化水体是调节小气候的有效方式，可结合绿化与活动场地改造进行。合理组织风环境可以有效调节室外温度与湿度条件，改善老年人活动时的体感舒适度。考虑到老年人对于通风强度较为敏感，建议利用绿化植被引导增强场地自然通风，降低局部区域过高的风速，以防对老年人活动及健康产生不利影响。

三、既有住宅的适老化改造

老年人在住宅内逗留的时间较长，并且逗留时间随着健康状况的下降而不断延长。住宅的适老化水平在很大程度上影响着老年人生活的自主性和独立性，进而影响老年人的生活质量。既有住宅的适老化改造是指在保留原建筑结构主体不变的前提下，通过对住宅的空间功能与面积、建筑配件与装饰以及辅助设备等内容进行适应性改变，提高住宅整体或局部的适老化性能。我国的住房建设尽管经历了不同的发展阶段，但居住建筑在适老化矛盾方面存在较为显著的共性，主要集中于建筑形式、功能空间、流线组织、安全疏散等方面。本节分别从居住建筑的公共部分和套内部分对上述方面的适老化改造技术要点加以阐述（图 8－32）。

1. 公共部分

住宅公共部分的适老化改造主要包括建筑出入口、门厅、走廊和楼梯等。

出入口的适老化改造以提高安全性和舒适性为主要任务。主要措施包括：在

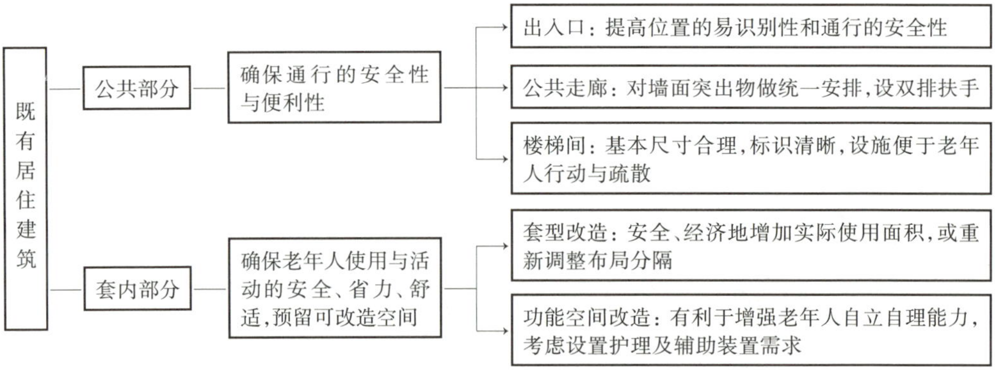

图 8－32　既有居住建筑适老化改造要点

出入口处加设雨篷，提供遮阳和避雨的缓冲空间，在寒冷地区的居住建筑入口采取防风措施。出入口存在室内外高差的，应结合实际情况设置坡度不超过 1/12 的坡道，并做防滑处理，踏步和坡道宜双侧设置扶手。有条件的居住建筑可在出入口旁设置休息座椅，供老年人休息和驻足交往。

图 8－33　公共走廊的扶手

公共走廊的净宽应大于 1.2 米。适老化改造应着重针对各种墙面突出物（如配电箱、表箱、消火栓）做出统一安排，超出墙面的部分不宜大于 20 厘米。突出物应利用颜色或材质的差别突出轮廓，避免碰撞。在走廊设置安全扶手，便于老年人抓扶（图 8－33）。走廊的地面应采取防滑处理，夜间应有充足照明。

楼梯间的适老化改造主要包括配置安全扶手、踏步的安全处理、照明条件的改善、楼层的标识、多层住宅加装电梯等方面。老年人使用楼梯需要抓扶楼梯扶手以保持重心稳定，并借助上肢力量辅助下肢完成攀爬动作。鉴于大部分人属于右利手，楼梯扶手在左侧的情况，宜在楼梯两侧加装扶手。加装楼梯扶手时尽量选择木材、塑料等导热系数小的材料，在冬季使用时不会因过冷而抓扶不适。扶手的剖面应当符合人体工程学的设计，易于把握。

踏步的剖面形状对安全性和舒适性影响很大，改造中应当对踏砖伸出踏步过长的情况进行修正，避免在做抬脚动作时绊住脚尖而引发危险。踏步的材质应避免过于光滑，并应在踏步临空一侧做防滑和提示处理。楼梯间内的照明应满足照度需求，改造过程中注意调整灯的位置，避免使用楼梯时自身遮挡形成阴影。

新中国成立初期各地建成的大量多层住宅无电梯，老年人出行不便，加建垂直电梯成为老年人呼声很高的适老化改造措施。从加装电梯的技术方案来看。目前可采用的电梯增设方式有与楼梯休息平台连接和与楼层连接两种形式（周燕珉等，2014）。

（1）加建电梯与休息平台连接

加建电梯井与原有楼梯休息平台连接，使用钢结构建造的轻质结构形式（图8－34）。使用此种方式，电梯停靠休息平台，可以减少电梯门数量。但电梯不直接到达各楼层，居民仍需上下半层才可到达各住户，未能实现完整的无障碍目标，对于使用轮椅等代步工具的老年人仍存在难以克服的困难。

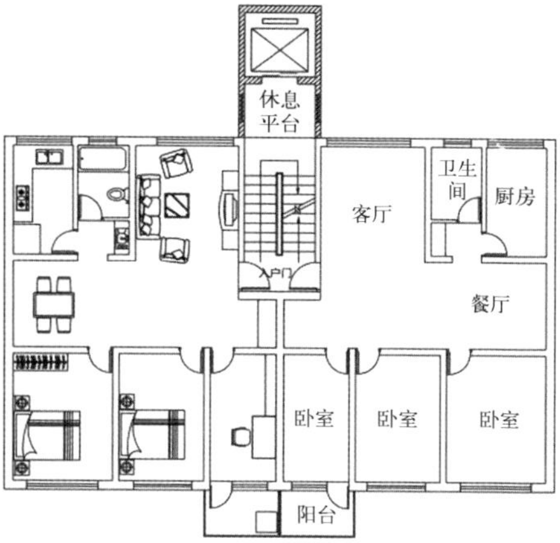

图8－34　加建电梯与楼梯休息平台相连

（2）加建电梯与楼层连接

当与楼梯间相邻的起居室或餐厅有阳台时，可以在阳台处开门，电梯候梯厅直接与阳台连接，电梯可直接到达各楼层，方便行动不便的老年人使用（图8－35）。然而，这一改造方式需要每户增加一个入口，改变了住宅原有的功能流线，且须配合套内空间的整体调整和改造。

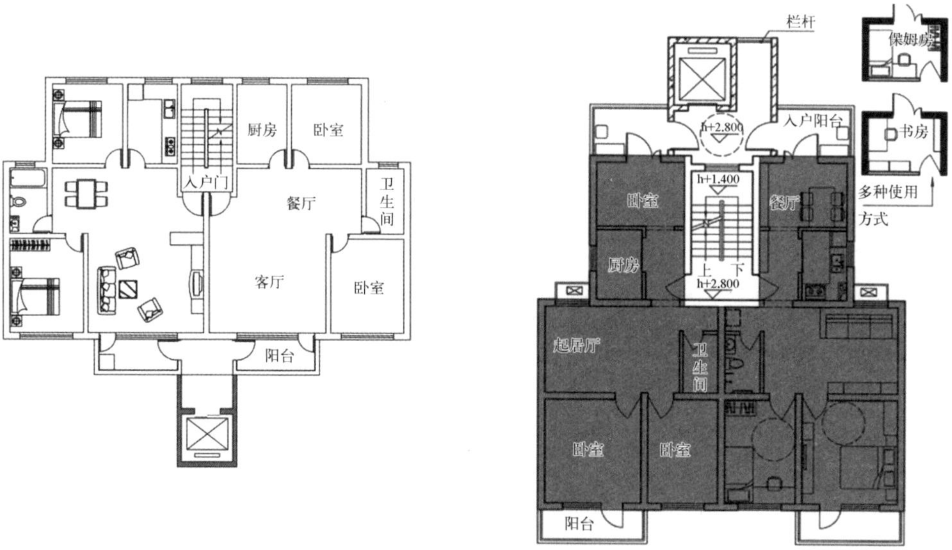

图8－35　加建电梯与楼层相连——利用南侧阳台（左）、北侧卧室（右）增建电梯标准层平面方案示意

资料来源：周燕珉等，2014

鉴于部分住宅不适合加装电梯，以及由于其他原因难以推进改造行动等情况，也可以尝试采用操作难度小、实施成本低的悬挂爬楼机作为替代方案。随着人体工学辅助设备的不断创新，星轮式、履带式、步进支撑式爬楼轮椅等便携式爬楼设备正在走进老年人的生活，为解决“悬空老人”下楼难题提供方案。

【上海市徐汇区爬楼机服务项目】

2013年，上海市徐汇区将为老式多层无电梯住房提供便携式电动爬楼机项目列为区政府实事项目，由区民政局和区残联落实。项目采取购买服务方式，向全市公开招投标。中标公司提供产品和服务并承担相关责任。爬楼机使用流程包括：服务需求者通过电话或微信公众号预约服务—需求到达服务中心—服务中心确认预约并安排操作人员—操作人员根据预约上门服务—用户确认并评价。一年服务结束后，徐汇区民政局聘请第三方对服务做出评价，根据实际服务人数和满意度支付费用。爬楼机项目迄今已运行有四年，服务人次逐年上升，服务范围逐年扩大，影响力日益提升，专业化的服务模式也逐步辐射至其他城区（大城养老编委会，2017）。

另外一个值得关注的问题是普通住宅的消防安全如何适应老年人的需求。由于视力、听力、活动能力和记忆力都随着年龄的增长而不断衰退，老年人面对紧急情况做出及时反应实施自救的能力下降。同时，因为行动不便，老年人在疏散时往往达不到设计的疏散速度，在突发灾害事件中属于高危人群，伤亡率也明显高于其他年龄段人群。2010年11月15日，上海市余姚路教师公寓发生火灾，大火造成58人遇难，其中60岁及以上的老年人占56%。

新建的高层住宅通常设置封闭的疏散楼梯，但楼梯间内大多灯光暗淡，疏散台阶窄而高，容易导致老年人在疏散过程中跌倒，出现意外。反观美国、日本等发达国家，大量使用更为安全可靠的室外疏散楼梯，尽管会占据一定的外墙开窗面积，但大大提高了发生火灾时的逃生率。此外，使用轮椅的老年人，仍需要他人背或抬，紧急情况下难以使用疏散楼梯逃生。鉴于普通居住建筑的消防疏散短时间内很难提高等级，对居住建筑进行适老化更新改造过程中应充分考虑居民结构老龄化的特点，采用方便老年人使用的报警装置和灭火设备（洪毅等，2011）。高层建筑根据规范设置避难层或避难间，为老年人提供相对安全的避难空间，以等待救援。避难空间可以是靠近外墙的较封闭的小空间，如对外开窗的卫生间；也可以是紧邻疏散通道的独立空间，如消防前室；还可以是独立的避难层及建筑物的庭院、屋顶平台等（安庆新等，2001）。适老化改造过程中需要格外关注疏散、避难空间适合老年人的使用特点，并向居民说明紧急情况下的使用方法，增强老年人的自身消防安全意识。

2. 套内部分

为了延长老年人独立生活的时间，同时方便为居家介助、介护老年人提供护理服务，住宅套内功能空间的组织和设计应尽可能适应老年人的使用需求，发挥能力弥补和支援的作用。在条件允许的情况下，套内居住环境的适老化改造还应尽可能营造轻松愉悦的氛围，缓解老年人的精神压力。

(1) 套型的适老化改造

套型改造是在保持既有住宅结构承重体系的前提下，通过增加建筑面积或改变功能空间布局的方式提高住宅适老化性能的改造方法。

较早建成的住宅受技术、经济等因素的影响，存在较大比例的不合理套型，如住宅功能空间不完善、房间组织不合理、部分功能空间不适用、居住面积不达标等。这些住宅往往还受到建筑质量、结构形式等条件的局限，改造难度较大。住房市场化改革以来建成的住宅在设计和施工质量方面明显改观，但对居住人口老龄化问题的准备仍存在不足，总体上缺乏通用设计理念，同样存在适老化改造的需求。功能空间的组织原则是，与老年人生活紧密相关的活动空间应尽可能紧凑布置，如老年人卧室宜与卫生间、浴室相邻，餐厅宜融入厨房或靠近厨房，小套型可考虑厨房空间向起居室开放等。在复式户型中，进入介助期后的老年人所使用的卧室应与住宅入口位于同一层。为应对未来可能出现的介护需求，卫生间的改造还应预留护理活动需要的空间。

对套型进行改造不仅涉及建筑设计，也涉及工程设计和现场施工，通常以“幢”为单位实施改造。譬如，20 世纪 80 年代建成的大量一梯三户、一梯四户的住宅，普遍存在居住面积小、舒适度低等问题，部分住宅难以满足基本居住需求。在条件允许的情况下，可以将一梯三户或四户改造成为一梯两户，或在原平面基础上增加使用空间，使套型功能完整，空间组织合理，更好地满足老年人的使用需求（周燕珉等，2016）（图 8－36）。

鉴于结构性改造实施难度较大，为了满足住宅长久使用的要求，新建住宅套内主要功能空间之间的隔墙宜采用轻质隔墙，以便居民家庭根据自身需求的变化对套内空间进行灵活分隔、组织（薛峰，2013）。

结构安全是实施套型改造的重要前提。我国城市既有住宅以砖混结构和剪力墙结构两类结构形式为主，改造时需区别对待，避免危害结构安全。较早建成的城镇多层住宅多采用砖混结构，其非承重墙体可以根据需要适当调整位置和形式，同时注意保护梁、构造柱和楼板等重要结构部件。剪力墙结构具有更好的承重以及侧向抗剪性能，多用于高层建筑，改造中应加以保护。剪力墙以外的墙体具有较强的灵活性，但仍然需要注意结构楼板、梁、剪力墙之间的关系，以确保建筑结构安

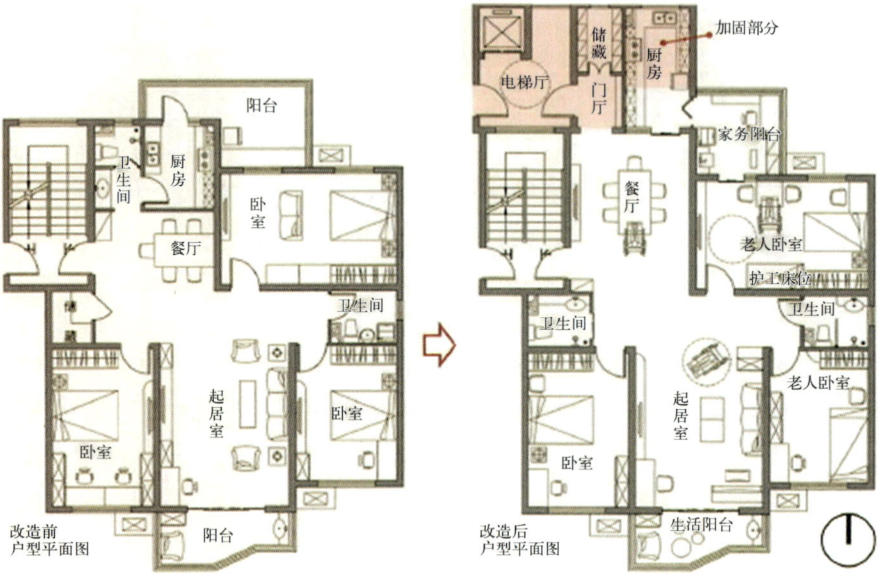

图 8 - 36　套内适老化改造示意

资料来源：周燕珉等，2016

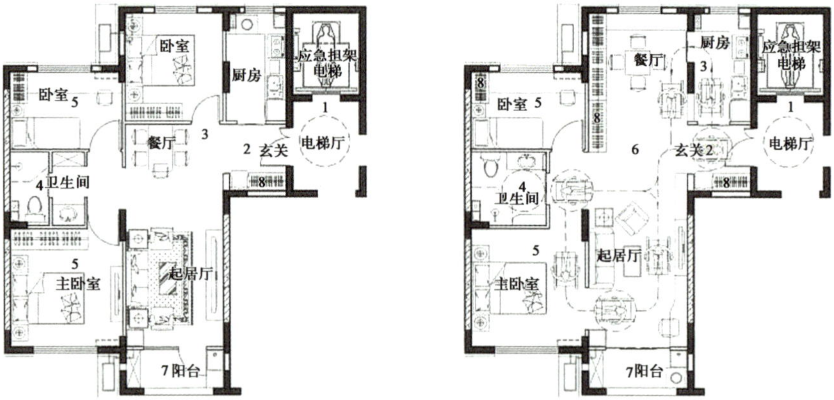

① 适老型楼内公共空间：可容纳急救担架的电梯 · 方便运送担架 · 轮椅适行 · 无障碍
② 适老型户内外过渡空间：贮纳 · 坐姿更衣换鞋
③ 适老型餐厨空间：可交流互动 · 轮椅回转 · 坐姿炊事
④ 适老型卫浴空间：可改造 · 坐姿卫浴 · 应急救护
⑤ 适老卧室空间：可相互关照 · 阳光 · 自然通风
⑥ 适老起居空间：棋牌聚友 · 家庭团聚 · 阳光
⑦ 适老阳台空间：绿植 · 阳光 · 观景
⑧ 适老贮纳空间：可增量的贮纳 · 分类贮纳

图 8 - 37　套内适老化改造示意

资料来源：薛峰，2013

全。任何对墙体、楼板等有影响的改造项目,均应根据实际情况采取加固措施。

(2) 功能空间的适老化改造

对于普通住宅而言,适老化改造涉及套内各主要功能空间,如起居空间、卧室、卫生间、厨房、走廊、阳台和入口等。实施适老化改造的核心原则是,保证老年人日常生活的安全,辅助老年人自主完成基本的生活活动。从改善老年人生活质量的角度出发,应对电气、通风、隔音设备实施必要的改造。针对既有住宅实施改造的空间限制,采用应急呼叫、智能家居、感应设备等智能手段。

美国退休者协会(AARP)在家庭适老化改造指南(HomeFit Guide)中主要着眼于4个方面的改造对象:① 套内空间的无障碍设计;② 厨房、卫生间内设施的完善和操作的舒适性;③ 适老化部品的应用;④ 防止意外和犯罪发生的安全措施(图8-38)。

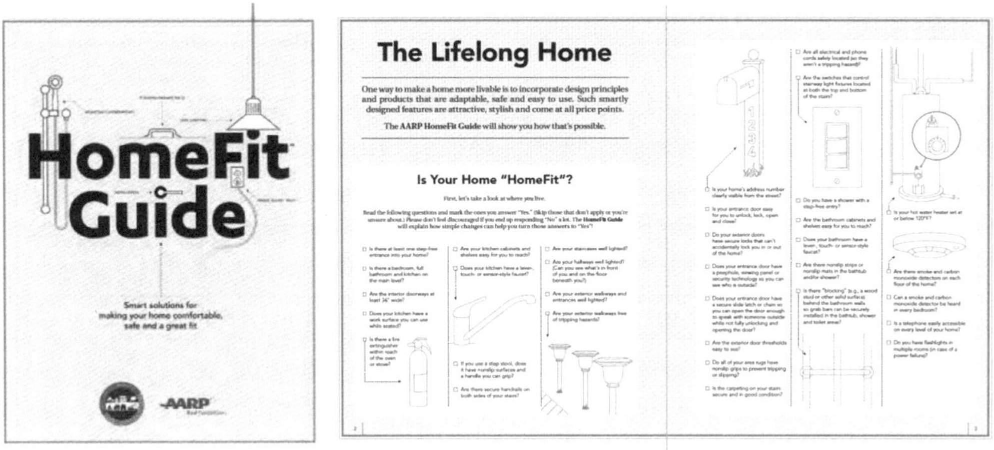

图8-38　美国住宅适老化改造指南

资料来源:AARP,2014

英国对住宅适老化的技术要求高度关注套内的无障碍设计水平,以及适合介助、介护老年人居家养老的设备应用。具体措施包括允许轮椅通过的门厅和走廊尺寸、套内安装安全扶手、主卧与卫生间之间加装起重器械、适合轮椅老人操作的门窗开启方式和设备开关等,具体内容可参考本书第七章第二节关于"终生住宅"设计标准的相关内容。

日本法律规定所有65岁以上的国民都可以申请长期照护保险提供的住宅适老化改造服务(图8-39)。根据法律规定,日本的长期照护保险(Long Term Care Insurance,LTCI)中所承担的部分基本适老化改造措施包括:安装安全扶手、更换防滑地面、户室门的拓宽和改造、更换部分卫生间洁具和厨房用具等(Makigami et al. ,2002)。从丰岛市 1994~2000 年长期照护保险的实施改造项目统计表来看，改造项目主要涉及浴室、入口、厕所、厨房、卧室和起居室等功能空间(Makigami et al. ,2002)(表 8-4)。

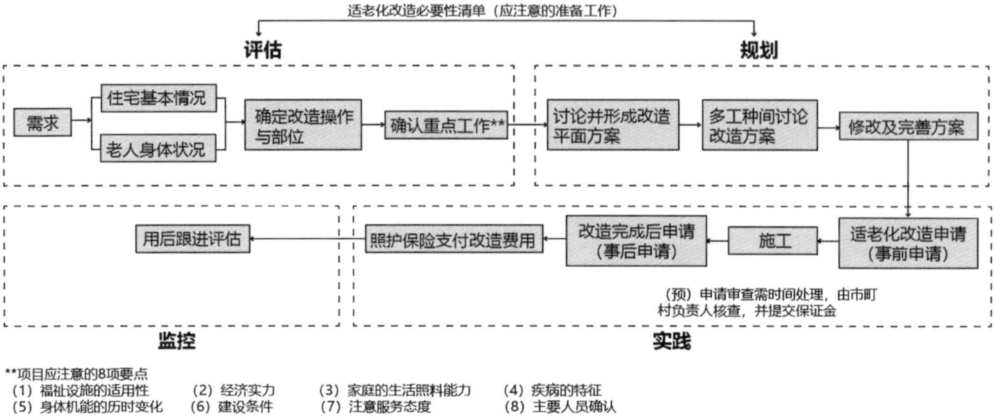

图 8-39　日本长期照护保险规定的住宅适老化改造流程

资料来源：根据 www. firstreform. com/care-insurance 内容整理绘制

表 8-4　丰岛市长期照护保险项目的分布情况

改造项目	长期照护保险制度实施前的项目量/个						制度实施后的项目量/个
	1994 年	1995 年	1996 年	1997 年	1998 年	1999 年	2000 年
浴室	57	96	138	128	189	287	
入口	46	80	132	139	206	292	
厕所	70	104	156	173	230	319	
厨房	7	7	7	8	14	5	
卧室和起居室	26	29	37	58	74	77	
楼梯	3	1	1	3	1	0	
总计	209	317	471	509	714	980	3 812

资料来源：根据(Makigami et al. ,2002)编译绘制

新加坡建屋发展局(Housing & Development Board,HDB)在覆盖全部组屋居民的住宅适老化改造计划(Home Improvement Programme,HIP)中提出以保障安全和支持健康为适老化改造的宗旨,具体措施包括维护建筑结构安全、整治垃圾存储和转运空间、供电系统升级等。自 2012 年起,HDB 进一步针对符合条件的老年人提出预防跌倒的乐龄易计划(Enhancement for Active Senior,EASE),包括为厨房、卫生间更换防滑地砖,在主要卫生间安装安全扶手,解决套内地面高差等措施(HDB,2018)。

中国香港房屋协会(Hong Kong Housing Society,HKHS)提出的“长者友善家居”(Age-friendly Home)计划同样以预防跌倒为核心目标。运用通用设计概念,对洗手间、厨房、客厅和卧室提出详细的自查清单,供有需要的老年人了解可以采取的适老化措施和改造方式。人们可以通过公开的网站对自己目前的居住条件进行评分,继而向政府、社会组织提出改造申请,或自行采取改造措施(图 8-40)。

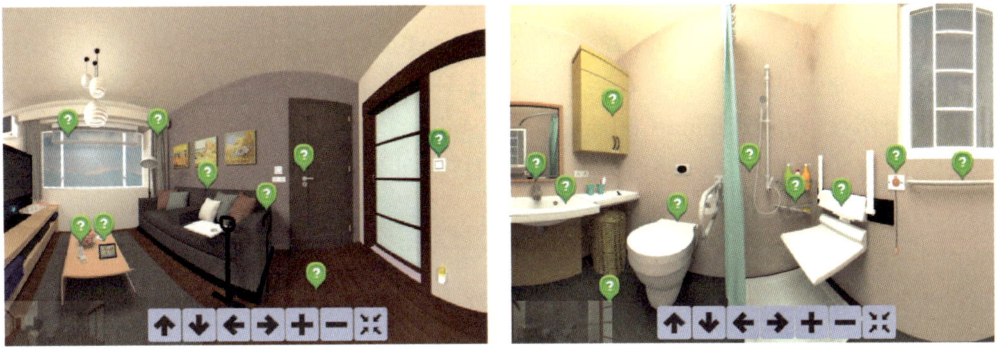

图 8-40 香港房屋协会提供的家居老年友好水平查询界面

资料来源:HKHS,2018

第三节
适老化改造的政策保障与推进机制

一、适老化改造的政策保障

政策保障通过两个方面实现:一是政治意愿的表达;二是政治意愿的执行。政治意愿的表达构成了公共政策的主要内容,而政治意愿的执行则形成了对公共政策活动规制的管理过程(李晶等,2012)。既有居住环境的适老化改造是老龄化社会和政府为满足社会发展和民生需要而采取的公共行动。要完成这一公共行动,需要明确政策执行的主体、政策执行的对象、政策的资源和运行机制。公共政策指导下的适老化改造不是随意、随机的行动,而是在特定经济、社会制度框架下采取的制度化行动,需要对执行过程做出制度化的安排,包括按照适宜的方式调动所需资源、为特定的对象提供相应的服务、并通过技术标准规范服务的质量。

老龄化程度较高的发达国家大多已形成较完善的居住建筑适老化改造事业发

展的法律和法规体系(刘桦等,2014),包括落实改造实施和监管的责任主体,明确适老化改造的资金来源,形成从评估、设计、施工、部品研发到工业化生产等环节的服务链,以便为适老化改造的开展提供实施保障。

美国的《住宅与城市发展法》(*Housing and Urban Development Act*)规定了地方政府应承担为老年人提供房屋修缮与改造的贷款、为实施改造的企业提供担保和补贴等义务。适老化改造的具体实施由老龄化办公室(Administration on Aging)统一协调,通过全美622家地区老龄办公室(Area Agency on Aging)推动实施。以位于宾夕法尼亚州的费城为例,在老龄化办公室基础上成立的非营利机构——费城老龄化合作社(Philadelphia Corporation for Aging,PCA)是当地适老化改造的主要行动者。PCA利用住房与城市发展部(HUD)提供的专项启动资金、地方彩票基金资金,以及来自卫生部门、医保部门、福利部门和社区发展部门的资金,从20世纪80年代开始面向低收入群体提供免费的住房适老化改造(姚栋等,2017)。提出改造的申请需符合以下条件:申请人拥有永久居民身份并符合低收入标准、拥有产权或获得产权人的许可、待改造的住宅结构坚固等。值得注意的是,PCA提供的改造以满足老年人基本的安全需要为主,通常只包括基本的无障碍改造和简单的部品更新。经济条件较为宽裕的老年人可以通过市场行为选择满足自身需要的较高水平的改造服务。

丹麦、瑞典等北欧国家同样为老年人提供公共资金支撑的适老化改造。在丹麦,需要适老化改造的老年人需要向所在自治市的负责机构提交申请。鉴于老年人的身体状况可能不断变化,同一申请人可以提出多次改造申请。瑞典的老年人需要向负责为自己提供健康咨询的理疗师或所在的社区提出适老化改造申请,经过审核后由相应机构提供改造服务。尽管申请的次数没有限制,但单次改造均设资助金额上限,且改造使用的材料和部品均以经济、节约为原则,优先使用可回收再利用的材料(司马蕾,2014)。如果申请人有更高的改造要求,则需要自己负担差价。

日本政府在20世纪90年代开展面向普通住宅的适老化改造,用于改造的经费最初主要由地方政府承担。至2000年,超过70%的地方政府均设立了住宅适老化改造项目和专项资金。由于单纯依赖公共财政的投入难以满足大规模适老化改造的需求,2000年开始实施的《长期照料公共保险计划》中为65岁以上的老年人提供最高限额为20万日元的住宅适老化改造保险金。基于保险金的适老化改造以申请者身体机能为评估依据,不强调申请者及其家庭的收入状况,以及是否存在非正式服务,这与基于保障原则的资源配置方法很不一样。随着实践经验的不断积累,日本的适老化改造资金渠道日渐多样,目前包括财政补贴、低息贷款、退休金、保险金和政府债券,以及运用财政和金融手段形成的住宅金融公库(中国建设信息,2001)等。

同样基于长期照护保险开展适老化改造的国家还有德国和荷兰。德国在1994年通过了一项涉及长期照护的法案——《社会抚养保险法案》(*The Social Dependency Insurance Act*),并据此建立起覆盖全民的长期照护保险计划,为养老服务的筹资和成本控制奠定了基础。出自保险金的改造费用对于各项援助大多有比较严格的金额限制,其中用于住宅改造的保险费用上限是2 500欧元/次。被保险人在申请频率不高于每年一次且改造内容不重复的前提下可以提出多次申请。住宅改造的必要性由医疗服务机构做出评估,根据无障碍设计等技术规定实施。由于德国的住宅产业工业化程度较高,改造的可行性和完成质量得到较好保障。

荷兰也是以长期照护保险为主要适老化改造资金来源的国家。需要进行住宅改造的老年人提交申请后,社区理疗师会对老年人进行家访,形成调查报告并提交审核。审核通过后施工方根据改造需求实施改造,现场有建筑师进行监理。工程结束后政府会对申请者开展满意度回访,以确保改造的效果。考虑到改造的经济性,当所需改造费用超过保险上限时,通常会提议老年人移居到适合的公共住宅中并提供相应补贴。如老年人不接受移居建议,保险则提供上限为2 950欧元的现金供申请者自行实施改造。

无论是基于政府公共财政还是长期照护保险制度的适老化改造,对改造需求的评估审核、现场的监督管理和实施改造后的评价都是非常重要的环节。简单粗放的适老化改造实践往往难以达到预期的效果,且易引发改造资源配置的公平性问题。譬如日本,由于适老化改造缺少审核和监理环节,对改造资金是否按照申请得到正当使用难以进行核实。

对于实施改造的主体,国内外的经验均倾向于应综合利用政府、市场和社会力量推进适老化改造的深入。例如英国,政府通过法律明确住宅的适老化改造是公共服务的一部分,并对相应的服务内容和技术标准做出明文规定,指派社会服务局承担住房改造的评估以及资金和财务管理。实际操作中,适老化改造的资金既包括政府的补贴,也包括住房协会和慈善机构(Andrew et al.,2008)等非营利组织筹集的社会资金。环境部门、劳动保障部门和社会服务部门紧密协作,形成了由中央政府主导、各级政府分担、非政府组织发挥积极作用的运作系统。相似的案例还有中国香港,由政府主导的技术标准和财政支持计划为适老化改造提供行动指南,由房屋协会和业主立案法团筹措改造资金。由于香港大部分居民居住在高层或多层集合住宅中,香港房屋协会于2005年推出《楼宇管理维修综合计划》,为业主立案法团主导的住房维修工程提供资助,为老旧住宅的维修、适老化改造等提供无息贷款(Ernest,2008)。

中国大陆地区于2000年进入老龄化社会，早在《中共中央、国务院关于加强老龄工作的决定》（中发〔2000〕13号）、《关于全面推进居家养老服务工作的意见》（全国老龄办发〔2008〕4号），以及“十一五”和“十二五”等政策文件中已经先后提出应对生活不能自理的高龄、独居、失能老人实施家庭无障碍设施改造，提供紧急呼叫和安全援助等服务，通过新建、扩建、改建、购置等方式，因地制宜建设养老服务设施。事实上，直到2013年《国务院关于加快发展养老服务业的若干意见》（国发〔2013〕35号）发布前后，人口老龄化的挑战才引起规划和建设领域的重视。较早的投资和建设活动主要针对养老服务设施的建设，除少数老龄化程度较高的城市和地区先行开展了试点，既有居住环境的适老化改造工作至今尚未全面启动。

近年来，部分先行先试地区在总结工作经验的基础上陆续推出了部分技术政策。如北京在《关于贯彻落实〈北京市居家养老服务条例〉的实施意见》（京政办发〔2016〕48号）中提出对住宅建筑、生活服务设施、公共活动场地等进行适老化设计和改造试点，鼓励社会力量按照标准规范开展适老化社区建设，同时引导和支持家庭对老年人居家设施进行改造。上海在《上海市老龄事业发展“十三五”规划》（2016）、《老年友好城市建设导则》（DB 31/T 883—2015）、《关于推进老年宜居社区建设试点的指导意见》（沪老龄办发〔2014〕10号）中也明确提出了适老化环境改造的相关指导要求，并于2012年启动了适老化改造的试点。受制于有限的经验，上述文件均以采用了目标和原则性表述方式，缺少必要的核心技术体系和明确的资源保障。

根据对全国12个省、直辖市老年服务相关地方法规与技术政策的分析①，目前老年宜居环境的关注要点多主要集中于养老服务设施的建设，对居家和社区适老化内容普遍缺乏政策引导和技术规范。调研涉及的省、直辖市相关技术文件中，仅有6%涉及居住环境的适老化改造内容，且以原则性指导为主，缺乏法定性和可操作性（于一凡等，2017a）。尽管2012年修订的《中华人民共和国老年人权益保障法》明确提出“推动和扶持老年人家庭无障碍设施的改造，在规划、设计、施工、监理、验收、运行、维护、管理等环节加强相关标准的实施与监督”的要求，并提出将老龄事业经费列入财政预算，但从现有适老化改造工作推进的规模与效果来看，还远远不能满足规模巨大的社区、居家养老需求。较早开展适老化改造的城市则在工作推进过程中遇到了不同程度和不同形式的阻碍。

由于缺乏明确、充足的资金来源，较早开展的适老化改造主要基于公共财政和相应的政策支持，针对托底保障、困境保障和重点保障的老人家庭进行适老化改

① 参见本书第七章第一节“政策法规基础”相关内容。

造。这一做法有助于初期阶段解决共性较强、较为急迫的环境适老化矛盾，但政策覆盖面小、资金渠道单一、技术内容缺乏规范。

【上海市住宅适老化改造受助人筛选条件】

2012~2013 年，住宅适老化改造连续两年入选上海市政府实事项目，每年遴选 1 000 户老年人家庭实施改造。受助对象的筛选条件包括：① 受助人年满 70 周岁以上，并为低保困难家庭，没有或缺少来自家庭成员的支持，其中经济困难的孤老家庭为优先改造对象；② 改造的房屋以居住条件恶劣、年久失修的老式住宅为主。受助老年人应拥有产权或长期使用权，且近期没有动拆迁计划；③ 改造过程中如需老年人临时迁出的，需要有自行安置过渡期住房 1~2 个月的条件和能力。孤老则由街道负责安排在邻近的养老机构临时过渡（大城养老编委会，2017）。

譬如上海市于 2012 年启动“为低保困难老年人家庭提供居室适老化改造服务”的行动（上海民政，2012）。项目每年由社会福利彩票公益金出资 2 000 万元，为 1 000 户家庭实施改造，户均改造资金 2 万元。1 000 个改造名额被分配到 10 余个区，各区再分别组织招标，将项目委托给社会组织。受助对象经筛选产生，再填写申请表和改造意愿。最终接受改造的家庭相当分散，协调成本很高。

从适老化改造的内容来看，上海目前具体实施的改造方案主要有三类：① 安全性改造，包括更换室内老化或裸露的电气线路，并配置安全插座；更换室内严重锈蚀或即将损坏的水管、煤气管和软管；更换损坏的门锁；更换破碎窗玻璃；更换严重老化的热水器、煤气灶等设备。② 无障碍改造，包括平整易绊脚的地面；在浴室、厕所里安装安全扶手；铺设防滑地砖；扩大居室门框；改建厨房间操作台。③ 整洁性改造，包括更换旧式水龙头；更换老旧灯泡，安装节能灯；粉刷居室屋顶及室内墙面；油漆门窗；做简易且实用的储物柜。调查发现，尽管改造项目使部分老年人家庭受益，但具体改造措施与老年人实际需求之间的匹配度有限，用于改造的资源分配的公平性等方面也暴露了不少矛盾。首先，改造工作接近于简单装修，改造后的适老性能提升不显著。其次，各街道和居委会选择改造对象时缺少明确的标准，且“一户一本”的改造方式较难均衡受助家庭实际获得的利益，在一定程度上也引起了居民间的矛盾。上海的实践表明，面对匮乏的改造资金和普遍存在的改造需求，现阶段的适老化改造很难实现“一步到位”。近期较为可行的途径是在对既有居住环境共性需求进行评估的基础上，对涉及基本安全的事项予以分类实施、统筹改造。对于部分老年人家庭的个性化改造需求，可在评估的基础上申请政府补贴、无息贷款，或由家庭出资，通过社会组织或市场途径予以解决。

根据对老年人适老化改造意愿的抽样调查，上海市老年人认为自己的住房需要适老化改造的约占总数的80%（于一凡等，2014）。以每户2万元改造成本计算，共有120万户待改造家庭，约需改造资金240亿元。在如此庞大的资金需求面前，有限的政府补贴显得杯水车薪。中国城市建成环境的适老化基础薄弱，既有居住环境对适老化改造的需求巨大，单一公共财政的投入难以持续，而完全依靠市场解决又不符合我国老年人收入水平普遍偏低的实际情况。为了适应大规模居住环境适老化改造的需要，政府一方面应适当提高公共财政的支出比例，直接用于促进适老化改造的实践；另一方面有必要拓展改造资金的来源，为适老化改造提供稳固的政策环境。开辟包括公共财政、福彩公益金、保险金和社会资金共同构建的资金渠道，通过积极宣传、政策优惠的方式，增强企业事业党委、其他社会组织和个人对老龄事业的投资或捐赠。其中，促进民间资本投入社区、居家适老化改造项目，为民间资本的发展创造宽裕的政策环境也是推进适老化改造的重要途径。

【上海市曹杨新村适老化改造工作的推进】

作为具有一定代表性的适老化改造案例，曹杨新村的适老化改造工作主要包括4个方面：① 依据相关技术政策制订行动计划，普陀区民政局和街道在现状调查的基础上制订了《曹杨街道久龄家园适老型社区建设方案》和《曹杨街道适老型社区改造三年行动计划》等，从而保证了适老化改造与社区工作的目标吻合，改造内容和受助对象清晰，改造实施步骤明确，适老化改造得以稳步推进。② 资金来源方面，根据《上海市人民政府关于完善社区服务促进社区建设实施意见》中提出的吸引社会资金参与社区建设和服务，曹杨新村的适老化改造将市级财政、基金会、福利彩票公益金、区级财政、街道财政等多渠道资金，以及有关民政条线的相关政策加以整合运用、统筹配置，确保了稳定的资金来源。③ 人力资源方面，以街道为平台组织的志愿者和专业为老服务团队充实了养老服务的力量。街道专门成立了“久龄为老服务社”，以便持续推进适老化改造的相关工作。④ 物力资源方面，整合了社区现有卫生、房管、物业等各方面资源，因地制宜调拨物资，为补充和完善养老服务设施提供了保障。从改造工作的实施效果来看，曹杨新村改造计划的完成度较高，居民对改造工作的反响较好，其工作的组织方式和实践经验值得同类社区借鉴（贾胜男，2014）。

二、适老化改造的推进机制

适老化改造的推进机制是行动过程中各个阶段、环节的运行与组织方式，对行动的整体效果具有重要影响。我国城市既有居住环境的适老化改造尚处于发展的初期阶段，需要格外关注要素保障、专业化组织和公众参与三个方面对顺利推进适老化改造工作的重要意义。

1. 要素保障

适老化改造的要素资源主要包括资金、技术和相应产品。由于我国适用于既有居住环境适老化改造项目投资和融资的政策体系尚未建立，同时现行住房公共资金管理政策，如《住房公积金条例》与《住宅专项维修资金管理办法》等均未涉及老年人住房改造费用等问题，改造工作从民政部门、老年基金会、福利彩票等机构和企业获得的资助有限，短时间内难以满足大量适老化改造对经费的需求(刘桦等,2014)。参考改造资金筹措的国际经验，我国亟待从财政支持政策、住宅公共资金管理政策和适老化改造资金补贴、贷款政策等方面着手建立适老化改造的投融资政策，并为民间资本进入适老化改造领域创造条件。

适用技术和适老化产品是适老化改造的另外两项重要保障要素。技术要素是实施适老化改造过程中节约成本、提高效率的重要途径，对于支付能力低、临时安置难度大的适老化改造显得尤其重要。适用技术的标准化是推进适老化改造工作全面展开的重要前提，是政府制定公共政策、提供公共服务、管理适老化改造事务的依据，也是实现生产要素合理配置、规范市场秩序的重要保证。从实践的综合效应来看，适老化改造应兼顾标准化的引导性和约束性。

适老化部品指适合老年人使用特点、对老年人具有辅助作用的零件、半成品和成品，如适老家具、门窗设置、开关插座设置、灯具安装、辅助设施以及材料铺装等。部品生产的标准化有助于提高适老化改造的可操作性，部品体系的完善有助于降低成本，提高组织和管理的效率。适老化部品的标准化水平是指市场提供标准化适老部品的种类占国内已有适老部品种类的比例。适老化改造技术的标准化水平是指适老化改造行业目前可提供标准化技术种类占已有适老化改造技术产品目录的比例。

我国的技术标准一般是对生产企业的产品结构、规格、质量和检验方法做出技术规定，而在管理标准和工作标准层面则显得较为薄弱。技术管理标准化的核心是规定改造工作中必须执行的技术行为，以及需要做到的程度。既有居住环境尽管存在类型差异，但同一类住房的适老化问题具有较为显著的共性。基于类型引导的标准化改造，有助于明确工作目标，简化实施程序，引导相关产品生产企业选择最佳的产品实现方式，促进施工企业逐步形成成熟的技术规程。在此基础上促进管理的标准化，即衡量改造是否达到标准，产品是否达到要求，以及改造过程的程序是否符合相关的规定，从而减少实施过程中的质量与成本损失。

模块化技术是大规模适老化改造值得关注的手段。照料型设施的照护单元、多层住宅加装的电梯、住宅套内改造一体化厨卫和智能设备等均可在成熟技术基础上采用工业化生产。在居住空间的适老化改造过程中，单个模块既可以作为特殊单元单独使用，又可以作为统一单元进行组合、拆分、更替。既有居住环境的适老化改造应用模块化技术，一方面便于实现改造的通用性和系统性，另一方面有助于降低成本、缩短工期、减少现场施工时间。由于模块化施工采用严格的模数规范，产品具有的标准性、统一性可使施工质量得到有力保障。

基于大量集合住宅的形成时间集中、适老化矛盾存在显著共性，在适老化改造过程中推进集成技术和内装部品的工业化生产同样具有良好的适用性，尤其对于一些基础较差、需求集中的地区快速推进适老化改造具有重要的意义。我国绝大部分既有居住建筑的现代化与工业化建造程度不高，主体和内装改造的同步化程度低。利用工业化生产改造方式可以有效缩短施工周期，减少噪声、粉尘、改造废料等一系列对周边不利的影响。促进改造生产模式从现场手工操作转向工厂工业化生产，从单个配件应用转向大规模制造，从传统施工现场“湿作业”转向集成式预制装配“干作业”（刘东卫等，2017）。

目前，国内适老化改造的技术和产品较为匮乏，改造技术多沿用旧区更新的常规做法，适老化辅具和部品，如爬楼机、安全呼叫装置等，则多以引进国外技术为主。全面推进既有居住环境适老化改造需要市场化、专业化和产业化程度的提升，并为需求和服务提供衔接平台。适老化改造部品和技术的标准化程度有赖于适老化改造市场产品和技术体系发展的完善程度。

近年来信息技术、远程控制和智能技术等在养老服务领域得到日益广泛的应用。部分案例开始尝试在养老机构和居家环境下配置各类传感器、可穿戴设备，利用智能家居和移动设备为老年人提供服务。这些技术和产品的安装和使用简便，并不过多依赖空间环境的改造，是对居家环境适老化改造的重要补充。随着科学技术的不断进步，其对老年宜居环境将发挥的深远影响值得期待。

适老化改造面对复杂的技术、经济和政策问题。欧盟、美国、日本等发达地区和国家均意识到持续创新技术研究对于解决适老化问题的重要性，通过鼓励科研机构、设计人员等开展科学研究和适用技术的创新研究，促进研究成果在实践中的应用。事实证明，高等院校、研究机构提出的许多重要技术方案，在适老化改造技术的推广应用和不断创新过程中功不可没。在美国，政府鼓励企业与专业研究机构和高等院校的合作，进行老年人用品、适老化技术的研究，通过开设专门课程、培养专门人才、举办专业期刊和学术会议推广等相关技术。在日本，各地定期举办老年产业博览会，促进科研成果的转化和新产品、新技术的应用，并在高等教育中增设老年人建筑设计、福利工学、福利用具工学等专业，持续培养专业人才（陈茗，2002）。

2. 专业化组织

适老化改造需要适应社会、经济的发展和居民需求的变化，具有专业性、复杂性和系统性的特征，涉及多个部门。为了协调各个部门的行动，维护良好的秩序，实现长期、持续的发展，需要促进适老化改造的组织者、实施改造的行动者、产品和部品的供应者以及专业评估机构和专业研发机构等改造主体的专业化组织，通过执行监管、评估调试、激励协调等机制促进协作。

从国际经验来看，较早进入老龄化社会的发达国家和地区在不断深化认识的过程中形成了一系列研究、协调和行动组织，包括政府组织、非政府组织（non-governmental organization，NGO）、企业、非营利组织（non-profit organization，NPO）、公民自治组织、高等院校等。从性质上看，包括政治组织、经济组织（企业）、文化组织、教育组织、宗教组织等。这些组织在西欧、北美和澳大利亚等地的老年宜居环境建设领域发挥着重要作用。其中具有代表性的有：美国退休者协会（AARP）、美国老龄协会（N4A）、加拿大公共健康署（PHAC）、英国社区和地方政府部（DCLG）、澳大利亚地方政府协会（ALGA）等。2007 年世界卫生组织提出建设全球老年友好城市以后，很多地方城市也成立了促进老龄事业发展的地方政府组织与民间组织，如美国纽约市的老龄事务部（NYC Department for the Aging）、亚特兰大地区委员会（Atlanta Regional Commission）、费城老龄组织（Philadelphia Corporation for Aging）、加拿大埃德蒙顿老年人协调委员会（Edmonton Seniors Coordinating Council）等。这些组织和机构大多位于老龄化程度较高、养老服务需求密集的大城市，为解决具体矛盾和实际问题而产生。

例如在美国，相关组织涵盖各个领域和层次，包括地方政府组织、社区组织、教育组织、高等院校、地方基金会、公共安全组织、医药服务组织、养老服务供应商协会、老年人自治组织、老年护理者组织、社工组织、公益组织、地方商会组织、志愿者组织等，并形成了高度分工和紧密协作的组织体系。从较早基于医疗卫生的专业组织，如国家疾病防控中心和医疗健康机构等，到国家层面的政府派出或非政府专门组织，再到各州、城市的地方政府老龄委员会、行业协会和民间组织，上述相关专业组织从发现问题、研究问题走向政策响应，再从顶层设计走向具体行动，呈现出清晰的发展脉络。

其中，美国退休者协会（AARP）是美国历史最久、影响最大的维护老年人权益的民间群体。AARP 的前身是 1947 年加州退休的教育工作者 Ethel Percy Andrus 博士创立的全国退休教师协会，早期主要通过联合保险公司等手段为退休教师寻求医疗保险保障和争取相关福利。发展至今，AARP 在美国有超过 3 000 万会员，分会超过 4 000 个，致力于促进老年人福祉、提高老年人的生活质量。AARP 拥有两家附属组织：退休服务有限公司（AARP Service Inc.）和 AARP 基金会（AARP

Foundation)。退休服务有限公司是一家成立于 1999 年的营利机构,向协会成员提供保健、旅游休闲、保险、法律咨询、金融等方面的产品和服务。AARP 基金会是非营利性慈善机构,宗旨是为老年人提供保护和免费的服务,包括健康护理、消费、就业等领域法律上的援助。AARP 发起的老年宜居社区(Livable Communities),以及响应世界卫生组织老年友好城市倡议而建立的老年友好社区网络(Network of Age-friendly Communities)等在研究和实践领域具有重要的影响。AARP 于 2010 年提出的适老化改造指南(AARP HomeFit Guide),旨在帮助实施改造者了解老年居民的意愿,实施有针对性的改造。此外,该指南还提供了面向改造对象的调查问卷,以及面向承建商的信息、改造施工计划和后续服务的要求(AARP,2010)。

在英国,可持续社区学会(The Academy for Sustainable Communities,ASC)负责从国家层面支持和引导终生社区和终生住宅在全国的实践(于一凡等,2017d)。该学会致力于政策层面的探索,为相关部门和机构提供技术支持和实用信息,并高度关注各地在实践过程中的反馈,以确保相应举措的实施效果。而地方住房协会和老龄工作委员会等则从地方层面为创建老年友好城市和终生社区开展研究工作,为实践工作提供技术平台。随着终生社区、终生住宅实践的不断推进,越来越多的民间组织也开始发挥日益重要的影响,如英国各地教区与政府和社区协作,通过为终生社区试点建设提供资金支持、社区服务等手段来促进终生社区、终生住宅的发展。

相比较而言,我国在适老化改造领域尚未建立起系统化的产业发展政策,促进专业化组织发展的经济激励政策和措施也相当匮乏。在养老服务、金融、法律、志愿者服务等领域的相关组织尚处于发育初期阶段,社会团体和民间组织的影响力欠缺。2013 年以来,营利性养老保险、老龄住宅、老年人用品等企业发展迅速,为改善我国老年人的生活质量、特别是满足特定群体的特殊需要开辟了新的途径。但总体而言,适老化改造服务市场尚未建立,相关领域的居民参与程度低、专业人才匮乏等现实矛盾凸显。相关领域的创新动力不足,创新投入水平较低。与简单发放补助或实物等服务不同,适老化改造不是政府部门凭借一己之力能够完成的。政府单方面主导的适老化改造,实施力度大、影响范围广,在树立老年宜居环境理念、开辟示范性实践的初期阶段可以发挥重要作用。然而,随着工作的深化,需要特别关注技术政策的针对性和适用性,摸索有效的工作方法和实践经验。这个过程不仅需要诸多职能部门打破壁垒、分工协作,更需要多种社会力量的积极参与,鼓励社区的内部协作、自我维护和持续发展。

目前,我国的专业化组织体系尚处于酝酿期,部分城市基于实践需求涌现出一些行业协会、研发机构和非营利组织等。其中具有代表性的是在民政系统支持下成立的各级老龄科学研究中心,在政策研究、开展交流、组织行动等方面为组织和深化老龄研究提供了窗口。

【中国老龄科学研究中心】

中国老龄科学研究中心是1989年3月经批准成立的国家级多学科老龄问题综合研究机构，是中国老龄人口与有关老龄问题信息收集、研究和传播的机构。研究的方向和主要任务是：调查研究人口老龄化问题，提出适合中国经济发展水平和传统文化的解决老龄问题战略对策，为政府和有关部门制定老龄政策提供依据；协调和开展社会老年学、老年心理学、老年社会学、老年医学、老年生物学等基础理论的研究；协助国家制定老年科学研究的中长期规划；培训老龄科学研究和实际工作人员；编辑出版老龄问题研究刊物和书籍；开展国际多边和双边合作研究与交流。开展研究包括老龄事业发展战略、经济产业、社会文化、健康宜居、统计调查、老龄信息等（www. cvca. cu/jgjj/index. html）。

【上海市老龄科学研究中心】

上海市老龄科学研究中心成立于1993年。其宗旨是贯彻理论联系实际的原则，致力于现代民政和人口老龄化的理论研究和工作调研，为政府及有关部门制定对策措施和深入开展民政工作和老龄工作提出科学依据和对策建议。其主要功能是为现代民政和老龄事业的发展提供理论支撑，围绕现代民政和老龄事业发展开展重点研究，对政府决策提供理论基础；通过对数据的收集整理、对热点难点工作的调研，为重大民生政策出台，为领导决策提供信息参考；搭建老龄和民政政策理论研究的平台，实现与民政部政研中心、市委研究室、市政府研究室、市政府发展研究中心等上级部门的接洽，做好与区县老龄、民政系统和机构的沟通，完善与高校和科研院所间的横向联系。此外，上海市老龄科学研究中心还负责年度老年人口和老龄事业监测统计及信息发布，负责《上海市老年人口和老龄事业监测统计信息》《上海市老龄事业发展报告书》《上海市老年人口和老龄事业数据手册》的编撰；负责《上海民政工作发展报告书》《上海老龄科学》《国外老龄信息摘编》《民政调研与决策参考》等刊物的编纂（www. shvca. org. cn/intro. aspx）。

最后，监督与评估是专业化组织健康发展的重要保障。改造实践过程中需要通过制度性的安排对适老化改造各主体实施监督，保证及时发现和反馈改造过程中出现的问题，并与相关组织及时沟通，调整、改善工作的方式，必要时追究相关主体的责任。严格的监督与评估体系包括内部监督和外部监督。内部监督首先是通过财政审批制度对资金的使用和采购程序进行监督，杜绝暗箱操作；其次是通过评估、调研、访谈和问卷等方式对改造完成的情况进行监管。外部监督通常由公众、媒体和第三方机构执行,及时反映、评价改造过程中的问题,或由会计师事务所、审计事务所、法律事务所、高校研究机构等独立机构针对改造项目做出专业判断。我国公共服务资源的配置长期受到计划经济体制影响,对配置绩效缺乏监督和控制,对需求的差异化与多样性缺乏响应。居住环境的适老化改造在内容、范围和手段上有其独特性,改造的目标和实际效果直接影响到老年人的获得感和满意度,迫切需要建立以"监督—评估—反馈"为特征的监督机制。

【星光计划】

2001 年,《民政部关于印发〈"社区老年福利服务星光计划"实施方案〉的通知》提出以城市社区居委会为重点,新建和改扩建一大批社区老年人福利服务设施和活动场所,目标是逐步形成社区居委会有站点、街道有服务中心的社区老年人福利服务设施网络。该通知同时要求农村地区以乡镇敬老院为重点,新建和改扩建一批乡镇老年人福利服务设施和活动场地,逐步形成县(市)有中心、乡镇有敬老院的老年人福利服务设施网络。至 2005 年底"星光计划"总投资 134 亿元,全国建成星光老年之家 3.2 万个。

遗憾的是,十年以后大量社区星光老年之家已经被"撂荒"或消失。根据"星光计划"的起草者、原民政部老龄司副司长阎青春估算,目前"星光计划"大体上有三分之二甚至四分之三已流失,项目事实上执行了 3 年左右即陷入停顿。究其原因,一方面在于资金计划和维护机制缺乏持续保障和监督;另一方面则在于设施配置简单划一,缺少与社区实际需求匹配的针对性与适用性(民政部,2001;中国新闻网,2014)。

3. 公众参与

公众参与是社会、政治和经济发展的必然趋势,但是公众参与在社区更新过程中如何发挥作用,以及作用的结果如何仍有待探索。目前,我国既有居住环境的适老化改造主要由政府主导,被视为公共事务,公众的参与意识尚未形成。

适老化改造的公众参与包括两个方面:首先是了解居民的改造意愿;其次是鼓励居民参与改造行动。2012 年,同济大学一项针对上海市既有居住环境的调研分析了老年居民对适老化改造的需求和参与改造的意愿(于一凡等,2014)。研究表明,无论是较早建成的传统里弄、新中国成立后形成的单位公房住区,还是 20 世纪 90 年代以来建成的商品房和保障房住区,普遍存在适老化改造的需求。然而,尽管总体上认为适老化改造"十分必要",但受访老年人对适老化改造的参与热情并不高:不足一半的受访老年人愿意参与适老化改造的意见征集,对参与方案设计、施工、监督，以及后期维护等环节则大多缺乏积极性。

进一步分析表明，受访老年人对实施改造的资金和改造期间的临时安置等具体问题存在顾虑。在将改造资金看作最大困难的老年人中，80%以上家庭月收入在2 001~3 000元。老年人家庭收入普遍偏低、支出能力有限，故而对自身需要承担的改造费用表示担心。同时，大部分老年人缺少在施工期间的临时安置去处，对改造能够带来的改善缺少乐观预期（图8－41）。

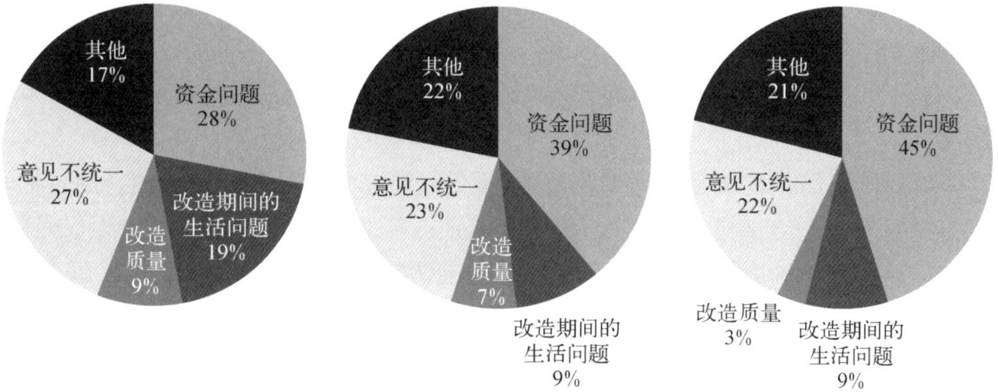

图8－41　里弄（左）、公房（中）、商品房（右）内老年人认为适老化改造困难的选择

资料来源：于一凡等，2014

对参与改造的积极性不高、对自身影响力缺乏信心是受访老年人普遍流露出来的态度。针对是否愿意参与适老化改造工作环节的问题，选择“都不参与”的老年人与问卷中回答“不需要适老化改造”和表示“无所谓”的老年人有较高的重合度（图8－42）。通过对受访人基本信息的分析发现，这些老年人多与家人同住，日

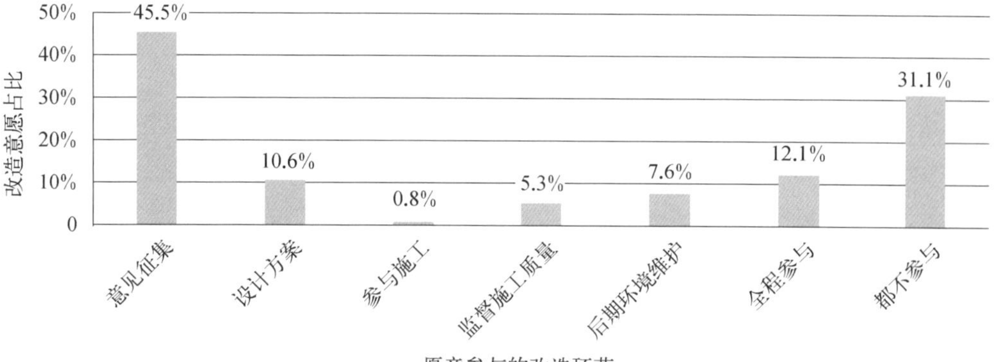

图8－42　老年人参与适老化改造的意愿

资料来源：于一凡等，2014

常生活往往可以获得更多辅助和非正式照料。可见,即便居住环境条件相似,老年人自身的情况也会不同程度地影响其希望从居住环境获得的支持。

居住环境的更新与居民参与息息相关,对老年人的生活具有重要影响。政府作为单一决策者的局限在于,居民缺乏能动性和话语权,甚至主观上被认为不需要话语权。政府作为掌握公共资源的决策者拥有唯一裁量权,通过协商解决民生事务的原则容易被忽视。居民作为物权所有人和改造受益人往往被排斥在外。既往研究表明:我国老年人的社会参与存在意愿与参与机会的矛盾(裴晓梅,2004),在传统观念、参与范围、需求与现实的矛盾、法制环境等方面尚未理顺(韩青松,2007),老年人社会参与的组织化程度不高,参与意愿被动(李宗华等,2009)。

针对既有居住环境实施适老化改造,不仅需要充分了解和分析老年人的意见,更需要对老年人给予充分的尊重、协调和反馈。持续而有效的公众参与不仅是将实际问题不断输入决策系统,更需要及时通过调整行动节奏和路径对公众意愿做出响应。适老化改造的决策是在群众需求的基础上做出的,所采取的行动也需要与老年人进行充分的沟通和协商,最终通过政策对象的满意度评价对政策执行的程序、执行的结果和公平性进行综合评估。

当然,居民在充分表达自身意愿的基础上也需要尊重集体利益和进行自我约束,避免低效协商导致集体行动困境。譬如,一些城市针对多层住宅加装电梯的适老化改造遭遇部分居民家庭的抵制,社区嵌入式照料设施在周边居民之中引起邻避效应。对此,除了充分开展居民协商以获得共识之外,利用政策工具、采取包容性设计等手段扩大受益群体也是值得尝试的手段。

【广州市既有住宅增设电梯项目】

作为较早的尝试,广州市于2012年出台《广州市既有住宅增设电梯试行办法》,明确了既有住宅增设电梯资金的筹措方式和申请程序。然而,由于部分业主因利益有所损失或得益效果不显著,以及对各楼层的出资(或补偿)分摊难以达成共识等原因,居民参与过程暴露了诸多矛盾。其中涉及的主要问题包括:① 迫切需要加装电梯的是老年人群体,而老年人在住宅建筑里的楼层分布并不均匀,导致加装电梯的意见不容易达成共识;② 仅以邻里和睦与助人为乐为动机不足以在居民中达成一致,特别是对于经济条件并不宽裕的居民家庭,需要承担的建造费用或后期的运维费用仍会对其造成一定的压力;③ 老年人自身在组织和协调事务上的能力较弱,缺乏强有力的组织者、指导者和推动者(广州市人民政府,2012)。

【上海市普陀区怒江苑小区加装电梯项目】

2015 年 10 月,上海市普陀区怒江苑小区一幢居民楼完成加装电梯。怒江苑是 1998 年建成的售后公房,该幢居民楼共有 12 户居民,其中七成是年纪在 60 岁以上的老人。2015 年 3 月,楼栋就加装电梯事项进行了第一次意愿征询,楼内 12 户居民全部同意;随后业委会、居委会征求小区全体业主意见,同意率达到 75%,达到了法律规定的底线;项目组测算了电梯成本、土建、安装以及楼道装修费用,除去财政补贴部分,业主又商定了费用分摊方案,一楼住户不出钱,楼层越高出钱越多,再就方案进行了二次征询。加装电梯从指定方案到实施完毕,业主们前后开会 30 多次,改造工程最终得以实施(人民网,2018)。

参考文献

阿沐养老. 2017. 上海四川北社区溧阳长者照护之家[EB/OL]. http://www.sohu.com/a/148900876_617328[2017-06-14].

安庆新,胡波. 2001. 老年建筑防火设计[J]. 武警学院学报,17(4):33-35.

安玉松,于航,王恬,等. 2015. 上海地区老年人夏季室外活动热舒适度的调查研究[J]. 建筑热能通风空调,(34):23-26.

毕红霞,徐汝峰. 2015. 以需求为导向的农村空巢老人养老保障路径优化——以山东为例[J]. 人口与社会,(4):69-78.

边恕,黎蔺娴,孙雅娜. 2016. 社会养老服务供需失衡问题分析与政策改进[J]. 社会保障研究,(3):23-31.

标准生活. 2017. 欧、美、日养老服务业发展现状[J]. 标准生活,(2):68-77.

财团法人,高龄者住宅财团. 2011. 老年住宅设计手册[M]. 博洛尼精装研究所 等译. 北京:中国建筑工业出版社.

财政部. 2017. 2016 年财政收支情况[EB/OL]. http://gks.mof.gov.cn/zhengfuxinxi/tongjishuju/201701/t20170123_2526014.html[2017-01-23].

柴彦威. 2014. 空间行为与行为空间[M]. 南京:东南大学出版社.

朝阳养老服务网. 2016. 社区养老——潘家园榆西里社区养老服务驿站[EB/OL]. http://www.96083yl.cn/daycardControl/querydetail.do?id=6[2018-10-20].

陈洪涛. 2009. "社会组织"概念的政策与理论考察及使用必要性探析[J]. 社团管理研究,(6):21-24.

陈金平. 2013. 上海市既有住区适老化改造研究[D]. 上海:同济大学:65.

陈立新,姚远. 2005. 社会支持对老年人心理健康影响的研究[J]. 人口研究,29(4):73-78.

陈茗. 2002. 日本老龄产业的现状及其相关政策[J]. 人口学刊,(6):7-11.

陈小卉,邵玉宁. 2012. 发达地区养老服务设施规划的探索——以昆山为例[J]. 现代城市研究,(8):13-20.

陈英姿,满海霞. 2013. 中国养老公共服务供给研究[J]. 人口学刊,(1):22-26.

初炜,胡冬梅,宋桂荣,等. 2007. 老年人群养老需求及其影响因素调查分析[J]. 中国卫生事业管理,23(12):836-838.

褚湜婧,王猛,杨胜慧. 2015. 典型福利类型下居家养老服务的国际比较及启示[J]. 人口与经济,(4):119-126.

大城养老编委会. 2017. 大城养老[M]. 上海:上海人民出版社.

戴俊骋,周尚意,赵宝华,等. 2011. 中国老年人宜居城市评价指标体系探讨[J]. 中国老年学杂志,10(31):4008-4013.

党俊武. 2018. 中国城乡老年人生活状况调查报告(2018)[M]. 北京:社会科学文献出版社.

邓茂林,张斌,余波,等. 2008. 城市人居环境评价的综述与展望[J]. 统计与决策,23:148-150.

丁华,严洁. 2018. 中国老年人失能率测算及变化趋势研究[J]. 中国人口科学,(3):97-108+128.

董林飞,林锋,叶甜甜. 2015. 城市老年人服务设施专项规划编制探索——以温州市老年人服务设施专项规划为例[J]. 规划师,(4):85-90.

杜鹏. 2013. 中国老年人口健康状况分析[J]. 人口与经济,(6):3-9.

杜鹏,孙鹃娟,张文娟,等. 2016. 中国老年人的养老需求及家庭和社会养老资源现状——基于2014年中国老年社会追踪调查的分析[J]. 人口研究,(6):49-61.

杜鹏,武超. 2006. 1994—2004年中国老年人主要生活来源的变化[J]. 人口研究,30(2):20-24.

方积乾. 2007. 生存质量测定方法及应用[M]. 北京:北京医科大学出版社.

弗里德里希·冯·哈耶克. 1997. 自由秩序原理[M]. 邓正来 译. 上海:三联书店.

福苑养老. 2018. 机构简介[EB/OL]. http://www.fuyuan.org.cn/jgindex.htm#m_gywm[2018-11-02].

付诚,韩佳均. 2015. 我国养老服务产业化发展的现实困境与改进策略[J]. 经济纵横,(12):26-31.

高桥仪平著. 2003. 无障碍建筑设计手册(为老年人和残疾人设计建筑)[M]. 陶新中 译. 北京:中国建筑工业出版社.

高晓路,吴丹贤,许泽宁,等. 2015. 中国老龄化地理学综述和研究框架构建[J]. 地理科学进展,34(12):1480－1494.
辜胜阻,李华. 2011. 缓解“大城市病”需实施均衡的城镇化战略[J]. 中国合作经济,(4):7－8.
辜胜阻,吴华君,曹冬梅. 2017. 构建科学合理养老服务体系的战略思考与建议[J]. 人口研究,(1):3－14.
Green L W,Kreuter M W. 1994. 健康促进规划设计[M]. 黄敬亨 等译. 上海:上海医科大学出版社.
顾大男,曾毅. 2011. 1992—2002 年中国老年人生活自理能力变化研究[J]. 陕西财经大学学报,(2):1－8.
顾严. 2017. 且富且老:中国养老困局与治理出路[M]. 北京:中国财政经济出版社.
广东省民政厅,广东省国土资源厅,广东省住房和城乡建设厅. 2013. 关于解决养老服务设施建设用地问题的通知(粤民福〔2013〕31 号)[Z].
广州市人民政府. 2012. 印发广州市既有住宅增设电梯试行办法的通知(穗府办〔2012〕21 号)[Z].
桂世勋. 2001. 中国高龄老年人口生活质量[J]. 南方人口,(4):1－8.
郭晋武. 1992. 城市老年人生活满意度及其影响因素的研究[J]. 心理学报,24(1):28－34.
郭熙保,李通屏,袁蓓. 2013. 人口老龄化对中国经济的持久性影响及其对策建议[J]. 经济理论与经济管理,(2):43－50.
国家计划委员会、民政部、劳动部等. 1994. 中国老龄工作七年发展纲要(1994—2000)[Z].
国家统计局. 2017. 2016 年国民经济和社会发展统计公报[EB/OL]. http://www.stats.gov.cn/tjsj/zxfb/201702/t20170228_1467424.html [2017－06－21].
国家统计局. 2019. 中华人民共和国 2018 年国民经济和社会发展统计公报[EB/OL]. http://www.stats.gov.cn/tjsj/zxfb/201902/t20190228_1651265.html [2019－02－28].
国家统计局人口和就业统计司. 2010. 2009 年中国人口和就业统计年鉴[M]. 北京:中国统计出版社.
国家卫生和计划生育委员会. 2014. 中国家庭发展报告 2014[M]. 北京:中国人口出版社.
国家卫生计生委统计信息中心. 2015. 2013 年第五次国家卫生服务调查分析报告[M]. 北京:中国协和医科大学出版社:100－103.

国务院. 2015. 国务院关于加快发展养老服务业的若干意见(国发〔2015〕35 号)[Z].
国务院. 2017. 国务院关于印发“十三五”国家老龄事业发展和养老体系建设规划的通知(国发〔2017〕13 号)[Z].
国务院办公厅. 2016. 国务院办公厅关于进一步扩大旅游文化体育健康养老教育培训等领域消费的意见(国办发〔2016〕85 号)[Z].
国务院新闻办公室. 2017. 中国健康事业的发展与人权进步[EB/OL]. http://www.scio.gov.cn/ztk/dtzt/36048/37159/index.html[2017-11-20].
韩青松. 2007. 老年社会参与的现状、问题及对策[J]. 南京人口管理干部学院学报. 23(4):41-44.
何谦,陈汉平. 2007. 浅议城市社区居家养老的优势和可行性[J]. 法制与社会,(3):583-584.
洪毅,周燕珉. 2011. 浅谈老年住宅消防安全存在的问题及相关建议[J]. 建筑学报,(12):87-91.
胡宏伟,汪钰,王晓俊,等. 2015. 嵌入式养老模式现状、评估与改进路径[J]. 社会保障研究,(2):10-17.
胡宏伟,袁水苹,郑翩翩. 2018. 中国城乡老年人健康及医疗卫生状况分析[C]. 中国城乡老年人生活状况调查报告. 北京.
胡军生,肖健,白素英. 2006. 农村老年人主观幸福感研究[J]. 中国老年学杂志,26(3):314-317.
胡畔,王兴平,张建召. 2013. 公共服务设施配套问题解读及优化策略探讨——居民需求视角下基于南京市边缘区的个案分析[J]. 城市规划,37(10):77-83.
胡泽勇. 2017. 基于传统孝道的养老服务业及其可持续发展[J]. 理论月刊,(3):149-154.
胡湛,彭希哲. 2012. 发展型福利模式下的中国养老制度安排[J]. 公共管理学报,9(3):62.
黄璜. 2013. 国外养老旅游研究进展与我国借鉴[J]. 旅游科学,27(3):13-24.
黄清峰. 2016. 中国养老服务产业发展问题初探[J]. 长江论坛,(6):53-57.
黄晓勇,蔡礼强. 2017. 社会组织蓝皮书:中国社会组织报告(2016—2017)[M]. 北京:社会科学文献出版社.
惠蓉. 2002. 我国老年人健康状况评价[J]. 使用护理杂志,(7):57-58.
纪竞垚. 2016. 老年人住房满意度及影响因素分析——以北京市为例[J]. 人口与社会,32(4):52-61+108.
冀云,孙鹃娟. 2018. 中国老年人居住方式、代际支持对抑郁的影响[J]. 宁夏社会科学,(6):152－160.

贾清显.2010.中国长期照护保险制度构建研究——基于老龄化背景下护理风险深度分析[D].天津:南开大学.

贾胜男.2014.基于老年宜居社区“适老化改造”政策支持研究——以上海市普陀区为例[D].上海:上海交通大学.

贾巍杨,王小荣.2014.中美日无障碍设计法规发展比较研究[J].现代城市研究,(4):116－120.

江海燕,周春山,高军波.2011.西方城市公共服务空间分布的公平性研究进展[J].城市规划,35(7):72－77.

江苏省人民政府.2010.长三角地区异地居住企业离退休人员养老保险待遇资格协助认证合作协议[Z].

姜向群,丁志宏,秦艳艳.2011.影响我国养老机构发展的多因素分析[J].人口与经济,(4):58－63.

姜向群,杜鹏.2013.中国人口老龄化和老龄事业发展报告[M].北京:中国人民大学出版社.

近藤克则,刘振杰.2010.社会资本和福祉:老年健康政策[J].社会保障研究,(1):28－33.

敬乂嘉,陈若静.2009.从协作角度看我国居家养老服务体系的发展与管理创新[J].复旦学报(社会科学版),(5):133－140.

拉特利奇.1990.大众行为与公园设计[M].王求是,高峰 译.北京:中国建筑工业出版社:51.

雷克斯福特·E·桑特勒,史蒂芬·P·纽恩.2006.卫生经济学:理论案例和产业研究.3版[M].程晓明 等译.北京:北京大学出版社.

冷红,袁青.2003.发达国家寒地城市规划建设经验探讨[J].国际城市规划,18(4):60－66.

黎民,杨惠.2005.我国前发达地区农村的养老模式选择[J].中州学刊,(2):74－77.

李本公.2007.中国人口老龄化发展趋势百年预测[M].北京:华龄出版社.

李斌,黄力.2011.养老设施类型体系及设计标准研究[J].建筑学报,(12):81－86.

李东阳.2016.欧盟国家发展老龄产业的经验及启示[J].老龄科学研究,7(4):73－80.

李建新,刘保中.2015.健康变化对中国老年人自评生活质量的影响——基于CLHLS数据的固定效应模型分析[J].人口与经济,(6):1－11.

李建新. 2007. 老年人口生活质量与社会支持的关系研究[J]. 人口研究,(3):50-60.
李晶,何中兵. 2012. 公共政策的构成要素与价值分析[J]. 当代经济,(12):132-133.
李晓华. 2005. 社区照顾模式与我国养老方式选择[J]. 理论学刊,(10):102-103.
李心涛,张耀文. 2014. 首部老龄产业蓝皮书释放信号我国老龄产业市场潜力全球居首[J]. 中国社会工作,(29):11-13.
李学斌. 2008. 我国社区养老服务研究综述[J]. 宁夏社会科学,(1):42-46.
李长远,张举国. 2017. 我国医养结合养老服务的典型模式及优化策略[J]. 求实,(7):68-79.
李之俊,向剑锋,刘欣,等. 2012. 运动促进健康研究新进展[J]. 体育科研,(2):1-15.
李姿姿. 2010. 新社会风险:当代社会政策研究的新视角[J]. 社会科学,(9):23-32.
李宗华,高功敬. 2009. 积极老龄化背景下城市老年人社会参与的实证研究[J]. 学习与实践,(12):114-121.
梁鸿. 2002. 养老方式及其发展的选择[J]. 探索与争鸣,(11):35-36.
廖芮,张开宁,王华平,等. 2017. 我国健康老龄化背景下的医养结合:基本理念、服务模式与实践难题[J]. 中国全科医学,(3):270-277.
林宝. 2015. 中国农村人口老龄化的趋势、影响与应对[J]. 西部论坛,(2):73-81.
林卡,朱浩. 2014. 应对老龄化社会的挑战:中国养老服务政策目标定位的演化[J]. 山东社会科学,(2):66-70.
林闽钢. 2014. 论我国社会养老服务的公益性及实现途径[J]. 人口与社会,(1):7-11.
林闽钢,梁誉. 2016. 准市场视角下社会养老服务多元化筹资研究[J]. 中国行政管理,(7):70-76.
林擎国,王伟. 2001. 人口老龄化对我国产业结构调整与优化的影响[J]. 学术研究,(2):48-52.
林文亿. 2015. 影响老年人使用社区服务的因素:相关理论及国内外研究现状[J]. 社会保障研究,(3):105-112.
刘东卫,刘若凡,秦姗. 2017. 既有建筑更新的 SI 建筑方法与内装工业化改造——以北京市安慧里住区介护型养老设施设计建造为例[J]. 城市建筑,(13):17-22.
刘桦,刘倩. 2014. 中外居住建筑适老化改造事业发展政策比较研究[J]. 城市发展研究. 21(2): 72 - 76.
刘慧,叶露迪. 2013. 对养老院老年人满意度的调查分析[J]. 统计与咨询,(3): 50 - 51.
刘吉. 2015. 我国老年人生活满意度及其影响因素研究——基于2011年"中国健康与养老追踪调查"(CHARLS)全国基线数据的分析[J]. 老龄科学研究,(1): 69 - 78.
刘菊芬,白铭文. 2004. 京津沪渝高龄老人生活质量现状及影响因素分析[J]. 中国人口科学,S1: 101 - 105.
刘敏,柯婕,肖宁菲,等. 2015. 基于CRS建筑策划理论的城市旧住区适老化改造策略研究——以同济新村为例[J]. 住区,(4): 80 - 87.
刘妮娜. 2018. 中国城乡老年人的基本情况及家庭关系[C]. 中国城乡老年人生活状况调查报告. 北京.
刘爽. 1998. 中国的城镇化与区域人口老龄化[J]. 西北人口,(3): 13 - 17.
刘颖. 2014. 中国老年人口迁移特征与影响的实证研究[D]. 北京: 首都经济贸易大学.
柳海民,张明,周霖,等. 2011. 中日大学生及服务的赡养意识[J]. 东北师大学报(哲学社会科学版),(6): 140 - 145.
鲁斐栋,谭少华. 2015. 建成环境对体力活动的影响研究: 进展与思考[J]. 国际城市规划,(2): 62 - 70.
鲁肖麟. 2015. 积极老龄化框架下的老年健康促进行动思考[J]. 新西部,(6): 139 - 140.
吕晓莉,李志宏. 2014. 人口老龄化与社会代际矛盾及其治理[J]. 中国青年研究,(1): 30 - 35+40.
马岚. 2018. 改革开放四十年我国社会化养老服务的政策严谨和发展趋势[J]. 重庆社会科学,(12): 16 - 26.
马珊伊,李阳. 2016. 医养结合养老服务模式与中国养老显示的契合[J]. 税务与经济,(6): 25 - 29.
马晓雯,杜佳敏,谢红. 2016. 基于居家养老服务的适老化改造研究进展[J]. 延续护理,(12): 1708 - 1712.
孟钧,李绍纯. 2010. 日本、加拿大: 老年福利的特色与启示[J]. 社会福利,(9): 11 - 14.
孟向京,姜向群,宋健,等. 2004. 北京市流动老年人口特征及成因分析[J]. 人口研究,(6): 53 - 59.
民政部. 2001. 民政部关于印发《"社区老年福利服务星光计划"实施方案》的通知

（民发〔2001〕145 号）[Z].
民政部. 2010. 社区老年人日间照料中心建设标准（建标 143－2010）[S].
民政部. 2013. 民政部关于推进养老服务评估工作的指导意见（民发〔2013〕127 号）[Z].
民政部. 2018. 2017 年社会服务发展统计公报[EB/OL]. http：//www. mca. gov. cn/article/sj/tjgb/2017/201708021607. pdf[2018－10－21].
穆光宗. 2000. 中国传统养老方式的变革和展望[J]. 中国人民大学学报，14（5）：39－44.
穆光宗. 2002. 家庭空巢化过程中的养老问题[J]. 南方人口，（1）：33－36.
穆光宗. 2012. 我国机构养老发展的困境与对策[J]. 华中师范大学学报（人文社会科学版），51（2）：31－38.
宁越敏，查志强. 1999. 大都市人居环境评价和优化研究——以上海市为例[J]. 城市规划，19（2）：15－20.
裴晓梅. 2004. 从"疏离"到"参与"：老年人与社会发展关系探讨[J]. 学海，（1）：113－120.
裴晓梅，房莉杰. 2010. 老年长期照护导论[M]. 北京：社会科学文献出版社.
裴晓梅，王浩伟，罗昊. 2014. 社会资本与晚年健康——老年人健康不平等的实证研究[J]. 广西民族大学学报（哲学社会科学版），（1）：17－24.
彭希哲，胡湛. 2011. 公共政策视角下的中国人口老龄化[J]. 中国社会科学，（3）：121－138.
彭小辉，史清华，晋洪涛. 2012. 基于人口老龄化视角的城乡户籍一体化研究——以上海为例[J]. 上海交通大学学报（哲学社会科学版），（6）：47－54.
钱蓓. 2015－06－13. 上海："医养结合"牵引新一轮养老改革[N]. 文汇报.
钱宁. 2006. 现代社会福利思想[M]. 北京：高等教育出版社：181.
钱亚仙. 2014. 老龄化背景下的社会养老服务体系研究[J]. 理论探讨，（1）：48－51.
曲嘉瑶，伍小兰. 2013. 中国老年人的居住方式与居住意愿[J]. 老龄科学研究，1（2）：46－54.
全国老龄办等. 2008. 关于全面推进居家养老服务工作的意见（全国老龄办发〔2008〕4 号）[Z].
全国老龄工作委员会. 2007. 中国人口老龄化发展趋势预测研究报告[EB/OL]. http：//www. cncaprc. gov. cn/contents/16/11224. html[2017－02－23].
全国老龄工作委员会. 2009. 全国老龄工作委员会办公室关于开展老年宜居社区和老年友好城市（城区）试点工作的通知[EB/OL]. http：//www. pkulaw. cn/fulltext_

form. aspx? Gid = 66ad6eed36f5bc20bdfb&keyword = &Search _ Mode = &Search _ IsTitle=0[2018-02-23].
全国老龄工作委员会办公室. 2018. 关于开展人口老龄化国情教育的通知[Z].
人力资源和社会保障部. 2011. 2006年度劳动和社会保障事业发展统计公报[EB/OL]. http://www.mohrss.gov.cn/SYrlzyhshbzb/zwgk/szrs/tjgb/201107/t20110723_69903.html[2017-11-23].
人民网. 2018. 上海的老旧小区纷纷加装电梯让"悬空老人"脚踏实地[EB/OL]. http://sh.people.com.cn/n2/2018/0930/c134768-32117551.html[2018-09-30].
日本秋田市. 2013.《秋田年龄友好型城市行动计划》(秋田市エイジフレンドリーシティ行動計画)[Z].
日笠端. 1977. 都市规划[M]. 东京: 共立出版.
上海民政. 2012. 关于开展2012年市政府实事项目《"为1 000个低保困难老年人家庭提供居室适老化改造服务"的通知》(沪民老工发〔2012〕6号)[Z].
上海民政. 2016. 市政府办公厅印发《关于推进本市"十三五"期间养老服务设施建设的实施意见》的通知(沪府办〔2016〕70号)[Z].
上海市城市规划设计研究院. 2014. 老龄化社会下上海养老设施规划战略应对研究[R]. 上海.
上海市规划和自然资源局. 2014. 上海市养老设施布局专项规划(2013—2020年)[Z].
上海市老龄科学研究中心. 2011. 2010年老年人口和老龄事业监测统计信息[EB/OL]. http://www.shrca.org.cn/4113.html[2017-04-23].
邵德兴. 2014. 医养护一体化健康养老服务模式探析: 以上海市佘山镇为例[J]. 浙江社会科学,(6): 87-92.
深圳市规划和国土资源委员会. 2013. 深圳市养老设施专项规划(2011—2020年)[Z].
世界卫生组织. 2000. 建立老年人长期照顾政策的国际共识[Z].
世界卫生组织. 2007. 全球老年友好建设指南[M]. 日内瓦: 世界卫生组织出版社.
司马蕾. 2014. 发达国家住宅适老化改造政策与经验[J]. 城市建筑,(3): 41-43.
宋宝安. 2006. 老年人口养老意愿的社会学分析[J]. 吉林大学社会科学学报,(4): 90-97.
孙建娥,张志雄. 2016. 以社区为基础的老年人长期护理服务模式——OECD国家的经验及其对我国的启示[J]. 湖南师范大学科学学报,(2): 85-92.
孙蕾. 2015. 中国人口老龄化的区域差异研究——基于省级面板数据的实证分析

[J]. 当代经济科学,(1):18－24.
孙祁祥,朱南军. 2015. 中国人口老龄化分析[J]. 中国金融,(24):21－23.
孙玉杰. 2007. 浅析住宅无障碍设施设计的必要性[J]. 中国住宅设施,(7):59－60.
唐丹,姜凯迪. 2015. 家庭支持与朋友支持对不同自理能力老年人抑郁水平的影响[J]. 心理与行为研究,(1):65－69.
唐钧. 2016－04－04. 机构养老:"支撑"还是"补充"? [N]. 南方都市报.
唐启群. 2014. 河北省老年人养老模式及满意度影响因素分析[J]. 中国煤炭工业医学杂志,(12):2091－2094.
陶裕春,申昱. 2014. 社会支持对农村老年人身心健康的影响[J]. 人口与经济,(3):3－14.
陶卓霖,程杨,戴特奇. 2014. 北京市养老设施空间可达性评价[J]. 地理科学进展,33(5):616－624.
田北海,雷华,钟涨宝. 2012. 生活境遇与养老意愿——农村老年人家庭养老偏好影响要素的实证分析[J]. 中国农村观察,(2):74－85.
田菲,于一凡. 2013. 中国养老地产浅析[J]. 上海城市规划,(3):103－106.
田原. 2010. 日本城市社区养老服务的经验与启示[J]. 当代经济,(9):40－41.
同莹钰. 2000. 亲情感对老年人生活满意度的影响[J]. 人口学刊,(4):31－35.
童玉芬,武玉,王莹莹,等. 2012. "中国城市人口问题研究——前沿与展望"全国学术研讨会会议综述[J]. 人口与经济,(1):111－112.
涂慧君. 2017. 建筑策划学[M]. 北京:中国建筑工业出版社.
汪凤兰,张丽娜,张盼,等. 2017. 不同日常生活活动能力老年人的养老意愿及养老服务需求分析[J]. 现代预防医学,(6):1044－1046+1050.
王德文. 2004. 高龄老人日常生活自理能力及其影响因素[J]. 中国人口科学,(6):25－29.
王刚义,赵晶磊. 2008. 居家养老的困境与出路——探索一种适合中国国情的养老模式[J]. 创新,2(3):86－89.
王继伟,余金明. 2015. 健康和积极老龄化:社会资本和健康促进[J]. 上海预防医学,27(8):439－441+452.
王佳琳,康华,左敏. 2014. 人口老龄化背景下西部城市社区居家养老现状及养老服务需求的调查分析[J]. 中国医学创新,(4):138－140.
王锦成. 2000. 居家养老:中国城镇老人的必然选择[J]. 人口学刊,(4):20－23.
王莉莉,吴子攀. 2014. 英国社会养老服务建设与管理的经验与借鉴[J]. 老龄科学研究,(7):61－70.

王莉莉，杨晓奇. 2015. 我国老龄服务业发展现状、问题及趋势分析[J]. 老龄科学研究，3(7)：6－17.

王录仓，武荣伟. 2016. 中国人口老龄化时空变化及成因探析——基于县域尺度的考察[J]. 中国人口科学，(4)：74－84+127.

王敏. 2017. 从收入养老向生活养老转型的动因、意义及对策建议[J]. 经济研究参考，2837(61)：19－23.

王彦军，张佳睿. 2015. 日韩应对人口老龄化对策的经验及启示[J]. 人口学刊，(6)：76－84.

王志宝，孙铁山，李国平. 2013. 近 20 年来中国人口老龄化的区域差异及其演化[J]. 人口研究，37(1)：66－77.

威廉·M·培尼亚，史蒂文·A·帕歇尔. 2010. 问题探查：建筑项目策划指导手册(原著第四版，2002)[M]. 王晓京 译. 北京：中国建筑工业出版社.

韦璞，武学丽. 2013. 贵州省人口老龄化历程、特征与趋势[J]. 社会福利(理论版)，(6)：11－19.

邬沧萍. 2002. 提高对老年人生活质量的科学认识[J]. 人口研究：5.

吴要武. 2013. 独生子女政策与老年人迁移[J]. 社会学研究，(4)：49－73.

吴玉韶，郭平，苗文胜，等. 2014. 2010 年中国城乡老年人口状况追踪调查数据分析[M]. 北京：中国社会出版社.

吴玉韶，王莉莉，孔伟，等. 2015. 中国养老机构发展研究[J]. 老龄科学研究，(8)：13－24.

伍小兰，李晶，王莉莉. 2010. 中国老年人口抑郁症状分析[J]. 人口学刊，(5)：43－47.

席恒. 2015. 分层分类：提高养老服务目标瞄准率[J]. 学海，(1)：80－87.

夏晓敬，关宏志. 2013. 北京市老年人出行调查与分析[J]. 城市交通，(5)：44－52.

项曼均，吴晓光，刘向红，等. 1995. 北京市老年人的生活满意度及其影响因素[J]. 心理学报，27(4)：395－399.

肖惠敏，邝惠容. 2014. SF－12 量表评价中国老年人生存质量的信度和效度分析[J]. 中国老年学杂志，(2)：1081－1020.

谢波，周婕. 2013. 我国城市养老设施发展的政策与规划指引[J]. 规划师，29(10)：5－11.

谢钧，谭琳. 2000. 城市社会养老机构如何适应日益增长的养老需求——天津市社会养老机构及入住老人的调查分析[J]. 市场与人口分析，(9)：66－69.

徐飞. 2016. 推进医养结合——市政协举办医养结合问题提案办理协商会[J]. 北京观察，(7)：32－33.

徐高. 2013. 中国城镇化人口视角的比较分析[J]. 中国市场,(19):39－46.
徐勤,汤哲. 2007. 我国长期护理的现状与趋势[J]. 人口与经济,(2):6－12.
徐映梅,夏伦. 2014. 中国居民主观幸福感影响因素分析——一个综合分析框架[J]. 中国财经政法大学学报,(2):12－19.
许天添. 2013. 上海市旧住房(小区)适老化改造技术的研究[J]. 住宅科技,(1):51－56.
薛峰. 2013. "明日之家 2012"适老住宅集成技术解决方案[J]. 建筑学报,(3):70－75.
薛新东,刘国恩. 2012. 社会资本决定健康状况吗——来自中国健康与养老追踪调查的证据[J]. 财贸经济,(8):113－121.
颜秉秋,高晓路. 2013. 城市老年人居家养老满意度的影响因子与社区差异[J]. 地理研究,(7):1269－1279.
颜秉秋,高晓路,季珏. 2015. 城市养老设施配置的微观模拟与规划政策分析——以北京市为例[J]. 地理科学进展,34(12):1586－1597.
颜秉秋,高晓路,袁海红. 2015. 城市社区老人居家养老满意度的结构方程模型[J]. 中国老年学,35(21):6211－6215.
扬·盖尔. 2002. 交往与空间[M]. 何人可 译. 北京:中国建筑工业出版社.
阳艳珠,安和平. 2013. 城市社区居家养老实践研究——贵阳市养老模式新选择[J]. 人民论坛,(26):208－210.
杨贵庆. 1997. 大城市周边地区小城镇人居环境的可持续发展[J]. 城市规划汇刊,2:55－60.
杨立雄. 2017. 中国老龄服务产业发展研究[J]. 新疆师范大学学报(哲学社会科学版),(3):69－76.
杨立雄,余舟. 2019. 养老服务产业:概念界定与理论构建[J]. 湖湘论坛,(1):24－38.
杨晓奇,王莉莉,董彭滔. 2018. 我国城乡老年人收入和消费状况[C]. 中国城乡老年人生活状况调查报告. 北京.
姚栋,黄明卓. 2017. 基于 ICT 技术的社区养老设施空间绩效研究[J]. 建筑学报,(2):44－47.
姚栋,徐蜀辰,李华. 2017. 住宅适老化改造的目标与内容——国际经验与上海实践[J]. 城市建筑,(5):9－13.
姚金海,谢懋金. 2017. 中国人口老龄化研究热点及前沿严谨——基于知识图谱分析视角[J]. 贵州师范大学学报(社会科学版),(3):70－81.
姚远. 1999. 老年人社会价值与中国传统社会关系的文化思考[J]. 人口研究,23

(5):44-50.

尹豪,龚莹. 2006. 中国台湾地区人口老龄化与老年人社会保障[J]. 人口学刊,(3):9-13.

尹孔阳,刘艳辉,郭琳. 2015. 人口老龄化背景下多元化养老模式的选择.[J]. 中国老年学杂志,(12):3451-3453.

英国城市老龄化联盟. 2014. 老年友好城市研究和评价框架(A Research & Evaluation Framework for Age-friendly Cities)[Z].

于宝荣,高静,于龙凤. 2012. 农村老年人日常生活照顾服务需求与供给研究[M]. 济南:山东大学出版社.

于普林,杨超元,何慧德. 1996. 老年人生活质量调查内容及评价标准建议(草案)[J]. 中华老年学杂志,15:320.

于涛方,王瑾. 2012. 面向人口老龄化的城市规划应对[J]. 规划师,28(9):75-79.

于一凡,陈金平. 2014. 上海既有住宅区适老化改造意愿和需求分析[J]. 上海城市规划,(5):98-101.

于一凡,胡玉婷. 2017b. 社区建成环境健康影响的国际研究进展——基于体力活动研究视角的文献综述[J]. 建筑学报,(2):33-38.

于一凡,贾淑颖,田菲,等. 2017c. 上海市既有住区适老化水平调查研究[J]. 城市规划,(5):20-26.

于一凡,贾淑颖. 2015b. 居家养老条件下的居住空间基础研究——以上海为例[J]. 上海城市规划,(2):96-100.

于一凡,贾淑颖. 2017d. 终生社区,终生住宅——英国城市的适老化建设路径[J]. 上海城市管理,(5):40-44.

于一凡,刘旭辉. 2017a. 我国城乡养老服务设施规划建设技术标准体系研究——基于12个省、直辖市的技术文件调研[J]. 北京规划建设,(5):23-27.

于一凡,彭震伟,田菲. 2015a. 老年宜居环境建设的法规基础研究[J]. 上海城市管理,(6):9-13.

于一凡,隋鑫. 2018b. 公平视域下的养老服务设施空间布局评价[J]. 社会政策研究,(1):97-105.

于一凡,田菲,贾淑颖. 2016. 上海市社区居家养老服务设施体系研究[J]. 建筑学报,(10):93-97.

于一凡,王沁沁. 2018a. 健康导向下的老年宜居环境建设——国际研究进展及其启示[J]. 城市建筑,(7):14-19.

于一凡. 2010. 城市居住形态学[M]. 南京:东南大学出版社.

余慧,黄荣贵,桂勇. 2008. 社会资本对城市居民心理健康的影响：一项多层线性模型分析[J]. 世界经济文汇,(6)：40－52.

袁小波. 2008. 2000—2005 年高龄老人生活满意度的变化分析[J]. 西北人口,(4)：33－36.

约翰·华生. 2016. 行为心理学[M]. 刘霞 译. 北京：现代出版社.

曾友燕,王志红,吕伟波. 2006. 老年人对专业家庭护理服务需求的质性研究[J]. 中国实用护理杂志,(8)：9－10.

翟振武. 1996. 中国城市化与城市人口老龄化的趋势与对策[J]. 中国人口科学,(5)：11－17.

詹姆斯·亨德森. 2008. 健康经济学[M]. 向运华,钟建威,季华璐 等译. 北京：人民邮电出版社.

张纯,柴彦威,李昌霞. 2007. 北京城市老年人日常活动路径及其时空特征[J]. 地域研究与开发,(4)：116－120.

张杰,何晔. 2014. 人口老龄化削弱了和中国制造业低成本优势吗？[J]. 南京大学学报(哲学人文科学社会科学),(3)：24－36.

张景秋,刘欢,齐英茜,等. 2015. 北京城市老年人居住环境及生活满意度分析[J]. 地理科学进展,(12)：1628－1636.

张恺悌,郭平. 2010. 中国人口老龄化与老年人状况蓝皮书[M]. 北京：中国社会出版社.

张美玲. 2005. 财政支出结构的国际比较对我国的启示[J]. 北京工商大学学报(社会科学版),(20)：1－6.

张文娟,李树茁. 2005. 子女的代际支持行为对农村老年人生活满意度的影响研究[J]. 人口研究,(5)：73－80.

张文英,冯希亮. 2012. 包容性设计对老龄化社会公共空间营建的意义[J]. 中国园林,(10)：30－35.

张文忠. 2007. 城市内部居住环境评价的指标体系和方法[J]. 地理科学,(2)：17－23.

张晓杰. 2016. 医养结合养老创新的逻辑、瓶颈与政策选择[J]. 西北人口,(1)：105－111.

张孝廷,张旭升. 2012. 居家养老服务的结构困境及破解之道[J]. 浙江社会科学,(8)：81－99.

张新生,王剑锋. 2015. 发达国家居家养老服务产业及其对我国的启示[J]. 理论导刊,(9)：79－81.

张伊娜,孙许昊,周双海. 2012. 老年人口迁移的特征和影响：文献综述[J]. 西北人口,33(4):27－31.
张莹,陈亮,刘欣. 2010. 体力活动相关环境对健康的影响[J]. 环境杂志,(2):165－168.
赵东霞,孙俊龄. 2013. 我国城市老年人宜居环境评价指标体系研究[J]. 环境保护与循环经济,(7):52－55.
赵洁. 2017. 建设养老服务需求评估制度. 中国社会科学网[EB/OL]. http://www.cssn.cn/djch/djch_djchhg/zggdxlbdly_92846/201701/t20170106_3373442.shtml[2017－01－06].
赵静华. 2019. 民间资本参与养老服务的优势与劣势[J]. 人民论坛,(1):90－91.
赵曼,韩丽. 2015. 长期护理保险制度的选择:一个研究综述[J]. 中国人口科学,(1):97－105.
赵细康. 1997. 农村老年人生活质量直观评价分析[J]. 人口与经济,(6):15－20.
浙江省民政厅福利处. 2014. 浙江省人民政府关于发展民办养老产业的若干意见(浙政发〔2014〕16 号)[Z].
中关村思德智能健康养老产业联盟. 2015. 长期照护立法[EB/OL]. http://www.ssidc.org/info/f1/2015/1109/684.html[2018－10－08].
中国建设信息. 2001. 日本的住房政策及对我国住宅建设的思考[J]. 中国建设信息,(12):53－54.
中国老龄科学研究中心. 2014. 中国老龄产业发展报告 2014[M]. 北京:社会科学文献出版社.
中国老龄科学研究中心. 2016. 第四次中城乡老年人生活状况抽样调查基本数据[R]. 北京.
中国老龄科学研究中心课题组. 2011. 全国城乡失能老年人状况研究[J]. 残疾人研究,(2):11－16.
中国新闻网. 2014. 星光计划现状调查:134 亿投入 3 万老年之家成烂尾[EB/OL]. http://money.163.com/14/1226/08/AECJF10K00253B0H.html[2014－12－26].
钟若愚. 2005. 人口老龄化影响产业结构调整的传导机制研究:综述及借鉴[J]. 中国人口科学,(S1):169－174.
周春发,付予光. 2008. 居家养老:住房与社区照顾的联结[J]. 城市问题,(8):68－72.
周沛,管向梅. 2011. 普惠型福利视角下城市高龄者养老社会化服务体系研究[J]. 东北大学学报,139(4):323－327.
周晓虹. 2008. 冲突与认同:全球化背景下的代际关系[J]. 社会,28(2):20－38.

周燕珉,程晓青,林菊英,等. 2011. 老年住宅[M]. 北京: 中国建筑工业出版社.
周燕珉,秦岭. 2016. 老龄化背景下城市新旧住宅适老化转型[J]. 时代建筑,(6): 96－107.
周燕珉,王欣. 2014. 老旧住宅中通行无障碍的改造研究[J]. 建筑技艺,(3): 94－97.
周志田,王海燕,杨多贵. 2004. 中国适宜人居城市研究与评价[J]. 中国人口·资源与环境,1: 27－30.
朱海龙,欧阳盼. 2015. 中国人养老观念的转变与思考[J]. 湖南师范大学社会科学学报,44(1): 88－97.
朱伟珏. 2015. 社会资本与老龄健康——基于上海市社区综合调查数据的实证研究[J]. 社会科学,(5): 69－80.
朱勇. 2014. 智能养老[M]. 北京: 社会科学文献出版社: 32.
住房和城乡建设部. 2012. 无障碍设计规范(GB 50763—2012)[S].
住房与城乡建设部. 2014. 住房城乡建设部等部门关于加强养老服务设施规划建设工作的通知(建标〔2014〕23 号)[Z].
住房和城乡建设部. 2016. 中共中央国务院关于进一步加强城市规划建设管理工作的若干意见[Z].
住房和城乡建设部. 2018a. 城乡养老设施规划标准(征求意见稿)[S].
住房和城乡建设部. 2018b. 老年人照料设施建筑设计标准(JGJ 450—2018)[S].
祝银,李拉,刘慧涵,等. 2010. 北京市流动老人生活状况研究[J]. 凯里学院院报,28(5): 136－140.
总报告起草组. 2015. 国家应对人口老龄化战略研究总报告[J]. 老龄科学研究,(3): 4－38.
HKHS. 2018. 老[友]所居[EB/OL]. http: //www. hkhselderly. com/afh/[2018－12－02].
Neil Gilbert,Paul Terrell. 2003. 社会福利政策导论[M]. 黄晨熹 等译. 上海: 华东理工大学出版社: 79.
AARP. 2010. My room-by-room "Home Fit" list 2014; universal design & green home survey checklist[Z].
AARP. 2014. Homefit guide [EB/OL]. https: //www. aarp. org/livable-communities/info-2014/aarp-home-fit-guide-aging-in-place. html[2018－11－13].
AARP. 2016. AARP livability index-great neighborhoods for all ages [EB/OL]. https: //livabilityindex. aarp. org/[2017－08－13].
Alley D, Liebig P, Pynoos J, et al. 2007. Creating elder-friendly communities:

preparations for an aging society [J]. Journal of Gerontological Social Work, 49: 1 - 18.

Andersson J E. 2011. Architecture for the silver generation: exploring the meaning of appropriate space for ageing in a Swedish municipality[J]. Health & Place, 17(2): 572 - 587.

Andrew Sixsmith, Judith Sixsmith. 2008. Ageing in place in the United Kingdom [J]. Aging, (32): 219 - 235.

Arnold S B. 1991. Measurement of quality of life in the frail elderly[C]//The Concept & Measurement of Quality of Life in the Frail Elderly. Salt Lake City: Academic Press: 50 - 73.

Asami Y. 2001. Residential environment: methods and theory for evaluation [M]. Tokyo: University of Tokyo Press.

ASHA & NIC. 2018. Classification for seniors housing property types [EB/OL]. http://www. seniorshousing. org/filephotos/classifications-for-seniors-Housing-Property-Types. potf[2018 - 11 - 03].

Benktzon M. 1993. Designing for our future selves: the Swedish experience [J]. Applied Ergonomics, 24(1): 19 - 27.

Birren J E, Dieckmann L. 1991. Concepts and content of quality of life in the later years: an overview [M]. San Diego, CA: Academic Press.

Bishop M, 2005. Quality of life and psychosocial adaptation to chronic illness and disability[J]. Rehabilitation Counseling Bulletin, (4): 219 - 231.

Bloom D E, Canning D, Günther Fink. 2010. Implications of population ageing for economic growth[J]. Oxford Review of Economic Policy, 26(4): 583 - 612.

Branch L G, Jette A M. 1982. A prospective study of long-term care institutionalization among the aged [J]. American Journal of Public Health, 72(12): 1373 - 1379.

Brownson R C, Hoehner C M, Day K, et al. 2009. Measuring the built environment for physical activity state of the science [J]. American Journal of Preventive Medicine, 36(4S): S99 - S123.

Bu Jiatian, Yu Yifan. 2015. The spatial structure of the elderly's health care requirement: an event history analysis in Shanghai[C]. The 3rd Conference on China Urban Development (East China Normal University), 6.

Buffel T, Phillipson C. 2016. Can global cities be "age-friendly cities"? urban development and ageing populations[J]. Cities, 55: 94 - 100.

Burgess E W. 1960. Aging in western societies [M]. Chicago: The University of

Chicago Press.

Cacioppo J T, Hawkley L C. 2003. Social isolation and health, with an emphasis on underlying mechanisms[J]. Perspectives in Biology and Medicine, 46: 39 – 52.

Cacioppo J T, Hughes M E, Waite L J, et al. 2006. Loneliness as a specific risk factor for depressive symptoms: cross sectional and longitudinal analyses[J]. Psychology and Aging, 21: 140 – 151.

Campbell A, Converse P, Rodgers W. 1976. The quality of American life: perceptions, evaluations and satisfactions[M]. New York: Russell Sage Foundation.

Carmon N, Fainstein S S. 2013. Policy, planning, and people promoting justice in urban development[M]. Philadelphia: University of Pennsylvania Press: 1 – 10.

Carp F M, Christensen D L. 1986. Technical environmental assessment predictors of residential satisfaction: a study of elderly women living alone[J]. Research on Aging, 8: 269 – 287.

Chapin F S. 1974. Human activity pattern in the city: things people do in time and in space [M]. New York: John Wiley and Sons.

Clemson L, Mackenzie L, Ballinger C, et al. 2008. Environmental interventions to prevent falls in community-dwelling older people: a meta-analysis of randomized trials [J]. Journal of Aging and Health, 20(8): 954 – 971.

Coogan P F, White L F, Adler T J, et al. 2009. Prospective study of urban form and physical activity in the black women's health study [J]. American Journal of Epidemiology, (9): 1105 – 1117.

Coopers and Lybrand. 1995. The state of senior housing: 1995[R]. Washington DC: American Seniors Housing Association.

Cox K R, Robert K. 1979. Location and public problems: a political geography of the contemporary world [M]. Oxford: Blackwell.

Coyle C E, Dugan E. 2012. Social isolation, loneliness and health among older adults [J]. Journal of Aging and Health, 24(8): 1346 – 1363.

D'Hombres B, Rocco L, Sunrcke M, et al. 2010. Does social capital determine health evidence from eight transition countries[J]. Health Econ, 19(1): 56 – 74.

DCLG. 2007. Towards lifetime neighborhoods: designing sustainable communities for all. A discussion Paper[R]. London.

DCLG. 2008. Lifetime homes, lifetime neighborhoods-a national strategy for housing in an ageing society[R]. London: 89.

DCLG. 2010. Lifetime home (LTH) revised criteria July 2010[R]. London.

De Souza E M. 2003. International interaction in health promotion: a qualitative study in Brazil [J]. Revista de Saúde Pública, 37(4): 463 – 469.

Dear M. 1992. Understanding and overcoming the NMBY syndrome [J]. Journal of the American Planning Association, (3): 288 – 300.

Deci E L, Ryan R M. 1985. Intrinsic motivation and self-determination in human behavior[M]. New York: Plenum.

Denissen J J A, Penke L, Schmitt D P, et al. 2008. Self-esteem reactions to social interactions: evidence for sociometer mechanisms across days, people, and nations [J]. Journal of Personality and Social Psychology, 95 (1): 181 – 196.

Deverteuil G. 2000. Reconsidering the legacy of urban public facility location theory in human geography[J]. Progress in Human Geography, 24(1): 47 – 69.

Dienner E. 1984. Subjective well-being[J]. Psychological Bulletin, 95(3): 542 – 575.

Doyle S, Kelly Schwartz A, Schlossberg M, et al. 2006. Active community environments and health: the relationship of walkable and safe communities to individual health [J]. Journal of the American Planning Association, (72): 19 – 32.

Erkip F. 1997. The distribution of urban public services: the case of parks and recreational services in Ankara[J]. Cities, 14(8): 5597 – 5599.

Ernest C. 2008. Ageing in place in Hong Kong: challenges and opportunities in a capitalist Chinese city [J]. Aging, (32): 167 – 182.

Ernest W Burgess. 1931. Family tradition and personality [C]//K. Young (ed.) Social Attitudes. New York: Henry Holt: 188 – 207.

Evandrou M, Glaser K. 2003. Combining work and family life: the pension penalty of caring [J]. Ageing and Society, 23(5): 583 – 601.

Evans P. 2002. Political strategies for more livable cities: lessons from six cases of development and political transition[C]//City review in book: livable cities? Urban struggles for livelihood and sustainability (Evans P. eds). California: University of California Press: 203 – 229.

Evashwick C, Rowe G, Diehr P, et al. 1984. Factors explaining the use of health care services by the elderly [J]. Health Services Research, 19(8): 357 – 382.

Ewing R, Cervero R. 2010. Travel and the built environment: a meta-analysis [J]. Journal of the American Planning Association, 76(3): 265 – 294.

Fadda G, Cortés A, Olivi A, et al. 2010. The perception of the values of urban space

by senior citizens of Valparaiso[J]. Journal of Aging Studies, 24(4): 344-357.
Fitzgerald K G, Caro F G. 2014. An overview of age-friendly cities and communities around the world[J]. Journal of Aging & Social Policy, 26(1-2): 1-18.
Fong D Y, Lam C L, Mak K K, et al, 2010. The short-form-12 healthy survey was a valid instrument in Chinese adolescents[J]. J. Clin Edidemiol, 63: 1020-1029.
Fotaki M, Boyd A. 2005. From plan to market: a comparison of health and old age care policies in the UK and Sweden [J]. Public Money & Management, (8): 237-242.
Francis J, Giles-Corti B, Wood L, et al. 2012. Creating sense of community: the role of public space[J]. Journal of Environmental Psychology, 32(4): 401-409.
Frank L D, Kerr J, Sallis J F, et al. 2008. A hierarchy of sociodemographic and environmental correlates of walking and obesity [J]. Preventive Medicine, 47: 172-178.
Gabrielle Meagher, Marta Szebehely. 2013. Marketisation in Nordic eldercare: a research on legislation oversight, extent and consequence [J]. Games & Economic Behavior, 44(1): 98-113.
Galster G. 1987. Identifying the correlates of dwelling satisfaction: an empirical critique [J]. Environment and Behavior, 19: 539-568.
Goss S C. 2010. The future financial status of the social security program[J]. Social Security Bulletin, 70(3): 111-137.
Government of Canada. 2016. Addressing the challenges and opportunities of ageing in Canada[EB/OL]. https://www.canada.ca/en/employment-social-development/programs/seniors/reports/aging.html [2017-12-05].
Green G. 2013. Age-friendly cities of Europe[J]. Journal of Urban Health Bulletin of the New York Academy of Medicine, 90(1): 116-128.
Greenberg J N, Ginn A. 1979. A multivariate analysis of the predictors of long-term care placement [J]. Home Health Care Service Quarterly, 1(1): 75-99.
Hahlweg D. 1997. The city as a family[C]//Lennard S H, S Von Ungen-Sternberg, H L Lennard. Making Cities Livable. International Making Cities Livable Conference. California: Gondolier Press.
Harwood R H, Sayer A A, Hirschfeld M. 2004. Current and future worldwide prevalence of dependency, its relationship to total population, and dependency ratios [J]. Bull World Health Organ, (4): 251-258.
Hawkley L, Cacioppo J T. 2003. Loneliness and pathways to disease[J]. Brain

Behavior and Immunity, 17: S98 - S105.

Handler S. 2014. A research & evaluation framework for age-friendly cities[R]. UK Urban Ageing Consortium.

HDB. 2018. Home improvement programme [EB/OL]. https://www.hdb.gov.sg/cs/Satellite?c=Page&cid=1383797642390&pagename=InfoWEB%2FPage%2FArticleDetailPage&rendermode=preview[2018 - 09 - 21].

Hellstrom U W, Sarvimaki A. 2007. Experiences of self-determination by older persons living in sheltered housing[J]. Nursing Ethics, 14(3): 413 - 424.

Hewko J, Smoyertomic K E, Hodgson M J. 2002. Measuring neighbourhood spatial accessibility to urban amenities: does aggregation error matter? [J]. Environment & Planning A, 34(7): 1185 - 1206.

Hickman P. 2013. Third place and social interaction in deprived neighborhoods in Great Britain[J]. Journal of Housing & the Built Environment, 28(2): 221 - 236.

I'DGO. 2017. Inclusive design for getting outdoor[EB/OL]. http://www.idgo.ac.uk/[2018 - 11 - 01].

Imrie R. 2004. From universal to inclusive design in the built environment[M]. Disabling barrier — Enable environments. London: Sage Publications.

International Monetary Fund. 2017. World economic databases[EB/OL]. https://www.imf.org/external/pubs/ft/weo/2016/02/weodata/weorept.aspx?pr.x=50&pr.y=6&sy=2014&ey=2021&scsm=1&ssd=1&sort=country&ds=.&br=1&c=924&s=NGDPD%2CNGDPDPC&grp=0&a=[2017 - 11 - 05].

Izumi Miyoshi, Kimihiko Kanaya. 1999. Standardization of barrier-free design element for elderly people [R]. 东京都立产业技术研究所研究报告.

Jackson R J. 2003. The impact of the built environment on health: an emerging field [J]. American Journal of Public Health, 93(9): 1382 - 1384.

James P, Berrigan D, Hart J E, et al. 2014. Effects of buffer size and shape on associations between the built environment and energy balance [J]. Health & Place, (27): 162 - 170.

Jenson J, Jacobzone S. 2000. Care allowance for the frail elderly and their impact on women caregivers [M]. Paris: OECD. Labor Market and Social Policy: 41.

Jiao Y, Yu H, Wang T, et al. 2015. The effects of different transition spaces thermal environment on elderly people's comfort, physiological parameter and behavior[C]. Healthy Building 2015, Europe.

Keates S, Clarkson J. 2003. Design exclusion[M]. In Inclusive Design. Springer

London.

Kerr J, Rosenberg D, Sallis J F, et al. 2006. Active commuting to school: associations with environment and parental concerns [J]. Medicine and Science in Sports and Exercise, 38: 787 - 794.

Klein A. 2002. Audit committee, board of director characteristics, and earnings management[J]. Journal of Accounting & Economics, 33(3): 375 - 400.

Knox P L. 1995. Urban social geography [M]. London: London Scientific & Technical.

Korpela K M, Ylen M, Tyrvainen L, et al. 2008. Determinants of restorative experiences in everyday favorite places[J]. Health & Place, 14(4): 636 - 652.

Krueger K, Tang Y, Kelly J F, et al. 2007. Loneliness and risk of Alzheimer's disease [J]. Archives of General Psychiatry, 64: 234 - 240.

Kunzmann K R. 1998. Planning for spatial equity in Europe [J]. International Planning Studies, 3(1): 101 - 121.

Lake R W. 1993. Rethinking NMBY [J]. Journal of the American Planning Association, (1): 87 - 93.

Lawton M P, Nahemow L. 1973. Ecology and the aging process [C]//Eisdorfer C. & Lawton M. P. The psychology of adult development and aging, Washington DC, US: American Psychological Association: 619 - 674.

Lee J J. 2005. An exploratory study on the quality of older Chinese people living alone in Hong Kong[J]. Social Indicators Research, 71(1): 335 - 361.

Lindblom C E. 1959. Government and business: a study in economic evolution by Howard R Smith[J]. Southern Economic Journal, 25(2): 234.

Lindström M. 2008. Social capital, anticipated ethnic discrimination and self-reported psychological health: a population based study[J]. Social Science & Medicine, 66(1): 1 - 13.

Lochner K A, Kawachi I, Brennan R T, et al. 2003. Social capital and neighborhood mortality rates in Chicago[J]. Social Science & Medicine, 56(8): 1797 - 1805.

Luanaigh C O, Lawlor B A. 2008. Loneliness and the health of older people[J]. International Journal of Geriatric Psychiatry, 23: 1213 - 1221.

Maas J, Dillen S M E V, Verheij R A, et al. 2009. Social contacts as a possible mechanism behind the relation between green space and health[J]. Health & Place, 15(2): 586 - 595.

Mace R L, Hardie G J, Place J P. 1996. Accessible environments: toward universal design. [EB/OL]. http://www.design.ncsu.edu/cud/pubs_p/pud.htm[2018-09-05].

Makigami K, Pynoos J. 2002. The evolution of home modification programs in Japan [J]. Ageing International, 27(3): 95-112.

Maslow A H. 1943. A theory of human motivation[J]. Psychological Review, 50: 370-396.

Mayor of London. 2004. The London plan spatial development strategy for greater London[EB/OL]. https://www.london.gov.uk/sites/default/files/the_london_plan_2004.pdf[2017-08-02].

Mcleroy K R, Bibeau D, Steckler A, et al. 1988. An ecological perspective on health promotion programs[J]. Health Education Quarterly, 15: 351-377.

Mendoza Núñez V M, Martínez Maldonado Mde L, Correa Muñoz E. 2009. Implementation of an active aging model in Mexico for prevention and control of chronic diseases in the elderly [J]. BMC Geriatrics, 9(1): 1-7.

Michael Y, Cunningham G. 2003. Measuring the impact of the built environment on physical activity among seniors [C]. American Public Health Association 131st Annual Meeting, abstract No. 59788.

Midwinter M J, Beveridge C J, Wilsdon J B, et al. 1999. Correlation between spiral computed tomography, endoscopic ultrasonography and findings at operation in pancreatic and ampullary tumours. [J]. British Journal of Surgery, 86(2): 189.

Morris E W, Winter M. 1975. A theory of family housing adjustment[J]. Journal of Marriage &Family, 37(1): 79-88.

NCHS. 2016. Long-term care providers and services users in the United States: data from the national study of long-term care providers, 2013-2014[EB/OL]. https://www.cdc.gov/nchs/data/series/sr_03/sr03_038.pdf[2017-05-21].

NCSU. 2017. The principles of universal design Version 2.0[EB/OL]. https://www.ncsu.edu/www/ncsu/design/sod5/cud/about_ud/udprinciples.htm[2018-04-01].

NIC. 2013. NIC/ASHA seniors housing construction trends report [EB/OL]. https://www.nic.org/analytics/reports/nicasha-seniors-housing-construction-trends-report-2013[2017-11-02].

Nieminen T, Martelin T, Koskinen S, et al. 2010. Social capital as a determinant of self-rated health and psychological well-being[J]. International Journal of Public Health, 55(6): 531-542.

OECD. 2002. Governance for sustainable development: five OECD case studies[M]. Washington: OECD Publishing.

Omuta G E D. 1998. The quality of urban life and the perception of livability: a case study of neighborhoods in Benin city, Nigeria[J]. Social Indicators Research, 20(4): 25 - 26.

Perkins H A, Heynen N, Wilson J. 2004. Inequitable access to urban reforestation: the impact of urban political economy on housing tenure and urban forests. [J]. Cities, 21(4): 291 - 299.

Petersson I, Lija M, Hammel J, et al. 2008. Impact of home modification services on ability in everyday life for people ageing with disabilities [J]. Journal of Rehabilitation Medicine, 40(4): 253 - 260.

Phongsavan P, Chey T, Bauman A, et al. 2006. Social capital, socio-economic status and psychological distress among Australian adults [J]. Social Science & Medicine, 63(10): 2546 - 2561.

Pinquart M, Sörensen S. 2000. Influences of socioeconomic status, social network, and competence on subjective well-being in later life: A meta-analysis[J]. Psychology and Aging, 15(2): 187 - 224.

Putnam R D, Leonardi D R. 1993. Making democracy work: civic traditions in modem Italy [M]. Princeton: Princeton University Press.

Ragnar Stolt, Ulrika Winblad. 2009. Mechanisms behind privatization: a case study of private growth in Swedish elderly care [J]. Social science & medicine, (58): 903 - 911.

Rose R. 1986. Common goals but different roles: the state's contribution to the welfare mix [M]. Oxford University: Oxford University Press.

Roux A V D, Mair C. 2010. Neighborhoods and health [J]. Annals of the New York Academy of Sciences, 1186: 125 - 145.

Rowe J W, Kahn R L. 2015. Successful aging 2.0: conceptual expansions for the 21st century[J]. Journals of Gerontology Series B-psychological Sciences and Social Science, (4): 593 - 596.

Saelens B E, Handy S L. 2008. Built environment correlates of walking: a review [J]. Medicine and Science in Sports and Exercise, 40(7S): S550 - S566.

Sallis J F, Bauman A, Pratt M. 1998. Environmental and policy interventions to promote physical activity[J]. American Journal of Preventive Medicine, 15(4): 379 - 397.

Seeman T. 2000. Health promoting effects of friends and family on health outcomes in older adults[J]. American Journal of Health Promotion, 14: 362－370.

Singh R, Upadhyay A. 2014. Mental health of elderly people [J]. Journal of Psychosocial Research, (1): 61－70.

Smith K W, Avis N E, Assmann S F. 1999. Distinguishing between quality of life and health status in quality of life research: a meta-analysis[J]. Quality of life research, (5): 447－459.

Smoyer-Tomic K E, Hewko J N, Hodgson M J. 2010. Spatial accessibility and equity of playgrounds in Edmonton, Canada[J]. Canadian Geographer, 48(3): 287－302.

Stineman M G, Xie D, Pan Q, et al. 2011. Activity of daily living staging, chronic health conditions, and perceived lack of home accessibility features for elderly people living in the community[J]. Journal of the American Geriatrics Society, 59(3): 454－462.

Stineman M G, Ross R N, Masilin G, et al. 2007. Population-based study of home accessibility features and the activities of daily living: clinical and policy implication [J]. Disability and Rehabilitation, 8(2): 34－45.

Teitz M B. 1968. Toward a theory of urban public facility location[J]. Papers of the Regional Science Association, 21(1): 35－51.

The Council of the City of New York City Hall. 2009. Age-friendly NYC enhancing our city's livability for older New Yorkers[R]. New York: 10.

Thompson C W. 2011. Linking landscape and health: the recurring theme [J]. Landscape and Urban Planning, 99(3－4): 187－195.

Thompson C W, Roe J, Aspinall P, et al. 2012. More green space is linked to less stress in deprived communities: Evidence from salivary cortisol patterns [J]. Landscape and Urban Planning, 105(3): 221－229.

Timmer V, Dr. Seymoar K N. 2004. The World Urban Forum 2006 Vancouver working group discussion paper[EB/OL]. http://www.publications.gc.ca/collections/Collection/Iu92－4－6－2004E.pdf[2017－05－11].

United Nations. 2015. World population prospects: the 2015 revision [R] New York: 36.

United States Census Bureau. 2016. An aging world: 2015 international population reports[R]. Washington DC.

Walker A. 1997. Community care policy: from consensus to conflict //Community Care: A Reader[M]. London: Macmillan.

Ware J Jr, Kosinski M, Keller S D. 1996. A 12 - item short-form health survey: construction of scale and preliminary tests of reliability and validity[J]. Med Care, 34(3): 220-233.

WHO. 2002. Active aging: a policy framework[M]. Switzerland: WHO: 12-13.

WHO. 1946. Constitution of the world health organization[M]. Geneva: WHO.

WHO. 1993. The development of the WHO quality of life assessment instrument[M]. Geneva: WHO.

WHO. 1996a. Constitution of the World Health Organization[R]. Geneva.

WHO. 1996b. The Brasilia Declaration on Ageing[R]. Geneva.

WHO. 1997. Jakarta Statement on Healthy Ageing[R]. Geneva.

WHO. 2007. Global age-friendly cities: a guide[R]. Geneva.

WHO. 2015a. World health statistics 2014[R]. Geneva.

WHO. 2015b. World report on ageing and health[R]. Geneva.

WHO. 2015c. Measuring the age-friendliness of cities: a guide to using core indicators [R]. Geneva.

WHO. 2016. China country assessment report on ageing and health[R]. Geneva.

Williams D R, Patterson M E, Roggenbuck J W, et al. 1992. Beyond the commodity metaphor-examining emotional and symbolic attachment to place [J]. Leisure Sciences, 14 (1): 29-46.

Wolch J, Dear M. 1993. Malign neglect: homeless in an American city [M]. San Francisco: Jossy-Bass Publishers.

World Bank. 2016. GDP and population age 65 and above[EB/OL]. World Bank database. http://data.worldbank.org/indicator/NY.GDP.MKTP.KD.ZG?end=2015&start=1970&view=chart[2017-09-25].

Wu B, Carter M W, Goins R T, et al. 2005. Emerging services for community-based long-term care in urban China: a systematic analysis of Shanghai's community-based agencies [J]. Journal of Aging and Social Policy, 17(4): 37-60.

Yang X, Hao Y, George S M, et al. 2012. Factors associated with health-related quality of life among Chinese caregivers of the older adults living in the community: a cross-sectional study [J]. Health and Quality of Life Outcomes, (10): 143-155.

Yeandle S, Kröger T, Cass B. 2012. Voice and choice for users and carers? developments in patterns of care for older people in Australia, England and Finland [J]. European Social Policy, 22(4): 432-445.

Yu Yifan, Wang Fuqin, Zhu Feiyang, et al. 2018. Residential satisfaction of elderly as determinant behind design thinking in urban planning [J]. Nano LIFE, 8 (2): 1840004 - 1 - 10.

Yung E H K, Conejos S, Chan E H W. 2016. Social needs of the elderly and active aging in public open spaces in urban renewal [J]. Cities, (52): 114 - 122.

后记

感谢同济大学建筑与城市规划学院、老龄城市研究中心对本书出版给予的支持。本书是多年来研究成果的总结与提炼，先后得到了国家自然科学基金项目“社区建成环境促进健康老龄化的规划响应”（51878456）、“生态型城市住区的技术规范和评价体系”（50608055）、“城市产业遗存的再利用及其生态效应”（51178317），以及全国老龄办政策理论研究课题“社区老年宜居环境建设指南与评价标准”、住建部“养老服务设施标准研究”和“全国养老服务设施调查”、上海市浦东新区政府“浦东新区养老模式研究”、上海市政府决策咨询项目“既有住区应对居家养老的宜居对策研究”等项目的支持。本书写作过程中参阅了大量国内外研究成果、技术文件和实践案例，调研、走访了几十个社区、企业和社会组织，采用的数据包括全国人口普查数据、全国老龄办“中国城乡老年人生活状况调查”数据、北京大学的CHARLS 数和 CLHLS 数据等，对相关机构、组织的无私分享，在此一并致以谢意。